W0033847

Dipl.-Inform. Arno Becker ist bei der visionera GmbH verantwortlich für den Bereich »Mobile Lösungen«. Nach langjähriger Erfahrung mit Java ME beschäftigte er sich von Beginn an intensiv mit Android. Seine dadurch erworbenen Kenntnisse gibt er als Berater, in Schulungen und auf Vorträgen weiter. Früh hat er die Einsatzmöglichkeiten von Android in Embedded Systems und im Entertainment-Bereich erkannt und sich auch in die Systeminterna von Android eingearbeitet.

Dipl.-Inform. Marcus Pant arbeitet für die visionera GmbH als Berater in Kundenprojekten. Seine Schwerpunkte liegen in der Entwicklung von Java-EE-Systemen und im Projektmanagement. Er beschäftigt sich seit 2007 mit Android und hat sich auf die Bereiche Datenspeicherung und Tests spezialisiert.

Dipl.-Phys. David Müller ist Senior-Entwickler und Berater bei der visionera GmbH. Er ist seit mehreren Jahren in verschiedenen Branchen tätig und konnte Erfahrungen in zahlreichen Java-Projekten sammeln. Mit Android beschäftigt er sich seit 2008 und setzt dabei den Schwerpunkt auf die Entwicklung standortbezogener Dienste und Oberflächen.

Arno Becker · Marcus Pant

Android 2

Grundlagen und Programmierung

2., aktualisierte und erweiterte Auflage

Unter Mitarbeit von David Müller

dpunkt.verlag

Arno Becker
Arno.Becker@visionera.de

Marcus Pant
Marcus.Pant@visionera.de

Lektorat: René Schönfeldt
Copy-Editing: Annette Schwarz, Ditzingen
Satz: Science & More, www.science-and-more.de
Herstellung: Nadine Thiele
Umschlaggestaltung: Helmut Kraus, www.exclam.de
Druck und Bindung: Media-Print Informationstechnologie, Paderborn

Bibliografische Information der Deutschen Nationalbibliothek
Die Deutsche Nationalbibliothek verzeichnet diese Publikation in der Deutschen Nationalbibliografie;
detaillierte bibliografische Daten sind im Internet über http://dnb.d-nb.de abrufbar.

ISBN 978-3-89864-677-2

2., aktualisierte und erweiterte Auflage
Copyright © 2010 dpunkt.verlag GmbH
Ringstraße 19
69115 Heidelberg

Die vorliegende Publikation ist urheberrechtlich geschützt. Alle Rechte vorbehalten. Die Verwendung
der Texte und Abbildungen, auch auszugsweise, ist ohne die schriftliche Zustimmung des Verlags
urheberrechtswidrig und daher strafbar. Dies gilt insbesondere für die Vervielfältigung, Übersetzung
oder die Verwendung in elektronischen Systemen.
Es wird darauf hingewiesen, dass die im Buch verwendeten Soft- und Hardware-Bezeichnungen sowie
Markennamen und Produktbezeichnungen der jeweiligen Firmen im Allgemeinen warenzeichen-,
marken- oder patentrechtlichem Schutz unterliegen.
Alle Angaben und Programme in diesem Buch wurden mit größter Sorgfalt kontrolliert. Weder Autor
noch Verlag können jedoch für Schäden haftbar gemacht werden, die in Zusammenhang mit der
Verwendung dieses Buches stehen.

The Android™ Logo on the spine of this book is a modification based on work created and shared by
Google and used according to terms described in the Creative Commons 3.0 Attribution License
(http://creativecommons.org/licenses/by/3.0/).

5 4 3 2 1

Vorwort

Am 12. November 2007 veröffentlichte Google eine Vorabversion des Android-SDK, einer Entwicklungsumgebung für die Android-Plattform. Die positive Reaktion darauf verdeutlicht, wie groß das Interesse der Entwickler und der Hersteller an einer offenen Plattform für Embedded Systems mittlerweile ist. Android läuft inzwischen auf einer Vielzahl verschiedener Gerätetypen. Dank Android-Anwendungen lässt sich die Funktionsvielfalt der Geräte nach dem Kauf erweitern und an die eigenen Bedürfnisse anpassen. Doch irgendjemand muss die Programme schreiben...

Android läuft nicht nur auf Mobiltelefonen.

Android wurde ursprünglich konzipiert als Plattform für Mobiltelefone. Es sind schon Android-Geräte aus den Bereichen Auto-Infotainment, Home Entertainment, Netbook, Tablet-PC oder Festnetztelefon auf dem Markt oder stehen kurz vor der Markteinführung. Auch wenn die Geräte grundsätzlich verschieden sind und zum Beispiel kein GSM-Modul zum Telefonieren besitzen, haben sie doch eines gemeinsam: Auf ihnen laufen Android-Programme.

Ein Buch zu Android

Wir werden in diesem Buch die Grundprinzipien von Android vorstellen. Dabei geht es uns nicht darum, die Dokumentation von Android abzuschreiben, sondern anhand von Codebeispielen einen zielgerichteten Blick auf die grundlegenden Themen der Softwareentwicklung mit dem Android-SDK zu werfen.

Ziel: Grundprinzipien praktisch vermitteln

Wir konzentrieren uns auf Kernthemen, die fast jede Android-Anwendung benötigt: Oberflächen und Menüs, Datenübertragung, Datenspeicherung, Hintergrunddienste, GPS und lose Kopplung von Android-Komponenten. Weniger von Interesse sind für uns multimediale Themen, wie zum Beispiel die Wiedergabe von Videos oder die Audio-Schnittstelle. Wir werden die Bausteine von Android kennenlernen und uns anschauen, wie diese miteinander interagieren. Wir erklären, was hinter den Kulissen von Android passiert und wie man mit diesem Wissen stabile und performante Anwendungen schreibt. Darüber hinaus werden wir zeigen, wie man eine Android-Anwendung »marktreif« macht.

Warum dieses Buch? Den ersten Einstieg in Android zu finden ist, dank der guten Herstellerdokumentation, einfach. Allerdings reichen diese Informationen nicht immer aus, professionelle Software für Android zu entwickeln. Dazu fehlt es manchmal an der nötigen Detailtiefe. Daher haben wir Bedarf gesehen, die Kernthemen von Android in einem deutschsprachigen Buch ausführlich vorzustellen.

Für wen ist dieses Buch? Das Buch richtet sich in erster Linie an Softwareentwickler. Grundkenntnisse der Programmiersprache Java sollten vorhanden sein.

Wir sprechen mit dem Buch aber auch technische Projektleiter an. Viele Fragestellungen und Herausforderungen des »Mobile Business«, wie z.B. die Themen Sicherheit und Verschlüsselung, werden in das Buch mit einbezogen.

Aufbau des Buchs

Teil I Wir werden in Teil I des Buchs mit einem einfachen Beispiel beginnen, welches aber schon über die übliche Hello-World-Anwendung hinausgeht. Es stellt die wichtigsten Elemente einer Anwendung vor. Dem folgt ein wenig Theorie, die für das Verständnis von Android wichtig ist.

Teil II In Teil II steigen wir weiter in die Praxis ein. An einem durchgängigen Beispiel stellen wir Kapitel für Kapitel wichtige Elemente des Android-SDK vor. Jedes Kapitel enthält einen theoretischen und einen praktischen Teil. Der theoretische Teil soll helfen, ein tieferes Verständnis für die Arbeitsweise der einzelnen Komponenten und Bestandteile von Android zu vermitteln. Im Praxisteil wenden wir dann das Wissen an.

Teil III In Teil III befassen wir uns mit fortgeschrittenen Themen rund um die Android-Anwendungsentwicklung: Debugging, Anwendung »marktreif« machen, Sicherheit und Verschlüsselung sowie der Erstellung von Tests.

Wie lese ich dieses Buch? Wir empfehlen, das Einsteigerbeispiel in Teil I durchzugehen. Der Rest von Teil I ist theoretischer Natur und kann jederzeit separat gelesen werden.

Teil II sollte in der vorgegebenen Reihenfolge der Kapitel durchgearbeitet werden, da diese aufeinander aufbauen.

Teil III kann isoliert betrachtet werden. Wer gleich von Beginn des Buchs an viel selbst mit den Codebeispielen experimentiert, kann sich ein paar gute Tipps in Kapitel 17 (Debugging und das DDMS-Tool) holen.

Geschlechterkampf? Zum leidigen Thema »Geschlechtsneutralität« halten wir es wie Peter Rechenberg in [42]: »Rede ich von ›dem Leser‹, meine ich ja keinen *Mann*, sondern einen *Menschen*, und der ist nun einmal im Deutschen grammatisch männlich. Selbstverständlich ist mit ›dem Leser‹ der männliche *und* der weibliche Leser gemeint.«

Die Website zum Buch

Auf der Website zum Buch `www.androidbuch.de` finden Sie den Quelltext der Programmierbeispiele, Errata, ein Glossar mit Android-Fachbegriffen sowie weiterführende Links zum Thema Android-Entwicklung.

Danksagung

Wir danken unseren Familien, Partnern, Freunden und Kollegen für die Unterstützung und die Geduld.

Ebenfalls danken möchten wir dem *dpunkt.verlag*, insbesondere Herrn Schönfeldt, für die angenehme und produktive Zusammenarbeit.

Bedanken möchten wir uns auch bei allen Lesern der ersten Auflage des Buchs, für ihre Kommentare und die vielen wertvollen und hilfreichen Hinweise.

Inhaltsverzeichnis

III Android für Fortgeschrittene 339

Teil I

Einführung

1 Ein erstes Beispiel

In diesem Abschnitt werden wir ein erstes Android-Programm erstellen. Es dient dem schnellen Einstieg in die Programmierung von Android.

Dabei handelt es sich um ein Programm zur Berechnung der Umsatzsteuer. Man gibt den Ausgangsbetrag an, wählt aus, ob man den Brutto- oder Nettobetrag angegeben hat, und wählt die Umsatzsteuer in Prozent. Abbildung 1-2 auf Seite 9 zeigt das Formular für die Eingabe. Die Berechnung wird gestartet, indem man den Optionsmenüpunkt »Umrechnen« wählt. Das Ergebnis wird auf einer zweiten Bildschirmseite angezeigt (siehe Abb. 1-3 auf Seite 17). *Brutto-Netto-Umrechner*

Wir werden uns bei der Erstellung des Programms nur auf die unbedingt notwendigen Elemente beschränken, um eine lauffähige Anwendung zu implementieren. Dabei werden wir noch nicht alles genau erklären. Im zweiten Teil des Buchs werden wir sehr viel tiefer ins Detail gehen und die offenen Fragen beantworten.

1.1 Projekt anlegen

Wir verwenden für die Entwicklung Eclipse mit dem Android-Plugin. Die Installation wollen wir hier nicht wiederholen. Sie ist sehr gut unter [37] beschrieben.

Mit Hilfe des Android-Plugin für Eclipse ist die Erstellung eines Projekts recht einfach (Abb. 1-1). Zu Beginn legt man den Namen des Projekts fest. Große Bedeutung kommt der Wahl des »*Build Target*« zu. Da es Android nun schon in mehreren Version gibt, die teilweise nicht aufwärtskompatibel sind, sollte man sich hier vorher überlegen, für welche Plattform man minimal entwickelt. Es ist sinnlos, hier »Android 2.1« zu wählen, wenn man nur Klassen und Methoden aus Android 1.5 oder Android 1.6 verwendet. Man sollte in der Praxis immer das kleinstmögliche »Build Target« wählen, damit die Anwendung auf möglichst vielen Endgeräten lauffähig ist. Bei »*Min SDK Version*« sollte man die Nummer des API-Levels (rechte Spalte der Tabelle »Build Target«) eintragen. *Android-Plugin verwenden*

Kleinster gemeinsamer Nenner

Abb. 1-1
Projekt anlegen

New Android Project

Creates a new Android Project resource.

Project name: UmsatzsteuerRechner

Contents

- ● Create new project in workspace
- ○ Create project from existing source
- ☑ Use default location

Location: /home/becker/Entwicklung/Androidbuch2/workspace/Umsa   Browse...

- ○ Create project from existing sample

Samples: SearchableDictionary

Build Target

Target Name	Vendor	Platform	API Lev
☐ Android 1.1	Android Open Source Project	1.1	2
☐ Android 1.5	Android Open Source Project	1.5	3
☐ Google APIs	Google Inc.	1.5	3
☐ Android 1.6	Android Open Source Project	1.6	4
☐ Google APIs	Google Inc.	1.6	4
☑ Android 2.0	Android Open Source Project	2.0	5
☐ Google APIs	Google Inc.	2.0	5
☐ Android 2.0.1	Android Open Source Project	2.0.1	6
☐ Google APIs	Google Inc.	2.0.1	6
☐ Android 2.1	Android Open Source Project	2.1	7
☐ Google APIs	Google Inc.	2.1	7

Standard Android platform 2.0

Properties

Application name: Umsatzsteuer-Rechner

Package name: de.androidbuch.rechner

☑ Create Activity: FormularActivity

Min SDK Version: 5

⊘   < Back   Next >   Cancel   Finish

Unter »*Properties*« legt man, wie bei jedem anderen Java-Projekt auch, den Paketnamen und die zu erstellende Klasse fest, die den Programm-Eintrittspunkt darstellt. Zusätzlich ist hier der Name der Anwendung anzugeben. In unserem Fall erzeugen wir eine sogenannte *Activity*. Activities implementieren die Bildschirmseiten einer Android-Anwendung. Der Aufbau einer Seite wird meist in XML definiert. Die dort auszuführenden Aktionen werden in Java-Klassen implementiert. Insofern ähnelt der Aufbau von Android-Anwendungen dem von Webanwendungen.

Programm-Eintrittspunkt festlegen

Nach Fertigstellung legt der Projekt-Wizard die folgende Ordnerstruktur für Android-Projekte an:

- *src*: Java-Quelltexte (u.a. auch unsere Activity `FormularActivity`)
- *gen*: Automatisch generierte Klassen, wie z.B. die `R`-Klasse mit den Indizes der Ressourcen (Kapitel 5.3)
- *res*: Ressourcen, d.h. alle Nicht-Java-Texte und alle Nicht-Programmelemente, wie zum Beispiel Bibliotheken. Hier werden u.a. die Dateien zur Definition der Oberflächen, Bilder oder Textdefinitionen abgelegt.
- *asset*: Zusätzlicher Ordner zur Ablage von Ressourcen

Im Wurzelverzeichnis befindet sich die zentrale Datei zur Definition von Metadaten der Anwendung: das `AndroidManifest.xml`.

1.2 Die erste Activity

Wir implementieren nun unsere erste Activity, die die Startseite unserer Anwendung anzeigen wird.

Startseite implementieren

```
package de.androidbuch.rechner;

import android.app.Activity;
import android.os.Bundle;

public class FormularActivity extends Activity {
  @Override
  public void onCreate(Bundle savedInstanceState) {
    super.onCreate(savedInstanceState);
    setContentView(R.layout.main);
  }
}
```

*Listing 1.1
Eingaben erfassen:
FormularActivity*

Für den Anfang reicht es uns zu wissen, dass unsere eigenen Activities von der Android-API-Klasse *Activity* abgeleitet werden müssen. Activities implementieren die sichtbaren Bestandteile einer Anwendung und interagieren mit dem Anwender.

1.3   Layout definieren

XML GUI

Wenden wir uns nun der Erstellung unserer Eingabemaske zu. Die Maskenelemente werden in einer XML-Datei definiert. Der Vollständigkeit halber sei noch erwähnt, dass die Masken auch via Programmcode erstellt werden können. Dies ist aber, wie im Falle von Webanwendungen (JSP vs. Servlets), aus Gründen der Übersichtlichkeit und Wartbarkeit stets die zweite Wahl und wird daher nicht Thema dieses Buches sein.

Das Android-Plugin hat bereits eine solche XML-Datei res/layout/main.xml erstellt, die in Listing 1.2 dargestellt ist.

Listing 1.2
Eine einfache main.xml

```
<?xml version="1.0" encoding="utf-8"?>
<LinearLayout xmlns:android="http://schemas.android.com/
    apk/res/android"
    android:orientation="vertical"
    android:layout_width="fill_parent"
    android:layout_height="fill_parent"
    >
<TextView
    android:layout_width="fill_parent"
    android:layout_height="wrap_content"
    android:text="@string/hello"
    />
</LinearLayout>
```

Es gibt verschiedene Layout-Typen.

Ähnlich wie bei Swing-Anwendungen können verschiedene Layouts für den Aufbau der Maske verwendet werden. Beim Erstellen eines Android-Projekts wird automatisch ein *LinearLayout* mit vertikaler Ausrichtung gewählt, das wir zunächst übernehmen wollen.

Das XML-Element TextView enthält ein Attribut android:text. Hier handelt es sich um einen Verweis auf eine Zeichenkettendefinition. Sie befindet sich in der Datei strings.xml im Ordner /res/values. Die Datei hat folgenden Inhalt:

```
<?xml version="1.0" encoding="utf-8"?>
<resources>
  <string name="hello">Hello World,
    FormularActivity</string>
  <string name="app_name">Umsatzsteuerrechner</string>
</resources>
```

Text wird ausgelagert.

Der Schlüssel für den Text, der in dem Anzeigeelement TextView dargestellt werden soll, lautet »hello«. Er wird in der TextView zur Laufzeit durch den Wert aus `strings.xml` ersetzt.

Der nächste Schritt ist nun, dieses Layout für unsere Zwecke anzupassen. Dazu überlegen wir uns, welche Oberflächenelemente für den Umsatzsteuerrechner nötig sind (siehe Tabelle 1-1).

Feldname	Funktion	Darstellung
–	Funktionsbeschreibung	Text
betrag	Fließkommazahl (Euro)	Texteingabe
art	»Brutto«, »Netto«	Radiobutton
umsatzsteuer	»19 Prozent«, »16 Prozent«, »7 Prozent«	Auswahlliste

Tab. 1-1
Feldliste »Eingabe erfassen«

Nun passen wir die Oberfläche an unsere Anforderungen an. Dazu definieren wir die Formularelemente aus Tabelle 1-1 in XML. Die Datei `main.xml` sieht nach der Erweiterung wie folgt aus:

```
<?xml version="1.0" encoding="utf-8"?>
<LinearLayout xmlns:android=
    "http://schemas.android.com/apk/res/android"
  android:orientation="vertical"
  android:layout_width="fill_parent"
  android:layout_height="fill_parent" >

  <TextView
    android:layout_width="fill_parent"
    android:layout_height="wrap_content"
    android:text="Geben Sie einen Brutto- oder Nettobetrag
      ein und lassen Sie sich die Umsatzsteuer errechnen:" />

  <EditText android:id="@+id/edt_betrag"
    android:layout_width="fill_parent"
    android:layout_height="wrap_content"
    android:inputType="numberDecimal"/>

  <RadioGroup android:id="@+id/rg_art"
    android:layout_width="fill_parent"
    android:layout_height="wrap_content"
    android:orientation="vertical">

  <RadioButton android:id="@+id/rb_art_netto"
    android:layout_width="wrap_content"
    android:layout_height="wrap_content"
    android:text="Netto"
    android:checked="true" />
```

Listing 1.3
main.xml für den Umsatzsteuerrechner

```
            <RadioButton android:id="@+id/rb_art_brutto"
                android:layout_width="wrap_content"
                android:layout_height="wrap_content"
                android:text="Brutto" />
        </RadioGroup>

        <Spinner android:id="@+id/sp_umsatzsteuer"
            android:layout_width="fill_parent"
            android:layout_height="wrap_content"
            android:drawSelectorOnTop="true"
            android:entries="@array/ust_anzeige"
            android:entryValues="@array/ust_werte" />

    </LinearLayout>
```

Wir haben das Layout um ein Texteingabefeld (EditText) und eine
RadioGroup, bestehend aus zwei RadioButtons, ergänzt. Zusätzlich ist ein
Spinner = Auswahlliste Spinner dazugekommen. Ein Spinner ist eine Auswahlliste. In unserem
Beispiel ist die Wertebelegung für den Spinner statisch, so dass wir sie in
eine weitere XML-Datei im values-Verzeichnis auslagern können (Lis-
ting 1.4). Wir geben ihr den Namen arrays.xml.

Listing 1.4
res/arrays.xml

```
<?xml version="1.0" encoding="utf-8"?>
<resources>
  <array name="ust_anzeige">
    <item>19 Prozent</item>
    <item>16 Prozent</item>
    <item>7 Prozent</item>
  </array>
  <array name="ust_werte">
    <item>19</item>
    <item>16</item>
    <item>7</item>
  </array>
</resources>
```

Geschafft! Unser Formular zur Erfassung der Eingabewerte ist fertig.
Nun muss die Anwendung nur noch im Emulator gestartet werden.
Eine Anwendung Auch dazu bedienen wir uns der vorhandenen Eclipse-Umgebung (*Run
starten* -> Run -> Android Application*). Nach einer Wartezeit sollte die folgende Bildschirmseite erscheinen (Abb. 1-2).

Tipp!

Der Emulator braucht recht lange zum Starten. Starten Sie ihn daher zu Beginn einmal und schließen Sie das Emulatorfenster nicht. Jeder weitere Start der Anwendung erfolgt dann sehr schnell.

Abb. 1-2
Beispielanwendung im Emulator

1.4　Activities aufrufen

Beschäftigen wir uns nun mit Interaktionen zwischen Activities. Wenn die Menüoption »Umrechnen« gedrückt wird, soll eine neue Seite erscheinen, auf der das Ergebnis der Berechnung angezeigt werden soll. Abhängig davon, ob die eingegebene Zahl einen Brutto- oder Nettobetrag darstellt, soll entsprechend der Prozentzahl der korrekte Umsatzsteuerbetrag angezeigt werden. Wir brauchen dafür eine weitere Bildschirmseite, die folgende Ergebnisfelder enthalten soll:

Interaktionen zwischen Activities

- Nettobetrag: Betrag ohne Umsatzsteuer
- Umsatzsteuerbetrag
- Bruttobetrag: Betrag inkl. Umsatzsteuer

Für die zweite Bildschirmseite werden wieder ein Layout und eine Activity benötigt. Anhand dieser Seite demonstrieren wir

Mehr Aktivität

- die Verwendung von dynamischen Inhalten in Activities und
- die Interaktion zwischen Activities.

Beginnen wir mit der Definition der Oberfläche. Hierzu erzeugen wir das Layout (Seiten-Beschreibungsdatei) ergebnis_anzeigen.xml und legen sie unterhalb von /res/layout ab.

> **Hinweis**
>
> Der Name von Dateien unterhalb des Ordners /res darf nur aus Ziffern und Kleinbuchstaben sowie dem Unterstrich bestehen. Der eingängigere Name ergebnisAnzeigen.xml (die Java-übliche »Camel-Case«-Schreibweise) wäre daher nicht erlaubt. Wir verwenden die Schreibweise generell in den Ressourcendateien (vgl. Listing 1.4) zur Namensgebung, auch wenn dort die Camel-Case-Schreibweise erlaubt ist.

Listing 1.5
Table Layout, Ergebnis anzeigen

```xml
<?xml version="1.0" encoding="utf-8"?>
<TableLayout xmlns:android=
    "http://schemas.android.com/apk/res/android"
  android:layout_width="fill_parent"
  android:layout_height="fill_parent">

  <TableRow>
    <TextView
      android:layout_width="fill_parent"
      android:layout_height="wrap_content"
      android:text="Nettobetrag:" />
    <TextView
      android:id="@+id/txt_nettobetrag"
      android:layout_width="fill_parent"
      android:layout_height="wrap_content" />
  </TableRow>

  <TableRow>
    <TextView
      android:layout_width="fill_parent"
      android:layout_height="wrap_content"
      android:text="Umsatzsteuer:" />
    <TextView
      android:id="@+id/txt_umsatzsteuer"
      android:layout_width="fill_parent"
      android:layout_height="wrap_content" />
  </TableRow>

  <TableRow>
    <TextView
      android:layout_width="fill_parent"
```

```
      android:layout_height="wrap_content"
      android:text="Bruttobetrag:" />
    <TextView
      android:id="@+id/txt_bruttobetrag"
      android:layout_width="fill_parent"
      android:layout_height="wrap_content" />
  </TableRow>

</TableLayout>
```

Für diese View verwenden wir ein TableLayout, da die Ergebnisse in Tabellenform dargestellt werden sollen. Ansonsten gleicht diese Bildschirmseitendefinition der vorherigen.

TableLayout

1.5   Das Android-Manifest

Die mit diesem Layout verknüpfte Activity ErgebnisActivity muss dem System erst noch bekannt gemacht werden. Dazu wird sie im AndroidManifest.xml des Projektes registriert. Listing 1.6 zeigt das vollständige Android-Manifest der Einführungsanwendung.

```
<?xml version="1.0" encoding="utf-8"?>
<manifest xmlns:android=
    "http://schemas.android.com/apk/res/android"
    package="de.androidbuch.rechner"
    android:versionCode="1"
    android:versionName="1.0">

  <uses-sdk android:minSdkVersion="5" />

  <application android:icon="@drawable/icon"
     android:label="@string/app_name"
     android:theme="@android:style/Theme.Light"> (1)

    <activity android:name=".FormularActivity"
       android:label="@string/app_name">
      <intent-filter>
        <action android:name=
          "android.intent.action.MAIN" />
        <category android:name=
          "android.intent.category.LAUNCHER" />
      </intent-filter>
    </activity>
```

*Listing 1.6
AndroidManifest.xml*

```
<activity android:name=".ErgebnisActivity" />          (2)
</application>
```

```
</manifest>
```

Das Android-Manifest liegt im Wurzelverzeichnis des Projekts. Es wurde automatisch generiert, als wir unser Projekt angelegt haben. Wir führen nun die notwendigen Erweiterungen durch.

Innerhalb des `<application>`-Elements findet die Deklaration der Activities statt. Für die Activity `FormularActivity` wird ein sogenannter Intent-Filter definiert. Mit Intents und Intent-Filtern werden wir uns in Kapitel 7 ausführlicher befassen. Ein Intent repräsentiert einen

Intent ruft Activity auf. konkreten Aufruf einer anderen Activity, eines Hintergrundprozesses oder einer externen Anwendung. Wir können den englischen Begriff mit »*Absichtserklärung*« übersetzen. Der hier verwendete Intent-Filter sorgt dafür, dass die Umsatzsteuerrechner-Anwendung gestartet wird, indem die Activity `FormularActivity` angezeigt wird. Der Intent selbst wird vom Android-System verschickt, sobald man die Anwendung startet.

Wir haben im Manifest zwei Änderungen durchgeführt. Zunächst haben wir durch die Verwendung eines sogenannten »Themes« dafür gesorgt, dass unsere Anwendung etwas freundlicher und heller aussieht, indem unter anderem ein heller Hintergrund verwendet wird statt einem schwarzen (1). Dazu haben wir das `<application>`-Element um ein XML-Attribut erweitert. Anschließend haben wir die Activity zur Darstellung des Ergebnisses eingefügt (2).

Ergebnis berechnen Zum Berechnen des Ergebnisses benötigen wir einen Menüeintrag in der Bildschirmseite `FormularActivity`. Dazu erweitern wir die Activity um eine zusätzliche Methode. Sie erzeugt einen Menüeintrag »*Umrechnen*« (siehe Listing 1.7).

Listing 1.7
Implementierung
Standardmenü

```
public static final int AUSRECHNEN_ID = Menu.FIRST;

@Override
public boolean onCreateOptionsMenu(Menu menu) {
  menu.add(0, AUSRECHNEN_ID, Menu.NONE, "Umrechnen");
  return super.onCreateOptionsMenu(menu);
}
```

Als nächsten Schritt lassen wir die beiden Activities miteinander kommunizieren. Konkret soll `FormularActivity` nach Auswahl der Menüop-

Werte übergeben tion »Umrechnen« die Activity `ErgebnisActivity` aufrufen. Dabei sollen die Formularwerte übertragen werden, das Ergebnis berechnet und auf dem Bildschirm dargestellt werden.

In unserem Fall muss `FormularActivity` einen Intent erzeugen, ihn mit Übergabeparametern versehen und anschließend ausführen, damit `ErgebnisActivity` aufgerufen wird. Listing 1.8 zeigt den dafür erforderlichen Code aus `FormularActivity`.

```
public static final String BETRAG_KEY = "betrag";
public static final String BETRAG_ART = "art";
public static final String UST_PROZENT = "ust";


@Override
public boolean onOptionsItemSelected(
    MenuItem item) { // (1)
  switch (item.getItemId()) { // (2)
    case AUSRECHNEN_ID:
      // Betrag:
      final EditText txtBetrag =
        (EditText) findViewById(R.id.edt_betrag); // (3)
      final float betrag = Float.parseFloat(
          txtBetrag.getText().toString()); // (4)

      // Art des Betrags (Brutto, Netto):
      boolean isNetto = true;
      final RadioGroup rg =
        (RadioGroup) findViewById(R.id.rg_art);
      switch (rg.getCheckedRadioButtonId()) {
        case R.id.rb_art_netto:
          isNetto = true;
          break;
        case R.id.rb_art_brutto:
          isNetto = false;
          break;
        default:
      }

      // Prozentwert Umsatzsteuer:
      final Spinner spinner =
        (Spinner) findViewById(R.id.sp_umsatzsteuer);
      final int pos = spinner.getSelectedItemPosition();
      final int[] prozentwerte =
        getResources().getIntArray(R.array.ust_werte);
      final int prozentwert = prozentwerte[pos];

      final Intent intent = new Intent(this, // (5)
          ErgebnisActivity.class);

      intent.putExtra(BETRAG_KEY, betrag); // (6)
```

Listing 1.8
Aufruf anderer
Activities per Intent

```
        intent.putExtra(BETRAG_ART, isNetto);
        intent.putExtra(UST_PROZENT, prozentwert);

        startActivity(intent); // (7)

        default:
    }

    return super.onOptionsItemSelected(item);
}
```

Wir wollen hier im Einstiegsbeispiel den Quellcode noch nicht im Detail erklären, dies geschieht später ausführlich in den entsprechenden Kapiteln. Wir geben lediglich einen Überblick über die Funktionsweise des Programmcodes.

Programmablauf

- Methode onOptionsItemSelected wird ausgeführt, wenn Menüeintrag »Umrechnen« gewählt wurde (1).
- Switch-Case-Anweisung wertet die Menüeinträge aus (wir haben hier nur einen) (2).
- findViewById liefert Zugriff auf ein Oberflächenelement (View genannt, z.B. das Texteingabefeld) (3).
- Es wird der Wert aus dem View-Element des Formulars geholt (4).
- Es wird ein Intent zum Aufruf der Folge-Activity erzeugt (5).
- Der Wert aus dem Formular wird dem Intent als Übergabeparameter hinzugefügt (6).
- Die Folge-Activity wird mit Hilfe des Intents aufgerufen (7).

Auf der Gegenseite muss nun die Activity ErgebnisActivity erstellt werden. In ihrer onCreate-Methode wird der Intent entgegengenommen, und seine Daten werden verarbeitet. Zuvor implementieren wir jedoch *Ergebnis berechnen* eine Hilfsklasse, die die Berechnung der Ergebniswerte übernimmt. Ihr kann man die Formularwerte übergeben und den Umsatzsteuerbetrag berechnen lassen. Die entsprechenden Attribute der Klasse liefern die Ergebnisse (Netto-, Brutto umd Umsatzsteuerbetrag), welche in der ErgebnisActivity zur Anzeige gebracht werden sollen.

Listing 1.9
Hilfsklasse zur
Berechnung des
Ergebnisses

```
public class Ergebnis {

    public float betrag;
    public boolean isNetto;
    public int ustProzent;

    public float betragNetto;
    public float betragBrutto;
```

```
public float betragUst;

public void berechneErgebnis() {
  // Berechne Bruttobetrag aus Nettobetrag:
  if (isNetto) {
    betragNetto = betrag;
    betragUst = betrag * ustProzent / 100;
    betragBrutto = betrag + betragUst;
  } else {
    // Berechne Nettobetrag aus Bruttobetrag:
    betragBrutto = betrag;
    betragUst = betrag * ustProzent /
        (100 + ustProzent);
    betragNetto = betrag - betragUst;
  }
}
}
```

Für Java-erfahrene Programmierer ist der Verzicht auf Getter- und Setter-Methoden für die Attribute der Klasse ungewohnt. Man verzichtet bei der Android-Programmierung üblicherweise aus Performanzgründen darauf. Es gibt eine Reihe weiterer Tipps für effiziente Programmierung unter Android. Kapitel 21 oder die Online-Dokumentation ([17]) bieten einen guten Überblick.

Keine Getter- und Setter-Methoden

Nun können wir die Activity zur Anzeige des Ergebnisses implementieren. Listing 1.10 zeigt den Quellcode.

```
public class ErgebnisActivity extends Activity {

  @Override
  public void onCreate(Bundle icicle) {
    super.onCreate(icicle);
    setContentView(R.layout.ergebnis_anzeigen);

    final Bundle extras = getIntent().getExtras();

    if (extras != null) {
      final Ergebnis ergebnis = new Ergebnis();

      ergebnis.betrag =
        extras.getFloat(FormularActivity.BETRAG_KEY);
      ergebnis.isNetto =
        extras.getBoolean(FormularActivity.BETRAG_ART,
            true);
      ergebnis.ustProzent =
        extras.getInt(FormularActivity.UST_PROZENT);
```

Listing 1.10
Activity zur Anzeige des Ergebnisses

```
        zeigeErgebnis(ergebnis);
    }
}

private void zeigeErgebnis(Ergebnis ergebnis) {
  setTitle("Ergebnis");

  ergebnis.berechneErgebnis();

  final TextView txtNettobetrag =
    (TextView) findViewById(R.id.txt_nettobetrag);
  txtNettobetrag.setText(String.valueOf(
      ergebnis.betragNetto));

  final TextView txtUmsatzsteuer =
    (TextView) findViewById(R.id.txt_umsatzsteuer);
  txtUmsatzsteuer.setText(
      String.valueOf(ergebnis.betragUst));

  final TextView txtBruttobetrag =
    (TextView) findViewById(R.id.txt_bruttobetrag);
  txtBruttobetrag.setText(
      String.valueOf(ergebnis.betragBrutto));
  }
}
```

In der onCreate-Methode holen wir uns die Formularwerte aus dem Intent, den wir von FormularActivity erhalten haben. Die Methode zeigeErgebnis führt die Berechnung in der Klasse Ergebnis durch. Wir holen uns die für die Ergebnisanzeige nötigen View-Elemente aus dem

Zugriff auf Views Layout (siehe Listing 1.5) und setzen die Ergebniswerte mittels der Methode setText. Abbildung 1-3 zeigt die Ergebnisseite im Emulator.

In diesem Beispiel ging es darum, das Prinzip der losen Kopplung von Komponenten, hier zwei Activities, zu verdeutlichen. Wir haben gesehen, wie eine Activity einen Intent verschickt, sobald der Menüeintrag »*Umrechnen*« gedrückt wurde. Die auf Intents basierende offene Kommunikationsarchitektur stellt eine der Besonderheiten von Android dar.

Das Ergebnis im   Zum Abschluss dieser Einführung schauen wir uns das Ergebnis im
Emulator   Emulator an (siehe Abb. 1-3). Der vollständige Quellcode steht unter http://www.androidbuch.de zum Herunterladen bereit. Es empfiehlt sich, dieses Beispiel auf eigene Faust zu verändern und die Resultate unmittelbar im Emulator zu betrachten.

Abb. 1-3
Die Ergebnisseite des
Umsatzsteuerrechners

1.6   Fazit

In diesem Abschnitt gaben wir Ihnen einen kurzen Einblick in die Programmierung von Android-Geräten. Kennengelernt haben wir die Grundbestandteile

- Bildschirmseiten-Erstellung
- Formularverarbeitung
- Interaktion zwischen Bildschirmseiten
- Start der Laufzeitumgebung und des Emulators

sowie die Android-Artefakte

- Activity
- Layout
- View
- Intent
- Android-Manifest

Nun ist es an der Zeit, sich ein wenig mit der Theorie zu befassen. Der Rest dieses ersten Teils beschäftigt sich mit den Konzepten hinter Android.

2 Systemaufbau

Android wurde ursprünglich als Plattform für mobile Endgeräte, wie zum Beispiel Smartphones konzipiert. Viele Gerätehersteller haben jedoch erkannt, dass sich Android vergleichsweise leicht auf neue Gerätetypen portieren lässt. Hersteller von Mikroprozessoren unterstützen die Gerätehersteller, indem sie eigene Android-Varianten herausgeben, die zum Beispiel auf MIPS- oder X86-Prozessoren laufen.

Android war anfangs nur für ARM-Prozessoren verfügbar. Diese Prozessorarchitektur wird in den meisten der heute verkauften Mobiltelefonen verwendet. Durch die zusätzliche Unterstützung weiterer Prozessorarchitekturen wie MIPS und X86 kann Android inzwischen auf den meisten Geräten mit Mikroprozessor zum Laufen gebracht werden. *Android läuft nicht nur auf Mobiltelefonen.* Neben Mobiltelefonen kommt Android jetzt oder in naher Zukunft zum Beispiel auf Netbooks, Auto-Infotainment-Systemen, Festnetztelefonen, Spielekonsolen, Tablett-PCs oder in Set-Top-Boxen zum Einsatz. Grund genug, uns etwas näher mit der Systemarchitektur von Android zu beschäftigen. Abbildung 2-1 zeigt das Android-System im Überblick.

2.1 Architekturübersicht

Linux Basis von Android ist ein Linux-Kernel. Dieser enthält die erforderlichen Gerätetreiber und besitzt einige Optimierungen, vor allem in Bezug auf Energieverbrauch und Speichermanagement. *Linux als Basis*

Android-Laufzeitumgebung Den Kern der Laufzeitumgebung bildet die DVM (*Dalvik Virtual Machine*, siehe nächsten Abschnitt). Pro Android-Anwendung wird ein eigener Betriebssystemprozess gestartet und darin eine eigene DVM. In dieser läuft die Anwendung. Dies verbraucht zwar mehr Ressourcen, bietet aber Vorteile in puncto Sicherheit und Verfügbarkeit, da sich die Anwendungen keinen gemeinsamen Speicher teilen und ein sterbender Prozess nur eine Anwendung mit in die Tiefe reißt. *Stabile Laufzeitumgebung*

Abb. 2-1
Die Android-
Systemarchitektur

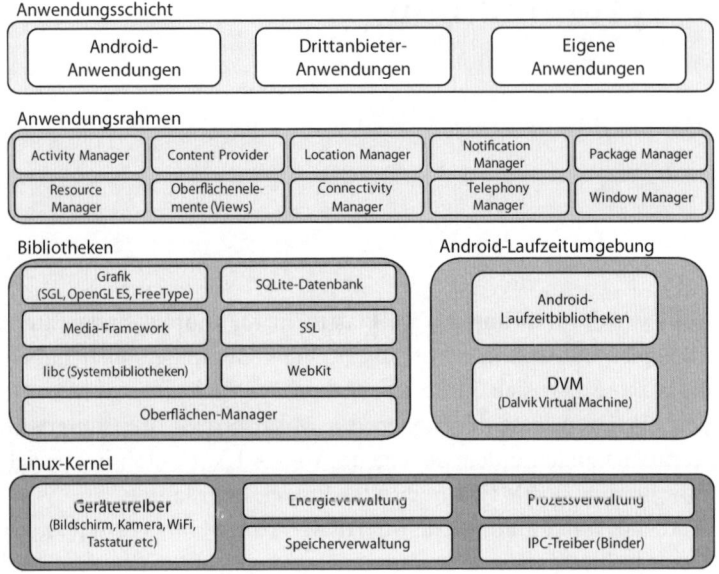

Standardbibliotheken Der Anwendungsrahmen von Android greift auf eine Menge von Basisbibliotheken zu, die in den folgenden Abschnitten detailliert beschrieben werden. Diese C/C++-Bibliotheken *Bibliotheken liefern* stellen alle zum Betrieb von Android-Anwendungen erforderlichen *Kernfunktionen.* Funktionalitäten (Datenbank, 2-D- und 3-D-Grafikbibliotheken, Webzugriff, Multimedia-Verwaltung, Oberflächenkomponenten etc.) bereit.

Anwendungsrahmen Der Anwendungsrahmen stellt einige Systemklassen zur Verfügung, die den Zugriff auf Hardwarekomponenten aus der Anwendung heraus erlauben. Diese Klassen sind komplett in Java geschrieben und stehen dem Entwickler zur Verfügung. Viele die- *Java kommt ins Spiel.* ser Klassen werden als »Manager« bezeichnet. Der Umgang mit diesen Manager-Klassen wird uns im weiteren Verlauf des Buches noch öfter beschäftigen.

Anwendungsschicht Auf dieser Ebene des Systems befinden sich die Android-Anwendungen. Dabei kann es sich um Eigenentwicklungen *Programmvielfalt* oder die von Google mitgelieferten Standardanwendungen handeln. Innerhalb der Anwendungsschicht finden die Interaktionen zwischen Mensch und Maschine sowie die Kommunikation zwischen Anwendungen statt. Jede Anwendung bedient sich dabei der darunterliegenden Programmierschnittstelle.

2.2 Die Dalvik Virtual Machine

Die Dalvik Virtual Machine wurde größtenteils von einem Google-Mitarbeiter namens Dan Bornstein entwickelt. Benannt ist sie nach dem isländischen Ort Dalvík, in dem Verwandte von Bornstein lebten. Sie stellt das Herzstück der Android-Laufzeitumgebung dar und basiert auf der quelloffenen JVM *Apache Harmony*, wurde aber in Aufbau und Funktionsumfang an die Anforderungen mobiler Endgeräte angepasst. Wir werden an dieser Stelle lediglich die Besonderheiten der VM darstellen. Für weiterführende Recherchen zur Dalvik VM empfiehlt sich ein Blick auf die zugehörige Webseite ([3]).

Wie unser Eingangsbeispiel bereits gezeigt hat, lässt sich Android komplett in Java programmieren. Dies hat den großen Vorteil, dass vorhandenes Wissen genutzt und vorhandene Entwicklungsumgebungen weiterverwendet werden können. Es stellt sich nun die Frage, wie der Java-Code in lauffähigen DVM-Code übersetzt wird und worin die Unterschiede zwischen DVM und JVM liegen. Wir wollen dabei aber nicht zu tief in die technischen Details gehen, da das den Rahmen dieses Buches sprengen würde. Einen guten technischen Überblick über die DVM liefert ein Fachartikel der Fachhochschule Nordwestschweiz ([41]).

JVM == DVM?

Die Anwendungen werden zur Entwicklungszeit von einem normalen Java-Compiler in Java-Bytecode übersetzt. Die Transformation des Java-Bytecode in einen speziellen DVM-kompatiblen Bytecode übernimmt ein Programm namens dx. Es ist Bestandteil des Android Development Kit und erzeugt aus dem Java-Bytecode den speziellen *Dalvik-Bytecode*. Diesen Vorgang bezeichnet man allgemein als *Cross-Compiling*. Die DVM wiederum führt zur Laufzeit den Dalvik-Bytecode aus.

Das Schaubild in Abb. 2-2 skizziert den Weg des Java-Codes von der Erstellung bis zur Ausführung im Android-Endgerät. Oberhalb der gestrichelten Linie findet die Entwicklung in der IDE auf dem PC statt. Der Pfeil nach unten steht für den Deployment-Prozess auf das Mobilgerät.

Vom Code zum Programm

Unterscheiden sich die »klassischen« JVMs von der Dalvik VM? Und wenn ja, inwieweit?

DVM != JVM

Klassische JVMs nutzen in ihrer virtuellen Prozessorarchitektur nicht aus, dass Mikroprozessoren Register haben. Register sind Zwischenspeicher direkt im Mikroprozessor, die Berechnungen über mehrere Zwischenergebnisse stark beschleunigen. Google hat mit der DVM eine Java-Laufzeitumgebung geschaffen, die Registermaschinencode erzeugt, also die Möglichkeiten moderner Prozessoren gut ausnutzt.

DVM nutzt Register.

Abb. 2-2
Von *.java zu *.dex

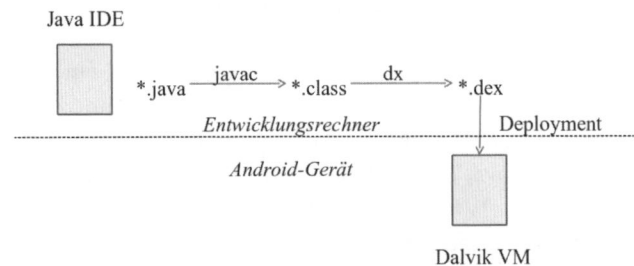

Die quelloffene DVM wurde zunächst für ARM-Prozessoren entwickelt und für diesen Prozessortyp optimiert. Die Firma *ARM Ltd.* stellt Prozessoren für Embedded Systems her, die auf der RISC-Architektur aufbauen und daher registerbasiert sind. ARM-Prozessoren kommen in vielen Mobiltelefonen zum Einsatz, da sie schnell und stromsparend sind. Es gibt jedoch inzwischen weitere Prozessorhersteller, die die DVM auf ihre Prozessorarchitektur adaptiert haben. Die Firma *MIPS Computer Systems* stellt zum Beispiel ebenfalls registerbasierte Prozessoren für den Embedded-Systems-Markt her und hat die DVM so angepasst, dass sie Maschinencode produziert, den MIPS-Prozessoren verarbeiten können. Gerätehersteller können so Android vergleichsweise leicht auf ihren Geräten zum Laufen bringen.

Prozessorunterstützung

Als Beispiel könnte man sich einen Fernsehgerätehersteller vorstellen, der MIPS-Prozssoren verwendet. Da nun MIPS Android unterstützt, kann der Hersteller Android einsetzen und einen Fernseher mit Android auf den Markt bringen. Mit dem Gerät könnte man dann auch im Internet surfen, E-Mail lesen und verschicken und beliebige Multimedia-Formate abspielen, die sich auf einem Rechner im WLAN befinden.

Android auf dem Fernseher

Obwohl Android-Programme in Java programmiert werden, fallen für Google keine Lizenzgebühren an, da Google einen Trick angewandt hat. Die Java-VM und der original Java-Bytecode sind lizenzrechtlich geschützt, die Programmiersprache Java hingegen nicht. Jeder kann ohne Lizenzkosten Java-Klassendateien erzeugen. Die DVM selbst wird explizit nicht als Java-VM dargestellt, da der Name »Java« von Sun geschützt ist. Da sie auch keinen Java-Bytecode verarbeitet, sondern Android-eigenen *Dex-Bytecode*, fällt sie nicht unter die Lizenz von Sun. Der Dex-Code wird durch den Cross-Compiler, das *dx-Tool* im Android-SDK, erzeugt. Darin liegt der ganze Trick: Man programmiert in Java, erzeugt wie gewohnt mit Hilfe des Java-Compilers des Java-SDK von Sun den Bytecode in Form von .class-Dateien und wendet darauf dann das dx-Tool an. Dieses liefert Dex-Bytecode-Dateien mit der Endung .dx, die zu einer fertigen Anwendung zusammenge-

Lizenztrick

dx-Tool erzeugt Bytecode.

packt werden. Das Ergebnis ist schließlich eine .apk-Datei, die fertige Anwendung. Da die Programmierschnittstelle der Java SE von Sun bisher nicht patentrechtlich geschützt ist, liegt auch hier aktuell keine Verletzung bestehender Rechte vor.

Die der DVM zugrunde liegende Standard-VM *Apache Harmony* wird unter der Apache License Version 2 vertrieben, so dass Änderungen am Code der JVM von den Geräteherstellern nicht im Quellcode ausgeliefert werden müssen. Dies ist für die Prozessorhersteller wichtig, da der Quellcode zur Erzeugung des Maschinencodes evtl. zu viel über den inneren Aufbau des Prozessors verraten würde. Ein weiterer Vorteil der Apache Harmony VM und damit der DVM ist, dass sie wenig Speicher verbraucht und so optimiert wurde, dass mehrere Instanzen der VM auch auf kleinen Computersystemen parallel laufen können. Dies ermöglicht ein anderes Prozessmodell, in dem jede Anwendung einen eigenen Prozess mit einer eigenen DVM startet. Auf dieser Basis lässt sich ein Sandbox-Prinzip verwirklichen, in dem alle Daten und Ressourcen gegenüber Zugriffen von außen geschützt sind. Wir kommen im nächsten Kapitel darauf zurück.

Apache Harmony VM

Eine DVM pro Anwendung

2.3   Standardbibliotheken

Die Kernfunktionalität von Android wird über C/C++-Standardbibliotheken bereitgestellt, die von der Anwendungsschicht genutzt werden. Die folgenden Abschnitte stellen einige dieser Bibliotheken kurz vor.

Standardbibliotheken in C

LibWebCore   Android stellt eine auf der quelloffenen Bibliothek *Web-Kit* (www.webkit.org) basierende Webbrowser-Umgebung zur Verfügung. WebKit ist Grundlage vieler Browser auf Mobiltelefonen und wird z.B. in Nokias Symbian-S60-Betriebssystem, in Apples iPhone oder aber im Google-Chrome-Browser eingesetzt.

Browsergrundlage

SQLite   Als Datenbanksystem kommt das im mobilen Bereich bewährte *SQLite* (www.sqlite.org) zum Einsatz, welches uns ein längeres Kapitel wert ist (siehe Kap. 11).

Leichte Datenbank

Media Framework   Das Android Media Framework basiert auf dem quelloffenen Multimedia-Subsystem *OpenCORE* der Firma PacketVideo. Diese Bibliothek ist für die Darstellung und Verarbeitung der gängigen Multimediaformate auf dem Gerät verantwortlich. Für die Grafikdarstellung und -verarbeitung werden die Bibliotheken *SGL* (2-D) und *OpenGL 1.0* (3-D) genutzt.

Medien darstellen

2.4 Der Anwendungsrahmen

Abstraktion der Hardware

Als *Anwendungsrahmen* bezeichnet man eine Schicht im Android-Systemaufbau, die den Unterbau für die Anwendungen bildet. Der Anwendungsrahmen abstrahiert die zugrunde liegende Hardware in Form von zahlreichen Manager-Klassen. Wir werden hier nicht die einzelnen Manager-Klassen vorstellen, da wir die wichtigsten im Verlauf des Buchs kennenlernen bzw. verwenden werden. Teilweise geschieht die ganz nebenbei. Wenn wir zum Beispiel in Kapitel 14 über den Lebenszyklus von Prozessen reden, dann spielt der Activity Manager eine große Rolle, da er die Activities zur Laufzeit verwaltet und sich eine Anwendung und damit ein Prozess (unter anderem) aus Activities zusammensetzt. Uns interessiert hier aber nicht das »Wie«, sondern die Konsequenzen für die Anwendungsentwicklung, die sich aus der Funktionsweise des Anwendungsrahmens ergeben.

Programmiert wird in Java.

Auf dem Anwendungsrahmen setzen die in Java programmierten Anwendungen auf. Neben den meisten Klassen und Methoden aus Java SE stehen zahlreiche Android-spezifische Klassen zur Verfügung. Während die fachliche Logik zum größten Teil in Java SE programmiert wird, verwendet man zum Beispiel für Oberflächengestaltung, Datenhaltung oder Datenübertragung Klassen, die zur Android-API gehören. Dies können spezielle Android-Klassen sein oder Klassen aus Bibliotheken, die in das Android-SDK integriert wurden. Ein Beispiel hierfür ist *SQLite*, eine leichtgewichtige Datenbank.

Es gibt vier zentrale Komponenten.

Neben den allgemeinen Java-Klassen gibt es vier zentrale Komponenten, aus denen sich jedes Android-Programm zusammensetzt. Dabei muss ein Programm nicht alle vier Komponententypen enthalten. Der Programmeintrittspunkt ist jedoch immer eine dieser Komponenten. Sie spielen eine zentrale Rolle bei der Android-Programmierung, und wir werden sie im Laufe des Buchs noch ausführlicher kennenlernen.

2.5 Android-Komponenten

Anwendungen bestehen aus Komponenten.

Wir werden im weiteren Verlauf oft von »*Android-Komponenten*« oder schlicht »*Komponenten*« sprechen. Dies hat einen guten Grund: Die Sprechweise soll immer wieder bewusst machen, dass es sich bei Android um eine moderne Plattform für komponentenbasierte Anwendungen handelt. Ziel der Softwareentwicklung unter Android soll es nicht sein, das Rad jedesmal neu zu erfinden. Ausgehend von einigen vorinstallierten Standardanwendungen lassen sich Anwendungen entwickeln, die Teile davon verwenden. Daraus entstehen wiederum neue

Anwendungen, die ihrerseits Teile anderer auf dem Gerät installierter Anwendungen nutzen können.

Ein Beispiel: Wer ein Android-Mobiltelefon kauft, findet darauf die vorinstallierten Anwendungen »Kontakte« (engl. »Contacts«) und »*Tele-fon*« (engl. »Phone«). Wenn Sie selbst Anwendungen für Android schreiben, können Sie sich aus der Datenbank der Anwendung »Kontakte« eine Telefonnummer holen und sie in der Activity der Anwendung »Telefon« wählen lassen. Die Anwendungen sind »offen«. Sie können über das Berechtigungssystem anderen Anwendungen erlauben, einige ihrer Komponenten zu verwenden. Was sind nun diese Komponenten? *Zugriff von außen möglich*

Als Komponenten werden wir in Zukunft die folgenden Begriffe bezeichnen:

Activity Activities dienen zur Darstellung und Verwaltung von Oberflächen. Sie bestimmen, welche Oberflächenelemente angezeigt werden sollen, behandeln Anwendereingaben, lesen Eingabefelder aus und reagieren auf die Auswahl in einem Menü. Anwendungen, die mit dem Anwender interagieren, brauchen mindestens eine Activity. Activities kümmern sich um die sichtbaren Bestandteile einer *View* Anwendung und können miteinander zu einer komplexeren Anwendung verknüpft werden. Sie sind jedoch Komponenten einer Anwendung, die mehr machen als die reine Darstellung von Daten und Formularen. Genaueres erfahren wir in Kapitel 5.

Service Nicht jeder Teil einer Anwendung braucht eine Oberfläche. Manche Operationen sollen unsichtbar für eine längere Zeit im Hintergrund erfolgen. Wenn man Musik abspielen möchte, kann man die Bedienung des Players einer Activity überlassen und das Abspielen der Musik durch einen Service erledigen lassen, auch *Controller* wenn die Bedienoberfläche schon geschlossen wurde. Ein Service erledigt Hintergrundprozesse und wird in Kapitel 8 näher erklärt.

Content Provider Viele Anwendungen bieten die Möglichkeit, Daten zu laden oder zu speichern. Ein Content Provider verwaltet Daten und abstrahiert die darunterliegende Persistenzschicht. Er kann über Berechtigungen seine Daten einer bestimmten Anwendung *Model* oder auch vielen Anwendungen zur Verfügung stellen. Er hat eine definierte Schnittstelle und wird darüber lose an Anwendungen gekoppelt. Mit Content Providern beschäftigen wir uns in Kapitel 13.

Broadcast Receiver Broadcast Receiver empfangen Systemnachrichten, die z.B. über Störungen der Netzwerkverbindung informieren oder über einen schwachen Akku. Die Android-Plattform verwendet *Systemnachrichten* häufig solche Systemnachrichten, um Anwendungen die Möglich- *empfangen* keit zu geben, auf Änderungen des Systemzustands zu reagieren. Mehr dazu erfahren wir in Kapitel 10.

2.6 Die Klasse Context

Die Klassen `Activity` und `Service` sind von der abstrakten Klasse `android.content.Context` abgeleitet. Sie repräsentiert den Anwendungskontext und stellt somit einen Bezug der Anwendung zu dem System *Schnittstelle zur* her. Man kann beispielsweise auf die Manager-Klassen des Anwen- *Laufzeitumgebung* dungsrahmens zugreifen, indem man auf dem Context-Objekt die Methode `getSystemService` aufruft. Auf diese Weise erhält man Zugriff auf die Hardware des Android-Geräts. Weitere Systembestandteile, auf die der Anwendungskontext zugreifen kann, sind z.B.

- der Classloader,
- das Dateisystem,
- die Berechtigungen der Anwendung,
- die verfügbaren Datenbanken,
- die anwendungseigenen Bibliotheken,
- die anwendungseigenen Ressourcen (Bilder etc.),
- die Bildschirmhintergrund,
- der Zugriff auf andere Komponenten der Anwendung
- etc.

Context via this Da die beiden Komponenten Activity und Service von Context abgeleitet sind, steht der Anwendungskontext mittels `this` dort überall zur Verfügung. Broadcast Receiver bekommen den Anwendungskontext als Parameter beim Start übergeben. Beim Content Provider hat man Zugriff auf den Anwendungskontext über die Methode `getContext`. Da bei Android-Programmen der Programmeintrittspunkt *immer* eine Komponente ist, kann man den Anwendungskontext an andere Klassen übergeben, so dass man ihn überall im Programm zur Verfügung hat.

Der Kontext einer Anwendung wird uns noch oft begegnen, und es ist wichtig, sich diesen Begriff zu merken und ein Gefühl für seine Bedeutung zu entwickeln.

3 Sicherheit

Eine der interessantesten Eigenschaften von Android ist die Möglichkeit, zusätzliche Programme zu installieren. Allein der Android Market bietet zahlreiche Programme, kostenlose wie kostenpflichtige. Wir beschäftigen uns in diesem Kapitel mit den Sicherheitsrisiken, die dadurch entstehen. Falls nämlich ein Programm unberechtigt auf die Daten eines anderen Programms zugreifen kann, handelt es sich um eine Sicherheitslücke. Andererseits will man bisweilen Daten zwischen Programmen austauschen. Man braucht also einen Weg, eine rundum geschützte Anwendung kontrollierbar nach außen zu öffnen. Dies führt uns zum *Sandbox*-Prinzip und zu Berechtigungen.

Rundumschutz

3.1 Das Sandbox-Prinzip

Android führt Anwendungen in einer *Sandbox* aus. Eine Sandbox ist eine eingeschränkte Laufzeitumgebung, in der bestimmte Funktionen verboten sind. Dazu gehört beispielsweise der direkte Zugriff auf das Betriebssystem oder auf die Daten einer anderen Anwendung. Das Android-System sorgt mit seinem Sandbox-Prinzip dafür, dass eine Anwendung in einer eigenen Umgebung läuft und einen eigenen Bereich im Dateisystem zugewiesen bekommt. Dazu werden Bestandteile des zugrunde liegenden Linux-Betriebssystems genutzt. Aus Sicht des Betriebssystems besitzt eine Android-Anwendung

Default: Zugriff verboten

- einen eigenen Prozess,
- einen eigenen Betriebssystem-User,
- eine eigene DVM,
- einen eigenen Bereich im Hauptspeicher des Geräts (Heap) sowie
- einen eigenen Bereich im Dateisystem.

Das Android-System nutzt das Prozess-Management und das Berechtigungssystem von Linux. Einer Anwendung wird bei der Installation ein neuer Benutzer auf Betriebssystemebene zugeordnet (ein »*User*« auf Linux-Ebene, weshalb wir hier diesen Begriff verwenden). Wird die Anwendung gestartet, läuft sie unter diesem User in einem eigenen Prozess.

Ein User pro Anwendung

Durch das Linux-Berechtigungssystem erhält die Anwendung ein Verzeichnis im Dateisystem des Android-Geräts, welches für andere Programme nicht lesbar bzw. beschreibbar ist. Prozesse sind in Linux gegen den Zugriff von außen geschützt, und dadurch kann auch kein unerlaubter Zugriff auf den Speicher der DVM erfolgen, die in diesem Prozess läuft. Durch ein geschicktes Prozess-Management, eine DVM, die selbst wenig Speicher verbraucht, und durch eine intelligente Komponentenverwaltung liegt Android ein echtes Multitasking-Betriebssystem zugrunde. Dies ist einer der größten Vorteile von Android gegenüber z.B. Java ME oder dem iPhone-Betriebssystem (*iPhone OS*).

Sicherheit durch eigenen Prozess

Berechtigungen werden explizit in der Anwendung vergeben, und ohne diese Berechtigungen kann ein Programm die Sandbox nicht verlassen. Es kann also keine sicherheitsrelevanten Aktionen durchführen und darf nur seine eigenen Ressourcen verwenden. Die Vergabe von Berechtigungen erfolgt im Android-Manifest.

3.2   Signieren von Anwendungen

Bevor eine Anwendung über das Internet auf einem Android-Gerät installiert werden kann, muss sie signiert werden. Signieren bedeutet, dass der Anwendung mit Hilfe des Zertifikats eine »digitale Unterschrift« hinzugefügt wird. Zum Signieren benötigt man ein Zertifikat, welches man selbst erstellen kann. Normalerweise verwendet man beglaubigte Zertifikate, um die Identität einer Daten- oder Programmquelle sicherzustellen, damit man nur Daten oder Programme von vertrauenswürdigen Quellen auf seinen Computer lädt. Das Android-SDK erlaubt ausdrücklich das Signieren mit unbeglaubigten Zertifikaten. Folglich weiß man bei der Installation von Android-Programmen nicht, ob der genannte Hersteller der ist, für den er sich ausgibt.

Selbst erstellte Zertifikate erlaubt

Das Signieren einer Android-Anwendung hat einen anderen Zweck: Anwendungen, die mit dem gleichen Zertifikat signiert wurden, stammen von einem Hersteller, da (hoffentlich) nur dieser das Zertifikat besitzt. Durch entsprechende Berechtigungen können sich alle so signierten Anwendungen eine Sandbox teilen. Wenn die im Android-Manifest zu vergebenden Berechtigungen es erlauben, verwenden die Anwendungen das gleiche Dateisystem, teilen sich denselben User und laufen im gleichen Prozess.

Mehrere Anwendungen in einer Sandbox laufen lassen

Das Android-SDK bringt ein Standardzertifikat mit, welches im Android-Plugin für Eclipse automatisch verwendet wird. Beim Starten der Anwendung im Emulator oder auf einem per USB-Kabel angeschlossenen Android-Gerät wird die .apk-Datei mit dem Standardzertifikat signiert und ist sofort lauffähig. Als Entwickler kann man folglich

Zum Entwickeln reicht das Standardzertifikat.

zunächst auf die Erzeugung eines Zertifikats verzichten. Später wird man aber die Anwendung meist einer größeren Zahl von Nutzern zur Verfügung stellen wollen und eine Installation über das Internet ermöglichen. Dann muss die Anwendung mit einem eigenen Zertifikat signiert werden. Dies ist ebenfalls nötig, wenn man sie im Android-Market zugänglich machen möchte. Wie man ein eigenes Zertifikat erstellt und die Anwendung »marktreif« macht, erklären wir im dritten Teil des Buchs in Kapitel 20.

3.3 Berechtigungen

Berechtigungen gewähren Anwendungen Zugriff auf Systemfunktionen und Ressourcen außerhalb der Sandbox. Es ist beispielsweise nicht möglich, eine Internetverbindung aufzubauen oder eine SMS zu verschicken, wenn man nicht explizit die dafür zuständige Berechtigung vergeben hat. Berechtigungen werden im Android-Manifest gepflegt, damit sie zum Zeitpunkt der Installation bekannt sind. Dies ist wichtig, da eine Anwendung bzw. Bestandteile von ihr von anderen Anwendungen genutzt werden können, ohne dass sie läuft. Berechtigungen weichen die Sandbox auf und öffnen die Anwendung kontrolliert nach außen.

Wir werden hier nicht alle Berechtigungen vorstellen, da es davon an die einhundert Stück gibt. Wir werden vielmehr zeigen, wie man sie setzt. Ein paar prominente Beispiele werden wir uns aber rauspicken und in Tabelle 3-1 näher erklären.

Circa 100 Berechtigungen

Während der Entwicklung wird man bisweilen auf das Problem stoßen, dass man vergessen hat, die nötigen Berechtigungen zu setzen. Erst *zur Laufzeit* wird dann eine `java.lang.SecurityException` geworfen. Der Fehlertext ist zum Glück aussagekräftig. Wollen wir z.B. unsere aktuelle Position über das GPS-Modul bestimmen, verwenden wir den Location Manager, eine Android-Komponente zur Positionsbestimmung. Beim ersten Testlauf erhalten wir einen Hinweistext der Form:

```
java.lang.SecurityException: Requires
    ACCESS_FINE_LOCATION permission
```

Diesen Fehler beheben wir, indem wir das Android-Manifest öffnen und gleich nach dem Manifest-Tag unsere Berechtigung einfügen. Dabei wird den Permissions immer ein »android.permission.« vorangestellt.

Berechtigungen vergeben

```
<manifest xmlns:android=
  "http://schemas.android.com/apk/res/android"
  package="de.androidbuch.amando"
    android:versionCode="1"
    android:versionName="1.0">
  <uses-permission android:name=
    "android.permission.ACCESS_FINE_LOCATION"/>
```

Alle vorhandenen Berechtigungen finden sich unter [26]. Tabelle 3-1 zeigt einige prominente Vertreter, die uns zum Teil später noch begegnen werden.

Tab. 3-1
Einige wichtige
Android-
Berechtigungen

Berechtigung	Beschreibung
ACCESS_FINE_LOCATION	Berechtigung zum Abfragen der aktuellen Position über das GPS-Modul
ACCESS_NETWORK_STATE	Eine Internetverbindung kann abreißen, z.B. wenn Sie in ein Funkloch geraten. Dank dieser Berechtigung können Sie Informationen über die zur Verfügung stehenden Netzwerke abrufen (siehe auch die nächste Berechtigung).
CHANGE_NETWORK_STATE	Eine Verbindung mit dem Internet über WLAN kann billiger sein als über Ihren Netzbetreiber. Die Anwendung kann registrieren, wenn ein WLAN in Reichweite ist, und versuchen, sich darüber zu verbinden.
INTERNET	Erlaubt das Verbinden mit einem Server via Socket-Verbindung
RECEIVE_BOOT_COMPLETED	Erlaubt der Anwendung, den Intent android.intent.action. BOOT_COMPLETED zu empfangen. Dadurch kann sich eine Anwendung automatisch starten, nachdem das Android-Gerät eingeschaltet wurde.
RECEIVE_SMS	Erlaubt einer Anwendung, SMS zu empfangen. Damit lassen sich sehr interessante Programme entwickeln, da SMS genutzt werden können, um ein Android-Gerät zu erreichen, welches nicht über das Internet mit einem Server verbunden ist.

3.4 Anwendungsübergreifende Berechtigungen

Wie wir in Abschnitt 3.2 schon beschrieben, ist es möglich, mehrere Anwendungen in einer gemeinsamen Sandbox laufen zu lassen. Die Anwendungen können lesend und schreibend auf die gleichen Ressourcen zugreifen, so als würde es sich um eine Anwendung handeln.

Um dies zu erreichen, vergibt man allen beteiligten Anwendungen im Android-Manifest eine gemeinsame `sharedUserId`. Bei der Installation der Anwendungen auf einem Android-Gerät erkennt Android die zusammengehörenden Anwendungen und teilt ihnen den gleichen User auf Betriebssystemebene zu. Die Anwendungen laufen daraufhin nach dem Start in einem gemeinsamen Prozess und teilen sich eine Sandbox. Ein Beispiel:

sharedUserId

```
<manifest xmlns:android=
  "http://schemas.android.com/apk/res/android"
  package="de.androidbuch.amando"
  android:versionCode="1"
  android:versionName="1.0"
  android:sharedUserId="de.androidbuch">
...
```

> **Hinweis**
>
> Die `sharedUserId` muss mindestens einen Punkt enthalten. Eine gute Wahl für eine `sharedUserId` ist der Domänenname der Firma, für die man das Programm entwickelt, und die oberste Paketebene des Android-Projekts.

Nun könnte jedoch jede Anwendung, die ebenfalls diese `sharedUserId` besitzt, auf die Daten der anderen Anwendungen zugreifen. Da dies ein Sicherheitsrisiko darstellt, wird bei der Installation der Anwendung auf dem Android-Gerät geprüft, ob die Anwendung mit dem gleichen Zertifikat signiert wurde wie die anderen schon installierten Anwendungen, die die gleiche `sharedUserId` verwenden (siehe Kap. 20). Da das Zertifikat beim Hersteller der Software liegt und nicht öffentlich ist, kann man keine Anwendung mit »gestohlener« `sharedUserId` zum Ausspähen von privaten Daten erstellen.

Sicherheit dank Zertifikat

Für Anwendungen, die aus der Entwicklungsumgebung heraus getestet werden, gilt dies nicht. Hier wird sowieso für alle Anwendungen das gemeinsame Standardzertifikat verwendet.

Teil II
Android in der Praxis

In Teil II dieses Buches werden wir uns mit den Möglichkeiten und Grenzen von Android in der Praxis auseinandersetzen. Wir werden unsere Beispielanwendung »Amando« Schritt für Schritt aufbauen und für die raue Wirklichkeit auf mobilen Endgeräten vorbereiten.

Praxisbeispiel »Amando«

Nach einer kurzen Einführung über Ziele und fachliche Inhalte des Projektes »Amando« werden wir die technischen Themengebiete in den einzelnen Kapiteln vorstellen und unsere Software erweitern. Auch hier erheben wir nicht den Anspruch, jede noch so kleine Nuance der Android-API auszuloten und vorzustellen. Vielmehr ist es uns wichtig, ein kleines »Kochbuch« für den schnellen Einstieg zu liefern, welches jeweils von einem kurzen Theorieteil und einem Praxisteil mit ausführlichen Codebeispielen flankiert wird.

Ziel dieses zweiten Teils ist es, Sie in die Lage zu versetzen, ohne umfangreiche Online-Recherchen ein Android-Projekt erfolgreich umzusetzen. Die vorherige Lektüre des ersten Buchteils wird empfohlen, ist aber nicht unbedingt notwendig.

Sämtliche hier erwähnten Quelltexte stehen auf der Website zum Buch (`www.androidbuch.de`) zum Herunterladen bereit.

Warnung!

Der in den folgenden Abschnitten gezeigte Quellcode ist *nicht* optimiert. Teilweise werden wir nur Codefragmente skizzieren, die allein nicht kompilierbar sind.

Uns ist in diesem Buch die Lesbarkeit und das Verständnis zunächst wichtiger als die Laufzeit der Anwendung. Auf der Website zum Buch sind die Codebeispiele praxistauglich umgesetzt.

4   Beispielanwendung »Amando«

Wir beschreiben in diesem Kapitel unsere Beispielanwendung *Amando*, dem lateinischen Wort für »wegweisen«. Dieses Android-Programm dient als roter Faden für den Teil II dieses Buchs. Wir werden in den einzelnen Kapiteln nach und nach ein vollständiges Android-Programm entwickeln, welches die wesentlichen Android-Komponenten enthält. Um das Programm zu verstehen und die Quellcode-Auszüge richtig einordnen und verstehen zu können, ist es wichtig zu wissen, welche Funktionen Amando hat. Daher beschreiben wir nun die fachliche Seite des Programms und geben einen Überblick über die Komponenten, bevor wir uns später um die technische Umsetzung kümmern.

Roter Faden

4.1   Aus Sicht des Anwenders

Stellen Sie sich vor, Ihr Schwager hat eine Ballonfahrt gewonnen und Sie stellen seine »Bodenmannschaft« dar. Sie wollen Ihren Schwager, nennen wir ihn »Walter«, auf einfache Weise wiederfinden, nachdem er irgendwo in der Wildnis gelandet ist. Deshalb haben Sie sich beide die »wegweisende« Anwendung Amando auf Ihrem Android-Gerät installiert. Solange in der Wildnis noch Mobilfunk- und GPS-Empfang möglich ist, kann Ihnen Walter mit Hilfe von Amando seine aktuelle Position schicken.

Problem

Lösung

Auf Ihrem Gerät zeigt Amando dann Walters und Ihre Position auf einer Karte an. Eine Kompassanzeige auf der Karte erleichtert Ihnen die Orientierung.

Am Vorabend haben Walter und Sie einmal Folgendes ausprobiert: Walter hat Amando gestartet und bekam den Hauptbildschirm zu sehen (siehe Abb. 4-1 links). Über den entsprechenden Menüpunkt haben Sie die *»Hilfe«* aufgerufen und dort gelesen, dass Amando eine eigene Liste von Kontakten besitzt, die zusätzlich die Geopositionsdaten enthalten. Diese nennen sich *Geokontakte*. Als kleine Vorarbeit haben Sie daher beide *»Geokontakte verwalten«* ausgewählt (siehe Abb. 4-1 rechts) und in der Liste der Geokontakte Amandos neue Einträge hinzugefügt. Walter konnte Sie mit Ihrer Mobilnummer über den Menüpunkt *»Import«*

Ausprobieren

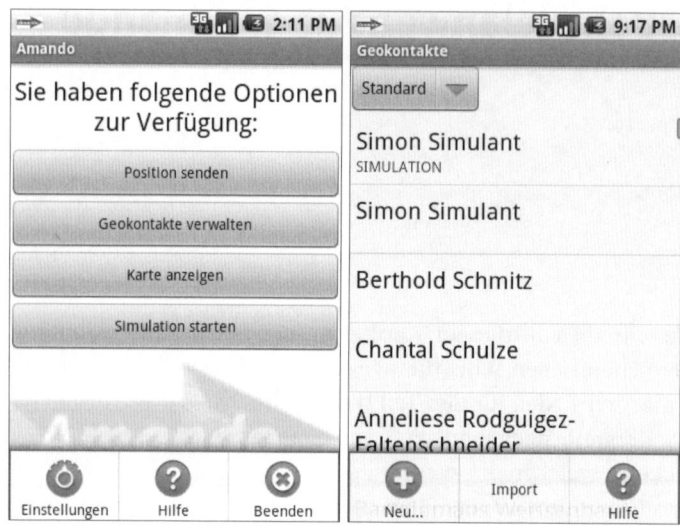

einfach aus dem Android-Adressbuch übernehmen. Sie wählten dagegen den Weg über den Menüpunkt *»Neu...«* und konnten seine Daten eingeben, wie in der Abbildung 4-2 links zu sehen.

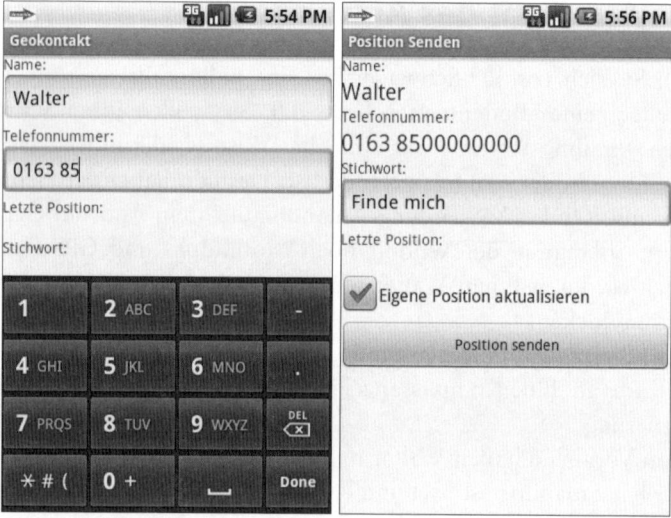

*Automatische
Positionsermittlung*

*Amando weiß,
wo es ist.*

Nun kann Walter seine Ballonfahrt starten. Wenn er sich wieder zur Landung anschickt, kann er auf der Startseite *»Position senden«* wählen. Nachdem er Sie aus der Geokontaktliste ausgewählt hat, bekommt er eine Bildschirmmaske, wie in Abbildung 4-2 rechts präsentiert. Seine Position muss er nicht eingeben: Da Android über ein Modul zur Ermittlung der Ortsposition verfügt (den *Location Manager*), weiß

Amando immer, wo es sich gerade befindet. In der Maske kann Walter noch ein Stichwort eingeben, bevor er Ihnen eine SMS mit den Positionsdaten schickt. Mit dem einmaligen Verschicken der SMS ist »Position senden« abgeschlossen.

Da Walter Ihnen seine Position laufend mitteilen möchte, setzt er zusätzlich das Häkchen bei »*eigene Position aktualisieren*«. Dadurch informiert seine Amando-Anwendung Sie im Hintergrund weiter über Änderungen seines Standorts. Um Kosten zu sparen, erfolgt dies nicht per SMS, sondern über einen Amando-Server im Internet: In Walters Amando-Anwendung wird ein Hintergrundprozess gestartet, der auf Positionsänderungen lauscht und diese über das Internet an den Amando-Server schickt. Ihre Amando-Anwendung baut eine ständige Verbindung zum Server auf und empfängt darüber die Aktualisierungen. Auf diese Weise bekommen Sie mit, wenn der Landeplatz sich wegen einer Windböe um ein paar Äcker verschiebt. Voraussetzung dafür ist allerdings, dass die Wildnis so weit erschlossen wurde, dass Internet per Mobilfunk zur Verfügung steht.

Aber zu Ihrer Aufgabe als Abholer: Bei Erhalt der SMS wird Amando automatisch auf Ihrem Android-Gerät gestartet und wechselt in die Kartendarstellung (siehe Abb. 4-3). Ganz so, als hätten Sie auf dem Startbildschirm den Punkt »*Karte anzeigen*« ausgewählt.

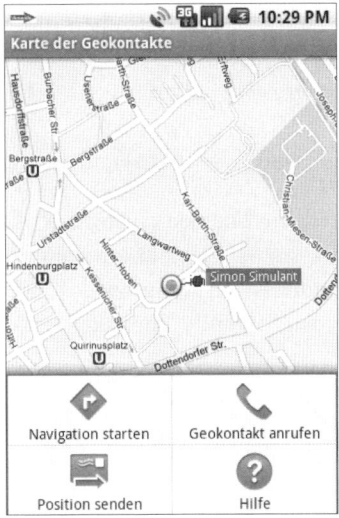

Abb. 4-3
Anzeige der Karte

Ihre aktuelle Position wird mit einem blauen Punkt kenntlich gemacht und die Karte auf diesen Punkt zentriert. Die Position von Walter wird durch einen roten Punkt dargestellt und eine Linie zwischen den beiden Positionen eingezeichnet. Sie können die Karte nach Belieben vergrößern oder verkleinern. Falls Sie sich trotz Amandos Hilfe verspäten sollten, können Sie Walter mittels des Menüpunkts »*Geokontakt anru-fen*« direkt aus der Kartendarstellung anrufen.

Wenn Sie eine aktuelle Google-Maps-Anwendung installiert haben, können Sie sich über den Menüpunkt »*Navigation starten*« eine Route zu Walters Standort anzeigen lassen.

Zwei Menüpunkte, die in Abbildung 4-1 links zu sehen sind, bleiben noch offen. Über die »*Einstellungen*« kann man einige anwendungs-spezifische Parameter pflegen. Dazu gehört z.B. Ihr »Nickname« für die Anzeige auf der Karte. Mit Hilfe von *Beenden* kann Amando verlassen werden. Dabei wird die Netzwerkverbindung getrennt.

4.2   Kapitelübersicht

Nachdem die fachlichen Ziele definiert sind, wenden wir uns der Um-setzung in die Praxis zu. In diesem Abschnitt geben wir Ihnen einen Überblick über die Themengebiete, mit denen wir uns in diesem Teil des Buches beschäftigen wollen.

Die Beispielanwendung wird auf mehrere Kapitel aufgeteilt. Ein Kapitel ist hier als Synonym für ein *Lerngebiet* aufzufassen. Jedes Ka-pitel ist nach folgendem Schema aufgebaut:

▪ *Ziel*: Beschreibung des Lernziels dieses Kapitels
▪ *Theoretische Grundlagen*: Theoretische Einführung in die Themen, die zur Erreichung der Ziele erforderlich sind
▪ *Hauptteil/Implementierungsphase*: Beschreibung der Implementie-rungsschritte
▪ *Fazit*: Zusammenfassung, Referenzen, Schnelleinsteiger-Tipps

Zwischendurch werden wir Themen einstreuen, die für das Verständnis allgemein wichtig sind, sich aber nicht oder nur zum Teil in Form von Quelltext in der Amando-Anwendung wiederfinden.

Im Einzelnen werden folgende Themengebiete für Amando behan-delt:

1. Oberflächen erstellen
2. Anzeigen und Bearbeiten von Daten
3. Hintergrundoperationen
4. Datenbanken
5. Netzwerke
6. Standortbezogene Dienste

Die Themen »Interprozesskommunikation«, »Intents«, »Systemnach-richten«, »Dateisystem« und »Lebenszyklus von Prozessen« sind dazwi-schen eingestreut. Der im Einstiegsbeispiel verwendete Code wird nicht weiterverwendet, da er in keinem Zusammenhang zu Amando steht.

5 Oberflächengestaltung

Die Qualität der Programmoberfläche ist ein wichtiges Kriterium für die Akzeptanz durch den Anwender. Schon durch den geschickten Einsatz der bereitgestellten Oberflächenelemente und deren optisch ansprechende Positionierung auf dem Bildschirm kann man viel erreichen.

Wir wollen uns daher im ersten Teil unseres Projekts mit den Grundlagen der Oberflächengestaltung in Android befassen. Dieses Kapitel führt in die Erstellung von Bildschirmseiten und Menüs ein. Wir werden alle notwendigen Komponenten und deren Zusammenspiel am Beispiel der Amando-Anwendung vorstellen. Auf Basis dieser Grundlagen können Sie später komplexere und optisch anspruchsvollere Oberflächen erzeugen.

5.1 Ziel

Ziel dieses Kapitels ist es, den Startbildschirm von Amando zu implementieren. Auf diesem werden, neben einem Hinweistext, Schaltflächen für die Operationen »*Position senden*«, »*Geokontakte*«, »*Karte Anzeigen*« und »*Simulation starten*« dargestellt. Über die Menütaste des Geräts können die Funktionen »*Einstellungen*«, »*Hilfe*« und »*Beenden*« aufgerufen werden. Die Schaltflächen und Menüs sind noch ohne Funktion. Die Texte der Startseite werden in einer Ressourcendatei verwaltet, was eine spätere Umstellung auf Mehrsprachigkeit erleichert. Sie werden lernen, wie Ressourcen verwaltet werden und wie man sie referenziert.

Erstes Ziel: die Startseite

5.2 Schnelleinstieg: Activities, Layouts und Views

In diesem Abschnitt erklären wir, aus welchen Grundbausteinen sich eine Oberfläche zusammensetzt. Anschließend wird beschrieben, wie man diese Bausteine zu einer lauffähigen Anwendung verknüpft.

5.2.1 Grundbausteine der Oberflächengestaltung

Wir wollen nach dem Start der Amando-Anwendung eine Bildschirmseite mit mehreren Schaltflächen, etwas Text und einem Bild angezeigt bekommen. Diese einzelnen Bausteine nennt man *Views*. Sie werden mit Hilfe eines Layouts angeordnet. Die Funktionalität, also unter anderem das Reagieren auf Oberflächenereignisse innerhalb des Layouts und der Zugriff auf die darin enthaltenen Views, erfolgt durch eine Android-Komponente namens *Activity*. Eine Activity sollte immer zur Darstellung genau einer Bildschirmseite implementiert werden. Sie besitzt zu einem Zeitpunkt nur ein Layout, welches sie zur Anzeige bringt. Sie ist darüber hinaus in der Lage, auf Datenquellen und die Hardware des Android-Geräts zuzugreifen. Sie besitzt also die Kontrolle darüber, welche Daten angezeigt werden und welche Eingaben auf der Oberfläche im Programm umgesetzt werden.

Activity := Kontrolle

View = Darstellung

Jedes an der Oberfläche sichtbare Element ist von der Klasse `android.view.View` abgeleitet. Die klassischen Oberflächenelemente wie Eingabefelder, Schaltflächen und Auswahllisten werden wir ab jetzt als *Oberflächen-Komponente* oder *View* bezeichnen.

Layout = Anordnung

Views werden mit Hilfe eines Layouts auf dem Bildschirm angeordnet. Es gibt verschiedene Layouts, die eine jeweils unterschiedliche Anordnungsvorschrift darstellen. Es gibt ein Layout für eine lineare Anordnung der View-Elemente, ein Layout für eine tabellarische Anordnung, ein Layout für eine Anordnung relativ zueinander usw.

Oberfläche :=
Baum von Views

Layouts sind von der Klasse `android.view.ViewGroup` abgeleitet. Mit dieser Klasse hat man als Programmierer in der Regel selten bis gar nicht zu tun, aber es ist wichtig, sich zu vergegenwärtigen, dass Layouts (= `ViewGroup`) Gruppen von Views sind, die auch ineinander geschachtelt werden können. Views selbst sind recht komplexe Objekte, Layouts demzufolge sehr komplexe Objekte, und geschachtelte Layouts können so umfangreich werden, dass sie die Performanz einer Anwendung spürbar beeinflussen. Wir werden in Abschnitt 5.4.1 darauf zurückkommen.

Bildschirmseite :=
Activity + Layout

Die Oberfläche einer Anwendung, die gerade angezeigt wird, nennen wir Bildschirmseite. Sie setzt sich zusammen aus dem Layout (mit den darin enthaltenen Views oder weiteren Layouts) und einer Activity, die auf die Oberflächenereignisse reagiert und Daten in View-Elementen zur Anzeige bringen kann. Die Bildschirmseite ist also der Teil der gesamten Oberfläche, mit der ein Anwender in Kontakt mit dem Programm tritt. Über sie übt er die Kontrolle über die Anwendung aus.

5.2.2   Oberflächen implementieren

Wir werden nun die oben genannten Begriffe auf unsere Aufgabenstellung, die Implementierung von Amando, anwenden. Am Beispiel der Startseite des Programms werden wir uns sowohl theoretisch wie praktisch mit dem Erstellen von Activities befassen. Abbildung 5-1 zeigt die Bildschirmseite, die angezeigt wird, wenn man Amando startet.

Beispiel: Startseite

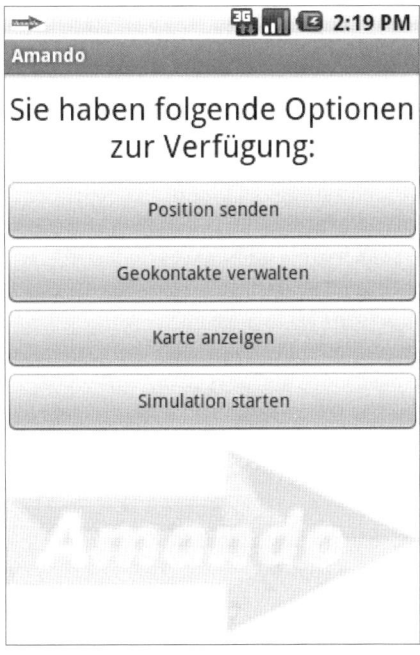

Abb. 5-1
Bildschirmaufbau

Man sieht eine Textzeile, vier Schaltflächen und ein Bild. Dies sind unsere Views, die mit Hilfe eines Layouts innerhalb der Activity angeordnet sind. Unten im Bild sieht man ein Optionsmenü mit den Optionen »Einstellungen«, »Hilfe« und »Beenden«. Das Menü ist nicht Teil des Layouts, sondern wird von der Activity beigesteuert.

Menüs gehören nicht zum Layout.

Zunächst wird wieder, wie im Einstiegsbeispiel in Kapitel 1, ein Android-Projekt angelegt. Tabelle 5-1 zeigt die notwendigen Einstellungen, die wir für das Amando-Projekt brauchen.

Das Android-Eclipse-Plugin generiert uns das gewünschte Projekt. Um nun dem Startbildschirm das gewünschte Aussehen zu geben, löschen wir die Datei /res/layout/main.xml und legen dafür eine neue Datei im gleichen Ordner mit dem Namen »startseite_anzeigen.xml« an. Die Datei füllen wir mit dem Inhalt aus Listing 5.1. Wir haben den im Buch abgedruckten Quellcode etwas verkürzt, um ihn auf das wesentliche zu reduzieren. Die vollständigen Listings befinden sich im Amando-

Tab. 5-1
Projekteinstellungen
für das
Amando-Projekt

Project name:	amando
Build Target:	Google APIs, Version 2.1
Application name:	Amando
Package name:	de.androidbuch.amando
Create Activity:	Startseite
Min SDK version:	7

Projekt, welches von der Webseite zum Buch (www.androidbuch.de) heruntergeladen werden kann.

Listing 5.1
Bildschirmlayout
startseite_anzeigen.xml

```xml
<?xml version="1.0" encoding="utf-8"?>
<LinearLayout xmlns:android=
    "http://schemas.android.com/apk/res/android"
    android:orientation="vertical"
    android:layout_width="fill_parent"
    android:layout_height="fill_parent"
    android:background="@color/weiss" >

  <TextView
    style="@android:style/TextAppearance.Large"
    android:layout_width="fill_parent"
    android:layout_height="wrap_content"
    android:paddingTop="10px"
    android:paddingBottom="10px"
    android:text="@string/startseiteanzeigen_intro"
    android:textColor="@color/schwarz"
    android:gravity="center" />

  <Button
    android:layout_width="fill_parent"
    android:layout_height="wrap_content"
    android:text="@string/app_positionSenden"
    android:onClick="onClickPositionSenden" />

  ...

  <ImageView
    android:layout_width="fill_parent"
    android:layout_height="fill_parent"
    android:layout_gravity="center_horizontal"
    android:src="@drawable/amando_logo" />
</LinearLayout>
```

Das Layout können wir nun der Start-Activity hinzufügen. Die Activity Startseite lädt das Layout während ihrer Erzeugung (Listing 5.2). Dies geschieht in der onCreate-Methode, die Teil der Activity ist und bei ihrer Erzeugung automatisch aufgrufen wird. Mit weiteren Methoden, die während der Erzeugung einer Activity automatisch durchlaufen werden, beschäftigen wir uns in Kapitel 14 über Lebenszyklen von Komponenten.

Eintrittspunkt einer Activity

```
package de.androidbuch.amando.gui;

public class StartseiteAnzeigen extends Activity {
  @Override
  public void onCreate(Bundle savedInstanceState) {
    super.onCreate(savedInstanceState);

    setContentView(R.layout.startseite_anzeigen);
  }
}
```

Listing 5.2
Verknüpfung Layout mit Activity

Mehr müssen wir zunächst einmal nicht tun, um Layout, Views und Activity zusammenzubringen. Bei dem Layout (s. Listing 5.1) handelt es sich um ein LinearLayout, welches seine View-Elemente hintereinander oder untereinander anordnet. Es enthält drei Arten von View-Elementen: TextView, Button und ImageView. Wir werden in den folgenden Abschnitten darüber hinaus die wichtigsten Bestandteile, die für den Bau von Android-Oberflächen notwendig sind, kennenlernen.

Drei Arten von Views

In Android ist es möglich, Oberflächen einerseits in XML zu definieren, andererseits entspricht jedem in XML definierten Element eine konkrete Java-Klasse. Man könnte auf XML verzichten und die Oberflächen komplett in Java implementieren. Dies empfiehlt sich jedoch nicht, da die Definition in XML wesentlich lesbarer ist und den Java-Quellcode schlanker hält. Ein weiterer Grund ist, dass Werkzeuge zur Oberflächenerstellung in Android XML als Ausgabe produzieren. Das im Android-Plugin eingebaute Werkzeug zur Oberflächengestaltung arbeitet z.B. mit XML.

Oberflächen nicht in Java erstellen!

Zurück zu unserem Layout. Bei der Definition der Views fällt auf, dass einige der XML-Attributwerte ein @-Zeichen enthalten. Beispielsweise findet man dort:

```
@string/startseiteanzeigen_intro
@color/schwarz
@drawable/amando_logo
```

Die durch @ eingeleiteten Attributwerte verweisen auf sogenannte *Ressourcen*. Dabei handelt es sich um Texte, Farbdefinitionen, Schlüsselwerte, Bilder oder ähnliche Nicht-Java-Bestandteile der Anwendung.

Verweise auf Ressourcen definieren

Ressourcen spielen bei der Oberflächendefinition eine wichtige Rolle. Die nächsten Abschnitte befassen sich mit der Definition von Ressourcen und stellen die wichtigsten Ressourcenarten und ihre Anwendungsgebiete vor.

5.3 Ressourcen

Definition in XML

Ein Programm besteht meist nicht nur aus Quellcode, sondern nutzt beispielsweise Grafiken und Piktogramme oder bringt eigene Klangdateien für bestimmte Aktionen mit. Wenn eine Anwendung mehrere Landessprachen unterstützen soll, müssen alle sichtbaren Texte mehrsprachig vorliegen. Auch Farbdefinitionen, Menüeinträge, Listen mit Daten oder Layouts werden nicht im Java-Quellcode definiert, sondern in XML als sogenannte *Ressourcen* hinterlegt. Je nach Format und Verwendungszweck unterscheiden wir folgende *Ressourcenarten*:

- Texte
- Bilddateien
- Farbdefinitionen
- Menüdefinitionen
- Layouts
- Styles
- Themes
- Animationen
- XML-Konfigurationsdateien
- Binärdateien

5.3.1 Definition von Ressourcen

Kompilierte Ressourcen

Ressourcen werden entweder als XML-Dateien definiert, liegen als Binärdateien vor oder es handelt sich um Textdateien beliebiger Art. Binärdateien können beispielsweise PDF-Dokumente, Videos oder Musikdateien sein. Bilddateien liegen ebenfalls als Binärdateien vor, werden aber anders verwaltet. Sie werden in einem Ordner namens drawable abgelegt.

Bildschirmauflösung berücksichtigen

Mit Android 1.6 wurde die Möglichkeit eingeführt, Bilder und Grafiken für drei verschiedene Standard-Bildschirmauflösungen zu erzeugen und im jeweils passenden drawable-Odner abzulegen. Nun kann man wahlweise einen einzelnen Ordner namens drawable verwenden oder einen Ordner namens drawable-mdpi zusammen mit den optionalen Ordnern drawable-ldpi und drawable-hdpi. Dabei steht *dpi* jeweils für »Density Independent Pixel« und *m*, *l* und *h* für »medium«, »low«

und »high«, also mittlere, geringe und hohe Auflösung. Tabelle 5-2 zeigt die zugehörigen Bildschirmauflösungen.

< Android 1.6	>= Android 1.6	Auflösung
drawable	drawable oder drawable-mdpi	HVGA (320x480 dpi)
	drawable-ldpi (optional)	QVGA (240x320 dpi)
	drawable-hdpi (optional)	WVGA (480x800 dpi)

Tab. 5-2
Der Ordner drawable

Man hat damit den neuen Android-Geräten Rechnung getragen, die mit unterschiedlichen Bildschirmauflösungen auf den Markt kommen. Dies macht es Entwicklern wesentlich schwerer, Anwendungen zu entwickeln, die auf allen Geräten gut aussehen. Die Unterscheidung in drei verschiedene Bildschirmauflösungen ist bei weitem noch nicht alles, um die Android-Anwendung an verschiedene Geräte oder Umgebungen anzupassen. Wir kommen später darauf zurück.

Wir wissen nun, wo wir Bilder ablegen müssen, damit wir später beim Programmieren der Anwendung darauf zugreifen können. Betrachten wir nun die weiteren Ressourcenordner. Abbildung 5-2 zeigt die Projektstruktur unseres eben angelegten Amando-Projekts.

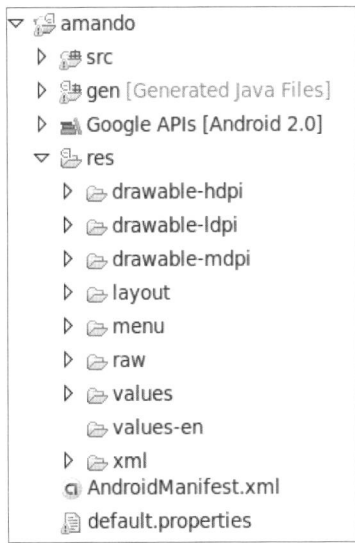

Abb. 5-2
Struktur des Amando-Projekts

Ordnerstruktur sollte nicht geändert werden.

Unterhalb des Ordners /res befinden sich zahlreiche Ordner. Tabelle 5-3 zeigt die derzeit vorhandenen und zusätzlich möglichen Ordner. Grundsätzlich kann man weitere Ordner unterhalb von /res hinzufügen. Darauf sollte jedoch verzichtet werden, da für jede Art von Datei einer der von Android vorgegebenen Standardordner in Frage kommt.

Weitere Unterordner in den Ordnern unterhalb von /res (also in drawable etc.) anzulegen, ist nicht zulässig!

Tab. 5-3
Übersicht Ressourcen-Standardordner

Name	Dateityp	Erklärung
anim	XML	XML-Beschreibungen für den Bewegungsablauf bei Animationen
drawable	JPEG, PNG, Nine-Patch (.9.png)	Bilder, Grafiken, Icons. Nine-Patches sind speziell skalierbare Bilder und werden üblicherweise als Hintergrundgrafiken für Views verwendet (siehe [27]).
layout	XML	Layout-Definitionen
menu	XML	Definitionen von Kontext- und Options-Menüeinträgen
raw	Egal	Üblicherweise werden hier Binärdateien abgelegt. Hier sollten aber auch alles anderen Dateien abgelegt werden, die im Programm verwendet werden und in keinen der anderen Ordner gehören (z.B. HTML-Seiten für die Hilfe).
values	XML	Alle Arten von Schlüssel-Wert-Definitionen. Dazu gehören z.B. Texte und Farbdefinitionen.
xml	XML	Sonstige von der Anwendung benötigte XML-Dateien

Ressourcen werden vorkompiliert

Alle diese Ordner haben gemeinsam, dass sie unter der Ressourcenverwaltung durch das Eclipse-Plugin stehen. Als Programmierer möchte man möglichst einfach auf diese Dateien zugreifen können. Das Eclipse-Plugin indexiert daher beim Kompilieren alle Dateien und teilweise deren Inhalt. Es werden z.B. Layouts und die darin enthaltenen Views indexiert, aber auch die Schlüssel zu den Schlüssel-Wert-Paaren, die in XML-Dateien stehen. Was es mit den Schlüssel-Wert-Paaren auf sich hat, werden wir in den folgenden Abschnitten sehen.

Unmittelbar nach Erstellung oder Änderung einer Ressourcendatei startet das Eclipse-Plugin den *Ressourcencompiler* aapt des Android-SDK. Es dient zum Erstellen fertiger Android-Anwendungen in Form einer .apk-Datei. Hinter dem Kürzel *aapt* verbirgt sich das *Android As-*

AAPT: Android Asset Packaging Tool

set Packaging Tool. Dieses wandelt die Inhalte der Ressourcendateien in ein binäres Format um, komprimiert dieses und fügt es der Gesamtanwendung hinzu. Damit die Anwendung später zur Laufzeit auf ihre Ressourcen zugreifen kann, werden die einzelnen Ressourcen automatisch indiziert, sprich mit einem Schlüssel versehen. Der Schlüssel setzt sich zusammen aus Ressourcenart (*string, drawable, layout* etc. und Ressourcenname.

Die Klasse R

Das Ergebnis dieses Automatismus ist eine Java-Klasse namens /gen/de/androidbuch/amando/R.java. Diese Klasse enthält nur statische innere Klassen und Attribute. Sie liefert den Index (als int-Wert) zu einer Ressource. Manuelle Änderungen an der Klasse werden bei jedem Lauf von aapt überschrieben. Es stehen Android-Methoden zur Verfügung, die mit Hilfe des Index das Laden der Ressource erleichtern. Dadurch, dass die Klasse R vorkompiliert zur Verfügung steht und auch die Ressourcen schon beim Speichern kompiliert und sogar komprimiert werden, entsteht zur Laufzeit kein Performanznachteil, und die Größe der fertigen Anwendung wird minimiert. Eine zeitaufwendige XML-Transformation oder das Lesen der Ressourcendateien zur Laufzeit entfällt.

Ressourcennamen

Zur Definition einer Ressource sollte als Erstes ein Ressourcenname vergeben werden. Dieser muss innerhalb einer Ressourcenart eindeutig sein. Er darf nur aus alphanumerischen Zeichen und den Zeichen Unterstrich (_) oder Punkt (.) bestehen. Der aapt wandelt Punkte bei Erstellung des Schlüsselwertspeichers in Unterstriche um. Die Ressource startseite.titel würde also über R.string.startseite_titel verfügbar gemacht. Wir werden in diesem Buch den Unterstrich der Punktnotation vorziehen.

Verzeichnisstruktur

Ressourcen werden per Konvention unterhalb des Verzeichnisses res gespeichert. Dieses Verzeichnis wird beim Anlegen eines Eclipse-Android-Projektes automatisch vom Plugin erzeugt. Die Namen der Unterverzeichnisse setzen sich aus der dort gespeicherten Ressourcenart und weiteren optionalen Detailangaben wie Sprache, Bildschirmgröße etc. zusammen (s. Abschnitt 5.10.2 auf Seite 102).

Nachdem geklärt ist, wo man Ressourcen definiert und speichert, wollen wir zeigen, wie man auf sie zugreift.

5.3.2 Zugriff auf Ressourcen

Der Zugriff auf eine Ressource kann auf dreierlei Weise erfolgen:

- per Referenz innerhalb einer Ressourcendefinition
- per Referenz innerhalb des Java-Codes
- per Direktzugriff innerhalb des Java-Codes

Wir schauen uns die Zugriffsvarianten anhand eines Ausschnitts aus dem Layout der Amando-Startseite (siehe Listing 5.1) an.

Referenz innerhalb einer Ressourcendefinition

Listing 5.3
Ressourcenzugriff
mit @

```
<TextView
    style="@android:style/TextAppearance.Large"
    android:layout_width="fill_parent"
    android:layout_height="wrap_content"
    android:paddingTop="10px"
    android:paddingBottom="10px"
    android:text="@string/startseiteanzeigen_intro"
    android:textColor="@color/schwarz"
    android:gravity="center" />
```

Ressourcenschlüssel

Der Zugriff auf eine Ressource erfolgt über ihren *Ressourcenschlüssel*, den wir folgendermaßen definieren:

```
@[Package:]Ressourcenart/Ressourcenname
```

Beispiele für Ressourcenschlüssel sind:

```
@android:style/TextAppearance.Large
@string/startseiteanzeigen_intro
@color/schwarz
```

Die Package-Angabe ist nur erforderlich, wenn auf freigegebene Ressourcen anderer Anwendungen oder auf systemweit gültige Ressourcen (Package android) zugegriffen werden soll. Listing 5.3 zeigt als Erstes die Referenz auf eine Textformatvorlage android:style/TextAppearance.Large, die Bestandteil von Android ist und damit für alle Anwendungen einheitlich definiert ist.

Unterschiedliche Ressourcen liegen in unterschiedlichen Dateien.

Zur Angabe der Ressourcenart werden vorgegebene Bezeichner verwendet, die Android sagen, wo die Ressource zu finden ist. @color verweist dabei auf die Datei colors.xml im Ordner values. Farben, Texte, Listen etc. werden als Schlüssel-Wert-Paare definiert. Solche Definitionen erfolgen in Dateien mit festgelegten Namen im Ordner /res/values. Im Gegensatz dazu sind beispielsweise Layouts und Menüs keine Sammlung von Schlüssel-Wert-Paaren. Hier wird als Ressourcenart layout, bzw. menu angegeben und der Ressourcenname entspricht dem Dateinamen mit der Layout- bzw. Menüdefinition. Bei der Vorstellung der einzelnen Ressourcenarten in den folgenden Abschnitten geben wir den Speicherort (Verzeichnis, Dateiname) mit an.

Referenz innerhalb des Java-Codes Die meisten Methoden der Android-API erwarten für die Nutzung einer Ressource lediglich deren Ressourcenschlüssel. So wird die Titelzeile des Bildschirmfensters einer Activity z.B. mittels der in Listing 5.5 beschriebenen Codezeile auf den Wert der Textressource startseiteanzeigen_titel gesetzt. Diese Ressource ist in der Datei res/values/strings.xml definiert (Listing 5.4).

```xml
<?xml version="1.0" encoding="utf-8"?>
<resources>
  <string name="startseiteanzeigen_titel">
    Amando
  </string>
</resources>
```

*Listing 5.4
Definition von
Ressourcen*

```java
@Override
public void onCreate(Bundle icicle) {
  ...
  setTitle(R.string.startseiteanzeigen_titel);
}
```

*Listing 5.5
Verwendung eines
Ressourcenschlüssels*

Direktzugriff innerhalb des Java-Codes Nehmen wir an, wir wollen eine Textressource für Vergleiche oder andere Textoperationen verwenden. Oder ein Bild nach dem Laden skalieren oder anderweitig ändern. Dann benötigen wir den Zugriff auf das Ressourcenobjekt selbst und nicht nur eine Referenz auf dieses.

Dieser Direktzugriff wird über Methoden der Klasse android.content.res.Resources ermöglicht. Das für eine Anwendung passende Exemplar dieser Klasse ist jeder Activity bekannt. Listing 5.6 zeigt, wie der Anweisungstext des Amando-Startbildschirms mit Hilfe der Methode getResources ausgelesen und weiterverwendet wird.

Resources

```java
@Override
public void onCreate(Bundle icicle) {
  String titel =
    getResources().getString(
      R.string.startseiteanzeigen_intro);
  if( titel.indexOf(".") >= 0 ) {
    ...
  }
}
```

*Listing 5.6
Laden einer
Textressource*

Das Ressourcenobjekt hat den Datentyp, in den die Ressource vom Ressourcencompiler übersetzt worden ist. Diesen Typ bezeichnen wir als *Zieldatentyp* der Ressource. So würde z.B. der Zugriff auf eine Gra-

Zieldatentyp

fikressource `res/drawable/hintergrund.png` folgendermaßen implementiert:

Listing 5.7
Laden einer
Grafikressource

```
Drawable hintergrund = getResources().getDrawable(
    R.drawable.hintergrund);
```

Nur Lesezugriffe

Zugriffe auf die Ressourcen sind immer nur lesend möglich, da Ressourcen Teil der kompilierten Anwendung sind.

Zwischenstand

Wir wissen nun, was Ressourcen sind und wie man auf deren Inhalte zugreift. Doch wie definiert man eine Ressource konkret? Was sind die Besonderheiten einzelner Ressourcenarten? Diese und weitere Fragen wollen wir in den nächsten Abschnitten beantworten. Dazu stellen wir die Ressourcenarten kurz vor und geben Beispiele für ihre Verwendung.

5.3.3 Textressourcen

Texte sind Grundbausteine jeder Anwendung. Sie sollten einfach und zentral zu pflegen sein. Spätestens wenn die Anwendung im Android Market für Länder angeboten wird, in denen unterschiedliche Sprachen gesprochen werden, möchte man schnell und einfach eine weitere Variante in der betreffenden Sprache anbieten. Sind alle Texte in einer einzigen Datei vereinigt, lässt sich diese Aufgabe am einfachsten bewerkstelligen.

Textbausteine
auslagern

Das Konzept, Textbausteine vom Java-Code zu trennen, hat sich in zahlreichen JEE-Frameworks (Struts, JSF, Spring) bewährt. Android verwendet Ressourcen der Art `string`, um die Texte einer Anwendung in einer separaten Datei vorzuhalten. Der Erklärungstext auf der Startseiten-Activity in Listing 5.1 auf Seite 42 ist eine solche Textressource. Tabelle 5-4 stellt die Ressourcenart `string` vor.

Tab. 5-4
Ressourcenart string

Ressourcenart:	string
Definitionsdatei:	res/values/strings.xml
Zieldatentyp:	java.lang.CharSequence
Zugriffsmethode:	Resources::getString(id)
Definition:	`<string name="Rsrc-Name">Wert</string>`

Listing 5.8 verdeutlicht die Möglichkeiten und Grenzen von Textressourcen. Einige einfache Formatierungen sind möglich. Für die Hervorhebung von Text stehen die von HTML bekannten Elemente *<b>* (bold), *<i>* (italic) und *<u>* (underline) zur Verfügung. Bei der Verwen-

dung von doppelten Anführungszeichen müssen diese escaped werden. Bei einfachen Anführungszeichen ist dies nicht zwingend erforderlich.

```
<resources>
  <string name="einfach">
    Ein einfacher Text
  </string>
  <string name="quote_ok1">
    Ein \'einfacher\' Text
  </string>
  <string name="quote_ok2">
    "Ein 'einfacher' Text"
  </string>
  <string name="quote_ok3">
    "Ein \"einfacher\" Text"
  </string>
  <string name="quote_falsch">
    Ein 'einfacher' Text
  </string>
  <string name="text_formatiert">
    Ein <b><i>vervorgehobener</i></b> Text
  </string>
</resources>
```

Listing 5.8
Formatierung von
Textressourcen

5.3.4   Farbressourcen

Farbdefinitionen werden beispielsweise für das Einfärben von Texten, Schaltflächen oder Bildschirmhintergründen benötigt. Sie werden wie aus HTML bekannt (hexadezimale Schreibweise) codiert:

- #RGB
- #ARGB
- #RRGGBB
- #AARRGGBB

Dabei bedeuten: R = Rot-Anteil, G = Gelb-Anteil, B = Blau-Anteil, A = Alphakanal. Der Alphakanal steuert die Transparenz, also die Durchsichtigkeit der Farbe. Der Wert 0 steht für vollständig durchsichtig und kann bis 255 (vollständig deckend) gesteigert werden.

Farbressourcen definieren »sprechende« Namen für Farbwerte. Das nächste Beispiel nutzt die Ressource fehler als Synonym für den Farbwert #FF0000 (rot). So wird die Darstellung von Fehlermeldungen vereinheitlicht und die Wahl der »Fehlerfarbe« an nur einer Stelle definiert.

```
<resources>
  <color name="fehler">#FF0000</color>
</resources>
```

Durch Farbressourcen werden Farbzuweisungen bei der Oberflächengestaltung lesbarer. So kann z.B. das Farbschema der Corporate Identity eines Unternehmens für dessen Anwendungen einheitlich definiert werden. Tabelle 5-5 fasst die Ressourcenart color kurz zusammen.

Tab. 5-5
Ressourcenart color

Ressourcenart:	color
Definitionsdatei:	res/values/colors.xml
Zieldatentyp:	int
Zugriffsmethode:	Resources::getColor(id)
Definition:	<color name="Rsrc-Name">#Farbwert</color>

5.3.5   Größendefinitionen

Bei der Definition von Views werden oft Größen als Attribut angegeben. Ein Text soll beispielsweise in einer anderen Größe als der Standardgröße angezeigt werden. Oder ein Bild soll bei der Anzeige auf ein bestimmtes Format verkleinert werden. Für solche Fälle können einheitliche Größen einer bestimmten Einheit definiert werden. Tabelle 5-6 zeigt die möglichen Maßeinheiten.

5.3.6   Bilder

Bilder werden als Teil von Bildschirmseiten, als Piktogramme oder als Hintergrund für Schaltflächen und Menüs verwendet. Sofern sie fester Bestandteil der Anwendung sind, werden sie als Ressourcen verwaltet.

Android unterstützt die Bildformate PNG, Nine-Patch (.9.png), JPEG und GIF. Die beiden PNG-Formate weisen das beste Verhältnis von Dateigröße zu Bildqualität auf und sollten daher den anderen Formaten vorgezogen werden.

Nine-Patch ist ein spezielles PNG-Format, bei dem man skalierbare Bereiche angeben kann. Es eignet sich als Hintergrund für Schaltflächen. Man stelle sich eine Schaltfläche mit Umrahmung vor. Die weiße Fläche in der Mitte soll skalierbar sein, während die Umrahmung durch Kopieren der Seitenlinie vergrößert wird. Die Dicke der Umrahmung bleibt so immer gleich, während die Schaltfläche beliebige, auch mehrzeilige Texte aufnehmen kann. Ein einfaches Skalieren der gesamten Fläche würde zu einer immer dünneren Umrahmung führen.

Einheit	Beschreibung
dp, dip	Density-independent pixel. Beide Abkürzungen werden akzeptiert. Ein dp, bzw. dip entspricht einem Pixel auf einem 160-dpi-Bildschirm (dpi: Dots per inch). Bei Änderung der Bildschirmgröße bzw. Pixeldichte des Bildschirms skaliert die Maßeinheit mit. In Relation zur Bildschirmgröße nimmt die Schrift oder Grafik auf verschiedenen Bildschirmen gleich viel Platz ein. Für Schriften verwendet man besser die Maßeinheit sp (siehe Erklärung dort).
in	Inch. Feste Größe ohne Skalierung. Unabhängig vom Bildschirm erscheint die Grafik immer in derselben Größe. Ein Zentimeter entspricht 0,39 Inch.
mm	Millimeter. Feste Größe ohne Skalierung (siehe Inch).
pt	Points. Feste Größe ohne Skalierung. Ein *Point* entspricht 1/72 Inch.
px	Pixel. Größe in Pixeln. Je nach Auflösung des Bildschirms ist die Darstellung unterschiedlich.
sp	Scale-independent Pixel. Wie dp bzw. dip, jedoch wird hier die global für alle Anwendungen definierte Schriftgröße berücksichtigt. Ändert sie sich, ändert sich auch die Schriftgröße in der eigenen Anwendung. Für Texte jeder Art sollte daher immer *sp* verwendet werden. Bis Android 2.1 ist es jedoch noch nicht vorgesehen, die Schriftgröße über die Systemeinstellungen global zu ändern. Dennoch sollte man für spätere Updates bei Texten auf diese Größenangabe zurückgreifen.

Tab. 5-6
Maßeinheiten bei Größendefinitionen

Ressourcenart:	dimens
Definitionsdatei:	res/values/dimens.xml
Zieldatentyp:	int
Zugriffsmethode:	Resources::getDimension(id)
Definition:	`<dimen name="Rsrc-Name">Wert[Einheit]</color>`
Beispiel:	`<dimen name="textgroesse_standard">14sp</dimen>`

Tab. 5-7
Ressourcenart dimens

Das Android-SDK bringt ein Programm mit, mit dem man Nine-Patch-Bilder erstellen kann. Es wird von der Kommandozeile aus gestartet und befindet sich im /tools-Verzeichnis des Android-SDK. Es heißt *draw9patch* (siehe [19]).

Auf die Größe kommt es an.

Bevor man Bilddateien verwendet, sollte man sie auf die minimale Größe zuschneiden. Große Bilder verschlechtern die Lade- und somit die Reaktionszeiten einer Anwendung.

Tabelle 5-8 stellt die Ressourcenart *drawable* vor.

Tab. 5-8
Ressourcenart
drawable

Ressourcenart:	drawable
Definitionsdatei:	z.B. res/drawable/Datei.png
Definition:	Die Ressource wird im o.g. Verzeichnis gespeichert. Der Ressourcenname leitet sich aus dem Basisnamen der Datei ab. res/drawable/hintergrund.png hätte also den Ressourcennamen R.drawable.hintergrund.
Zieldatentyp:	android.graphics.drawable.BitmapDrawable
Zugriffsmethode:	Resources::getDrawable(id)

Der Dateianhang (z.B. ».png«) gehört nicht zum Ressourcennamen. Daher muss der Basis-Dateiname innerhalb der Anwendung eindeutig sein.

5.3.7 Animationen

Mit Animationen kann man optisch sehr ansprechende Effekte für eine Oberfläche erzielen. In Android lassen sich verschiedene Arten von Animationen realisieren. Man kann beispielsweise Übergänge zwischen zwei aufeinanderfolgenden Layouts (Bildschirmseiten) definieren oder Views über die Oberfläche schweben lassen.

Animationen werden in XML definiert. Für sie ist ein eigener Ressourcenordner vorgesehen. Da Animationen ein sehr komplexes Thema sind, welches den Rahmen eines Einsteigerbuchs sprengen würde, verweisen wir z.B. auf [13].

Tab. 5-9
Ressourcenart anim für
Animationen

Ressourcenart:	anim
Definitionsdatei:	z.B. res/anim/flyview.xml
Zieldatentyp:	android.content.res.XmlResourceParser
Zugriffsmethode:	Resources::getAnimation(id)

Vorgefertigte Ressourcen

Nicht alles muss man selbst definieren! Die automatisch generierte Klasse R kann noch mehr. Sie verweist auch auf Ressourcen, die Android schon mitbringt. Dazu gehören z.B. Farben, Layouts, Animationen, Dimensionen etc. Was die Klasse alles bietet, kann man unter http://developer.android.com/reference/android/R.html erkunden.

5.3.8 Multimediadateien

Audio- und Videodaten spielen im Mobiltelefonbereich eine große Rolle. Das Gerät wird als MP3-Player oder zum Abspielen heruntergeladener Videos genutzt. Manche Anwendungen bringen ihren eigenen Klingelton oder eine Hilfe als Videodatei mit. Als Entwickler sollte man wissen, welches der richtige Speicherort für solche Dateien ist. Normalerweise wird man sie unter /res/raw ablegen. Im Anschluss an die Ressourcenübersicht folgen jedoch noch weitere Informationen zum Ablegen von Binärdateien in der Android-Projektstruktur.

Schauen wir uns zunächst aber an, welche Multimedia-Formate Android unterstützt. Dabei handelt es sich um die Formate, die ein Gerätehersteller minimal unterstützen muss. Zusätzlich haben viele Hersteller noch weitere Formate umgesetzt.

Unterstütze Formate

Audioformate

Android unterstützt folgende Audioformate:

- MP3 (CBR und VBR bis zu 320 Kbps)
- MPEG-4 (AAC LC, AAC+, enhanced AAC+)
- OGG
- 3GPP (AMR-NB and AMR-WB)
- PCM/WAVE (8/16-bit PCM)
- MIDI (MIDI Typ 0+1, DLS 1+2, XMF, mobile XMF, RTTTL/RTX, OTA, iMelody)

Die Tabelle 5-10 liefert eine Kurzdarstellung der Audioressourcen. Definition und Benennung der Ressourcen erfolgt analog zu Ressourcen der Art drawable. Eine spezielle Methode zum Laden von Audiodateien existiert nicht. Audiodateien werden mittels ihrer Id einem android.media.MediaPlayer übergeben, der sie abspielt:

```
MediaPlayer mediaPlayer =
    MediaPlayer.create(this, R.raw.eagles_hotel_california);
mediaPlayer.start();
```

Tab. 5-10
Ressourcenart raw für
Audiodateien

Ressourcenart:	raw
Definitionsdatei:	z.B. res/raw/Audiodatei.wav
Zieldatentyp:	keiner
Zugriffsmethode:	keine

Videoformate

Android unterstützt folgende Videoformate:

- MPEG-4
- MPEG-4 SP
- 3GPP

Die Tabelle 5-11 liefert eine Kurzdarstellung der Videoressourcen.

Tab. 5-11
Ressourcenart raw für
Videodateien

Ressourcenart:	raw
Definitionsdatei:	z.B. res/raw/Video.mpeg
Zieldatentyp:	android.graphics.Movie
Zugriffsmethode:	Resources::getMovie(id)

5.3.9 Der raw-Ordner

Neben Video- und Audiodateien kann man der Anwendung weitere Dateien als Ressource hinzufügen. Der richtige Ort dafür ist in den allermeisten Fällen der Ordner /res/raw. Dateien in diesem Ordner werden vom Android Asset Packaging Tool (aapt) nicht kompiliert und komprimiert. Auf sie kann aus der Anwendung heraus über Stream-Objekte zugegriffen werden. Jedoch werden die Dateien indiziert und man kann über die Klasse R ihre Id erhalten. Für das Laden als Stream stellt Android spezielle Methoden zur Verfügung, die den Zugriff auf die Dateien erleichtern. Man muss jedoch bedenken, dass z.B. Textdateien einfach einsehbar sind, wenn man die fertige Anwendung in Form einer .apk-Datei in den Händen hat. Eine .apk-Datei ist schlicht ein Archiv. Es kann geöffnet und einzelne Dateien können gelesen werden.

Zugriff über die
R-Klasse

Durch Konvertierung in ein Binärformat, Komprimierung und Signierung der fertigen Anwendung sind die Dateien jedoch praktisch nicht zu entschlüsseln. Lediglich die Dateien im Ordner /res/raw sind für jedermann einsehbar, der die .apk-Datei besitzt.

Ressourcenart:	raw
Definitionsdatei:	z.B. res/raw/Steuererklaerung.docx
Zieldatentyp:	java.io.InputStream
Zugriffsmethode:	Resources::openRawResource(id)
	Resources::openRawResource(id, typedValue)

Tab. 5-12
Ressourcenart raw allgemein

5.3.10 XML-Dateien

Wie wir bisher gesehen haben, werden viele Ressourcen in XML definiert. Das *aapt* kompiliert diese Ressourcen in ein binäres Format. Durch das Kompilieren vorab spart Android zur Laufzeit der Anwendung Speicherplatz und Rechenzeit ein. XML-Dateien, die nicht zur Ressourcendefinition (Layouts, Menüs, Farben etc.) einer Android-Anwendung gehören, speichert man im Ordner /res/xml. Sie können zur Laufzeit der Anwendung performant geladen werden.

XML-Ressourcen werden kompiliert.

Sollen XML-Dateien *nicht* kompiliert werden, so legt man sie im Ordner /res/raw ab.

Ressourcenart:	xml
Definitionsdatei:	z.B. res/xml/amando_einstellungen.xml
Zieldatentyp:	android.content.res.XmlResourceParser
Zugriffsmethode:	Resources::getXml(id)

Tab. 5-13
Ressourcenart xml

5.3.11 Der Asset-Ordner

Neben dem /res-Ordner gibt es einen weiteren möglichen Ordner für Ressourcen, den /asset-Ordner. Hier können Ressourcen jeder Art abgelegt werden. Der /asset-Ordner wird eher selten verwendet. Es gibt aber ein paar Unterschiede zum /res-Ordner. Tabelle 5-14 stellt die Unterschiede einander gegenüber.

Das Laden der Ressourcen erfolgt mit Hilfe der Klasse android.content.res.AssetManager. Eine mögliche IOException muss abgefangen werden.

Tab. 5-14
Vergleich von /res- und
/asset-Ordner

/res-**Ordner**	/asset-**Ordner**
Festgelegte Ordnerstruktur, keine Unterordner unterhalb der Ressourcenordner (drawable etc.)	Variable Ordnerstruktur, beliebige Anzahl Unterordner möglich
Indexierung der Ressourcen, Zugriff mit Hilfe der Klasse R	Keine Indexierung der Ressourcen, Zugriff über Dateipfad
Hilfsmethoden zum einfachen Lesen der Ressourcen vorhanden	Lesen der Ressourcen erfolgt als Stream mit Hilfe der Klasse AssetManager.
Ressourcen werden vorkompiliert (Ausnahme: /res-Ordner).	Ressourcen werden nicht vorkompiliert.

```
AssetManager assetManager = this.getAssets();
InputStream is =
    assetManager.open("/Vertraege/meier.docx");
```

*asset-Ordner wird
selten verwendet.*

In der Praxis wird man den /asset-Ordner eher selten verwenden. In Szenarien, in denen eine große Menge Ressourcen in einer komplexen Ordnerstruktur in die Anwendung eingebunden werden soll, kann der /asset-Ordner die richtige Wahl sein.

5.4 Layouts und Views

Texte, Bilder, Farben etc. werden in speziellen Ressourcendateien verwaltet. Schauen wir uns nun an, wo man diese Ressourcen verwendet. Wir haben schon gelernt, dass Layouts Vorschriften zur Anordnung von Oberflächenelementen, den Views, sind. In diesem Abschnitt lernen wir die gängigen Layouts und Views kennen.

5.4.1 Definition von Layouts

Layouts werden als XML-Dateien im Ordner /res/layout abgelegt. Jedes der verfügbaren Layouts startet mit einem eigenen XML-Element. Listing 5.9 zeigt ein LinearLayout. LinearLayouts ordnen alle Views linear hintereinander oder untereinander an. Mittels der Attribute des XML-Elements eines Layouts kann man dessen Verhalten beeinflussen.

*Listing 5.9
Beispiel für ein
LinearLayout*

```
<?xml version="1.0" encoding="utf-8"?>
<LinearLayout xmlns:android="
    http://schemas.android.com/apk/res/android"
    android:orientation="vertical"
    android:layout_width="fill_parent"
```

```
    android:layout_height="fill_parent"
    android:background="@color/weiß" >

  <TextView
    android:layout_width="fill_parent"
    android:layout_height="wrap_content"
    android:text="@string/startseiteanzeigen_intro" />
  ...
</LinearLayout>
```

Als Erstes wird hier `android:orientation="vertical"` definiert. Das Attribut `vertical` sorgt dafür, dass alle View-Elemente dieses Layouts untereinander (vertikal) angeordnet werden. Alternativ zu `vertical` könnte `horizontal` als Wert eingesetzt werden. Die View-Elemente würden dann hintereinander in einer Reihe angeordnet.

Layouts können ineinander geschachtelt werden. Die Eigenschaften des übergeordneten Layouts werden an seine Kinder weitergegeben. Die untergeordneten Layouts erben also die Eigenschaften des Elternlayouts. Listing 5.10 zeigt ein geschachteltes Layout.

Vererbung möglich

```
<?xml version="1.0" encoding="utf-8"?>
<LinearLayout xmlns:android="
    http://schemas.android.com/apk/res/android"
    android:orientation="vertical" (1)
    android:layout_height="fill_parent"
    android:layout_width="fill_parent" >
  <LinearLayout
    android:orientation="horizontal" (2)
    android:layout_height="wrap_content"
    android:layout_width="fill_parent"> (3)
    <TextView
      android:layout_height="wrap_content"
      android:layout_width="wrap_content"
      android:text="@string/tx_text_links" />
    <TextView
      android:layout_width="wrap_content"
      android:layout_height="wrap_content"
      android:text="@string/tx_text_rechts" />
  </LinearLayout>
  <TextView
      android:layout_width="wrap_content"
      android:layout_height="wrap_content"
      android:text="@string/tx_text_unten" />
</LinearLayout>
```

Listing 5.10
Beispiel für ein
geschachteltes Layout

Tipp:

Aus Performanzgründen sollten geschachtelte Layouts vermieden werden. Jede Schachtelungstiefe kostet Laufzeit! Oft kann das gleiche Ergebnis mit einem anderen Layouttyp erreicht werden.

Jede Layout- und jede View-Definition muss die Attribute `android:layout_width` und `android:layout_height` besitzen. Andernfalls wird eine Runtime-Exception geworfen, sobald man die Anwendung startet. Als mögliche Werte für die beiden Attribute stehen `fill_parent` und `wrap_content` zur Verfügung.

Verfügbaren Platz nutzen

fill_parent `fill_parent` bedeutet, dass das Layout oder die View so viel Platz einnimmt, wie das Elternlayout zur Verfügung stellt. Beim äußeren Layout (Top-Level-Layout) entspricht dies dem gesamten Bildschirm. Bei einer horizontalen Anordnung `android:orientation="horizontal"` (siehe Listing 5.10 (2)) der View-Elemente sorgt `fill_parent` bei Views dafür, dass sie allen zur Verfügung stehenden Platz einnehmen, auch wenn rechts noch ein weiteres View-Element kommt. Dieses wird dann außerhalb des sichtbaren Bereichs platziert. Als Regel gilt, dass ein `LinearLayout` mit dem Attribut `android:orientation="horizontal"` keine View-Elemente (außer dem letzten) mit dem Attribut `android:layout_width="fill_parent"` haben sollte. Gleiches gilt für `android:layout_height="fill_parent"`. Hier reicht die View bis zum unteren Rand des Layouts. In Verbindung mit vertikaler Anordnung (`android:orientation="vertical"`) wie in Listing 5.10 (1) ist das ebenfalls meist die falsche Wahl.

Minimalen Platz beanspruchen

wrap_content `wrap_content` bedeutet, dass die View nur so viel Platz einnimmt, wie ihr Inhalt beansprucht. Bei Layouts führt der Wert dazu, dass das Layout nur so groß wird wie das größte seiner darin enthaltenen Kindelemente (Layouts oder Views). Steht wie in Listing 5.10 der ganze Bildschirm zur Verfügung, sorgt `wrap_content` für einen Umbruch am Bildschirmrand. Dasselbe gilt auch für das innere Layout (3).

Vorsicht ist in beiden Fällen bei Inhalten (Bilder, Texte etc.) variabler Größe geboten. Sie können andere Elemente über den Bildschirmrand hinausschieben. Entweder man rückt die Views enger zusammen, indem man z.B. mehrere in eine Zeile packt, oder man macht das Layout scrollbar. Wie das geht, zeigen wir in Abschnitt 5.10.1. Bei Texten kann man sich durch programmautomatisch eingefügte Zeilenumbrüche behelfen. So kann ein Text beispielsweise auf maximal 20 Zeichen pro

Zeile beschränkt werden, indem man mittels »\n« Zeilenumbrüche einfügt.

Beim Design von Layouts ist zu beachten, dass die meisten Android-Geräte ein Drehen des Bildschirms erlauben. Ein Android-Programm kann dann sowohl im Hochformat als auch im Querformat bedient werden. Dies hat natürlich Auswirkungen auf die Darstellung. Ein Design, welches im Hochformat alle Views darstellen kann, zeigt im Querformat möglicherweise einige Views nicht mehr an, da sie außerhalb des Bildschirmbereichs liegen.

Zusätzlich ist zu beachten, dass Android-Geräte unterschiedliche Bildschirmauflösungen haben können. Ein Layout sollte sich in den allermeisten Fällen an die Bildschirmauflösung anpassen (skalieren). Daher ist bei der Verwendung mancher Layouts Vorsicht geboten, da sie mit absoluten Werten arbeiten und nicht oder nicht flexibel genug skalieren. Dies betrifft das AbsoluteLayout und auch das RelativeLayout.

5.4.2 Übersicht vorhandener Layouts

Name	Beschreibung
FrameLayout 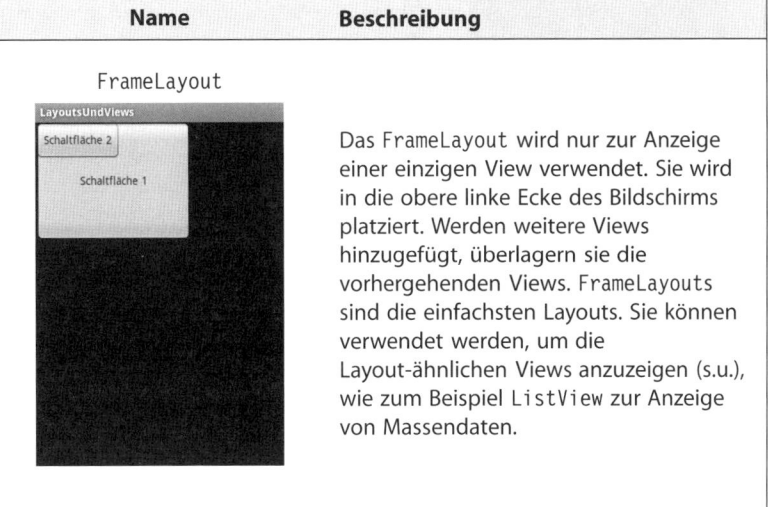	Das FrameLayout wird nur zur Anzeige einer einzigen View verwendet. Sie wird in die obere linke Ecke des Bildschirms platziert. Werden weitere Views hinzugefügt, überlagern sie die vorhergehenden Views. FrameLayouts sind die einfachsten Layouts. Sie können verwendet werden, um die Layout-ähnlichen Views anzuzeigen (s.u.), wie zum Beispiel ListView zur Anzeige von Massendaten.

Tab. 5-15
Basislayouts

Tab. 5-16
Basislayouts
(Fortsetzung)

Name	Beschreibung
LinearLayout 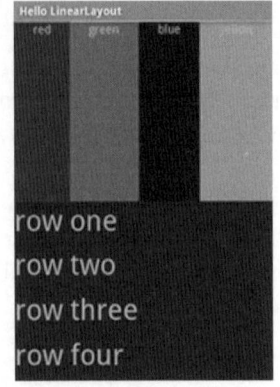	Die Oberflächenelemente werden entweder horizontal oder vertikal hintereinander ausgerichtet. Dieses Layout skaliert gut.
TableLayout 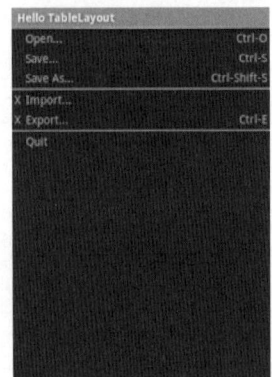	Jedes Oberflächenelement wird in einem Feld einer beliebig großen Tabelle dargestellt. Dieses Layout eignet sich gut für komplexere Eingabeformulare. Es gibt keine XML-Elemente für Spalten, nur für Zeilen. Jede Spalte ist automatisch so breit wie die breiteste Spalte in der Tabelle. Dieses Layout skaliert gut.
AbsoluteLayout 	Die Oberflächenelemente werden absolut zum Bildschirmrand ausgerichtet. Daher skaliert es schlecht und ist selten eine gute Wahl. Es ist allerdings recht performant und kann daher in Ausnahmefällen sinnvoll sein.

Tab. 5-17
Basislayouts
(Fortsetzung)

Name	Beschreibung
RelativeLayout 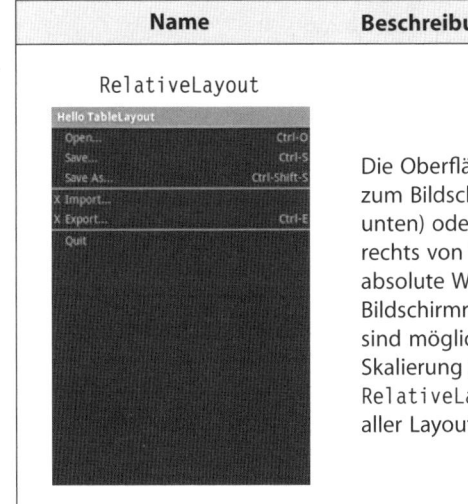	Die Oberflächenelemente werden relativ zum Bildschirmrand (rechts, links, oben, unten) oder relativ zu sich selbst (z.B. rechts von View X) ausgerichtet. Auch absolute Werte in Relation zum Bildschirmrand oder zu anderen Views sind möglich. Es ist schwer, eine gute Skalierung zu realisieren, aber das RelativeLayout ist das performanteste aller Layouts.

Wir haben gesagt, dass Layouts von android.view.ViewGroup abgeleitet sind. Neben den reinen Layoutklassen wie zum Beispiel dem LinearLayout gibt es weitere von ViewGroup abgeleitete Klassen, die eine Mischung aus Layout- und View-Elementen sind. Diese Klassen stellen *Halb View, halb Layout* fertige Darstellungskomponenten für bestimmte Inhalte zur Verfügung. Egal, ob man eine Liste von Daten, den Inhalt einer Webseite oder eine Bildergalerie hat, es gibt eine vorgefertigte Komponente, mit deren Hilfe man die Daten anzeigen kann. Aussehen, Farbe oder Inhalt sind dabei in der Regel über die XML-Attribute steuerbar. Schauen wir uns die wichtigsten Komponenten einmal an:

Tab. 5-18
*Darstellungs-
komponenten*

Name	Beschreibung
ListView 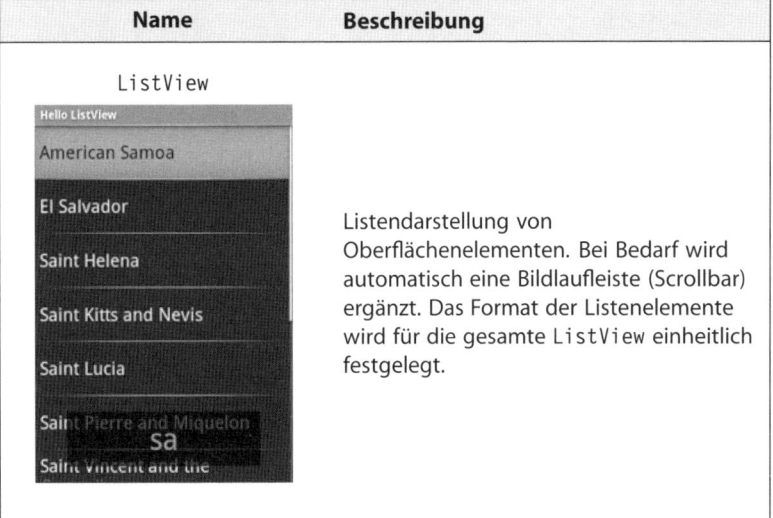	Listendarstellung von Oberflächenelementen. Bei Bedarf wird automatisch eine Bildlaufleiste (Scrollbar) ergänzt. Das Format der Listenelemente wird für die gesamte ListView einheitlich festgelegt.

Tab. 5-19
*Darstellungs-
komponenten
(Fortsetzung)*

Name	Beschreibung
Gallery 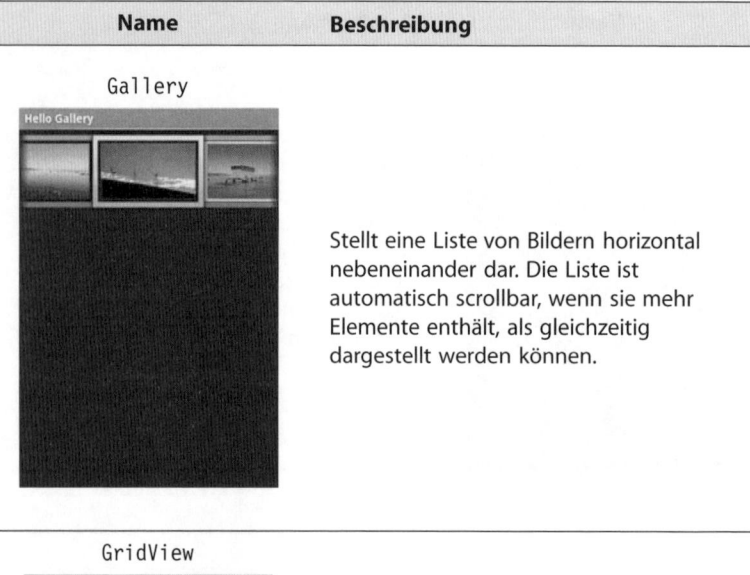	Stellt eine Liste von Bildern horizontal nebeneinander dar. Die Liste ist automatisch scrollbar, wenn sie mehr Elemente enthält, als gleichzeitig dargestellt werden können.
GridView 	Stellt eine Sammlung von Bildern in einer Gitterstruktur dar. Die Liste ist automatisch scrollbar, wenn sie mehr Elemente enthält, als gleichzeitig dargestellt werden können.
TabHost 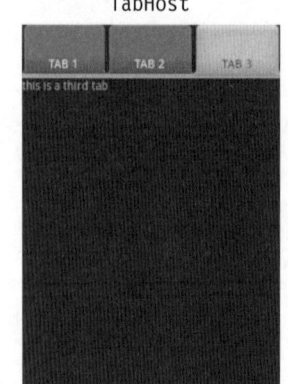	Layout für Verwendung von <TabWidget>-Views, um Reiter-Strukturen darzustellen

Name	Beschreibung
MapView 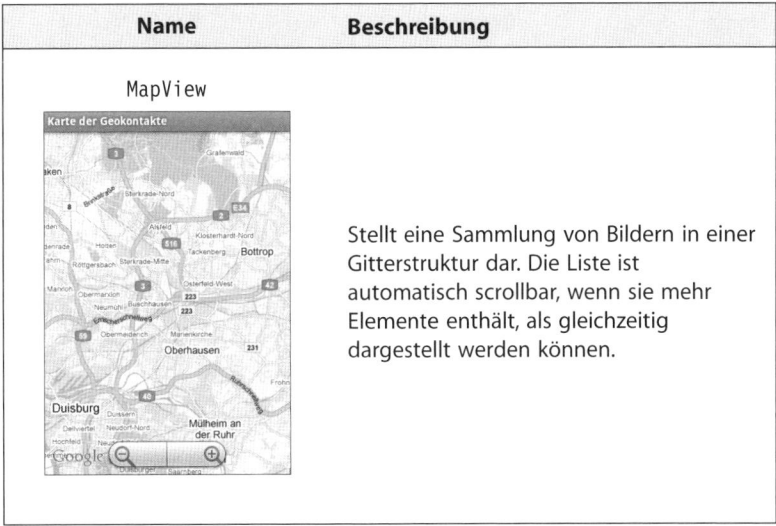	Stellt eine Sammlung von Bildern in einer Gitterstruktur dar. Die Liste ist automatisch scrollbar, wenn sie mehr Elemente enthält, als gleichzeitig dargestellt werden können.

Tab. 5-20
Darstellungs-komponenten (Fortsetzung)

Alle zur Verfügung stehenden Layouts und Darstellungskomponenten finden sich unter [35]. Was uns nun noch fehlt, sind die Views selbst.

5.4.3 Übersicht vorhandener Views

Als Entwickler kann man auf eine Reihe vorhandener Views zurückgreifen. Über ihre Attribute kann man sie teilweise in Form, Farbe und Größe verändern. Tabelle 5-21 gibt einen Überblick über die gebräuchlichsten Views.

Vorhandenes nutzen

In Eclipse nutzt man gerne die Codevervollständigung mittels STRG-Leertaste. Dies funktioniert auch in XML-Dateien, sofern ein Namespace angegeben ist:

```
<?xml version="1.0" encoding="utf-8"?>
<FrameLayout xmlns:android="
    http://schemas.android.com/apk/res/android"
    ...
```

Will man innerhalb eines Layouts beispielsweise einen Button definieren, kann man sich die möglichen XML-Attribute anzeigen lassen. Leider ist Button von TextView (die wiederum von View erbt) abgeleitet. Man bekommt also auch alle Attribute von TextView (und View) angezeigt, wobei davon einige wenig sinnvoll sind. TextView hat z.B. das Attribut android:password, um die Anzeige von Passwörtern im Klartext zu verhindern. Für eine Schaltfläche wird man dieses Attribut vermutlich niemals verwenden. Die Folge ist, dass die Codevervollständigung oft viele sinnlose Attribute mit ausgibt. Das Problem: Als Entwickler

Es werden zu viele Attribute angezeigt.

Tab. 5-21
Elementare Views

Name	Beschreibung
`<TextView>`	Einfache Textausgabe
`<Button>`, `<ImageButton>`	Schaltfläche
`<EditText>`	Formularelement zur Texteingabe
`<CheckBox>`	Ankreuzfeld
`<RadioGroup>`, `<RadioButton>`	Auswahlschalter; von allen `<RadioButton>` einer `<RadioGroup>` kann genau eines ausgewählt werden.
`<Spinner>`	Auswahlliste
`<DatePicker>`, `<TimePicker>`	Auswahl von Datum und Uhrzeit
`<AnalogClock>`, `<DigitalClock>`	Analoge oder digitale Anzeige der Uhrzeit

haben wir eine Vorstellung davon, wie die View aussehen soll, müssen aber das passende Attribut finden.

Hinweis

Für jede View existiert eine XML- und eine Java-Repräsentation. Die zu einem XML-Element passende Java-Klasse befindet sich im Package `android.widget` (z.B. `<TextView>` -> `android.widget.TextView`). Beide Repräsentationen haben im Wesentlichen die gleichen Attribute, nur dass man in der Java-Klasse die Attribute sieht, die speziell für diese View gelten, während man in Eclipse nicht unterscheiden kann, welche Attribute vererbt wurden (und evtl. gar keinen Sinn ergeben). Daher raten wir Einsteigern dazu, sich mit neuen Views erst mal über die API-Dokumentation (Package: `android.widget`) vertraut zu machen.

5.4.4 Views verwenden

Die ersten Views... Die Startseite von Amando verwendet drei verschiedene Arten von Views: Den einführenden Textabschnitt stellen wir mit einer TextView dar. Für die Schaltflächen wählen wir Button-Views. Unten auf der Seite wird ein Bild mittels ImageView dargestellt. Listing 5.11 zeigt das vollständige Layout der Startseite.

```
<?xml version="1.0" encoding="utf-8"?>
<LinearLayout xmlns:android=
    "http://schemas.android.com/apk/res/android"
    android:orientation="vertical"
    android:layout_width="fill_parent"
    android:layout_height="fill_parent"
    android:background="@color/hintergrund" >

  <TextView
    style="@android:style/TextAppearance.Large"
    android:layout_width="fill_parent"
    android:layout_height="wrap_content"
    android:paddingTop="10px"
    android:paddingBottom="10px"
    android:text="@string/startseiteanzeigen_intro"
    android:textColor="@color/textfarbe"
    android:gravity="center" />

  <Button
    android:layout_width="fill_parent"
    android:layout_height="wrap_content"
    android:text="@string/app_positionSenden" />

  <Button
    android:layout_width="fill_parent"
    android:layout_height="wrap_content"
    android:text="@string/app_geokontakteVerwalten" />

  <Button
    android:layout_width="fill_parent"
    android:layout_height="wrap_content"
    android:text="@string/app_karteAnzeigen" />

  <Button
    android:layout_width="fill_parent"
    android:layout_height="wrap_content"
    android:text="@string/app_simulation" />

  <ImageView
    android:layout_width="fill_parent"
    android:layout_height="fill_parent"
    android:layout_gravity="center_horizontal"
    android:src="@drawable/amando_logo" />

</LinearLayout>
```

Listing 5.11
Bildschirmseite
startseite_an-
zeigen.xml

Texte definieren   Um die Verweise auf Ressourcen aufzulösen, definieren wir die Texte in der Datei /res/values/strings.xml. Dort legen wir die folgenden Einträge an:

```
<resources>
  <string name="startseiteanzeigen_intro">
      Sie haben folgende Optionen zur Verfügung:
  </string>
  <string name="app_positionSenden">
      Position senden
  </string>
</resources>
```

Farben definieren   Ebenso legen wir in der Datei /res/values/colors.xml die referenzierten Farbwerte an:

```
<resources>
  <color name="hintergrund">#FFFFFF</color>
  <color name="textfarbe">#000000</color>
</resources>
```

Listing 5.11 setzt ebenfalls voraus, dass im Ordner drawable eine Datei mit Namen *amando_logo* liegt. Wir haben nun die Verbindung von Ressourcen, Layout und Views hergestellt und eine komplette Anzeigeseite entwickelt. Unsere Schaltflächen sind jedoch noch ohne Funktion. Dies ist unter anderem Thema des nächsten Abschnitts.

5.5   Schaltflächen und Menüs

Mit zunehmender Beliebtheit von berührungsempfindlichen Bildschirmen (engl. *touch screens*) im Mobilgerätebereich stellt sich für Entwickler die Frage, auf welche Weise sie die Navigation zwischen den Bildschirmseiten am anwenderfreundlichsten gestalten.

Qual der Wahl   Es gibt zwar häufig noch die vom Mobiltelefon bekannte Navigation über die Menütaste des Telefons. Man kann sich aber nicht darauf verlassen, dass sie immer vorhanden sind. Außerdem ist die Steuerung über Schaltflächen in Verbindung mit den neuartigen Bildschirmen oder Steuerungskomponenten (Cursor, Track-Ball etc.) in den meisten Fällen einfacher zu bedienen. Probleme treten hier erst auf, wenn zu viele Auswahlmöglichkeiten angeboten werden müssen. Eine Bildschirmseite mit vielen Schaltflächen wird schnell unübersichtlich. Für unser Projekt legen wir daher die folgende Implementierungsrichtlinie fest:

Wir ziehen die Verwendung von Schaltflächen zur Bildschirmnavigation der klassischen Menütasten-Navigation vor, wenn auf dem Bildschirm genug Platz dafür ist. Die Steuerung über Menütasten sollte nur für Standardfunktionen (Einstellungen ändern, Programm beenden etc.) verwendet werden.

5.5.1 Schaltflächen

Am Ende des Abschnitts Views haben wir die Definition von Schaltflächen schon kennengelernt. Hier ein Ausschnitt des Startseiten-Layouts zur Auffrischung:

```
<?xml version="1.0" encoding="utf-8"?>
<LinearLayout xmlns:android=
    "http://schemas.android.com/apk/res/android"
    android:layout_width="fill_parent"
    android:layout_height="fill_parent">

  <Button
    android:id="@+id/sf_starte_geokontakte"
    android:layout_width="fill_parent"
    android:layout_height="wrap_content"
    android:text="@string/sf_geokontakteVerwalten" />

</LinearLayout>
```

Statt eines Textes können Schaltflächen ein Piktogramm (engl. *icon*) anzeigen. Dazu definiert man anstatt eines Button im Layout einen ImageButton, wie im folgenden Beispiel:

Piktogramm :=
Symbolbildchen

```
  <ImageButton
    android:id="@+id/sf_starte_geokontakte"
    android:layout_width="wrap_content"
    android:layout_height="wrap_content"
    android:src="@drawable/notification_icon" />
```

Der Ressourcenschlüssel @drawable/notification_icon verweist auf die Piktogramm-Datei notification_icon.png im Ordner drawable-mdpi. Falls aussagekräftige Piktogramme zur Verfügung stehen, sollte man diese gegenüber Textbeschriftungen vorziehen, nicht zuletzt wegen der Platzersparnis.

Sagen Bilder mehr als
Worte?

Piktogramme selbst machen

Falls Sie eigene Piktogramme entwerfen wollen, finden Sie Hilfestellungen in der Android-Referenz. Die Richtlinie zur Gestaltung von Piktogrammen (engl. *Icon Design Guidelines*) [22] beschreibt eine Vorgehensweise zum Erstellen verschiedener Piktogrammarten. Für Anwender von Photoshop und Illustrator steht außerdem ein Paket von Vorlagen als »Android Icon Template Pack« zum Herunterladen bereit.

Der ImageButton ist nett, jedoch leider ohne Funktion. Das wollen wir ändern: Bei Betätigung der Schaltfläche wollen wir im Quelltext eine Aktion ausführen. An dieser Stelle soll später die Bildschirmseite mit der Liste der Geokontakte aufgerufen werden.

Seit Android API 1.6 ist das mit sehr wenig Quelltext umsetzbar; das API bietet dafür das XML-Attribut android:onClick an, in dem die aufzurufende Methode der Activity angegeben wird.

Wir definieren zunächst eine Methode mit aussagekräftigem Namen in der Startseite-Activity:

```
public void onClickGeokontakteVerwalten(
    final View sfNormal) {

    // rufe GeoKontakte verwalten auf...
}
```

Anschließend ergänzen wir die View-Definition um das onClick-Attribut.

```
<ImageButton
    android:id="@+id/sf_starte_geokontakte"
    android:layout_width="wrap_content"
    android:layout_height="wrap_content"
    android:src="@drawable/notification_icon"
    android:onClick="onClickGeokontakteVerwalten" />
```

Bei Android-API-Versionen kleiner 1.6 ist ein wenig mehr Aufwand vonnöten.

5.5.2 Oberflächenereignisse

Es gibt nur einen Beobachter.

Callbacks

Einen Klick auf eine Schaltfläche schickt Android als Ereignis an den registrierten Beobachter (engl. *Listener, Observer*). Die in einem solchen Beobachter-Interface deklarierten Methoden bezeichnet man auch als *Callback-Methoden*. Die wichtigsten Ereignisbeobachter sind in Tabelle 5-22 aufgelistet.

Ereignisbeobachter	wird benachrichtigt, …
View.OnClickListener	wenn die View angeklickt wird.
View.OnLongClickListener	wenn die View länger angeklickt wird.
View.OnKeyListener	bevor eine Tastatureingabe an die View geschickt wird.
View.OnTouchListener	wenn der berührungsempfindliche Bildschirm (Touch-Screen) einen Klick auf die View meldet.

Tab. 5-22
Einige Ereignisbeobachter der Android-API

Vor Android 1.6 Für eine Implementierung in einer Android API vor 1.6 definieren wir für unser Beispiel zunächst einen View.OnClickListener-Beobachter in der Startseite Activity.

```
private OnClickListener mGeokontakteVerwaltenListener =
    new OnClickListener() {
  public void onClick(View v) {
    onClickGeokontakteVerwalten(v);
  }
};
```

Nun fehlt noch die Registrierung an der Schaltfläche. Dazu fügen wir den folgenden Code in der onCreate-Methode der Activity ein:

```
final Button buttonGeokontakteVerwalten =
    (Button) findViewById(R.id.sf_starte_geokontakte);
buttonGeokontakteVerwalten
    .setOnClickListener(mGeokontakteVerwaltenListener);
```

Ähnlich ist für andere Oberflächenereignisse vorzugehen, mit einem Unterschied: Die anderen Methoden in der Tabelle geben einen boolean zurück. Damit signalisiert die Implementierung, ob das Ereignis verbraucht (engl. *consumed*) wurde. Eine Rückgabe von true beendet die Ereignisbearbeitung nach dem Beobachter. Die Android-Referenz beschreibt weitere Beobachter und zusätzliche Aspekte des Themas [21].

Ereignisse dürfen verbraucht werden.

5.5.3 Menüs im Allgemeinen

Der vorliegende Abschnitt behandelt die Erscheinungsformen und die Definition von Menüs im Allgemeinen. In Android werden zwei Arten von Menüs angeboten:

Optionsmenüs sind Menüs, die über die Menütaste des Geräts aktiviert werden. Pro Activity existiert ein Optionsmenü (Abb. 5-3 links).

Kontextmenüs lassen sich durch längeres Anklicken von Bildschirmelementen (Schaltflächen, Eingabefelder etc.) aktivieren. Für jede View kann ein Kontextmenü definiert werden (Abb. 5-3 rechts).

Richtlinie zur Oberflächengestaltung beachten Die Richtlinie zur Android-Oberflächengestaltung [38] empfiehlt, Programmfunktionen immer über Schaltflächen oder Menütasten zugänglich zu machen und Kontextmenüs nur als zusätzlichen Weg anzubieten.

Für unsere Anwendung bedeutet das zum Beispiel: Ein Geokontakt soll über das Optionsmenü der Detailansicht gelöscht werden können. Als Zusatzkomfort soll das Löschen ebenfalls über das Kontextmenü der Geokontaktliste angeboten werden.

*Abb. 5-3
Ein einfaches Optionsmenü (links), einfaches Kontextmenü (rechts)*

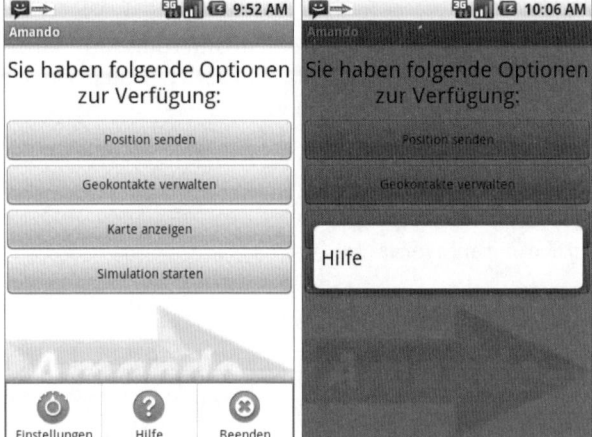

5.5.4   Menüdefinition

Menüs werden als XML-Ressourcen oder als Java-Code definiert. Wird die Definition per XML durchgeführt, muss dafür eine Datei im Ressourcenverzeichnis res/menu angelegt werden. Listing 5.12 zeigt die Definition für das Menü der Amando-Startseite (Abb. 5-3 links). Diese Definition speichern wir als hauptmenue.xml-Datei ab. Wir empfehlen, jeweils eine Datei pro Menü und ein Menü pro Activity anzulegen, wobei man den Dateinamen von der Layoutdefinition übernehmen sollte.

```
<menu xmlns:android=
    "http://schemas.android.com/apk/res/android">
  <item
    android:id="@+id/opt_einstellungenBearbeiten"
    android:title="@string/men_einstellungenBearbeiten"
    android:icon="@android:drawable/ic_menu_preferences"
  />
  <item
    android:id="@+id/opt_hilfe"
    android:title="@string/men_hilfeAnzeigen"
    android:icon="@android:drawable/ic_menu_help"
  />
  <item
    android:id="@+id/opt_amandoBeenden"
    android:title="@string/men_amandoBeenden"
    android:icon=
        "@android:drawable/ic_menu_close_clear_cancel"
  />
</menu>
```

Listing 5.12
Definition des Hauptmenüs von Amando

Diese Definition der Menüinhalte ist sowohl für ein Options- als auch für ein Kontextmenü nutzbar. Pro <item>-Element muss das Attribut android:id mit dem Wert belegt werden, über den der beschriebene Menüeintrag später ausgewertet werden soll.

Jedes <item> braucht eine Id.

Als Alternative oder Ergänzung der Textdarstellung können für die ersten fünf Einträge eines Optionsmenüs Piktogramme verwendet werden. Man sollte nur kleine, klar unterscheidbare Grafiken einsetzen.

Standard-Menüpiktogramme

Ab Android API 1.5 können die Standard-Menüpiktogramme auf einfache Weise aus der eigenen Anwendung genutzt werden. Der Zugriff erfolgt über den Pfad android.R.drawable.<icon_resource_id>. Einige davon sehen Sie hier in den Menüdefinitionen, eine Tabelle aller verfügbaren Piktogramme finden Sie in der Android-Piktogramm-Gestaltungsrichtlinie [22].

Die Tabelle 5-23 gibt eine Übersicht wichtiger Attribute des <item>-Elements. Die vollständige Attributliste ist Teil der API-Dokumentation.

Nach dieser allgemeinen Einleitung wollen wir uns die beiden Menüarten genauer ansehen.

Tab. 5-23
Attribute von <item>

Attribut	Beschreibung	gültig für (Anzahl)
id	Schlüssel des Menüeintrags	Optionsmenüs, Kontextmenüs
title	Langtext Menüoption	Optionsmenüs (6-n), Kontextmenüs
titleCondensed	Abkürzung Menüoption	Optionsmenüs (1-5)
icon	Referenz auf Icon-Ressource	Optionsmenüs (1-5)

5.5.5 Optionsmenüs

Platzprobleme Jede Activity hat ihr eigenes Optionsmenü. Menüeinträge werden in der Reihenfolge ihrer Definition angezeigt. Falls mehr als fünf Einträge dargestellt werden sollen, wird automatisch ein künstliches »More...[1]«-Element eingefügt, welches die verbleibenden Auswahloptionen als Liste sichtbar macht. Abbildung 5-4 zeigt eine solche lange Optionsliste. Lange Optionsmenüs lassen sich nicht so schnell und komfortabel bedienen wie kürzere. Man sollte daher weitgehend auf sie verzichten.

Zuweisung und Die Definition der Menüeinträge des Optionsmenüs einer Activity
Auswertung findet in der Methode onCreateOptionsMenu der Activity statt. Listing 5.13 zeigt den Quelltext für das Hauptmenü in der Startseite-Activity. Dabei muss lediglich die Referenz auf die Menü-Ressource angegeben werden. Der Activity Manager des Betriebssystems ruft onCreateOptionsMenu nach Erstellung der Activity durch onCreate auf.

---

[1]Der Text hängt von der Spracheinstellung des Geräts ab.

```
public boolean onCreateOptionsMenu(Menu menu) {
  getMenuInflater().inflate(R.menu.hauptmenue, menu);
  return super.onCreateOptionsMenu(menu);;
}
```

Listing 5.13
Zuweisung
Optionsmenü

Hier sollte immer die Methode der Oberklasse aufgerufen werden. Damit kann Android zusätzliche Menüeinträge hinzufügen. Wählt der Anwender eine Menüoption aus, wird die Methode `Activity::onOptionsItemSelected` aufgerufen. Dort wird das gewünschte `<item>` ermittelt und auf die Auswahl reagiert. In Listing 5.14 ist ein Ausschnitt der Implementierung für die `Startseite`-Activity abgedruckt.

```
public boolean onOptionsItemSelected(MenuItem item) {
  switch (item.getItemId()) {
    // ... andere Optionen abarbeiten
    case R.id.opt_amandoBeenden:
      finish();
      return true;
    default:
      return super.onOptionsItemSelected(item);
  }
  return false;
}
```

Listing 5.14
Auswertung
Optionsauswahl

Analog zu den Oberflächenereignissen gibt die Implementierung true zurück, wenn das Optionsauswahlereignis verbraucht wurde. Im Standardfall wird an die Oberklasse delegiert.

5.5.6 Kontextmenüs

Für jedes Element einer Bildschirmseite kann ein Kontextmenü definiert werden. Dieses erscheint, sobald der Anwender mit der Auswahltaste länger auf das betroffene Bildschirmelement klickt (*Long-Click Events*). Die Verknüpfung zwischen Kontextmenü und Bezugsobjekt wird in der zugrunde liegenden Activity hergestellt.

> Kontextmenüs werden pro Aufruf neu gefüllt, Optionsmenüs nur einmal bei Erzeugung ihrer Activity.

Es werden immer alle Einträge eines Kontextmenüs angezeigt. Reicht der Platz nicht aus, so wird automatisch eine Bildlaufleiste (engl. *scrollbar*) aktiviert. Das erschwert die Bedienung der Anwendung, so dass man lange Kontextmenüs vermeiden sollte.

Menü zu Kontext

Die Zuweisung eines Kontextmenüs zu einer View erfolgt in zwei Stufen. Als Erstes wird die View bei ihrer Activity für die Verwendung eines Kontextmenüs registriert. Das Listing 5.15 registriert die Liste der GeoKontaktAuflisten-Activity mit dem Schlüssel list.

Listing 5.15
Registrierung
Kontextmenü für eine
View

```
public void onCreate(Bundle icicle) {
  registerForContextMenu(findViewById(android.R.id.list));
}
```

Damit allein ist das Menü allerdings noch nicht aktiviert. Die Menüoptionen müssen noch zugewiesen werden. Dieser Schritt ist in Listing 5.16 beschrieben. Jede Activity bietet dazu die Methode onCreateContextMenu an. Diese ist für die »Befüllung« aller Kontextmenüs der ihr zugewiesenen Bildschirmseite zuständig. onCreateContextMenu wird aufgerufen, sobald ein Long-Click Event auf einer für Kontextmenüs registrierten View ausgelöst wurde.

Listing 5.16
Erzeugung von
Kontextmenüs

```
public void onCreateContextMenu(ContextMenu menu, View v,
    ContextMenuInfo menuInfo) {

  if (v.getId() == android.R.id.list) {
    getMenuInflater().inflate(
        R.menu.geokontakt_auflisten_kontext, menu);
  }
  super.onCreateContextMenu(menu, v, menuInfo);
}
```

Das in Amando erscheinende Kontextmenü zeigt die Abbildung 5-5.

Wird nun ein <item> dieses Kontextmenüs ausgewählt, so wird vom System die Methode Activity::onContextItemSelected aufgerufen. Dort kann auf die gewählte Option reagiert werden (Listing 5.17).

Listing 5.17
Auswertung eines
Kontextmenüs

```
public boolean onContextItemSelected(MenuItem item) {

  switch (item.getItemId()) {
    case R.id.opt_geokontakt_details: {
      macheEtwasSinnvolles();
      return true;
    }
  }
  return super.onContextItemSelected(item);
}
```

Abb. 5-5
Kontextmenü für
Listenelement

Häufig werden wir wissen, auf welche View sich das mitgegebene `MenuItem` bezieht. Hier jedoch haben wir das Menü zwar für eine Liste (`ListView`) registriert, Android erstellt das Kontextmenü aber für einen Listen*eintrag*. Somit stellt sich die Frage, auf welchen Eintrag sich das Kontextmenü bezieht.

Die Antwort liefern die Attribute von `AdapterView.AdapterContext-MenuInfo`, in unserem Fall der Schlüssel `AdapterContextMenuInfo::id`. Listing 5.18 zeigt eine neue Version für die Auswertung, die um den nötigen Quelltext ergänzt wurde.

```
public boolean onContextItemSelected(MenuItem item) {

  final AdapterView.AdapterContextMenuInfo info =
    (AdapterView.AdapterContextMenuInfo) item.
    getMenuInfo();

  switch (item.getItemId()) {
    case R.id.opt_geokontakt_details: {
      macheEtwasSinnvolles(info.id);
      return true;
    }
  }
  return super.onContextItemSelected(item);
}
```

Listing 5.18
Kontextmenü-
Auswertung bei einer
ListView

5.5.7 Dynamische Menügestaltung

In manchen Fällen reicht die statische Definition der Menüs nicht aus. Es wäre wünschenswert, wenn man einzelne Optionen während des Anwendungslaufs aktivieren, deaktivieren oder komplett verbergen könnte. Die Darstellungsform einzelner <item>-Elemente sollte also während des Programmlaufs verändert werden können.

Eine Lösung besteht darin, Menüs nicht als Ressource, sondern direkt im Java-Code zu definieren und zu konfigurieren. Die Android-API sieht dafür die Klasse android.view.Menu vor. Das folgende Listing 5.19 aus der EinstellungenBearbeiten-Activity zeigt, wie ein Optionsmenü anhand dieser Klasse definiert wird:

Listing 5.19
Menüdefinition in Java

```
private static final int EINSTELLUNG_BEARBEITEN_ID =
    Menu.FIRST;
// ...
public boolean onCreateOptionsMenu(Menu menu) {
  menu.add(0, EINSTELLUNG_BEARBEITEN_ID, Menu.NONE,
      R.string.men_einstellungenBearbeiten);
    // ...
  return super.onCreateOptionsMenu(menu);
}
```

Die Menüdefinitionen über XML und Java schließen sich nicht gegenseitig aus, sondern können nach Belieben kombiniert werden. Anstatt dynamisch per Java Menüeinträge hinzuzufügen, kann zum Beispiel ein Menü-Inflater ein längeres Menü statisch erzeugen, aus dem per Java einzelne Einträge gelöscht werden.

Für die Veränderung eines Optionsmenüs sieht das Android API die Methode Activity::onPrepareOptionsMenu() vor. Sie wird vor jeder Anzeige des Optionsmenüs aufgerufen. Listing 5.20 zeigt, wie in der StartSeite-Activity die Menüoption für die Hilfe deaktiviert werden könnte.

Listing 5.20
onPrepareOptions-
Menü in Aktion

```
public boolean onPrepareOptionsMenu(Menu menu) {
  final MenuItem optHilfe = (MenuItem)
    menu.findItem(R.id.opt_hilfe);

  optHilfe.setEnabled(false);

  return super.onPrepareOptionsMenu(menu);
}
```

Indem wir die Menüoption nur deaktivieren, anstatt sie zu löschen, müssen wir sie im umgekehrten Fall nicht erzeugen und hinzufügen. Außerdem folgen wir damit der Empfehlung der Richtlinie zur Android-Oberflächengestaltung [38], die Struktur von Optionsmenüs beizubehalten.

Menüs führen den Nutzer durch die Anwendung. Sie sollten deshalb normalerweise von vornherein klar definiert werden können. Daher empfehlen wir, Menüs weitgehend in XML zu definieren und sie nur in Ausnahmefällen im Java-Quelltext zu realisieren.

5.6 Formularverarbeitung

In den letzten Abschnitten haben wir uns mit der Erstellung von Bildschirmseiten beschäftigt. Wir haben Oberflächenelemente auf einer Seite angeordnet und haben diese von einer Activity auf dem Bildschirm darstellen lassen. Wir haben gesehen, wie man verschiedene Arten von Menüs definiert und auf die Berührung einer Schaltfläche reagiert. Was uns jetzt noch fehlt, ist der Zugriff auf View-Elemente.

In diesem Abschnitt lernen wir, wie man auf die Werte von Views zugreift. Wir sprechen von »*Formularen*«, wenn der Anwender zu einer Eingabe auf dem Bildschirm aufgefordert wird. Für Formulare gibt es verschiedene Views, die Anwendereingaben erlauben. Umgekehrt wird man öfter die Werte in einer View setzen oder austauschen wollen. Auch dann müssen wir im Programm Zugriff auf diese View erhalten und anschließend den Wert setzen.

Zugriff auf Views

5.6.1 Zielsetzung

Wir erstellen in diesem Kapitel eine weitere Bildschirmseite: die Seite zum Anlegen bzw. Bearbeiten eines Geokontakts. Abbildung 5-6 zeigt die Seite im Emulator. Wir erinnern uns, dass wir in der Amando-Anwendung eine eigene Datenbank mit Kontaktdaten verwalten. Zu jedem Kontakt speichern wir dort die letzte bekannte Position, daher nennen wir ihn Geokontakt.

Aufgaben

Abb. 5-6
Geokontakt bearbeiten

Lernziele Der Anwender kann Kontaktdaten eingeben oder ändern. Beim Speichern müssen diese Daten in die Datenbank geschrieben werden. Wir müssen in der Lage sein, Formularfelder auszulesen. Andererseits soll beim Bearbeiten eines vorhandenen Geokontakts die letzte bekannte Position angezeigt werden. Folglich müssen wir Werte aus der Datenbank in der Activity anzeigen. Unsere Lernziele für diesen Abschnitt sind also das Lesen aus und das Schreiben in Views.

5.6.2 Arbeiten mit Views

Views sind Objekte! Bisher haben wir Views nur auf Bildschirmseiten angezeigt. Wir haben sie dazu als XML-Elemente einer Bildschirmseiten-Definition betrachtet. Wir wollen jetzt aber ihre Attributwerte bei laufender Anwendung auswerten und anpassen. Für diese Anforderungen reicht das statische XML-Format nicht mehr aus. Wir greifen daher auf die View-Objekte zu, die vom Ressourcencompiler aus den XML-Definitionen erzeugt wurden.

View-Schlüssel

Betrachten wir zunächst das Layout, welches die Bildschirmseite für die Neuanlage und die Bearbeitung eines Geokontakts definiert. Listing 5.21 zeigt das Layout, welches wir mit dem performanten `RelativeLayout` realisiert haben. Wir speichern es in der Datei `geokontakt_bearbeiten.xml` im Ordner `/res/layout`.

Listing 5.21
Layout für
GeokontaktBearbeiten

```xml
<?xml version="1.0" encoding="utf-8"?>
<RelativeLayout xmlns:android="
    http://schemas.android.com/apk/res/android"
    android:layout_width="wrap_content"
    android:layout_height="wrap_content">

  <TextView
      android:id="@+id/tx_name_label"
      android:text="@string/geokontakt_name"
      android:layout_width="wrap_content"
      android:layout_height="wrap_content"
      android:layout_alignParentTop="true" />
  <EditText
      android:id="@+id/tx_name_edit"
      android:layout_width="fill_parent"
      android:layout_height="wrap_content"
      android:inputType="textCapWords"
      android:layout_below="@id/tx_name_label" />
```

```xml
<TextView
  android:id="@+id/tx_telefon_label"
  android:layout_width="wrap_content"
  android:layout_height="wrap_content"
  android:text="@string/geokontakt_telefonnummer"
  android:layout_below="@id/tx_name_edit" />
<EditText
  android:id="@+id/tx_telefon_edit"
  android:layout_width="fill_parent"
  android:layout_height="wrap_content"
  android:inputType="phone"
  android:layout_below="@id/tx_telefon_label" />

<TextView
  android:id="@+id/tx_letzte_position_label"
  android:layout_width="wrap_content"
  android:layout_height="wrap_content"
  android:text="@string/geokontakt_letzte_position"
  android:layout_below="@id/tx_telefon_edit" />
<TextView
  android:id="@+id/tx_letzte_position"
  android:layout_width="wrap_content"
  android:layout_height="wrap_content"
  android:layout_below="@id/tx_letzte_position_label" />

<TextView
  android:id="@+id/tx_stichwort_label"
  android:layout_width="wrap_content"
  android:layout_height="wrap_content"
  android:text="@string/geokontakt_stichwort"
  android:layout_below="@id/tx_letzte_position" />
<TextView
  android:id="@+id/tx_stichwort"
  android:layout_width="wrap_content"
  android:layout_height="wrap_content"
  android:layout_below="@id/tx_stichwort_label" />

<TextView
  android:id="@+id/tx_datum_label"
  android:layout_width="wrap_content"
  android:layout_height="wrap_content"
  android:text="@string/geokontakt_datum"
  android:layout_below="@id/tx_stichwort" />
<TextView
  android:id="@+id/tx_datum"
  android:layout_width="wrap_content"
```

```
      android:layout_height="wrap_content"
      android:layout_below="@id/tx_datum_label" />

  </RelativeLayout>
```

Views können eine Id haben.

View-Schlüssel

Hier haben wir eine Neuerung. Bevor man auf eine View zugreifen kann, muss man sie finden. Als Suchkriterium dient der eindeutige Schlüsselwert, der dem Attribut `android:id` bei der Definition der View zugewiesen wurde. Diesen Wert bezeichnen wir als *View-Schlüssel*. Jede View, auf die später im Programmcode zugegriffen wird, muss eine eigene Id haben. Die Definition der Id bei der ersten `TextView` erfolgt mittels

```
  android:id="@+id/tx_name_label"
```

Ids automatisch generieren

Hier ist `@` wieder als Verweis auf eine Ressource zu lesen. Die Ressourcenart ist `id`. Da die Id nicht existiert, teilen wir dem *aapt* durch das +-Zeichen mit, dass die Id automatisch neu erzeugt werden soll. Daraufhin wird in der Klasse `R` (genauer: in `R.id`) ein Attribut erzeugt, auf welches über `R.id.tx_name_label` referenziert werden kann.

Zugriff auf Views

findViewById

Die Layouts und Views einer Bildschirmseite werden in Android intern als Baumstruktur organisiert. Werden Layouts geschachtelt, entstehen Knoten, und die Tiefe des Baums wächst. Die Views sind die Blätter des Baums. Im Programmcode einer Activity gibt es zwei Wege, um auf eine View zuzugreifen:

- Ausgehend vom Wurzelelement (oberstes Layout) wird der gesamte Baum durchsucht.
- Ausgehend von einem Knoten wird abwärts gesucht.

Zugriff über die richtige Methode

In beiden Fällen lautet der Name der Methode gleich: `findViewById`. Diese Methode findet sich zum einen in der Klasse `Activity` und zum anderen in der Klasse `View`. So kann jede View `v` über die Methode `v.findViewById` nach einer View suchen, die sich innerhalb des Teilbaumes befindet, dessen Wurzel `v` ist. Innerhalb einer Activity können wir jederzeit auf jede View über `this.findViewById` zugreifen.

Wenn wir beispielsweise auf das Texteingabefeld (`<EditText>`) für den Namen in Listing 5.21 zugreifen wollen, schreiben wir

```
public class GeoKontaktBearbeiten extends Activity {
  public void onCreate(Bundle icicle) {
    super.onCreate(icicle);
```

```
    setContentView(R.layout.geokontakt_bearbeiten);

    TextView txNameEdit =
      (TextView) findViewById(R.id.tx_name_edit);
  }
}
```

Hier wird `findViewById` von der Activity aus verwendet. Die einfache *Achtung, Laufzeit!*
Handhabung dieser Methode täuscht darüber hinweg, dass bei jedem
Aufruf der View-Baum von der Wurzel bis zum Ziel durchlaufen werden muss. Daher sollte man zwei Regeln für die Suche nach Views beachten:

Wiederholung vermeiden Das Ergebnis einer View-Suche sollte bei
  wiederholten Zugriffen auf die gleiche View in einer lokalen
  Variable gespeichert werden.

Nicht zu früh beginnen *Jede* View kann als Ausgangspunkt der Suche
  dienen. Häufig ist es besser, erst den Ausgangspunkt zu suchen, um
  dann weitere Suchen von ihm aus zu beginnen.

Betrachten wir die Bildschirmseite in Listing 5.22. Wir haben es stark *Ein Beispiel*
vereinfacht. Es wurden z.B. überall die `android:layout_height`- und
`android:layout_width`-Attribute weggelassen.
    Wenn wir nacheinander auf die Views `feld1`, `z1_feld2`, `z2_feld2`
zugreifen wollen, ist es sinnvoll, erst das `TableLayout` mit Schlüssel
`tabelleZwei` zwischenzuspeichern und über dessen `findViewById` auf die
Textfelder zuzugreifen.

```
<?xml version="1.0" encoding="utf-8"?>
<LinearLayout android:orientation="vertical">

  <TextView android:id="@+id/text1"/>
  <TextView android:id="@+id/text2"/>

  <TableLayout android:id="@+id/tabelleEins">
    <TableRow>
      <TextView android:text="@string/tx_feld1"/>
      <TextView android:id="@+id/feld1"/>
    </TableRow>
  </TableLayout>

  <TextView android:id="@+id/text3"/>

  <TableLayout android:id="@+id/tabelleZwei">
```

Listing 5.22
Suche in komplexen
Layouts

```
    <TableRow android:id="@+id/zeile_1">
      <TextView android:id="@+id/z1_feld1" />
      <TextView android:id="@+id/z1_feld2" />
      <TextView android:id="@+id/z1_feld3" />
    </TableRow>
    <TableRow android:id="@+id/zeile_2">
      <TextView android:id="@+id/z2_feld1"/>
      <TextView android:id="@+id/z2_feld2"/>
      <TextView android:id="@+id/z2_feld3"/>
    </TableRow>
  </TableLayout>
</LinearLayout>
```

Zugriff auf Views optimieren

Während beim ersten TableLayout ein direkter Zugriff auf feld1 sinnvoll ist, sollte das Befüllen der Tabelle im zweiten TableLayout wie in Listing 5.23 dargestellt zeilenweise erfolgen. Es wird erst eine TableRow, welche auch ein View-Element ist, geholt und auf dieser findViewById aufgerufen. Ein direkter Zugriff auf jedes einzelne Feld mittels this.findViewById(R.id.z1_feld1 ist nicht performant.

*Listing 5.23
Füllen einer
Tabellenzeile*

```
TextView zelle;
TableRow zeile1 = (TableRow) findViewById(R.id.zeile_1);
zelle = (TextView) zeile1.findViewById(R.id.z1_feld1);
zelle.setText("Zelle 1");
zelle = (TextView) zeile1.findViewById(R.id.z1_feld2);
zelle.setText("Zelle 2");
...
```

Einfache Views

Die Attributwerte einer View können innerhalb der Activity beliebig ausgelesen oder geändert werden. Auf diese Weise werden *einfache* Views wie Textfelder, Kontrollkästchen etc. mit Daten versorgt, die sie an der Oberfläche darstellen.

5.7 Das Android-Manifest

Wir haben jetzt alle Bestandteile einer Bildschirmseite kennengelernt. Um daraus eine lauffähige Anwendung zu machen, benötigen wir noch *Komponenten zu einem Programm zusammenfügen* eine weitere Datei: das *Android-Manifest*. Diese teilt der Android-Laufzeitumgebung mit, aus welchen Komponenten sich eine Anwendung zusammensetzt.

Beim Android-Manifest handelt es sich um die XML-Datei AndroidManifest.xml im Wurzelverzeichnis der Anwendung. Sie wird beim Anlegen eines neuen Projekts in Eclipse automatisch erzeugt. Das Android-Manifest in unserem Amando-Projekt hat zu Beginn den Inhalt wie in Listing 5.24 zu sehen.

```
<?xml version="1.0" encoding="utf-8"?>
<manifest xmlns:android=
   "http://schemas.android.com/apk/res/android"
   package="de.androidbuch.amando" (1)
   android:versionCode="1"
   android:versionName="1.0"> (2)

 <uses-sdk android:minSdkVersion="5" /> (3)

 <application android:icon="@drawable/icon"
             android:label="@string/app_name">
   <activity android:name=".gui.Startseite" (4)
             android:label="@string/app_name">
    <intent-filter>
      <action android:name=
         "android.intent.action.MAIN" />
      <category android:name=
         "android.intent.category.LAUNCHER" />
    </intent-filter>
   </activity>
 </application>
</manifest>
```

Listing 5.24
Das Amando-
AndroidManifest

Vom Konzept her erinnert das Android-Manifest an die zahlreichen
Deployment-Deskriptoren im Java-EE-Umfeld. Die formale Definition
des Manifests soll hier nicht aus der Online-Dokumentation (siehe [12])
kopiert werden. Wir werden im Verlauf des Buches viele Elemente des
Manifests kennenlernen, möchten hier aber die grundsätzlichen Elemente vorstellen. Im *Android-Manifest*

Deployment-Deskriptor

- wird der Package-Name der Anwendung festgelegt (1),
- wird die Versionsnummer der Anwendung angegeben (2),
- wird der minimale Android-API-Level festgelegt, unter dem die Anwendung lauffähig ist (3),
- werden alle Komponenten (Activities, Services, Content Provider, Broadcast Receiver) der Anwendung aufgelistet (4),
- werden Berechtigungen auf Anwendungs- und Prozessebene vergeben,
- werden die Bibliotheken angegeben, die die Anwendung verwendet.

Während der Entwicklungsphase einer Anwendung gibt es noch zwei
weitere XML-Attribute, die ins *Android-Manifest* aufgenommen werden können. Zum einen müssen die Testklassen zur Instrumentierung
der Anwendung angegeben werden. Mit Tests beschäftigen wir uns intensiv in Kapitel 19. Zum anderen sollte man die Anwendung auf ei-

Zusätzliche Attribute

nem oder mehreren echten Geräten testen, bevor man sie (beispielsweise über den Android Market) anderen zugänglich macht. Dazu verbindet man das Android-Gerät per USB-Kabel mit dem Entwicklungsrechner. Hilfestellung zur Einrichtung des USB-Treibers geben wir in Kapitel 17.1 auf Seite 341.

Um unsere Anwendung auf einem Endgerät debuggen zu können, erweitern wir das `<application>`-Element des Android-Manifests:

```
<application android:icon="@drawable/icon"
             android:label="@string/app_name"
             android:debuggable="true">
```

Systemausgaben in der LogCat

Damit ist es möglich, die Anwendung wahlweise auf dem Emulator oder auf dem Endgerät laufen zu lassen. Das Deployment und das Starten der Anwendung erfolgen aus Eclipse heraus. Die Systemausgaben des Endgeräts werden genauso wie die Systemausgaben des Emulators in der *LogCat*-View ausgegeben. Zur Aktivierung der *LogCat* in Eclipse muss man über das Hauptmenü die *LogCat*-View aufrufen: *Window -> Show View -> Other... -> Android -> LogCat.*

5.8   Formatvorlagen: Styles und Themes

Die Bildschirmseiten einer Anwendung sollten in einem einheitlichen Erscheinungsbild gestaltet werden. Dazu gehören einheitliche Schriftarten und -größen, Vorder- und Hintergrundfarben sowie die Ausrichtung einzelner Views (zentriert, links-, rechtsbündig). Das Erscheinungsbild wird durch die Attributwerte der Views und Layouts beeinflusst. Gesucht wird also ein Weg, diese Attribute innerhalb einer Anwendung einheitlich zu definieren und zuzuweisen.

5.8.1   Styles

Style := Gruppe von Attributwerten für Views

Ähnlich wie *Cascading Style Sheets* (CSS) für Weboberflächen gibt es für Android-Bildschirmseiten *Styles*, die als Formatvorlagen für View-Elemente genutzt werden. Eine Formatvorlage wird einer View über das Attribut `style` zugewiesen (siehe Listing 5.26). Dadurch erhält die View alle Attributwerte, die durch die Formatvorlage vorgegeben werden. Wenn eine solche Vorlage auf alle Views gleichen Typs angewandt wird, lassen sich z.B. Textgröße, Schriftart etc. anwendungsweit definieren. Zu beachten ist hier die abweichende Schreibweise: `style` statt `android:style`.

Um beispielsweise alle Schaltflächentexte von Amando einheitlich zu formatieren, definieren wir eine Vorlage mit dem Ressourcennamen

SchaltflaechenText, mit deren Hilfe wir Schriftgröße und -art auf einen gewünschten Wert festlegen (Listing 5.25). Alle Formatvorlagen einer Anwendung werden in der Datei res/values/styles.xml definiert.

```xml
<?xml version="1.0" encoding="utf-8"?>
<resources>
  <style name="SchaltflaechenText">
    <item name="android:textSize">18sp</item>
    <item name="android:textStyle">bold</item>
  </style>
</resources>
```

Listing 5.25
Definition von
Formatvorlagen

Der folgende Ausschnitt einer Bildschirmseiten-Definition demonstriert, wie die Vorlage einer View zugewiesen wird (Listing 5.26).

```xml
<Button
  android:id="@+id/sf_position_senden"
  style="@style/SchaltflaechenText"
  android:layout_width="fill_parent"
  android:layout_height="wrap_content"
  android:text="@string/app_positionSenden"
  android:onClick="onClickPositionSenden"
/>
```

Listing 5.26
Stilvolle Schaltfläche

Formatvorlagen können ihre Attributwerte von anderen Vorlagen erben. Auf diesem Weg lassen sich allgemeine Vorgaben definieren, die dann in Unterformaten verfeinert werden. Denkbar wäre beispielsweise ein in der gesamten Anwendung einheitlicher Wert für die Schriftart, der für Überschrift-Formatvorlagen oder Fließtext-Formatvorlagen um eine Größenangabe erweitert wird. Die Vererbung drückt man durch Angabe der Eltern-Formatvorlage im Attribut parent aus.

Vererbung von
Formatvorlagen

In Listing 5.27 wird die aus dem letzten Beispiel bekannte Formatvorlage für Schaltflächen um ein Sonderformat für »wichtige« Schaltflächen erweitert. Dieses Sonderformat erbt die Schriftgröße von seinem »Vaterformat«, überschreibt aber dessen Farbwert und ergänzt eine Textzentrierung.

```xml
<?xml version="1.0" encoding="utf-8"?>
<resources>
  <style name="TextStyleNormal">
    <item name="android:textSize">18sp</item>
    <item name="android:textColor">@color/textfarbe</item>
  </style>

  <style name="TextStyleUeberschrift"
         parent="@style/TextStyleNormal">
    <item name="android:textSize">24sp</item>
```

Listing 5.27
Vererbung von
Formatvorlagen

```
        <item name="android:gravity">center</item>
        <item name="android:paddingTop">10dp</item>
        <item name="android:paddingBottom">10dp</item>
      </style>
</resources>
```

Überschreiben von
Parametern

Auch das ist möglich: In Listing 5.27 hat `TextStyleUeberschrift` nicht nur das Attribut `textColor` von `TextStyleNormal` geerbt, sondern auch das Attribut `textSize` überschrieben.

5.8.2 Themes

Global denken

Während Styles das Format von Views vorgeben, beeinflussen sogenannte *Themes* das Erscheinungsbild kompletter Bildschirmseiten (Vorder-/Hintergrundfarbe, Titelzeile aktiv/inaktiv etc.). Merke: Themes sind Formatvorlagen für die Layouts, während Styles Formatvorlagen für die View-Elemente auf den Seiten sind.

Themes können entweder jeder Activity einzeln zugewiesen werden oder es wird anwendungsweit ein Theme für alle Activities definiert. Die Zuweisung erfolgt im Android-Manifest. Da wir für Amando ein anwendungsweites Theme verwenden, erweitern wir dort das `<application>`-Element:

```
<application android:icon="@drawable/icon"
             android:label="@string/app_name"
             android:theme="@style/AmandoTheme"
             android:debuggable="true">
```

Alternativ kann man das `<activity>`-Element erweitern. Das folgende Beispiel (Listing 5.28) demonstriert die Definition eines anwendungsweit gültigen Themes. Themes werden ebenfalls in der Datei `res/values/styles.xml` definiert.

Listing 5.28
Definition eines
Themes

```
<style name="AmandoTheme"
       parent="android:Theme.NoTitleBar">
    <item name="android:windowBackground">
      @color/hintergrund
    </item>
    <item name="android:textViewStyle">
      @style/TextStyleNormal
    </item>
    <item name="android:listViewStyle">
      @style/ListView
    </item>
```

```
    <item name="android:buttonStyle">
      @style/Schaltflaeche
    </item>
  </style>
```

Auch Themes können voneinander erben. Unser AmandoTheme erbt von android:Theme.Light. Android bringt einige sehr nützliche vorgefertigte Themes mit. Wir haben ein Theme gewählt, welches als Default-Wert einen hellen Hintergrund mit schwarzer Schrift definiert.

Vorgefertigte Themes nutzen

> Die Android-API bietet mehrere Standard-Formatvorlagen zur Verwendung als Themes oder Styles an [30]. Diese lassen sich problemlos für eigene Anwendungen nutzen oder mit geringem Aufwand als »parent« eines eigenen Themes oder Styles wiederverwenden. Bei Verwendung der Standardvorlagen darf die Package-Angabe android: nicht fehlen (z.B. android:Theme.Dialog).

Standard-Formatvorlagen

Themes sind darüber hinaus in der Lage, Eigenschaften von Views global zu definieren. Soll beispielsweise eine Schaltfläche für jede Bildschirmseite mit einem bestimmten Theme immer gleich aussehen, so kann man dem Theme einen Style für alle seine Schaltflächen mitgeben. In Listing 5.28 haben wir dem Theme AmandoTheme globale Styles für Textfelder (android:textViewStyle), Auswahllisten (android:listViewStyle) und Schaltflächen (android:buttonStyle) mitgegeben. Die Styles müssen wir allerdings noch definieren. Wir fügen dazu unserer Datei styles.xml die Style-Definitionen aus Listing 5.29 hinzu.

XML-Attribute zentral definieren

```
  <style name="ListView"
         parent="android:Widget.ListView">
    <item name="android:listSelector">
      @drawable/pfeil
    </item>
  </style>


  <style name="SchaltflaechenText"
         parent="android:Widget.TextView">
    <item name="android:textSize">
      18sp
    </item>
    <item name="android:textStyle">
      bold
    </item>
  </style>
```

Listing 5.29
Styles global definieren

```
<style name="Schaltflaeche"
    parent="android:Widget.Button">
  <item name="android:textAppearance">
    @style/SchaltflaechenText
  </item>
</style>
```

Grundsätzlich lässt sich jedes Attribut eines Layouts oder einer View durch Styles und Themes zentral definieren. Eine Liste aller XML-Attribute für Layouts und Views findet man unter [28]. Dabei gehören diejenigen Attribute, die mit `window` beginnen, zu den Layout-Definitionen. Die restlichen betreffen View-Definitionen. Attribute, die mit `Style` enden (z.B. `buttonStyle`), sind vorgefertigte Styles (also Gruppen von View-Attributen) zu bestimmten View-Elementen, wie wir sie in Listing 5.28 kennengelernt haben.

Was gehört wozu?

Styles und Themes sind ein mächtiges Werkzeug, um die Menge an XML-Definitionen einer Oberfläche gering zu halten. Mit diesem Abschnitt endet der Theorieblock zum Thema »Oberflächen«. Nun wollen wir uns den Umgang mit Activities, Views und Ressourcen in der Praxis anschauen.

5.9 Implementierung einer Bildschirmseite

Starten wir mit der Fortsetzung unseres am Kapitelanfang begonnenen Vorhabens, den Startbildschirm als erste Bildschirmseite des Projekts zu implementieren. Wir legen als Erstes ein Android-Projekt namens »amando« im Package `de.androidbuch.amando` an. Das Vorgehen dazu haben wir bereits im Eingangsbeispiel beschrieben. Rufen wir uns nun noch einmal die Implementierungsziele dieses Kapitels ins Gedächtnis:

- Es soll ein Startbildschirm mit mehreren Schaltflächen angezeigt werden.
- Über das Optionsmenü der Startseite sollen die Funktionen »Einstellungen«, »Hilfe« und »Beenden« angeboten werden.
- Für alle Masken soll ein einheitliches Erscheinungsbild definiert werden.

5.9.1 Checkliste: Bildschirmseite implementieren

Wir müssen demzufolge als Erstes ein Layout für die Startseite definieren und im Ressourcenverzeichnis ablegen. Anschließend implementieren wir eine Activity, die als Einstiegspunkt der Anwendung dient.

Durch den Einsatz von Formatvorlagen stellen wir das einheitliche Erscheinungsbild sicher.

Die folgenden Schritte sind zur Erstellung einer Bildschirmseite erforderlich:

1. Textressourcen für die Beschriftung definieren,
2. Styles und Themes definieren,
3. weitere Ressourcen hinzufügen,
4. Layout(s) definieren,
5. Menüs definieren,
6. Activity implementieren, Bildschirmseiten-Definition und Menüs einbinden,
7. Android-Manifest um neue Activities erweitern,
8. Activity im Emulator testen.

Zur Verdeutlichung der einzelnen Schritte werden wir die Startseite (siehe Abbildung 5-7) unseres Projekts Schritt für Schritt erstellen.

Abb. 5-7
Startseite von Amando

5.9.2   Texte für Bildschirmseiten definieren

Für die Startseite benötigen wir einen Titel, einen Einführungstext sowie die Bezeichnungen der Schaltflächen und Menüoptionen. Wir erstellen also im Verzeichnis /res/values eine Datei strings.xml mit folgendem Inhalt:

```xml
<?xml version="1.0" encoding="utf-8"?>
<resources>
  <string name="app_name">Amando</string>
```

Listing 5.30
strings.xml für die
Startseite

```
<!-- Startseite -->
<string name="txt_startseiteanzeigen_intro">
  Sie haben folgende Optionen zur Verfügung:
</string>

<!-- Optionsmenue -->
<string name="men_hilfeAnzeigen">Hilfe</string>
<string name="men_einstellungenBearbeiten">
  Einstellungen
</string>
<string name="men_amandoBeenden">Beenden</string>

<!-- Schaltflaechentexte -->
<string name="but_positionSenden">Position senden</string>
<string name="but_geokontakteVerwalten">
  Geokontakte
</string>
<string name="but_karteAnzeigen">Karte Anzeigen</string>
<string name="but_simulation">Simulation starten</string>
</resources>
```

Beim Speichern dieser Datei wird der Schlüsselspeicher
de.androidbuch.amando.R.java aktualisiert. Der Compiler überwacht
die Einhaltung der Namensregeln für Ressourcennamen.

> Da R.java vom Eclipse-Plugin generiert wird, sollte man diese Klasse
> nicht unter Versionskontrolle stellen. Dies gilt sogar für den gesamten
> gen-Ordner eines Android-Projekts. Sämtliche Dateien, die sich darin be-
> finden, werden automatisch generiert, wenn das Android-Projekt gebaut
> wird. Die Ressourcendateien dagegen sollten versioniert werden.

Präfixe verwenden

In der Praxis hat es sich als effizient erwiesen, zu Projektbeginn die
Texte für *alle* Bildschirmseiten zu definieren. Dadurch fällt eine einheitliche Namensgebung der Elemente leichter, und das zeitaufwendige
Wechseln der Editoren wird reduziert. Da die Klasse R sehr lang werden
kann, ist es sinnvoll, zumindest den Textressourcen ein Präfix voranzu-
stellen. Dadurch fällt beim Implementieren das Auffinden der richtigen
Ressource leichter, und Fehler werden reduziert. Wir haben hier txt_
für Oberflächentexte und Activity-Titel, men_ für Menüeinträge und sf_
für Schaltflächentexte verwendet.

5.9.3 Styles und Themes definieren

Hier greifen wir zurück auf Abschnitt 5.8. Wir müssen eine Datei `/res/values/styles.xml` anlegen und die dort definierten Styles und das `AmandoTheme` in die Datei kopieren. Natürlich dürfen wir nicht vergessen, das `AmandoTheme` im Android-Manifest einzubinden.

5.9.4 Weitere Ressourcen definieren

Nach den Textressourcen wenden wir uns der nächsten Ressource zu. Amando verwendet einige Grafiken. Auf der Startseite (siehe Abbildung 5-7) kommt ein Hintergrundbild (`amando_logo.png`) zum Einsatz. Außerdem hat die Anwendung ein Piktogramm (`icon.png`) für den Programmordner. Alle Bilder und Piktogramme von Amando finden Sie im Quellcode der Anwendung, die unter `www.androidbuch.de` heruntergeladen werden kann. Wir legen die Grafiken im Verzeichnis `/res/drawable-mdpi` ab. Sie sind ab dem Zeitpunkt über den Ressourcenschlüssel `R.drawable.amando_logo` bzw. `R.drawable.icon` erreichbar.

Bilder und Piktogramme

Nun fehlen uns noch die Farbdefinitionen, die im Theme und in den Styles verwendet werden. Wir legen eine Datei `/res/values/colors.xml` an und definieren die Farben, die Amando verwenden wird (Listing 5.31).

```xml
<?xml version="1.0" encoding="utf-8"?>
<resources>
  <color name="schwarz">#000000</color>
  <color name="hintergrund">#FFF1FBE6</color>
  <color name="textfarbe">#206020</color>
</resources>
```

Listing 5.31
Amando-Farbdefinitionen

5.9.5 Layouts definieren

Als nächsten Schritt legen wir das Design der Bildschirmseite fest. Dieses definieren wir in der Datei `/res/layout/startseite_anzeigen.xml`. Da wir zwischenzeitlich Styles und Themes definiert haben, vereinfacht sich unser Startseiten-Layout, welches wir schon auf Seite 67 in Listing 5.11 vorgestellt haben. Die `TextView` erhält zahlreiche Attribute über ihren Style. Das Aussehen der Schaltflächen wird über einen eigenen Style beeinflusst (Schrift größer und in Fettdruck), der dem Theme zugewiesen wurde und anwendungsweit auf alle Schaltflächen wirkt.

Wahl des Layouts

```xml
<?xml version="1.0" encoding="utf-8"?>
<LinearLayout
    xmlns:android="http://schemas.android.com/apk/res/android"
    android:orientation="vertical"
```

Listing 5.32
Layout der Startseite

```xml
        android:layout_width="fill_parent"
        android:layout_height="fill_parent" >

    <TextView
        style="@style/TextStyleUeberschrift"
        android:layout_width="fill_parent"
        android:layout_height="wrap_content"
        android:text="@string/txt_startseiteanzeigen_intro" />

    <Button
        android:id="@+id/sf_position_senden"
        android:layout_width="fill_parent"
        android:layout_height="wrap_content"
        android:text="@string/sf_positionSenden"
        android:onClick="onClickPositionSenden" />

    <Button
        android:id="@+id/sf_starte_geokontakte"
        android:layout_width="fill_parent"
        android:layout_height="wrap_content"
        android:text="@string/sf_geokontakteVerwalten"
        android:onClick="onClickGeokontakteVerwalten" />

    <Button
        android:id="@+id/sf_karte_anzeigen"
        android:layout_width="fill_parent"
        android:layout_height="wrap_content"
        android:text="@string/sf_karteAnzeigen"
        android:onClick="onClickKarteAnzeigen" />

    <Button
        android:id="@+id/sf_simulation_starten"
        android:layout_width="fill_parent"
        android:layout_height="wrap_content"
        android:text="@string/sf_simulation"
        android:onClick="onClickSimulationStarten" />

    <ImageView
        android:layout_width="fill_parent"
        android:layout_height="fill_parent"
        android:layout_gravity="center_horizontal"
        android:src="@drawable/amando_logo" />

</LinearLayout>
```

Schlüssel sind Ressourcen. Da wir die TextView im weiteren Code nicht benötigen, kann die Angabe des Schlüsselattributs android:id entfallen. Dasselbe gilt auch für die

`ImageView`. Für die Schaltflächen definieren wir eine neue Ressource der Art `id`, um später auf Klicks auf die Schaltfläche reagieren zu können.

5.9.6 Menüs definieren

In Abschnitt 5.5 haben wir gelernt, wie man Menüs definiert. Wir definieren die Ressource `/res/menu/hauptmenue.xml` und kopieren den Inhalt aus Listing 5.12 auf Seite 73 dort hinein. Damit hat unsere Startseite ein Optionsmenü und wir können uns der Implementierung einer Activity widmen.

5.9.7 Activity implementieren

Activities verknüpfen die bisher definierten Ressourcen mit der Anwendung. Sie implementieren die Geschäftsprozesse, werten Bildschirmeingaben aus und reagieren auf Menüauswahl und andere Oberflächenereignisse. *Es wächst zusammen...*

Wir werden für das Amando-Projekt alle Activities im Package `de.androidbuch.amando.gui` ablegen. Daher verschieben wir die Activity `Startseite` in dieses Package. Damit sie auch weiterhin bei Programmstart gefunden wird, müssen wir das Android-Manifest anpassen. Im `<manifest>`-Element ist das Basis-Package der Anwendung deklariert. Es lautet `de.androidbuch.amando`. Damit die Startseite gefunden wird, passen wir das `<activity>`-Element an und korrigieren das Attribut `android:name`:

```
<activity android:name=".gui.Startseite"
        android:label="@string/app_name">
```

In Abschnitt 5.2.1 auf Seite 40 hatten wir das automatisch generierte Layout `main.xml` durch `startseite_anzeigen.xml` ersetzt. Dieses Layout weisen wir nun der Activity zu. Beim Aufruf einer Activity ruft das Betriebssystem deren Methode `onCreate` auf. Dort erfolgt die Verknüpfung zwischen View und Activity. Wir ändern den automatisch generierten Code der Activity wie folgt: *Bildschirmseite zuweisen*

```
public void onCreate(Bundle savedInstanceState) {
  super.onCreate(savedInstanceState);
  setContentView(R.layout.startseite_anzeigen);
}
```

Nun fügen wir der Activity den Quellcode aus Listing 5.13 auf Seite 75 hinzu. Er dient zum Laden des Optionsmenüs. Anschließend vervollständigen wir die Methode `onOptionsItemSelected` aus Listing 5.14 und fügen ihr die Behandlung der fehlenden Menüeinträge ein. Wir lassen *Optionsmenü laden* hier noch offen, wie man »Einstellungen bearbeiten« und die Hilfeseite aufruft. Dies erklären wir später in Kapitel 7 über Intents.

```
public boolean onOptionsItemSelected(MenuItem item) {
  switch (item.getItemId()) {
    case R.id.opt_einstellungenBearbeiten:
      // ToDo
      return true;
    case R.id.opt_hilfe:
      // ToDo
      return true;
    case R.id.opt_amandoBeenden:
      finish();
      return true;
    default: super.onOptionsItemSelected(item);
  }
  return false;
}
```

Kontextmenüs registrieren

Wurde der Menüeintrag »Beenden« gewählt, so wird die Startseiten-Activity mittels der Methode `finish` beendet. Das Optionsmenü ist nun vollständig angebunden. Die `Startseite`-Activity soll zusätzlich noch ein Kontextmenü erhalten. Da sich nicht jeder etwas unter einem Geokontakt und seiner Verwaltung vorstellen kann, wollen wir die Funktion hinter der zugehörigen Schaltfläche in einem Hilfetext erklären. Dazu melden wir zunächst bei der Activity an, dass wir für diese spezielle View ein Kontextmenü verwenden wollen. Diese Anmeldung erfolgt in der `onCreate`-Methode.

```
public void onCreate(Bundle icicle) {
  ...
  registerForContextMenu(findViewById(
      R.id.sf_starte_geokontakte));
  ...
}
```

Wertebelegung

Nach der Anmeldung muss die Activity noch wissen, mit welchen `<item>`-Werten sie das Kontextmenü der registrierten View füllen soll. Wir füllen in `onCreateContextMenu` das Kontextmenü der Schaltfläche und bedienen uns dabei, wie bei den Optionsmenüs, des `MenuInflator`. Da wir für die Schaltfläche »Geokontakte« nur einen Eintrag im Kontextmenü haben, können wir auf eine Switch-Case-Anweisung verzichten.

```
public void onCreateContextMenu(ContextMenu menu, View v,
    ContextMenuInfo menuInfo) {
  if (v.getId() == R.id.sf_starte_geokontakte) {
    getMenuInflater().inflate(
        R.menu.startseite_contextmenue, menu);
  }
  super.onCreateContextMenu(menu, v, menuInfo);
}
```

Dieser Codeabschnitt verdeutlicht noch einmal, dass ein Kontextmenü *pro View* existiert und somit auch pro View definiert werden muss.

Anschließend müssen wir noch auf einen Klick auf den Kontextmenü-Eintrag reagieren. Hierfür steht uns die Methode onContextItemSelected zur Verfügung.

Menüauswahl verarbeiten

```
public boolean onContextItemSelected(MenuItem item) {
  if (item.getItemId() ==
      R.id.opt_geokontakt_verwalten_hilfe) {
    // rufe Hilfeseite auf...
    return true;
  }
  return super.onContextItemSelected(item);
}
```

Damit haben wir nun die Anbindung aller Menüs an die Activity abgeschlossen.

5.9.8 Android-Manifest anpassen

Bevor wir das Ergebnis unserer Arbeit im Emulator ausführen können, prüfen wir noch, ob das *Android-Manifest* auf dem aktuellen Stand ist. Der aktuelle Stand des Manifests ist in Listing 5.33 abgedruckt.

```
<?xml version="1.0" encoding="utf-8"?>
<manifest xmlns:android=
    "http://schemas.android.com/apk/res/android"
    package="de.androidbuch.amando"
    android:versionCode="1"
    android:versionName="1.0">

  <uses-sdk android:minSdkVersion="5" />

  <application android:icon="@drawable/icon"
            android:label="@string/app_name"
            android:theme="@style/AmandoTheme"
            android:debuggable="true">
    <activity android:name=".Startseite"
```

Listing 5.33
AndroidManifest.xml

```
                android:label="@string/app_name">
        <intent-filter>
          <action
            android:name="android.intent.action.MAIN"
          />
          <category
            android:name="android.intent.category.LAUNCHER"
          />
        </intent-filter>
      </activity>

    </application>

  </manifest>
```

Markierung des Startpunkts

Mit dem hinter `<intent-filter>` verborgenen Themenbereich der *Intents* befassen wir uns in Kapitel 7. Das hier verwendete Konstrukt qualifiziert eine Activity als den Programm-Eintrittspunkt.

Schneller zum Ziel...

Es ist möglich, während der Entwicklung mehrere Activities mittels des Intent-Filters als Start-Activities auszuweisen. Beim Aufruf der Anwendung im Run-Dialog von Eclipse kann dann angegeben werden, welche der definierten Start-Activities genutzt werden soll. Anderenfalls startet die Anwendung mit der ersten Activity, die mit dem oben beschriebenen `<intent-filter>` markiert wurde. Auf diese Weise kann man Activities direkt testen, die sonst nur über einen komplizierten Klickpfad erreichbar wären, was viel Zeit während der Entwicklungsphase sparen kann.

5.9.9 Bildschirmseite im Emulator testen

Starten wir nun die erste Bildschirmseite im Emulator. Die dazu erforderlichen Schritte wurden im Eingangsbeispiel erläutert. Wir erhalten das in Abbildung 5-8 auf Seite 99 dargestellte Resultat.

Nun könnten wir eigentlich zufrieden sein. Wir müssen uns aber noch mit einer Besonderheit der Android-Geräte befassen, dem auto-

Perspektivwechsel

matischen Wechsel der Bildschirmperspektive (engl. *orientation*). Sobald z.B. das Android-Gerät ins Querformat gekippt wird oder im Falle einer vorhandenen Gerätetastatur diese ausgeklappt wird, wechselt die Perspektive automatisch vom Hoch- ins Querformat. Wir müssen also unsere Bildschirmseiten immer für beide Perspektiven testen. Da-

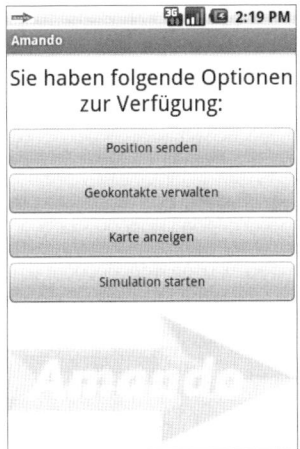

Abb. 5-8
Startseite Hochformat

zu drücken wir im Emulator die Tastenkombination <STRG>+F11 (Abbildung 5-9).

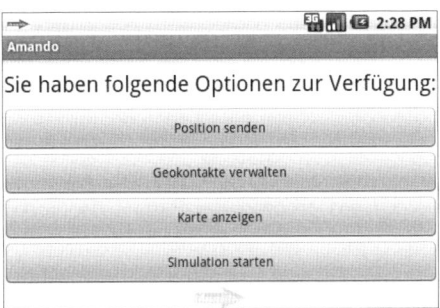

Abb. 5-9
Startseite Querformat

Durch den Perspektivenwechsel verändert sich das Aussehen der Bildschirmseite. Hätten wir fünf Schaltflächen, würde das Amando-Logo unten auf der Seite nicht mehr angezeigt, weil es außerhalb des Bildschirmbereichs liegt. Um dies zu verhindern, kann man der Bildschirmseite eine Bildlaufleiste hinzufügen, wodurch sie scrollbar wird. Das Einfügen von Bildlaufleisten beschreiben wir in Abschnitt 5.10.1 auf Seite 100.

Scrolling

Wir haben das Ziel erreicht. Eine erste Bildschirmseite wird im Emulator angezeigt. Wir haben die Zusammenhänge zwischen Oberflächengestaltung und ausführbaren Komponenten einer Android-Anwendung in Theorie und Praxis kennengelernt.

Sie haben Ihr Ziel erreicht!

Dennoch ist das Kapitel noch nicht abgeschlossen. In der Praxis stellt man schnell fest, dass das bisher Gelernte nicht ausreicht, um robuste Oberflächen zu erstellen. Was wäre zum Beispiel, wenn der Kunde eine Anwendung mit mehrsprachigen Oberflächen wünscht? Außerdem haben wir schon festgestellt, dass uns der spontane Wechsel der Bildschirmperspektive vor neue Herausforderungen stellt. Aus diesem Grund schließen wir das Kapitel mit einem Abschnitt über fortgeschrittenere Themen der Oberflächengestaltung.

5.10 Tipps und Tricks

In diesem Abschnitt greifen wir einige Punkte auf, die bei der Erstellung von Bildschirmseiten hilfreich sind. Für Amando werden wir sie nicht benötigen, daher verlassen wir kurz das übergreifende Beispiel und stellen die Themen einzeln vor.

5.10.1 Scrolling

Massendaten darstellen

Android-Geräte haben oft kleine Bildschirme. Um größere Datenmengen darstellen zu können, ist Scrolling unverzichtbar. Dies kann den kompletten Bildschirm oder nur einzelne Oberflächenelemente betreffen. Einige Layouts und Views (z.B. ListView, TextView, PreferenceView) haben eine vertikale Bildlaufleiste (engl. *scrollbar*) bereits »serienmäßig« eingebaut. Was aber, wenn nicht mehr alle Elemente eines LinearLayout angezeigt werden können?

ScrollView

Für diesen Fall stellt die Android-API ein eigenes Layout bereit, welches von FrameLayout abgeleitet ist. Es nennt sich android.widget.ScrollView. Dieses ergänzt bei Bedarf die vertikale Bildlaufleiste für die darunterliegenden Oberflächenelemente. Handelt es sich bei den Oberflächenelementen um mehrere Views, sollte man diese unbedingt in ein Layout verpacken, da ein FrameLayout nur genau eine View darstellen kann!

Im vorliegenden Fall würden wir die Bildschirmseite wie folgt definieren:

```
<ScrollView xmlns:android=
    "http://schemas.android.com/apk/res/android"
    android:layout_width="fill_parent"
    android:layout_height="fill_parent">

  <LinearLayout
      android:layout_width="fill_parent"
      android:layout_height="fill_parent">
    ...
  </LinearLayout>
</ScrollView>
```

Aber Vorsicht! Eine ScrollView sollte nur Elemente enthalten, die *kein* eigenes Scrolling implementieren. In einer ListView ist beispielsweise bereits eine eigene, optimierte Scrolling-Logik vorgesehen, die durch die Einbettung in eine ScrollView außer Kraft gesetzt würde.

Bisher war nur von vertikalem (hoch/runter) Scrolling die Rede. Doch wie erreicht man die Darstellung von Bildschirmelementen, die über den Seitenrand des Bildschirms hinausragen? Hierfür gibt es seit Android 1.5 das android.widget.HorizontalScrollView-Layout. Es funktioniert wie die Scroll-View, nur eben horizontal. Es lässt sich sogar mit der ScrollView kombinieren, um Scrolling in beide Dimensionen zu erlauben. Listing 5.34 zeigt eine Beispielimplementierung mit einem TableLayout, welches über den rechten Bildschirmrand hinausragt.

Horizontales Scrolling

```
<HorizontalScrollView xmlns:android=
    "http://schemas.android.com/apk/res/android"
    android:layout_width="wrap_content"
    android:layout_height="fill_parent">

  <TableLayout
      android:layout_height="fill_parent"
      android:layout_width="fill_parent">
    <TableRow>
      <TextView
        android:layout_height="fill_parent"
        android:layout_width="fill_parent"
        android:text="Langer Text..."
        android:textSize="24sp"/>
      <TextView
        android:layout_height="fill_parent"
        android:layout_width="fill_parent"
        android:text="Noch längerer Text..."
        android:textSize="24sp"/>
      <TextView
        android:layout_height="fill_parent"
        android:layout_width="fill_parent"
        android:text="Ganz langer Text..."
        android:textSize="24sp"/>
    </TableRow>
  </TableLayout>

</HorizontalScrollView>
```

Listing 5.34
Horizontales Scrollen ermöglichen

5.10.2   Umgebungsabhängige Ressourcen

An die Umgebung anpassen

Ressourcen sind fester Bestandteil einer Anwendung. Wenn diese in verschiedenen Umgebungen (z.B. Landessprachen, Bildschirmgrößen etc.) nutzbar sein soll, hat das Auswirkungen auf die Ressourcendefinitionen. Bisher werden in unserem Projekt Bilder und Grafiken für unterschiedliche Bildschirmauflösungen unterstützt, was wir aber noch nicht genutzt haben. Unser Ressourcenverzeichnis, welches wir als *Standardumgebung* bezeichnen wollen, ist folgendermaßen aufgebaut:

```
/res/drawable-hdpi
    /drawable-ldpi
    /drawable-mdpi
    /layout
    /menu
    /values
```

Mehrsprachigkeit

Android erlaubt uns, eigene Umgebungen anhand verschiedener Einschränkungskriterien (engl. *qualifier*) zu definieren. Die aus unserer Sicht häufigsten Kriterien sind in Tabelle 5-24 beschrieben. Wollen wir beispielsweise die Anwendung für verschiedene Sprachvarianten entwickeln, so definieren wir uns anhand des Einschränkungskriteriums »Sprachvariante« je eine Umgebung für die englische und deutsche Fassung der Anwendung.

Tab. 5-24
Einschränkungskriterien für Ressourcen

Kriterium	Beschreibung	Kennung
Sprache	ISO 639-1 Sprachcodierung	en, fr, de
Region	ISO 3166-1-alpha-2 Sprachcodierung mit Präfix »r«	rUS, rDE, rFR
Perspektive	Hochformat (*portrait*), Querformat (*landscape*), quadratisch (*square*)	port, land, square
Android-Version	v1 für Android 1.0, ... v5 für Android 2.0 v6 für Android 2.0.1 v7 für Android 2.1 etc.	v1, v2, v3, v4, v5, v6, v7
Bildschirmgröße	beachte: 640x480 statt 480x640	320x240, 640x480

Es gibt zahlreiche weitere Unterteilungen. Sehr gute Informationen dazu liefern [29], [32].

Für jede unterstützte Umgebung legen wir ein eigenes Ressourcenverzeichnis an, wenn wir für die Ressourcenart umgebungsabhängige Ressourcen definieren wollen. Die Mehrsprachigkeit wird sich auf die Definition der Textressourcen auswirken. Daher ändern wir unser Ressourcenverzeichnis ab in:

Ein Verzeichnis pro Umgebung

```
/res/drawable-...
    /layout
    /menu
    /values
    /values-en
```

Falls in `values-en` kein Wert für einen Ressourcenschlüssel definiert ist, greift Android auf die Standardumgebung in /res/values zurück. Ressourcen müssen also nicht für jede Umgebung kopiert werden.

Im Zweifel zurück zum Standard

Mit Hilfe umgebungsabhängiger Ressourcen lässt sich unser auf Seite 98 aufgetretenes Problem mit dem Perspektivenwechsel des Bildschirms eleganter lösen (siehe Abb. 5-9 auf Seite 99). Dazu definieren wir für das Querformat ein eigenes Layout.

Flexible Perspektiven

Zunächst erweitern wir das Ressourcenverzeichnis um einen Ordner /res/layout-land:

```
/res/drawable-...
    /layout
    /layout-land
    /menu
    /values
    /values-en
```

In diesen kopieren wir das Layout `startseite_anzeigen.xml` aus dem Ordner /res/layout (Listing 5.35 auf Seite 103).

Wir bauen nun das Hochformat-Layout zu einem Querformat-Layout um. Ziel ist es, das in Abbildung 5-9 gezeigte Aussehen der Bildschirmseite zu verbessern.

Layout im Querformat erzeugen

Wir nutzen diesmal ein `<TableLayout>`, so dass im Querformat immer je zwei Schaltflächen nebeneinander dargestellt werden.

```
<?xml version="1.0" encoding="utf-8"?>
<LinearLayout xmlns:android=
    "http://schemas.android.com/apk/res/android"
    android:orientation="vertical"
    android:layout_width="fill_parent"
    android:layout_height="fill_parent" >
```

Listing 5.35
Startseite Querformat (vereinfacht!)

```
<TextView
  style="@style/TextStyleUeberschrift"
  android:layout_width="fill_parent"
  android:layout_height="wrap_content"
  android:text="@string/txt_startseiteanzeigen_intro" />

<TableLayout
   android:layout_height="wrap_content"
   android:layout_width="wrap_content"
   android:layout_gravity="center_horizontal">
   <TableRow>
    <Button
      android:id="@+id/sf_position_senden"
      ...
    />

    <Button
      android:id="@+id/sf_starte_geokontakte"
      ...
    />
   </TableRow>
   <TableRow>
    ...
   </TableRow>
</TableLayout>

<ImageView
  android:layout_width="fill_parent"
  android:layout_height="fill_parent"
  android:layout_gravity="center_horizontal"
  android:src="@drawable/amando_logo" />

</LinearLayout>
```

Das Ergebnis ist in Abbildung 5-10 zu sehen. Alle View-Elemente
werden in Querformat-Darstellung angezeigt, so dass wir auf eine
ScrollView verzichten können. Selbst wenn dies mehr Schreibarbeit ist,
so ist doch die Handhabung der Oberfläche für den Anwender ange-
nehmer, wenn er nicht scrollen muss.

5.10.3 Hilfeseiten mit WebView darstellen

Wir haben im Optionsmenü und Kontextmenü der Startseite die Mög-
lichkeit geschaffen, eine Hilfeseite aufzurufen. Es gibt die Möglichkeit,
Hilfeseiten optisch ansprechend in HTML zu gestalten und auf einfache
Weise in die Anwendung einzubinden.

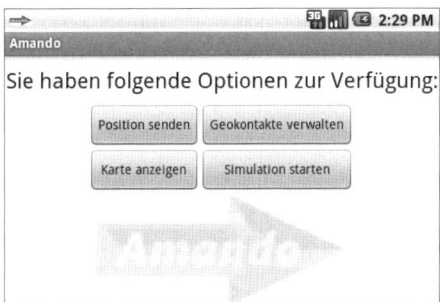

Abb. 5-10
Startseite Querformat
optimiert

Gleichzeitig gibt uns das die Gelegenheit, ein mächtiges View-Element *HTML-Seiten darstellen*
vorzustellen, die `WebView`. Sie kann zur Darstellung von Web-Content,
wie z.B. HTML-Seiten oder Bildern, verwendet werden. Grundsätzlich
kann jeder Content, der sich im eingebauten Android-Browser darstellen lässt, auch als statischer Content in der WebView angezeigt werden.
Die WebView bietet einige nützliche Hilfsmittel, wie etwa die *Zoom-
Controls* zum Vergrößern und Verkleinern von Seiteninhalten oder die
Navigationshistorie, die ein Vor- und Zurückspringen auf den einzelnen dargestellten Seiten erlaubt. Hier tun sich viele Möglichkeiten auf.
Es lohnt sich der Blick in die API-Dokumentation der WebView.

Wir verwenden die WebView, um die Hilfeseiten von Amando dar- *HTML-Datei im*
zustellen. Die Seiten legen wir als HTML-Seiten in den Ordner /res/raw, *Ressourcenordner*
den wir zu diesem Zweck anlegen. Dort legen wir die zwei Dateien für *ablegen*
die Hilfe an:

- `hilfe_komplett.html`
- `hilfe_startseite_geokontakte.html`

Es handelt sich um normale HTML-Seiten. In der vollständigen
Amando-Version, die wir unter `www.androidbuch.de` zum Download an-
bieten, finden sich die beiden Dateien, die man als Vorlagen für eigene
Hilfeseiten weiterverwenden kann.

Mehrsprachigkeit

Wollen Sie Mehrsprachigkeit verwenden, so können Sie einfach für jede
Sprache einen speziellen `raw`-Ordner anlegen. Zum Beispiel können Sie
die deutschen Hilfeseiten unter /res/raw-de ablegen.

Nun legen wir eine weitere Activity namens HilfeAnzeigen.java im Package de.androidbuch.amando.gui an. Wir binden sie ins Android-Manifest ein, indem wir ein weiteres <activity>-Element hinzufügen:

```
<activity android:name=".gui.HilfeAnzeigen" />
```

Diese Activity verwendet ein sehr einfaches Layout (siehe Listing 5.36). Es enthält nur die WebView, weshalb als Layout ein FrameLayout reicht.

Listing 5.36
Layout für die
Hilfeseite

```xml
<?xml version="1.0" encoding="utf-8"?>
<FrameLayout xmlns:android=
    "http://schemas.android.com/apk/res/android"
    android:layout_width="fill_parent"
    android:layout_height="fill_parent"
    android:orientation="vertical">

  <WebView
    android:id="@+id/webview"
    android:layout_width="fill_parent"
    android:layout_height="fill_parent"/>
</FrameLayout>
```

Wenden wir uns der Activity zu. Wir implementieren die onCreate-Methode. Den Programmcode zur Anzeige der HTML-Seite lagern wir in eine eigene Methode aus. Listing 5.37 zeigt die Implementierung der Activity.

Listing 5.37
Activity zur Anzeige
der Hilfeseite

```java
public class HilfeAnzeigen extends Activity {

  protected void onCreate(Bundle savedInstanceState) {
    super.onCreate(savedInstanceState);
    setContentView(R.layout.hilfe_anzeigen);

    final WebView view = (1)
      (WebView) findViewById(R.id.webview);
    view.getSettings().setJavaScriptEnabled(true); (2)
    initialisiereWebKit(view, this); (3)
    view.bringToFront();
  }

  private void initialisiereWebKit(WebView view,
      Context context) {
    final String mimetype = "text/html";
    final String encoding = "UTF-8";
    String htmldata;
```

```
int contextMenueId = R.raw.hilfe_komplett;
InputStream is = context.getResources()
    .openRawResource(contextMenueId); (4)

try {
  if (is != null && is.available() > 0) {
    final byte[] bytes = new byte[is.available()];
    is.read(bytes); (5)
    htmldata = new String(bytes);
    view.loadDataWithBaseURL(null, htmldata, mimetype,
        encoding, null); (6)
  }
} catch (IOException e) { }
}
```

Gehen wir die Implementierung der HilfeAnzeigen-Activity durch. In
der onCreate-Methode holen wir uns die WebView aus dem Layout
(1). Da wir eine Seite mit JavaScript (und auch CSS – Cascading Style Sheets) verwenden, schalten wir JavaScript explizit ein (2). Es folgt
dann der Aufruf der Methode initialisiereWebkit. Hinter der Web-
View steckt die *WebKit*-Browserimplementierung für das Darstellen
von Webseiten. Wir laden in der Methode anhand der Ressourcen-Id
(4) die HTML-Seite, die auch JavaScript enthält (5).

JavaScript und CSS
möglich

Die Übergabe des HTML-Skripts an die WebView erfolgt mittels
der Methode loadDataWithBaseURL (6). Sie kann im Gegensatz zur Methode loadData auch statische Webseiten mit JavaScript verarbeiten. Für
einfache Webseiten kann demzufolge auch loadData verwendet werden.
Falls Webseiten mit JavaScript dynamisch über das Internet geladen
werden, kann loadData jedoch verwendet werden.

Statische HTML-Seiten verwenden

WebView hat aus Sicherheitsgründen einige Einschränkungen. So kön-
nen andere Anwendungen beispielsweise nicht auf Cookies oder den
Browser-Cache dieser Anwendung zugreifen. Das Öffnen weiterer
Browser-Fenster mittels eines target-Attributs in einem Link oder via
JavaScript ist per Default verboten. Diese Sicherheitsgründe sind auch
dafür verantwortlich, dass wir in Listing 5.37 zum Laden der statischen
Webseite mit JavaScript die Methode loadDataWithBaseURL verwenden
mussten.

5.10.4   Der Hierarchy Viewer

Zum Abschluss dieses Kapitels stellen wir noch ein Programm namens *Hierarchy Viewer* vor, mit dem sich Layouts optimieren lassen. Es befindet sich im tools-Verzeichnis des Android-SDK. Die Anwendung sollte gestartet sein und die zu optimierende Bildschirmseite anzeigen.

Der Hierarchy Viewer verbindet sich mit dem Emulator oder dem angeschlossenen Android-Gerät und lädt sich von dort das gerade angezeigte Layout der Anwendung. Das Layout kann grafisch als Baum dargestellt werden. Wie wir oben gesehen haben, sind Layouts komplexe Objekte, die viel Speicher verbrauchen. Ihre Komplexität steigt mit der Schachtelungstiefe weiterer Layouts und mit der Anzahl der darin enthaltenen Views. An der Anzahl der Views kann man in der Regel wenig ändern. Die Schachtelungstiefe lässt sich jedoch reduzieren, indem man geeignete Layouts wählt.

Komplexität von Layouts verringern

Nach dem Start des Hierarchy Viewer muss man zunächst den Emulator bzw. das Android-Gerät auswählen. In der rechten Spalte unter »Windows« werden alle aktiven Fenster des Geräts angezeigt. Dazu gehören beispielsweise die gerade angezeigte Bildschirmseite, alle vorher angezeigten Bildschirmseiten, die das Gerät noch nicht beendet hat, oder der Statusbalken. Mittels »*<Focused Window>*« wählt man die aktive Bildschirmseite aus.

Analyse von Bildschirmseiten

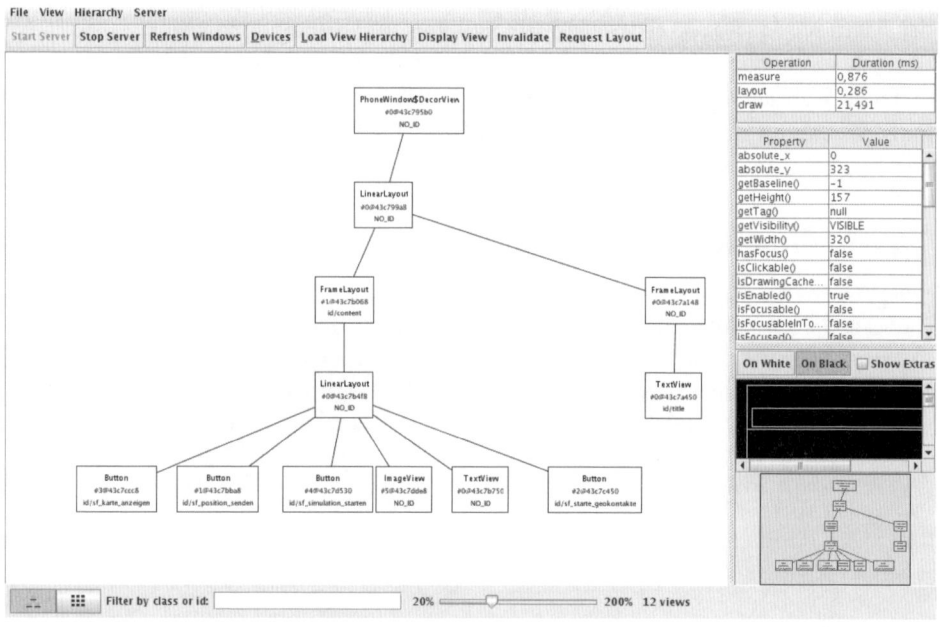

Abb. 5-11
Die Amando-Startseite im Hierarchy Viewer

Die grafische Analyse des Layouts startet man, indem man in der Menüleiste die Schaltfläche »*Load View Hierarchy*« drückt. Abbildung 5-11 zeigt den Hierarchy Viewer in Aktion.

Der Hierarchy Viewer startet mit der »*Layout View*«. Mit ihr kann man die Schachtelungstiefe der Layouts einer Bildschirmseite analysieren und sich die verwendeten Views anzeigen lassen. Diese Ansicht eignet sich auch gut für die technische Dokumentation einer Anwendung.

Für Layouts, die neu erstellt oder optimiert werden sollen, verwendet man die »*Pixel Perfect View*«. Man wechselt in diese Ansicht, indem man in der linken unteren Ecke des Hierarchy Viewer auf die rechte Schaltfläche drückt. Abbildung 5-12 zeigt die Amando-Startseite im Pixel Perfect View.

Pixel-Feintuning

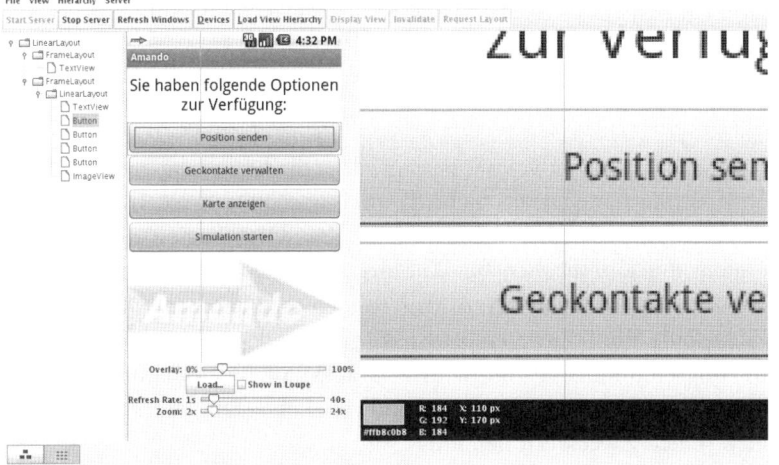

Abb. 5-12
Die Amando-Startseite im Pixel Perfect View

In der Explorer-Ansicht auf der linken Seite kann man eine View auswählen. In diesem Fall wurde die Schaltfläche »Position senden« ausgewählt. Sie wird daraufhin mit einem schwarzen und einem violetten Rechteck umrahmt. Das schwarze Rechteck markiert die Grenzen des Inhalts des View-Elements (inneres Rechteck), hier ein Schaltflächentext (äußeres Rechteck). Das violette Rechteck markiert die Grenzen des View-Elements. Dies hilft beim Ausrichten des View-Elements und seines Inhalts.

Platzbedarf ermitteln

Um pixelgenau arbeiten zu können, kann man das Fadenkreuz mit der Maus verschieben oder mit der Maus auf einen Punkt klicken. Die Position des Kreuzungspunkts der Linien wird im schwarzen Balken unten rechts angezeigt. Diese Werte kann man zum Ausrichten der View-Elemente im Layout verwenden. In der Mitte wird das Layout in Originalgröße angezeigt. Rechts hat man eine Vergrößerung, die sich beliebig ändern lässt.

Im Fadenkreuz...

Zusätzlich kann man Bilder laden (Schaltfläche »*Load*«) und über das Layout legen. Die Transparenz lässt sich über den Schieberegler »*Overlay*« anpassen. Alle ermittelten Werte können mit Hilfe der richtigen XML-Attribute ins Layout übernommen werden. Der Hierarchy Viewer ist mit dem Emulator bzw. dem Android-Gerät verbunden und aktualisiert sich bei einem Neustart der Anwendung automatisch.

Transparenz ermitteln

Den Hierarchy Viewer setzt man hauptsächlich dann ein, wenn man komplexe Layouts optimieren möchte. Hat man mit der Layout View ein zu optimierendes Layout gefunden, setzt man die Pixel Perfect View ein, um die Views pixelgenau auszurichten. Insbesondere bei der Verwendung von RelativeLayout und AbsoluteLayout ist der Hierarchy Viewer ein wertvolles Hilfsmittel. Layouts mit großer Schachtelungstiefe können meist durch eine der beiden Layoutarten ersetzt werden. Beim Umbau erleichtert der Hierarchy Viewer die Arbeit.

Einsatzzweck

5.11   Fazit

In diesem Kapitel haben wir gezeigt, dass die Erstellung einfacher Bildschirmseiten für Android nicht übermäßig schwierig ist. Der Abschnitt über Ressourcen deutet aber schon an, dass Oberflächen mobiler Geräte nicht mit Oberflächen für Webbrowser oder Rich Clients vergleichbar sind. Es gilt neue Herausforderungen anzunehmen. Dazu gehören wechselnde Bildschirmperspektiven, verschiedene Eingabemedien (berührungsempfindlicher Bildschirm, Track-Ball, Tastatur) und ein Oberflächendesign, das auf einer Vielzahl möglicher Endgerätetypen immer noch seinen Zweck erfüllen muss.

Das Stichwort ist *Fragmentation*. Es bleibt abzuwarten, ob die Vielzahl der Geräte mit unterschiedlichen Oberflächen und Eingabemethoden die Implementierung von Anwendungen, die auf jedem Gerät gut aussehen, unmöglich machen. Der Aufwand für Anwendungsentwickler steigt jedenfalls enorm, besonders bei oberflächenlastigen Anwendungen, wenn zu viele unterschiedliche Gerätetypen berücksichtigt werden müssen. Fragmentation ist eines der am meisten diskutierten Themen, was die Zukunft von Android und die Akzeptanz bei den Entwicklern angeht.

Problem:
Fragmentation

6 Oberflächen und Daten

Nachdem wir nun viel über die Gestaltung von Oberflächen und den Zugriff auf Views gelernt haben, möchten wir in diesem Kapitel zeigen, wie man Bildschirmseiten mit Daten aus einer Datenquelle füllt. Die Datenquelle liefert uns beispielsweise Massendaten, die wir in einer Liste darstellen wollen. Oder wir haben Zugriff auf eine Bildgalerie und möchten alle Bilder darstellen. Dazu müssen wir eine Verbindung zwischen den Daten und der Oberfläche herstellen, ohne jeden einzelnen Datensatz selbst verarbeiten zu müssen.

6.1 Zielsetzung

In Amando können wir Bekannten unsere Position mitteilen. Dazu müssen wir aus einer Liste aller der Anwendung bekannten Personen eine bestimmte Person (Geokontakt genannt) auswählen. Anhand dieses und weiterer Fälle werden wir zeigen, wie man eine Verbindung zwischen Datenquelle und Oberfläche mit Hilfe von *Adaptern* herstellt. *Adapter verbinden Daten und Views.* Wir werden lernen, wie man diese mit den dafür passenden View-Elementen, den *AdapterViews*, verknüpft. Nicht immer ist jedoch ein Adapter nötig. Für Drop-Down-Boxen mit immer gleichen Texten können auch Array-Ressourcen als Datenquelle für die Auswahltexte verwendet werden.

Um auch große Datenmengen performant und ressourcenschonend darstellen zu können, werden wir zeigen, wie man eigene Adapter mit einem Cache-Mechanismus implementiert. Mittels Callback-Methoden *Verarbeitung von Massendaten* kann auf die Listenauswahl des Anwenders reagiert werden. Im Anschluss zeigen wir, wie man Activities für die Grundeinstellungen einer Anwendung programmiert und die eingegebenen Daten speichert. Speichervorgänge können länger dauern, weshalb wir abschließend die Verwendung von Fortschrittsanzeigen behandeln.

6.2 AdapterViews und Ressourcen

Layout anlegen

Wir legen zuerst das Layout für die neue Activity `GeoKontakteAuflisten` fest. Sie wird auf der Startseite durch einen Klick auf die Schaltfläche »*Geokontakte*« aufgerufen. Wir legen die Activity im Package `gui` an und tragen sie ins Android-Manifest ein. Listing 6.1 zeigt das Layout dieser Activity. Wir binden es in der `onCreate`-Methode ein.

Listing 6.1
Layout für die
Geokontakt-Liste

```xml
<?xml version="1.0" encoding="utf-8"?>
<LinearLayout
    xmlns:android=
    "http://schemas.android.com/apk/res/android"
    android:orientation="vertical"
    android:layout_width="fill_parent"
    android:layout_height="fill_parent">

    <Spinner android:id="@+id/sp_sortierung"
        android:layout_width="wrap_content"
        android:layout_height="wrap_content"
        android:drawSelectorOnTop="true"
        android:entries="@array/Sortierung"/> (1)

    <ListView (2)
        android:id="@+id/android:list"
        android:layout_width="wrap_content"
        android:layout_height="wrap_content"
        android:textFilterEnabled="true"
        android:cacheColorHint="@color/hintergrund"/>

    <TextView
        android:id="@+id/android:empty"
        android:layout_width="wrap_content"
        android:layout_height="wrap_content"
        android:text=
            "@string/txt_geokontakt_auflisten_keineDaten"/>
</LinearLayout>
```

Einen Spinner
verwenden

Das Layout enthält als Erstes einen `Spinner`. Spinner sind Drop-Down-Listen. Meist wird ein Spinner in einer Anwendung immer eine feste Liste von Werten haben. Diese Werte legt man in einer Array-Ressource ab. Wir legen dazu die Datei `/res/values/arrays.xml` an und füllen sie mit dem folgenden XML:

```xml
<?xml version="1.0" encoding="utf-8"?>
<resources>
  <string-array name="Sortierung">
    <item>Standard</item>
```

```
    <item>Name</item>
  </string-array>
</resources>
```

Das XML-Attribut `android:entries="@array/Sortierung"` (1) in der Spinner-Definition in Listing 6.1 lädt automatisch die Daten aus der Ressource und zeigt sie an.

6.3 AdapterViews und Adapter

Manche View-Elemente dienen der Anzeige von vielen Datensätzen. Sie werden als `AdapterView` bezeichnet und sind Views, deren Kindelemente durch Adapter mit Daten befüllt werden. Diese View-Elemente sind von `android.widget.AdapterView<T extends android.widget.Adapter>` abgeleitet, die wiederrum von `android.view.ViewGroup` abgeleitet ist. In Android sind folgende Views von AdapterView abgeleitet:

Views mit Adaptern befüllen

- `ListView`
- `Gallery`
- `GridView`
- `Spinner`

Den Spinner haben wir gerade in Listing 6.1 kennengelernt. Mit seiner Hilfe kann der Anwender die Sortierung ändern. Zur Anzeige der Geokontakte als Liste verwenden wir eine `ListView` (2).

Als Bindeglied zwischen einer Datenmenge und einer `AdapterView` dienen *Adapter*. Ein Adapter erfüllt zwei Aufgaben:

Aufgaben des Adapters

- Er füllt die `AdapterView` mit Daten, indem er ihr eine Datenquelle liefert.
- Er definiert, welche View bzw. Viewgroup zur Darstellung der einzelnen Elemente der Menge verwendet wird.

Anhand der Art und Weise, wie die Datenmenge definiert ist, hat man die Wahl zwischen verschiedenen Implementierungen des Interface `android.widget.Adapter`. Wir werden zwei Adapter vorstellen, den `ArrayAdapter` und den `SimpleCursorAdapter`. Alle anderen Adapter sind Variationen dieser beiden Adapter. Der `ArrayAdapter` operiert, wie der Name schon sagt, auf Arrays. Der `SimpleCursorAdapter` ist von `CursorAdapter` abgeleitet und verlangt einen Cursor als Datenquelle. Meist wird dies ein Datenbank-Cursor sein, mit dem wir einzelne Zeilen aus dem Ergebnis einer Datenbankabfrage erhalten. Mit Datenbanken beschäftigen wir uns intensiv in Kapitel 11. Das Verständnis des

Wahl der Adapter

Cursors ist hier noch nicht wichtig. Wissen muss man aber, dass der CursorAdapter in jedem Fall eine Spalte names _id erwartet.

6.3.1 ArrayAdapter

In diesem Kapitel werden wir unsere Daten in Arrays speichern, daher stellen wir in Listing 6.2 den ArrayAdapter vor.

Adapter Schritt für Schritt

Listing 6.2 zeigt den Quellcode der ersten Version der Activity GeoKontakteAuflisten.

Listing 6.2
Nutzung eines ArrayAdapter

```
public class GeoKontakteAuflisten extends ListActivity {

    private static final String[] NAMEN =
        new String[] { // (1)
      "Berthold Schmitz",
      "Chantal Schulze",
      "Bartolomäus Weissenbaum",
      "Jean-Paul Küppers" };

    @Override
    public void onCreate(Bundle icicle) {
      super.onCreate(icicle);
      setContentView(R.layout.geokontakte_auflisten); // (2)

      zeigeGeokontakte(); // (3)
    }

    /**
     * Zeige die Liste der GeoKontakte an.
     */
    private void zeigeGeokontakte() {
      final ArrayAdapter<String> kontaktAdapter =
        new ArrayAdapter<String>(this,
          android.R.layout.simple_list_item_1, NAMEN); // (4)
      setListAdapter(kontaktAdapter); // (5)
    }
}
```

ListActivity

Wenn eine Bildschirmseite hauptsächlich zur Darstellung einer Liste von Daten benötigt wird, sollte man eine android.app.ListActivity als Basis verwenden. Diese erweitert die Funktionalität einer normalen Activity durch folgende Punkte:

Layout serienmäßig Die ListActivity verfügt über eine implizite android.widget.ListView als Wurzel ihrer Bildschirmseite. Eine eigene Layoutdefinition ist möglich, aber nicht notwendig.

Vordefinierte Callbacks Die Callback-Methoden zur Behandlung typischer Ereignisse für Listen (z.B. ein Datenelement wird ausgewählt) werden bereits von der Activity implementiert und können nach Bedarf überschrieben werden. Es müssen keine separaten Event-Handler deklariert werden.

Hilfestellung für Listenzugriffe Jede ListActivity bietet Methoden, mit deren Hilfe Informationen über die aktuelle Listenposition des Anzeige-Cursors oder das aktuell ausgewählte Listenelement abgefragt werden können.

Man sollte von dem vordefinierten Layout einer ListActivity nur in Ausnahmefällen abweichen. Es sorgt dafür, dass die Listenelemente optimal angezeigt werden. Bei Bedarf wird eine vertikale Bildlaufleiste (Scollbar) automatisch ergänzt.

Implizites Layout

Wir haben einige Namen fest im Programmcode in einem Array definiert (1). In der onCreate-Methode wird die AdapterView ermittelt (2). Danach werden die anzuzeigenden Daten geladen (3). Schließlich verbindet der Adapter die View mit den Daten und gibt noch den Ressourcenschlüssel des Layouts mit, das die einzelnen Array-Elemente formatiert (4). Android bringt einige vorgefertigte Layouts für einzelne Zeilen in Listendarstellungen mit (Tabelle 6-1). Durch einen Blick in die Klasse android.R.layout kann man sehen, welche es gibt. Bei Bedarf können auch eigene Layoutdefinitionen verwendet werden (s. Online-Dokumentation).

Adapter sind das Bindeglied zwischen Views und Daten.

android.R.layout.	Beschreibung
simple_list_item_1	Einelementige Liste
simple_list_item_2	Zweielementige Liste
simple_list_item_checked	Liste mit Checkbox
simple_list_item_single_choice	Liste mit Einfachauswahl
simple_list_item_multiple_choice	Liste mit Mehrfachauswahl

Tab. 6-1
Vorgefertigte Layouts für ListView

Im letzten Schritt wird der Adapter an die AdapterView übergeben und die Daten werden auf der Oberfläche angezeigt (5). Anstelle des fest im Programmcode implementierten Arrays könnte man auch eine Array-Ressource laden und die Werte dort ablegen. Falls man statische Listen im Programm verwendet, empfiehlt sich dies schon aus Gründen der Mehrsprachigkeit.

Array-Ressourcen als Alternative

6.3.2 SimpleCursorAdapter

Wenden wir uns nun komplexeren Datenquellen zu. Gehen wir davon aus, dass wir schon eine Datenbank mit den Geokontakten haben und eine Klasse `GeoKontaktColumns`, die die Spaltennamen der Tabellen definiert. Die Implementierung von `GeoKontaktColumns` und der Methode *Cursor als Datenquelle* `ladeGeoKontaktListe` (1) erfolgt später in Kapitel 11 über Datenbanken. Zugriff auf die Ergebnismenge einer Datenbankanfrage erhält man über einen Cursor. Wir ändern die Methode `zeigeGeokontakte` und bringen die Werte, die uns der Cursor liefert, mittels eines `SimpleCursorAdapters` zur Anzeige (siehe Listing 6.3).

Listing 6.3
Nutzung eines
SimpleCursorAdapter

```
private static final String[] ANZEIGE_KONTAKTE =
  new String[] {
  GeoKontaktColumns.NAME,
  GeoKontaktColumns.STICHWORT_POS };

private static final int[] SIMPLE_LIST_VIEW_IDS =
  new int[] {
  android.R.id.text1, // (3)
  android.R.id.text2 };

private void zeigeGeokontakte() {
  final Cursor mcKontakt = mKontaktSpeicher. // (1)
    ladeGeoKontaktListe(null);
  startManagingCursor(mcKontakt);

  final SimpleCursorAdapter kontaktAdapter =
    new SimpleCursorAdapter(this,
      android.R.layout.simple_list_item_2, mcKontakt, // (2)
      ANZEIGE_KONTAKTE, SIMPLE_LIST_VIEW_IDS);
  setListAdapter(kontaktAdapter);
}
```

Für den `SimpleCursorAdapter` brauchen wir noch zwei Deklarationen, die wir der Activity hinzufügen. Dies sind zum einen die Spaltennamen *Spaltennamen ...* der Ergebnismenge, die uns der Cursor liefert (`ANZEIGE_KONTAKTE`). Das ist nötig, da die Ergebnismenge noch wesentlich mehr Spalten enthalten könnte und wir daher angeben müssen, welche Spalten zur Anzeige kommen sollen. Zum anderen sind dies die Ressourcen-Ids des Layouts, welches wir zur Anzeige einer Ergebniszeile in der ListView verwenden *... und Ressourcen-Ids* (`SIMPLE_LIST_VIEW_IDS`). Wir verwenden ein `simple_list_item_2`-Layout *angeben* (2), welches zwei TextViews enthält, die über die Ressourcen-Ids in `SIMPLE_LIST_VIEW_IDS` referenziert werden können (3).

Der Adapter erhält alle notwendigen Attribute: den Context, das Layout für die Darstellung, die Daten mittels des Cursors und die Beschreibung, welche Spalten in welcher View zur Anzeige kommen sollen.

Falls die Datenmenge leer ist, wird die View standardmäßig ohne Werte angezeigt. Es ist jedoch möglich, mittels `AdapterView::setEmptyView` eine Referenz auf eine View zu übergeben, die in diesem Fall als Platzhalter angezeigt wird. Auf diese Weise ließe sich beispielsweise eine `TextView` mit einem Hinweis darstellen.

Leere Datenmenge

```
TextView hinweisKeinKontakt = new TextView(this);
hinweisKeinKontakt.setText(R.string.kein_kontakt_vorhanden);
getListView().setEmptyView(hinweisKeinKontakt);
```

6.3.3 Auf Ereignisse reagieren

Nun können wir Massendaten in Views anzeigen. Doch wie reagieren wir auf eine Auswahl aus einer Liste oder finden das aktuell markierte Element? Jede `AdapterView` erlaubt den Zugriff auf die Elemente seiner Datenmenge (`getItemAtPosition(int)`). Die Methoden `getSelectedItem` und `getSelectedItemPosition` liefern Informationen über das aktuell markierte Element der Datenmenge.

Wo bin ich?

Eine weitere Aufgabe einer `AdapterView` ist es, auf Nutzereingaben, die in ihren Anzeigebereich fallen, zu reagieren. Sie tut dies, indem sie je nach Aktion (Einfachklick, langer Klick etc.) des Nutzers ein Ereignis auslöst, auf das die Anwendung reagieren kann. Damit wären wir beim Thema des nächsten Abschnitts.

Reaktion auf Interaktion

Auf Spinnerauswahl reagieren

Bei `AdapterViews` ist eine Auswahl durch Anklicken möglich. In einer Drop-Down-Box (`Spinner`) oder einer `ListView` kann der Anwender einen Eintrag auswählen. Auf solch ein Oberflächenereignis muss im Programmcode reagiert werden. Im letzten Kapitel haben wir uns mit den Methoden befasst, die nach einem Klick auf ein Element eines Kontext- oder Optionsmenüs aufgerufen werden, um auf das Ereignis zu reagieren. Diese Methoden bezeichnen wir als *Callback-Methoden*.

Callbacks

Die `AdapterViews` besitzen eigene Event-Handler-Klassen zur Behandlung solcher Auswahlereignisse. Es handelt sich wie bei Views (siehe Tabelle 5-22 auf Seite 71) um Interfaces für Event-Handler (Listener), die im Programmcode implementiert werden müssen. Tabelle 6-2 zeigt die möglichen Handler zum Reagieren auf Auswahlereignisse.

Listenauswahl behandeln

Implementieren wir zunächst den Event-Handler für den Spinner mit der Callback-Methode `onItemSelected` für den Fall, dass ein Element im Spinner ausgewählt wurde (Listing 6.4). Abbildung 6-1 zeigt die Activity `GeoKontakteAuflisten` mit der Auswahl, die der Spinner zur

Abb. 6-1
Geokontakte sortieren

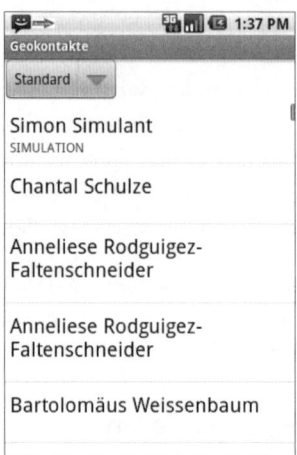

Tab. 6-2
Einige Event-Handler
der Android-API

Event-Handler	wird aktiviert, wenn...
AdapterView.OnItemClickListener	ein Datenelement kurz angeklickt wird
AdapterView.OnItemLongClickListener	ein Datenelement für längere Zeit angeklickt wird
AdapterView.OnItemSelectedListener	ein Datenelement ausgewählt wird

Verfügung stellt. Mittels des Spinners kann man auswählen, ob die Geo-daten nach Namen sortiert oder nach Änderungsdatum angezeigt werden sollen.

Listing 6.4
Einen Listener für den
Spinner
implementieren

```
private AdapterView.OnItemSelectedListener
    mSpinnerItemAuswahlListener =
      new AdapterView.OnItemSelectedListener() {

  @Override
  public void onItemSelected(AdapterView<?> arg0,
      View arg1, int position, long id) {

    Cursor sortedCursor;
    switch (position) { // (1)
      case 0:
        sortedCursor = mKontaktSpeicher.
          ladeGeoKontaktListe(Sortierung.STANDARD, null);
        break;
      case 1:
        sortedCursor = mKontaktSpeicher.
```

```
        ladeGeoKontaktListe(Sortierung.NAME, null);
      break;
    default:
      sortedCursor = mKontaktSpeicher.
        ladeGeoKontaktListe(null);
  }

  final ListView view = getListView(); // (2)
  final SimpleCursorAdapter cursorAdapter = // (3)
    ((SimpleCursorAdapter) view.getAdapter());

  cursorAdapter.changeCursor(sortedCursor); // (4)
  }


  @Override
  public void onNothingSelected(AdapterView<?> arg0) {


  }
};
```

Wir erschaffen uns ein Exemplar der Klasse `AdapterView.OnItemSelected`
`Listener` und überschreiben die Methode `onItemSelected` (Listing 6.4).
Als Parameter erhalten wir die Position des gewählten Elements im
Spinner. Anhand dieser Position starten wir die gewünschte Aktion
(1) durch Verwendung einer Switch-Case-Anweisung. Die Methode
`ladeGeoKontaktListe` lädt alle Geokontakte neu aus der Datenbank,
jedoch mit der gewünschten Sortierung, wenn der Parameter gesetzt
ist. Abschließend wird die ListView ermittelt (2) und aus dieser der
`SimpleCursorAdapter` (3). Die `ListView` können wir einfacher über die   *Zugriff auf ListViews*
Methode `getListView` erhalten anstatt wie bisher über die Methode
`findViewById`.

Nach der Sortierung steht er am Beginn der sortierten Ergebnismenge. Durch Austausch des Cursors (4) wird die Liste mit den Namen der Geokontakte neu aufgebaut. Für den Moment können wir alle
unbekannten Programmteile auskommentieren, damit die Anwendung
lauffähig bleibt.

Nun fügen wir `mSpinnerItemAuswahlListener` noch dem `Spinner` hinzu. Dazu holen wir uns die AdapterView, also unseren Spinner, mittels der Ressourcenklasse `R` aus dem Layout und nutzen die Methode
`setOnItemSelectedListener` (siehe Tabelle 6-2).

```
((Spinner) this.findViewById(R.id.sp_sortierung)).
    setOnItemSelectedListener(
        mSpinnerItemAuswahlListener);
```

Auf Listenauswahl reagieren

Nun haben wir gezeigt, wie man in der Activity auf die Auswahl in einem Spinner reagiert. Schauen wir uns nun an, wie wir auf die Auswahl eines Elements in der Liste der Geokontakte reagieren können.

Listing 6.5
Einen Listener für die
ListView
implementieren

```
@Override
protected void onListItemClick(ListView l, View v,
    int position, long id) {
  super.onListItemClick(l, v, position, id);

  // ToDo: rufe Anzeige Geokontakt auf.
  // Stattdessen:
  final Toast hinweis = Toast
    .makeText(this, "Element "
      + ((TextView) v).getText(),
      Toast.LENGTH_LONG);
  hinweis.show();
}
```

Listing 6.5 zeigt den Vorteil der ListActivity. Sie besitzt die Methode onListItemClick, welche wir überschreiben, um einen Geokontakt

Listener muss nicht
implementiert werden.

aufzurufen. Der Listener, der beim Spinner zusätzlich implementiert werden musste, wird von ListActivity intern implementiert und wir haben alle notwendigen Parameter in der Methode direkt zur Verfügung. Eigentlich würden wir hier mittels eines Intents eine Activity zur Anzeige und Bearbeitung eines Geokontakts aufrufen. Mit Intents befassen wir uns jedoch erst in Kapitel 7. Daher lassen wir uns den ausge-

Kurznachricht: Toast

wählten Namen durch einen android.widget.Toast anzeigen. Toast sind kleine Meldungsfenster, die nach kurzer Zeit wieder verschwinden.

6.4 Performante Listen

Wir haben oben den SimpleCursorAdapter kennengelernt, um eine Ver-

Langsame
Standardvariante

bindung zwischen Datenquelle und View herzustellen. Die Standardimplementierung des SimpleCursorAdapter hat jedoch einen gravierenden Nachteil: Sie ist nicht performant.

Sichtbare Verzögerung

Wenn wir große Datenmengen haben, kommt dieser Nachteil zum Vorschein. Wenn wir eine lange Liste mit Einträgen anzeigen und uns in dieser schnell nach oben oder unten bewegen, so läuft diese Liste nicht gleichmäßig durch, sondern ruckelt zwischendurch. Android verwendet zwar für die View-Objekte, die die Listeneinträge repräsentieren, einen Cache, jedoch nicht für die Daten, die der Listeneintrag anzeigt.

Beim ersten Durchlaufen der Liste werden die View-Objekte erzeugt und später wiederverwendet. Die Daten werden aber jedesmal über die Methode findViewById neu gesetzt. findViewById ist nicht sehr performant, wie wir in Abschnitt 5.6.2 gesehen haben. Daher beruht die hier vorgestellte Optimierung des SimpleCursorAdapter auf der Vermeidung unnötiger Aufrufe der Methode findViewById. Diese Optimierung ist auch unter dem Namen »*ViewHolder Pattern*« bekannt.

Das Finden von Views kostet Zeit.

Wir implementieren nun eine eigene Version des SimpleCursorAdapter, die wir später in der Activity GeoKontakteAuflisten einsetzen werden.

```
public class PerformanterListenAdapter
    extends SimpleCursorAdapter {

  private int mNameIndex = -1;
  private int mStichwortIndex = -1;

  static class ViewHolder { // (2)
    private TextView mName;
    private TextView mStichwort;
  }

  public PerformanterListenAdapter(final Context context,
      final int layoutId, final Cursor mcKontakt,
      final String[] spaltenNamen, final int[] spaltenIds) {
    super(context, layoutId, mcKontakt, spaltenNamen,
      spaltenIds);

    mNameIndex = mcKontakt.getColumnIndex( // (1)
      GeoKontaktColumns.NAME);
    mStichwortIndex = mcKontakt.getColumnIndex(
      GeoKontaktColumns.STICHWORT_POS);
  }
}
```

Listing 6.6
Einen eigenen Adapter implementieren

Für die einzelnen Einträge in der Liste verwenden wir weiterhin das gleiche Layout, welches zwei TextViews enthält (android.R.layout. simple_list_item_2). Wir merken uns im Konstruktor den Spaltenindex (1), um später auf die Werte schneller zugreifen zu können, die der Cursor liefert.

Die innere Klasse ViewHolder (2) dient dazu, Referenzen auf existierende View-Objekte zu speichern. Aufgrund der Referenzen kann man direkt auf die View-Objekte zugreifen und spart sich den Aufruf der Methode findViewById für jedes Views-Element des Listeneintrags. In unserem Fall sind das zwei Aufrufe, da das Layout für den Listeneintrag aus zwei TextViews besteht.

ViewHolder-Pattern

Nun überschreiben wir die Methode `newView`. Sie wird jedesmal aufgerufen, wenn eine neue View erzeugt wird.

```java
@Override
public View newView(Context context, Cursor cursor,
    ViewGroup parent) {
  final View view =
    super.newView(context, cursor, parent);          // (1)

  final ViewHolder viewHolder = new ViewHolder();

  viewHolder.mName =
    (TextView) view.findViewById(android.R.id.text1);
  viewHolder.mStichwort =
    (TextView) view.findViewById(android.R.id.text2);

  view.setTag(viewHolder);                            // (2)
  return view;
}
```

Referenz auf View speichern

Wir erzeugen ein Exemplar der inneren Klasse `ViewHolder` und speichern in ihr die Referenzen auf die View-Objekte. Die Methode `newView` wird pro Listeneintrag nur einmal aufgerufen, egal wie oft man sich in der Liste rauf und runter bewegt. Die View `view` wird in der Oberklasse erzeugt (1). Ihr weisen wir den `ViewHolder` mittels der Methode `setTag` zu (2). Die Methode `setTag` kann verwendet werden, um Daten oder Referenzen in der View zu speichern, ohne dass diese etwas mit den angezeigten Daten zu tun haben.

Listeneintrag effizient darstellen

Beim Durchlaufen der Liste werden ständig neue Listeneinträge angezeigt. Die Methode, die dafür sorgt, dass die nun auf der Bildschirmseite angezeigte View Daten enthält, lautet `bindView`. Die Methode wird aufgerufen, *bevor* die View angezeigt wird. Einer der Übergabeparameter ist der Cursor, über den wir an den in dieser View anzuzeigenden Datensatz kommen.

```java
@Override
public void bindView(View view, Context context,
    Cursor cursor) {
  final ViewHolder viewHolder =                       // (1)
    (ViewHolder) view.getTag();

  viewHolder.mName.setText(
    cursor.getString(mNameIndex));

  viewHolder.mStichwort.setText(
    cursor.getString(mStichwortIndex));
}
```

Die View ist der Listeneintrag, der die beiden TextViews enthält. Der
`viewHolder` enthält die Referenzen darauf. Über den Cursor setzen wir
die Daten. Nach Verlassen der Methode wird der Listeneintrag angezeigt.

Abschließend müssen noch in der Activity `GeoKontakteAuflisten` den   *Restarbeiten*
`SimpleCursorAdapter` gegen den `PerformanterListenAdapter` austauschen.

6.5   Anwendungseinstellungen

Viele Anwendungen benötigen anwender- oder gerätespezifische Konfi-   *Konfiguration*
gurationen. Diese müssen während einer Anwendungssitzung angezeigt
und bearbeitet werden können. Nach Beendigung der Anwendung darf
deren Konfiguration nicht gelöscht werden. Sie muss beim nächsten
Start unverändert wieder zur Verfügung stehen.

Die Android-API unterstützt uns bei der Verwaltung und Darstel-   *Noch keine*
lung dieser Konfigurationseinstellungen, ohne dass dazu Datenbank-   *Datenbanken*
kenntnisse notwendig sind. Sie stellt spezielle Oberflächenelemente und
eine eigene Activity bereit, um die Darstellung von Einstellungen zu
vereinfachen. Diese Komponenten sowie die zur Verwaltung der Kon-
figurationsdaten empfohlenen Klassen werden wir in diesem Abschnitt
kennenlernen.

Bei Amando kann man sich selbst einen Nickname vergeben, der   *Amando-Konfiguration*
mit der Position an einen Bekannten gesendet wird. Zusätzlich kann
man angeben, ob man gegen eine lokale Installation des Amando-
Servers testet (was nur mit dem Emulator funktioniert), oder ob man
die Serverinstallation im Internet verwenden möchte. Als letzte Kategorie von Einstellungen kann man noch die Häufigkeit der Positionsüber-
mittlung einstellen. Die Amando-Anwendung erhält nur alle x Sekunden neue Positionsdaten vom GPS-Modul des Geräts (»Positionsermittlung (Zeit)«) oder wenn sich die Position seit der letzten Positionsermittlung um mehr als y Meter geändert hat (»Positionsermittlung (Di-
stanz)«). Abbildung 6-2 zeigt die Einstellungsmöglichkeiten von Amando.

Die Einstellungsparameter sollten nicht als Java-Code oder Ressourcen definiert werden. Sie werden durch Anwender zur Laufzeit des
Programms eingestellt und müssen gespeichert werden, um beim näch-
ten Programmstart wieder zur Verfügung zu stehen.

Unser Ziel ist es, zur Verwaltung der Anwendungseinstellungen von   *Ziel: Einstellungen*
Amando eine Bildschirmseite zu erstellen, die an das Hauptmenü ange-   *bearbeiten*
bunden werden kann.

Abb. 6-2
*Anwendungs-
einstellungen von
Amando*

6.5.1 Begriffsdefinitionen

Einstellungsparameter

Als *Einstellungsparameter* (engl. *preference*) definieren wir ein Schlüssel-Wert-Paar, das zur Konfiguration einer Anwendung dient. Der Schlüssel eines Einstellungsparameters wird bei Erstellung der Anwendung definiert. Sein Wert wird dagegen erst während einer Anwendungssitzung vergeben. Der Wert kann jederzeit vom Nutzer der Anwendung geändert werden und bleibt auch nach Anwendungsende erhalten.

Parametergruppen

Einstellungsparameter können in *Parametergruppen* organisiert werden. Für jede Parametergruppe kann innerhalb der Anwendung ein eindeutiger Name vergeben werden. Eine Anwendung kann dann anhand dieses Namens auf die Parametergruppe zugreifen.

Anwendungseinstellungen

Als *Anwendungseinstellungen* bezeichnen wir die Einstellungsparameter, die für die gesamte Anwendung definiert und zugreifbar sind. Anwendungseinstellungen sind also eine Parametergruppe, die meist den Namen der Anwendung trägt.

*Einstellungen immer
lokal*

Anwendungseinstellungen sind nur *innerhalb einer Anwendung* gültig. Sollen einzelne Parameter auch für andere Anwendungen sichtbar gemacht werden, muss ein *Content Provider* implementiert werden (s. Kapitel 13 auf Seite 259).

6.5.2 Einstellungen definieren

PreferenceScreen

Definieren wir nun die Anwendungseinstellungen. Über einen `android.preference.PreferenceScreen` werden alle Einstellungsparameter einer Parametergruppe zusammengefasst. Wir definieren die Amando-Einstellungen in einer XML-Datei `amando_einstellungen.xml` im Ressourcenverzeichnis /res/xml. Listing 6.7 zeigt die Definition der Einstellungsseite.

Zusammen mit einem Einstellungsparameter definiert man auch dessen Oberflächendarstellung (Textfeld, Auswahlliste etc.). Auch wenn der Aufbau des PreferenceScreen an den einer ViewGroup erinnert, handelt es bei ihm und seinen Elementen *nicht* um Views. Ebenso ist PreferenceScreen *nicht* von Activity abgeleitet. Daher haben wir den PreferenceScreen auch nicht unterhalb von /res/layout, sondern in /res/xml definiert. Es ist jedoch zulässig, die Definition bei den Layout-Dateien abzulegen.

Einstellungsparameter sind keine Views-Elemente.

```xml
<?xml version="1.0" encoding="utf-8"?>
<PreferenceScreen xmlns:android=
    "http://schemas.android.com/apk/res/android">

  <PreferenceCategory
      android:title=
      "@string/txt_einstell_cat_title_allg">
    <EditTextPreference
      android:key="nickname"
      android:title=
        "@string/txt_einstell_nickname"
      android:defaultValue="" />

  </PreferenceCategory>

  <PreferenceCategory
      android:title=
      "@string/txt_einstell_cat_title_server">
    <ListPreference
      android:key="lst_serverort"
      android:defaultValue="@string/txt_einstell_serverort_default"
      android:title="@string/txt_einstell_serverort"
      android:summary="@string/txt_einstell_serverort_text"
      android:entries="@array/serverort"
      android:entryValues="@array/serverort_werte" />
  </PreferenceCategory>

  <PreferenceCategory
      android:title=
      "@string/txt_einstell_cat_title_position">
    <EditTextPreference
      android:key="min_zeit"
      android:title=
        "@string/txt_einstell_gps_min_zeit"
      android:defaultValue="15" />
```

Listing 6.7
Beispiel für einen PreferenceScreen

```
      <EditTextPreference
        android:key="min_distanz"
        android:title=
          "@string/txt_einstell_gps_min_dist"
        android:defaultValue="10" />
    </PreferenceCategory>

  </PreferenceScreen>
```

Betrachten wir Listing 6.7, so sehen wir, dass der PreferenceScreen in mehrere Elemente vom Typ PreferenceCategory unterteilt ist. Vergleicht man dies mit Abbildung 6-2, sieht man, dass die Unterteilung in Kategorien der Optik dient.

Einstellungen auf mehrere Seiten verteilen

Man kann die PreferenceScreens auch schachteln, wie wir es schon von den Layouts kennen. Es wird dann nur der Titel des untergeordneten PreferenceScreen angezeigt, und beim Klick darauf öffnet sich eine eigene Seite. Auf diesem Weg kann man viele Einstellungen übersichtlich ordnen und in Untereinstellungen verbergen.

Darstellung der Einstellungen

Im Listing 6.7 werden Einstellungsparameter vom Typ »Text« definiert. Die Abbildungen 6-2 und 6-3 zeigen, wie ein etwas komplexerer PreferenceScreen aussieht und wie die Änderung eines Textparameters durchgeführt wird.

Abb. 6-3
Textparameter ändern

Weitere Möglichkeiten...

Für jeden Einstellungsparameter kann ein Standardwert vergeben werden. Neben Texteingabefeldern werden auch Auswahlboxen, Checkboxen etc. zur Darstellung der Einstellungen angeboten. In Listing 6.7 wird zum Beispiel eine Auswahlliste (ListPreference) verwen-

det. Sie bezieht die Anzeigetexte und die hinterlegten Werte aus einer Array-Ressource in der Datei /res/values/arrays.xml. Zu jedem
Textwert in dem einen Array korrespondiert ein Wert in dem anderen Array. Sie werden mittels der XML-Attribute android:entries und
android:entryValues übergeben. Wir fügen arrays.xml die folgenden
Einträge hinzu:

```xml
<string-array name="serverort">
  <item>Lokal</item>
  <item>Extern</item>
</string-array>
<string-array name="serverort_werte">
  <item>Lokal</item>
  <item>Extern</item>
</string-array>
```

Natürlich dürfen wir auch nicht vergessen, in /res/values/strings.xml
die Werte für die String-Referenzen zu hinterlegen:

```xml
<string name="txt_einstell_cat_title_allg">
  Allgemein</string>
<string name="txt_einstell_nickname">
  Nickname</string>
<string name="txt_einstell_cat_title_server">
  Server</string>
<string name="txt_einstell_serverort">
  Ort des Servers</string>
<string name="txt_einstell_serverort_text">
  \'Lokal\': lokale Installation\n\'Extern\':
  Demo-Server</string>
<string name="txt_einstell_serverort_default">
  Extern</string>
<string name="txt_einstell_cat_title_position">
  Position</string>
<string name="txt_einstell_gps_min_zeit">
  Positionsermittlung (Zeit)</string>
<string name="txt_einstell_gps_min_dist">
  Positionsermittlung (Distanz)</string>
```

6.5.3 Einstellungsseite implementieren

Implementieren wir nun die Bildschirmseite, wie sie in Abbildung 6-2
zu sehen ist. Hier verfahren wir ganz ähnlich, wie wir es von Layouts
und Activities gewohnt sind. Die XML-Definition (das »Layout«) wird
der Einstellungsseite (der »Activity«) hinzugefügt.

Listing 6.8
Implementierung der
PreferenceActivity

```
public class EinstellungenBearbeiten extends
    PreferenceActivity {

  @Override
  public void onCreate(Bundle icicle) {
    super.onCreate(icicle);

    this.addPreferencesFromResource(
        R.xml.amando_einstellungen);
  }
}
```

Alles automatisch

Aus dieser Datei wird die Bildschirmseite aufgebaut (Abbildung 6-2 auf Seite 124). Alle Änderungen an den Einstellungen werden sofort vom Android-System automatisch gespeichert, ohne dass weiterer Implementierungsaufwand entsteht.

Vorsicht, Falle!

In Listing 6.8 fällt auf, dass *kein Name* für die Anwendungseinstellungen vergeben wird. Dabei handelt es sich um eine, leider nicht gut dokumentierte, Besonderheit der `PreferenceActivity`. Alle `PreferenceActivities` einer Anwendung schreiben *alle* von ihr verwalteten Einstellungsparameter in *eine* Datei mit dem Namen `${package.name}_preferences.xml` im Verzeichnis `/data/data/${package.name}/shared_prefs`.

Wenn wir die oben implementierte Einstellungsseite `Einstellungen Bearbeiten` verlassen, wird automatisch ein Datensatz mit den Einstellungsparametern angelegt. Unsere Amando-Einstellungen werden in der Datei `de.androidbuch.amando_preferences.xml` gespeichert. Pro Anwendung gibt es also einen Container für Anwendungseinstellungen, der unter einem automatisch aus dem Basispackage der Anwendung generierten Namen erreichbar ist.

Hilfsmethode

Damit wir diesen Namen nicht in jeder Activity, die Anwendungseinstellungen nutzt, zusammenbasteln müssen, definieren wir eine weitere (statische) Methode in unsere Activity `EinstellungenBearbeiten`:

```
public static final SharedPreferences
  getAnwendungsEinstellungen(final ContextWrapper ctx) {
  return ctx.getSharedPreferences(
      ctx.getPackageName() +
      "_preferences", MODE_PRIVATE);
}
```

6.5.4   Auf Einstellungen zugreifen

Zur Verwaltung von Anwendungseinstellungen dient die Klasse android.content.SharedPreferences. Diese bietet typsicheren Zugriff auf Einstellungsparameter. An anderer Stelle in der Anwendung wollen wir schließlich auf die darin gespeicherten Einstellungsparameter zugreifen.

SharedPreferences

Um ein Exemplar der SharedPreference zu erhalten, greift man auf die Methode getSharedPreferences(String name, int mode) zurück, die vom Anwendungskontext angeboten wird. Es wird pro name ein Konfigurationsdatensatz erzeugt. Es empfiehlt sich also, für globale Anwendungseinstellungen den Namen des Wurzel-Packages der Gesamtanwendung, hier de.androidbuch.amando, zu wählen.

Zugriff auf Anwendungseinstellungen

> **Achtung!**
>
> Anwendungseinstellungen dürfen nicht den Namen einer der Android-Komponenten (Activities, Services etc.) der Anwendung erhalten.

Den Namen des Packages erhalten wir aus dem Kontext, den wir der Methode übergeben. Hier übergeben wir den Kontext als ContextWrapper, was ein Proxy-Objekt für den Anwendungskontext und eine Basisklasse von Activity ist. ContextWrapper implementiert die Methode getSharedPreferences.

Als mögliche Modi definiert der Kontext die in Tabelle 6-3 aufgeführten Werte. Im Normalfall wird für diese Komponenteneinstellungen auf MODE_PRIVATE zurückgegriffen. Die anderen Modi (MODE_WORLD_READABLE, MODE_WORLD_WRITEABLE) erlauben den Zugriff auf die im Dateisystem abgelegte Datei mit den Einstellungen auch von anderen Anwendungen aus. Da der Zugriff von einer Anwendung auf die Daten einer anderen Anwendung standardmäßig verboten ist, muss das Lesen oder Schreiben anwendungsfremder Daten immer explizit erlaubt werden.

Berechtigungen

Zugriff von extern

Modus	Erlaubter Zugriff
MODE_PRIVATE	Nur innerhalb der Anwendung
MODE_WORLD_READABLE	Lesezugriff durch andere Anwendungen
MODE_WORLD_WRITEABLE	Vollzugriff durch andere Anwendungen

Tab. 6-3
Zugriffsmodi für Konfigurationen

Der Zugriff in einer beliebigen Methode einer Activity erfolgt, indem man sich zunächst die SharedPreferences holt. Will man auf einen bestimmten Einstellungswert zugreifen, so erfolgt dies über den Schlüssel (android:key) aus der XML-Definition (siehe Listing 6.7) der Einstellungsseite. Wenn wir zum Beispiel den »Nickname« erhalten wollen, verwenden wir folgende Implementierung:

```
final SharedPreferences einstellungen =
    EinstellungenBearbeiten.getPreferences(this);
final String nickname =
    einstellungen.getString("nickname", "unbekannt");
```

6.5.5 Einstellungen bearbeiten

Wir haben bisher gesehen, wie wir Einstellungsparameter über eine PreferenceActivity pflegen können und wie wir sie wieder auslesen. Als Datenspeicher wird dabei ein SharedPreferences-Objekt verwendet, welches für jede Anwendung einmal existiert und auf welches wir über den Context der Anwendung zugreifen können.

Wir können einmal gespeicherte Einstellungswerte im Programm ändern. Wir können sogar zusätzliche Werte anlegen. Dafür ist das SharedPreferences-Objekt zwar eigentlich nicht gedacht, aber es ist die einfachste Möglichkeit, Anwendungsdaten zu persistieren. Ein Anwendungsfall ist beispielsweise das automatische Speichern von Formulardaten. Schreibt man eine längere E-Mail, möchte man nicht, dass ein unvorhergesehenes Ereignis dazu führt, dass der Text verloren geht. Ein unvorhergesehenes Ereignis könnte ein leerer Akku sein, oder Sie sind aus Versehen an die Zurück-Taste des Android-Geräts gekommen. Die Anwendung sollte die Eingabedaten speichern und beim nächsten Programmaufruf wiederherstellen. Es ist durchaus zulässig, die SharedPreferences zum Speichern der Formulardaten zu »missbrauchen«.

Beginnen wir mit der Speicherung des Zustands einer Activity. Jede Implementierung von SharedPreferences verfügt über ein Exemplar von SharedPreferences.Editor. Über den Editor können Änderungen an den Einstellungsparametern gemacht werden.

```
SharedPreferences einstellungen =
    getPreferences(MODE_PRIVATE);
SharedPreferences.Editor editor = einstellungen.edit();
```

Da wir den Zustand der Activity speichern wollen, definieren wir für jedes ihrer Attribute einen Einstellungsparameter und füllen diesen mit dem aktuellen Attributwert.

```
editor.putBoolean("nutzeVerschluesselung",
  mVerschluesseln);
editor.commit();
```

Wirksam werden die Änderungen allerdings erst nach dem *commit*
Aufruf von commit. Von diesem Zeitpunkt an kann mit
einstellungen.getBooleanValue(Schlüsselname, defaultWert) auf den
geänderten Wert zugegriffen werden. Listing 6.9 fasst die Schritte noch
einmal zusammen.

```
public class BeispielActivity extends Activity {
  ...
  private Boolean mVerschluesseln = Boolean.TRUE;
  ...
  protected void onSaveInstanceState(Bundle outState) {
    super.onSaveInstanceState(outState);

  SharedPreferences einstellungen = getPreferences(MODE_PRIVATE);
  SharedPreferences.Editor editor = einstellungen.edit();
  editor.putBoolean(
    "nutzeVerschluesselung", mVerschluesseln);
  editor.commit();
}
```

Listing 6.9
Ändern von
Einstellungen

6.6 Fortschrittsanzeige

Es wird sich nicht vermeiden lassen, dass die ein oder andere Funktion *Wartezeit überbrücken*
länger läuft, als zunächst erwartet wurde. Eine nutzerfreundliche An-
wendung informiert die Wartenden, dass das System zwar beschäftigt
ist, es aber weiter vorangeht.

Dazu bedient man sich gerne sogenannter Fortschritts- oder
Verlaufsanzeigen (engl. *progress bars*). Zur Darstellung des Pro-
zessfortschritts haben wir die Wahl zwischen den Views android.
widget.ProgressBar und android.app.ProgressDialog.

Einen ProgressBar verwendet man, wenn man die Statusanzeige fest *ProgressBar*
in eine Bildschirmseite integrieren will. Während diese immer wieder
aktualisiert wird, kann der Nutzer im Vordergrund z.B. Eingaben auf
der Seite durchführen. Ein Codebeispiel für die Implementierung einer
solchen Komponente ist auf der JavaDoc-Seite der API-Dokumentation
enthalten und braucht daher hier nicht wiederholt zu werden.

Ein ProgressDialog zeigt für den Zeitraum der Hintergrundoperati- *ProgressDialog*
on eine modale Dialogbox mit passendem Informationstext an. Diese
Komponente ist flexibel nutzbar, wie das folgende Beispiel in Listing
6.10 zeigt:

Listing 6.10
Beispiel
Fortschrittsanzeige

```
public void sendeDaten() {
  ProgressDialog verlauf = ProgressDialog.show(
    this,
    "Bitte warten...",
    "Daten werden gesendet",
    true, // zeitlich unbeschränkt
    false); // nicht unterbrechbar
  new Thread() {
    public void run() {
      sendeDatenAnServer();
      verlauf.dismiss(); // dialog schließen
    }
  }.start();
}
```

Die genauen Attribute zur Konfiguration der Dialog-Box sind hier nur angedeutet und können bei Bedarf dem Android-Java-Doc entnommen werden. Abbildung 6-4 zeigt eine Fortschrittsanzeige der Amando-Anwendung.

Abb. 6-4
Der ProgressDialog im
Einsatz

6.7 Fazit

Mit diesem Kapitel ist der Einstieg in die Gestaltung von Bildschirmoberflächen für Android abgeschlossen. Wir können nun Bildschirmseiten erstellen und auf Eingaben des Nutzers reagieren.

Weitere Quellen   Obwohl Sie in diesem und im letzten Kapitel schon viel über die Implementierung von Oberflächen gelernt haben, wurden viele Feinheiten dieser umfangreichen Thematik nicht erwähnt.

Für das weitere Studium empfehlen wir die Online-Dokumentation von Google sowie die mit dem SDK gelieferten Codebeispiele `samples/ApiDemos`. Viele Praxisbeispiele zu verschiedenen Themen bietet auch [6].

Im nächsten Kapitel befassen wir uns damit, wie Bildschirmseiten miteinander verknüpft werden.

Verbindung herstellen

7 Intents

Bereits in Abschnitt 1.4 in Teil I haben wir den Begriff des *Intent* als »Absichtserklärung« kennengelernt. Dort hat eine Activity (`FormularActivity`) eine andere Activity (`ErgebnisActivity`) gestartet. Dies ist der häufigste Einsatzzweck für Intents, nicht jedoch der einzige. Intents sind vielmehr Teil eines Mechanismus zum Austausch von Nachrichten und Daten zwischen Komponenten einer Anwendung, verschiedenen Anwendungen untereinander oder mit der Android-Plattform.

Intents verbinden unabhängige Komponenten, also Activities, Services, Content Provider oder Broadcast Receiver, untereinander zu einem Gesamtsystem und schaffen eine Verbindung zur Android-Plattform. Letzteres erfolgt über sogenannte Broadcast Intents. Es handelt sich dabei um Systemnachrichten, die wir im Kapitel über Systemnachrichten (siehe Kap. 10 auf Seite 205) gesondert betrachten.

Wir lernen nun auf einem allgemeinen Niveau das Konzept der Intents kennen. Intents tauchen jedoch im weiteren Projektverlauf immer wieder auf, so dass uns das Thema durch die folgenden Kapitel begleiten wird.

7.1 Warum gibt es Intents?

Android ist komponentenbasiert. Da liegt es nahe, die Komponenten mit einem Mechanismus zu verbinden, der standardisiert ist, sich ohne Quellcodeänderung nutzen lässt und einfach zu dokumentieren ist. Auf diese Weise kann eine Komponente von anderen Programmierern genutzt oder einfach gegen eine andere ausgetauscht werden.

Komponenten miteinander verbinden

Ähnlich wie die Android-Plattform verwenden die meisten mobilen Plattformen ein Sandbox-Modell. Eine direkte Interaktion zwischen Anwendungen oder Teilen zweier verschiedener Anwendungen ist meist nicht möglich. Bei Android unterliegen die Intents dem Berechtigungssystem. Zugriff auf Komponenten außerhalb der eigenen Anwendung ist daher nicht erlaubt, solange man nicht explizit geeignete Berechti-

Schutz vor unerlaubten Zugriffen

gungen vergibt. Dann jedoch lassen sich auch z.B. Activities oder Services einer anderen Anwendung nutzen!

Lose Kopplung von Komponenten

Durch Intents erreichen wir eine lose Kopplung der Bestandteile von Anwendungen. Dies wird durch zwei verschiedene Arten von Intents verschieden stark unterstützt. Wir unterscheiden Intents in explizite und implizite Intents.

7.2 Explizite Intents

> Bei einem expliziten Intent ist die Empfängerkomponente bereits bei der Programmierung des Aufrufs bekannt und eindeutig identifiziert.

Klassenname angeben

Die Empfängerkomponente wird im Allgemeinen bei der Erzeugung des Intent durch ihren Namen oder die Klassenangabe übergeben. Wollen wir also eine Activity PositionSenden innerhalb des gleichen Packages aufrufen, so schreiben wir:

```
final Intent i = new Intent(this, PositionSenden.class);
startActivity(i);
```

Wie kommt man an den Context?

Als ersten Parameter übergeben wir dem Konstruktor des Intents den Anwendungskontext. Da android.app.Activity von android.content.Context abgeleitet ist, können wir einfach this übergeben. In anderen Fällen, wo wir keinen direkten Zugriff auf this haben, hilft die Methode getApplicationContext weiter. Wenn wir beispielsweise ein Exemplar eines Objekts erzeugen und beim Erzeugen eine oder mehrere Methoden der Oberklasse überschreiben, bezieht sich this auf das neue Objekt und nicht auf die Komponente, in der das Objekt erzeugt wird.

Der gleiche Intent ließe sich auch wie folgt abschicken:

```
Intent i = new Intent();
i.setComponent(new ComponentName(
    "de.androidbuch.amando.gui",
    "PositionSenden"));
startActivity(i);
```

Laufzeitfehler möglich

Hier haben wir die Zielklasse über ihren Namen definiert. Der Nachteil dieser Adressierungsform ist, dass die Prüfung auf das korrekte Ziel nicht vom Compiler übernommen werden kann. Fehler treten daher erst zur Laufzeit, das heißt beim ersten Aufruf des Intent, auf.

7.3 Implizite Intents

> Implizite Intents adressieren keinen bestimmten Empfänger und überlassen es den Komponenten der installierten Anwendungen, auf den Intent zu reagieren.

Implizite Intents spezifizieren keine Komponente, an die sie adressiert sind. Sie werden praktisch »ins Leere« abgeschickt, in der Hoffnung, dass es eine oder mehrere Komponenten gibt, die mit diesem Intent etwas anfangen können. Oft werden implizite Intents verwendet, wenn man Komponenten anderer Anwendungen nutzen möchte. So ist es beispielsweise möglich, eine Activity aus der *Telefon*-Anwendung (engl. *Dialer*) zum Wählen einer Telefonnummer zu nutzen, ohne sie selbst implementieren zu müssen.

Auf gut Glück

```
Intent intent = new Intent(Intent.ACTION_DIAL,
    Uri.parse("tel:(0228)1234567"));
startActivity(intent);
```

Wie der Programmcode zeigt, wird bei impliziten Intents eine Aktion (hier: `Intent.ACTION_DIAL`) und eine URI (Uniform Resource Identifier) mitgegeben. Während die Aktion der aufzurufenden Komponente mitteilt, was sie tun soll, übermittelt die URI die dafür notwendigen Daten.

Aktion und Datenquelle angeben

Handelt es sich beim Android-Gerät um ein Mobiltelefon, so ist die *»Telefon«*-Anwendung, eine Standardanwendung der Android-Plattform, schon vorinstalliert (engl. *»Dialer«*-Anwendung). Diese *Dialer*-Activity lässt sich über einen impliziten Intent nutzen. Abbildung 7-1 zeigt die Dialer-Activity.

Doch wo ein Sender ist, sollte es auch einen Empfänger geben. Wenn wir Activities anderer Anwendungen aufrufen und in unserem Programm verwenden können, muss es auch die Möglichkeit geben, die Activities unseres Programms anderen Anwendungen zur Verfügung zu stellen. Dazu muss man eine Activity in die Lage versetzen, einen impliziten Intent zu empfangen. Dies geschieht mit Hilfe von *Intent-Filtern*.

Intent-Filter

7.3.1 Intent-Filter für implizite Intents

Intent-Filter werden im Android-Manifest deklariert. Einen Intent-Filter für implizite Intents kennen wir schon. Um eine Activity zur Start-Activity unserer Anwendung zu machen, müssen wir einen bestimmten Intent-Filter deklarieren. Unsere bekannte Activity `Startseite` hatten wir mit einem Intent-Filter versehen.

Abb. 7-1
*Dialer-Activity im
Emulator*

Listing 7.1
*Definition eines
Intent-Filters*

```
<activity android:name=".gui.Startseite"
          android:label="@string/app_name">
  <intent-filter>
    <action android:name="android.intent.action.MAIN" />
    <category android:name=
       "android.intent.category.LAUNCHER" />
  </intent-filter>
</activity>
```

Ein Intent-Filter besteht aus bis zu drei Elementen, mit deren Hilfe er genau festlegen kann, auf welche Intents er reagiert. Für den Aufruf von Komponenten anderer Anwendungen muss man genau wissen, worauf ihre Intent-Filter reagieren und welche Daten die Komponente erwartet. Daher ist es wichtig, die Intent-Filter gut zu dokumentieren, wenn man Teile seiner Anwendung öffentlich macht.

*Intent-Filter gehören
dokumentiert.*

action Das `<action>`-Element spezifiziert die Aktion, auf die der Intent-Filter reagieren soll. Das `android:name`-Attribut des `<action>`-Elements im Intent-Filters muss eine eindeutige Zeichenkette sein. Sie bezeichnet die Aktion, die stattfinden soll. Selbst definierte Aktionen für Intents sollten der folgenden Konvention entsprechen:

Was soll passieren?

```
<Paketname.der.Anwendung>.intent.action.<ACTION_NAME>
```

Die Klasse `android.content.Intent` besitzt einige generische Action-Intents, nach denen man im Intent-Filter filtern kann. Sie erlauben den Zugriff auf Komponenten, die Bestandteil der Anwendungen der Android-Plattform sind. Beispielsweise konnten wir oben mittels des Action-Intents `Intent.ACTION_DIAL` eine Activity zum Wählen einer Telefonnummer nutzen. Die generischen Action-Intents beginnen mit `ACTION_`. *Androids generische Intents*

Eine interessante Sammlung bekannter Intents und deren Adressierung ist unter [4] zu finden. Die Standard-Intents der Android-API sind in der Online-Dokumentation unter [23] aufgelistet. *Übersicht Standard-Intents*

category   Ein Intent-Filter darf mehrere `<category>`-Elemente besitzen. `<category>` legt fest, wie die Activity aufgerufen wird. Meist wird man hier »`android.intent.category.DEFAULT`« verwenden. Damit teilt man dem Activity Manager mit, dass die Activity normal gestartet werden soll und vollständig auf dem Bildschirm angezeigt werden kann. *Startoptionen für Activities*

Im Gegensatz dazu kann man »`android.intent.category.TAB`« verwenden. Damit legt man fest, dass die aufrufende Activity eine `TabActivity` sein muss und die eigene Activity nur als ein Reiter in der Eltern-Activity (also der `TabActivity`) dargestellt wird.

Die Kategorie `android.intent.category.LAUNCHER` gibt es nur für Activities. Sie legt fest, dass die Activity die Startseite einer Anwendung ist. Diese Kategorie kennen wir schon aus dem Android-Manifest. *Startseite festlegen*

Als letztes Beispiel sei noch »`android.intent.category.PREFERENCE`« erwähnt. Damit kann man eine `PreferenceActivity` nach außen zur Verfügung stellen, damit andere Anwendungen sie in ihre Activities zur Pflege der Programmeinstellungen einbinden können.

Es gibt noch einige weitere Kategorien, die der API-Dokumentation zu entnehmen sind.

data   Beim Abschicken eines Intents kann ihm eine URI mitgegeben werden. Diese URI spezifiziert eine Datenquelle. Wir haben oben schon einen Intent mit einer URI kennengelernt: `new` *Mit welchen Daten?* `Intent(Intent.ACTION_DIAL, Uri.parse("tel:(0228)1234567"))`.   Im Intent-Filter verwendet man das `<data>`-Element, damit nur Intents mit ganz speziellen URIs eine bestimmte Komponente aufrufen. Daher bieten die Attribute des `<data>`-Elements alle Möglichkeiten, eine URI zu analysieren. Nun stellen wir die entsprechenden Attribute vor, die es ermöglichen, nach den Bestandteilen einer URI zu filtern:

- `android:scheme` Gibt das Schema für den Zugriff auf die Daten an. Im Zusammenhang mit Android sind `content`, `http`, `geo` und `file` häufig gebrauchte Werte. Mindestens das `scheme`-Attribut muss innerhalb von `data` definiert sein. Es können ein oder mehrere `scheme`-Attribute gesetzt werden.

▪ `android:mimetype` Angabe eines Mime-Typs. Man kann selbst definierte oder bekannte Mime-Typen verwendet werden. Zulässig ist z.B. `image/jpeg` oder der selbst definierte Mime-Typ `vnd.androidbuch.cursor.item/*`. Das Sternchen (»Asterisk«) bedeutet, dass jeder Subtyp akzeptiert wird.

▪ `android:host` Angabe eines Hostnamens (z.B. »`developer.android.com`«)

▪ `android:path` Setzt voraus, dass das `host`-Attribut gesetzt wurde. Gibt den Pfad zu den Daten an. Im Falle einer URL z.B. `reference/android/content/Intent.html`. Will man mehr Flexibilität und Zugriff auf bestimmte Daten in Teilbäumen der Pfadstruktur zulassen oder mit Wildcards arbeiten, kann man statt `path` die Attribute `pathPrefix` oder `pathPattern` verwenden. Näheres zu deren Verwendung findet sich in der Dokumentation des Android-SDK ([15]).

▪ `android:port` Angabe eine Ports (z.B. 8080). Wird ignoriert, wenn `host` nicht gesetzt wurde.

7.3.2   Ein einfaches Beispiel

Um den Umgang mit Intent-Filtern zu verdeutlichen, definieren wir einen einfachen Filter. Amando besitzt eine Activity zur Anzeige der Detaildaten eines Geokontakts (`GeoKontaktAnzeigen`-Activity). Diese Activity nimmt im Intent eine Geokontakt-Id entgegen und

Activity öffentlich machen

zeigt den Geokontakt an. Wollen wir diese Activity anderen Anwendungen zur Verfügung stellen, brauchen wir einen Intent-Filter. Der Basis-Paketname von Amando ist `de.androidbuch.amando.` Wir nennen die Aktion `ZEIGE_GEOKONTAKT` und erhalten somit `de.androidbuch.amando.intent.action.ZEIGE_GEOKONTAKT`.

Als Kategorie wählen wir `android.intent.category.DEFAULT`, da es sich um eine ganz normale Activity handelt. Damit können wir den Intent-Filter für die Activity `GeoKontaktAnzeigen` im Android-Manifest angeben:

```
<activity android:name=".gui.GeoKontaktAnzeigen">
  <intent-filter>
    <action android:name=
      "de.androidbuch.amando.intent.
        action.ZEIGE_GEOKONTAKT" />
```

```
    <category android:name="android.intent.
        category.DEFAULT" />
  </intent-filter>
</activity>
```

Dies ist praktisch die einfachste Art eines Intent-Filters. Wir werden später in Kapitel 10.2.2 bei den Broadcast-Receivern einen Intent-Filter für einen speziellen System-Intent mit URI kennenlernen.

Beispiel für einfachen Filter

Es fehlen uns noch zwei Dinge. Wir wollen in unserem Programmcode implizite Intents verschicken, und wir wollen sie in einer Komponente empfangen können. Stellen wir uns vor, wir haben eine Anwendung, die die Activity GeoKontaktAnzeigen verwenden möchte. Sie setzt den impliziten Intent folgendermaßen ab:

```
private void geoKontaktActivityAufrufen(int kontaktId) {
  Intent intent = new Intent("de.androidbuch.amando.intent." +
    "action.ZEIGE_GEOKONTAKT");
  intent.putExtra("KONTAKT_ID",
    String.valueOf(kontaktId));

  startActivity(intent);
}
```

Das Beispiel zeigt, wie wir dem Intent mit Hilfe der Methode putExtra einen Parameter hinzufügen. Wir verwenden also keine URI, die uns eine Datenquelle spezifiziert, sondern fügen dem Intent Daten hinzu. Der Intent besitzt eine Art Container für Daten, die als Schlüssel-Wert-Paare hinzugefügt werden können. Die dazu notwendige Methode putExtra steht für fast jeden Java-Datentyp zur Verfügung.

Zusätzliche Daten

Innerhalb der onCreate-Methode der Activity GeoKontaktAnzeigen werten wir nun den Intent aus und holen uns den übergebenen Parameterwert, um später den Geokontakt aus der Datenbank zu laden.

```
public void onCreate(Bundle icicle) {
  super.onCreate(icicle);

  setContentView(R.layout.geokontakt_anzeigen);
  final Bundle extras = getIntent().getExtras();
  if (extras != null &&
     extras.containsKey(IN_PARAM_KONTAKT_ID)) {
   mGeoKontaktId = extras.getLong(IN_PARAM_KONTAKT_ID);
  }
  ...
}
```

Listing 7.2
Empfang eines Intent

Damit kennen wir die Grundlagen von expliziten und impliziten Intents. Nun werden wir noch erklären, wie der Filterprozess bei impliziten Intents abläuft.

7.3.3   Intent-Resolution

Empfänger ermitteln

Als *Intent-Resolution* wird der Prozess bezeichnet, den Android durchführt, um implizite Intents aufzulösen. Ziel dabei ist es, die Komponente zu finden, die am besten auf den Intent passt. Diese wird dann
gestartet. In der Praxis wird man sich häufiger mal wundern, warum
die gewünschte Komponente nicht startet. Dann hilft es, die Regeln der
Intent-Resolution zu kennen, um den Fehler zu finden.

Regeln der Intent-Resolution

- **Regel 1**: Der Intent passt nicht zur Komponente, wenn keines der
  action-Elemente des Intent-Filters zum Intent passt.
- **Regel 2**: Der Intent passt nicht zur Komponente, wenn er Kategorien enthält, für die es kein category-Element im Intent-Filter gibt.
  Für alle Kategorien des Intent muss es Entsprechungen im Filter
  geben.
- **Regel 3**: Die URI des Intent muss mindestens mit einem der data-
  Elemente übereinstimmen. Wurde im Intent keine URI als Verweis
  auf die Datenquelle angegeben, passiert der Intent den Intent-Filter
  und die Komponente wird aufgerufen.
- **Regel 4**: Werden zu einem Intent mehrere Komponenten gefunden,
  waren deren Intent-Filter vielleicht zu allgemein gefasst. Android
  präsentiert dann einen Bildschirm, der eine Auswahl der gewünschten Komponente zulässt (siehe Abb. 7-2).

7.3.4   Beispiele für implizite Intents

Schauen wir uns einige gängige Beispiele an, wie man Komponenten der
Android-Standardanwendungen nutzt. Zu den Standardanwendungen
gehören unter anderem:

- Telefon: Zum Aufbau von Telefonverbindungen
- Maps: Anzeige von Karten mit MapsActivity
- E-Mail: Standard-Mail-Client
- Kontakte: Eigene Kontakte verwalten
- Browser: Standardbrowser auf Basis von WebKit

Abb. 7-2
Android-Dialog zur
Auswahl der
Komponente

- Market: Android-Market-Anwendung zur Installation von weiteren Anwendungen von Drittanbietern
- Kamera: Aufnehmen von Bildern und Videos
- ...

Eine Nummer wählen

Im vorherigen Abschnitt haben wir schon gesehen, wie man aus der eigenen Anwendung heraus eine Activity zum Starten eines Telefonanrufs nutzen kann. Man kann einen Anruf auch absetzen, so dass die Nummer sofort und ohne Rückfrage gewählt wird. Dazu muss nur `Intent.ACTION_CALL` statt `Intent.ACTION_DIAL` angegeben werden.

Nummer direkt wählen

```
Intent intent = new Intent(Intent.ACTION_CALL,
    Uri.parse("tel:(+49) 228 1234567"));
startActivity(intent);
```

Der implizite Intent startet eine Activity der Telefon-Anwendung (siehe Abbildung 7-3), die den Versuch eines Verbindungsaufbaus mit der gewählten Telefonnummer anzeigt.

Position in einer Karte anzeigen

Die Standardanwendung *Maps* kann zur Darstellung einer Position auf einer Landkarte genutzt werden. Dabei haben wir zwei unterschiedliche Arten des Aufrufs zur Verfügung. Zum einen können wir den Längen- und den Breitengrad angeben, um die Karte rund um diese Position anzuzeigen. Zum anderen können wir einen Suchstring mit einer Adressangabe mitgeben. Schauen wir uns den ersten Anwendungsfall an:

Zwei Arten des Aufrufs

Abb. 7-3
Eine Telefonnummer
anrufen

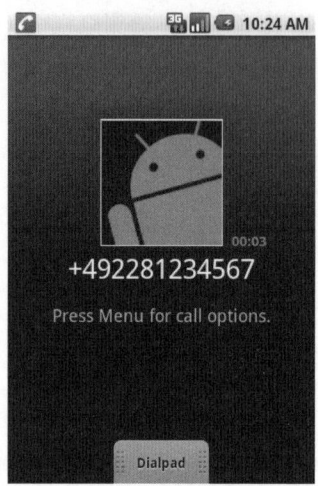

Abb. 7-3
Eine Telefonnummer
anrufen

```
Uri uri = Uri.parse("geo:50.7066272,7.1152637?z=19");
Intent intent = new Intent(Intent.ACTION_VIEW);
intent.setData(uri);
startActivity(intent);
```

Dieser Intent startet eine Activity der Anwendung *Maps*, wie in Abbildung 7-4 zu sehen. Wir haben die URI für den Ortspunkt über die
Positionsdaten Methode setData gesetzt und nicht über den Konstruktor des Intent.
übergeben Dadurch wird deutlicher, dass wir mit der URI Daten an die Activity übergeben. Man beachte auch den zusätzlichen Parameter z=19. Hiermit stellt man den Zoomlevel der Kartenanzeige ein. Der Maximalwert beträgt 23. Ein minimaler Zoomlevel zeigt den ganzen Erdball.

Abb. 7-4
Google-Maps-Activity

Ganz ähnlich wie in Abbildung 7-4 sieht das Ergebnis aus, wenn man eine Adresse als Parameter einer Suche übergibt. Findet Google Maps die Adresse, so kennt es die zugehörige Position und sendet das passende Kartenmaterial an die Maps-Activity. Mit dem folgenden Quellcode übergeben wir eine Adresse: *Adressen als Parameter übergeben*

```
Uri uri = Uri.parse("geo:0,0?" +
    "q=Hinter%20Hoben%20149,53129%20Bonn");
Intent intent = new Intent(Intent.ACTION_VIEW);
intent.setData(uri);
startActivity(intent);
```

Längen- und Breitengrad müssen dabei jeweils Null sein. Leerzeichen in der Adresse werden durch »%20« ersetzt.

Google Street View

Wird die Maps-Anwendung mit dem Schema geo aufgrufen, erhalten wir eine Kartendarstellung aus der Vogelperspektive. Mit der Einführung von *Google Street View* steht für manche Gegenden mancher Länder eine 3-D-Ansicht der Erdoberfläche zur Verfügung, die bis auf Straßenebene herunterreicht. Da Google die Straßen mit speziellen Fahrzeugen mit 3-D-Kameras abfährt, ist der Detailreichtum des Bildmaterials für Street View enorm. *3-D-Ansicht*

Die Maps-Anwendung ist jedoch erst seit der Version 3.1.0 in der Lage, Street-View-Bildmaterial anzuzeigen. Wenn wir das aktuelle Android-SDK installiert haben, können wir Street View nutzen. Installiert ein Anwender das Programm auf einem Android-Gerät, muss dieser dafür sorgen, dass die Maps-Anwendung mindestens die Version 3.1.0 hat. Ist dies nicht der Fall, muss er ein Update über den Android Market durchführen. *Update nötig?*

```
Uri uri = Uri.parse(
    "google.streetview:cbll=44.640381,-63.575911");
Intent intent = new Intent(Intent.ACTION_VIEW, uri);
startActivity(intent);
```

Abb. 7-5
*Google Street View
verwenden*

*Mittels cbll die Position
übergeben*

Als Schema wird in der URI google.streetview verwendet. Mit dem Parameter cbll übergibt man wieder den Breiten- und den Längengrad. Es gibt einige weitere optionale Parameter, die Blickrichtung und den Zoomlevel betreffend. Wir empfehlen einen Blick in die Google-Dokumentation [24].

Eine Webseite anzeigen

Mit dem folgenden Intent starten wir eine Activity der Android-Standardanwendung »*Browser*« und rufen darin die Internetadresse www.visionera.de auf. Abbildung 7-6 zeigt das Ergebnis des Intent im Emulator.

```
Uri uri = Uri.parse("http://www.visionera.de");
Intent intent = new Intent(Intent.ACTION_VIEW, uri);
startActivity(intent);
```

Abb. 7-6
*Eine Webseite im
Browser anzeigen*

Navigation mittels implizitem Intent

Da wir in der Buchanwendung Amando anbieten wollen, eine Route zum Zielort zu berechnen, zeigen wir hier an einem Beispiel, wie man eine Anwendung um eine Navigationslösung erweitern kann. Die Google Maps API, mit der wir uns in Kapitel 16 beschäftigen, bietet dafür keine Möglichkeit, die Anwendungen Google Maps und Google Navigation jedoch schon.

Gratis- Navigationssystem

Im Folgenden werden wir den Aufruf dieser Anwendungen über einen Intent in die KarteAnzeigen-Activity einbauen.

Wir definieren zunächst einen Eintrag für das Optionsmenü in der Datei amando/res/menu/karte_anzeigen.xml (Listing 7.3).

```
<menu xmlns:android=
  "http://schemas.android.com/apk/res/android">
  <item
    android:id="@+id/opt_navigation_starten"
    android:title="@string/men_navigationStarten"
    android:icon="@android:drawable/ic_menu_directions"
  />
  <!-- weitere Einträge ... -->
</menu>
}
```

Listing 7.3 Menüpunkt zum Start der Navigation

Sodann verarbeiten wir diese Menüauswahl in der Methode onOptionsItemSelected.

```
public boolean onOptionsItemSelected(MenuItem item) {
  switch (item.getItemId()) {
    // ... weitere Optionen ...
    case R.id.opt_navigation_starten:
      navigationStarten();
      return true;
    // ... weitere Optionen ...
  }
}
```

Listing 7.4 Verarbeitung Start der Navigation

Die in Listing 7.5 gezeigte Methode navigationStarten() führt den eigentlichen Aufruf der Anwendung durch.

```
protected void navigationStarten() {
  final String geoKontaktPosition = mFreundKontakt.
  letztePosition.gpsData.mBreitengrad + "," +
  mFreundKontakt.letztePosition.gpsData.mLaengengrad;
```

Listing 7.5 Aufruf der Navigationsanwendung

```
final String meinePosition =
  mMyLocationOverlay.getMyLocation().
  getLatitudeE6() / 1E6 + "," +
  mMyLocationOverlay.getMyLocation().getLongitudeE6()
  / 1E6;

// so kann Google Maps gestartet werden
final Intent navigation = new Intent(Intent.ACTION_VIEW,
    Uri.parse("http://maps.google.com/maps?saddr=" +
        meinePosition +
        "&daddr=" +
        geoKontaktPosition));
startActivity(navigation);

// so kann Google Navigation gestartet werden
final Intent i = new Intent(Intent.ACTION_VIEW,
    Uri.parse("google.navigation:q=" +
        geoKontaktPosition));
// startActivity(i);
}
```

*Navigationshilfe mit
Google Maps*
Google Maps kann zur Anzeige von Routeninformationen mit Hilfe einer URI der Form `http://maps.google.com/maps?saddr=<breitengrad>`, `<längengrad>&daddr=<breitengrad>,<längengrad>` aufgerufen werden, dabei werden im Parameter `saddr` die Start-, und im Parameter `daddr` die Zielkoordinaten mitgegeben.

Dies sieht nach einer gewöhnlichen Internetadresse aus. Die Android API (2.1) erkennt die Adresse jedoch beim Absetzen des Intent und bietet als Alternative den Aufruf der Google-Maps-Anwendung an. Das Ergebnis sehen Sie in Abbildung 7-7.

*Abb. 7-7
Anzeige der Route mit
Google Maps im
Emulator*

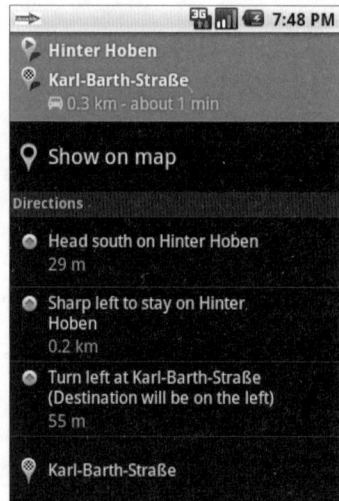

Ältere Google-Maps-Anwendungen können die berechnete Route nicht in der Karte anzeigen. Sie können jedoch die Route berechnen und als Text ausgeben. Um die berechnete Route auf einer Karte zu sehen, wird der Browser aufgerufen.

Eine Alternative bietet in Zukunft das neue Google Navigation (Beta), dessen Aufruf am Ende von Listing 7.5 auskommentiert wurde. Das URI-Schema dafür ist google.navigation. Solange Google die Anwendung nicht für Europa freigibt, werden Ihre Nutzer jedoch nur mit der Fehlermeldung »Keine Route berechenbar« konfrontiert werden. Damit beenden wir unseren Abschnitt mit Beispielen zu impliziten Intents.

Alternative:
Google Navigation

7.3.5 Fehlerbehandlung

Es kann vorkommen, dass die Komponente, die unser Intent aufrufen soll, gar nicht existiert, z.B. weil wir die dazugehörige Anwendung gar nicht auf unserem Android-Gerät installiert haben. Falls keine passende Zielkomponente gefunden wird, wird ein Laufzeitfehler (ActivityNotFoundException) ausgelöst.

Um dem vorzubeugen, ist es gut, wenn man bereits vor dem Aufruf des Intent weiß, ob die Zielkomponente auf dem Gerät installiert ist. Mit dieser Kenntnis könnte man die ActivityNotFoundException vermeiden. Denn diese Exception wird nicht innerhalb der eigenen Anwendung, sondern innerhalb des Package Managers geworfen, der Teil der Android-Plattform ist. Der Intent wird zwar fehlerfrei aus der Anwendung heraus verschickt, die Android-Plattform kann jedoch keinen Empfänger finden und wirft die ActivityNotFoundException. Das Ergebnis ist eine Meldung auf dem Bildschirm des Android-Geräts, wie sie in Abbildung 7-8 zu sehen ist.

Hört mich jemand?

Abb. 7-8
Ergebnis eines Intent
ohne Empfänger

Listing 7.6 demonstriert, wie man innerhalb einer Activity prüfen kann, ob es einen Empfänger für den Intent gibt. Dazu befragt man den Package Manager, den man über den `Context` der Anwendung (`this`) erhält. Er verwaltet die Intent-Filter aller installierten Anwendungen und kann somit prüfen, ob der Intent ins Leere geht.

Listing 7.6
Verfügbarkeitsprüfung
für Intents

```
private boolean isIntentErreichbar(Intent intent) {
  final PackageManager pm = this.getPackageManager();
  List<ResolveInfo> list =
      pm.queryIntentActivities(intent,
          PackageManager.MATCH_DEFAULT_ONLY);
  return list.size() > 0;
}
```

Fassen wir zusammen: Wir haben bisher Intents und Intent-Filter kennengelernt. Wir wissen, dass wir vorhandene Komponenten verwenden können. Dabei ist es egal, ob wir sie selbst implementiert haben oder ob sie zu einer anderen Anwendung gehören, die auf dem Android-Gerät installiert ist. Wenn wir den Intent-Filter der Komponente kennen, die wir verwenden wollen, können wir einen Intent implementieren, der vom Intent-Filter dieser Komponente durchgelassen wird.

7.4 Sub-Activities

Eine Sub-Activity ist zunächst einmal eine ganz normale Activity. Sie wird im Android-Manifest genauso wie jede andere Activity deklariert. Sub-Activities werden aber aus anderen Activities heraus gestartet und bleiben mit diesen während ihrer Lebensdauer verbunden. Über einen Callback-Mechanismus kann die Sub-Activity Daten an die aufrufende Activity zurückgeben, bevor sie beendet wird.

7.4.1 Sub-Activities aufrufen

Der häufigste Einsatzzweck für Sub-Activities sind Master-Detail-Szenarien. Beispielsweise stellt die Activity alle Kontakteinträge als Auswahlliste dar. Wählt der Anwender einen bestimmten Kontakt aus, startet die Anwendung eine Sub-Activity, in der man den Kontakt editieren kann. Speichert man die Änderungen an dem Kontakt, schließt sich die Sub-Activity, und die Activity mit der Kontaktliste muss aktualisiert werden.

Eine Sub-Activity startet man mittels der Methode `startActivityForResult`, die einen Intent absetzt.

```
Intent intent = new Intent(Intent.ACTION_PICK,
    ContactsContract.Contacts.CONTENT_URI);
startActivityForResult(intent, 101);
```

> **Achtung!**
>
> Mit Android 2.0 hat sich die »Kontakte«-Anwendung grundlegend geändert. Die zugrunde liegende Datenstruktur ist komplett ausgetauscht worden. Einige Klassen wurden als »deprecated« markiert. Dies hat zur Folge, dass die Implementierung des obigen Intent nur unter Android 2.x kompilierbar und lauffähig ist.

Da viele Geräte noch unter Android 1.5 oder 1.6 laufen, geben wir hier zusätzlich den Code für Android 1.x an:

```
Intent intent = new Intent(Intent.ACTION_PICK,
    People.CONTENT_URI);
startActivityForResult(intent, 101);
```

Im obigen Fall wird eine Activity aus der vorinstallierten Android-Anwendung *Contacts* zum Bearbeiten eines Kontakts gestartet. In der Methode `startActivityForResult` übergibt man als zweiten Parameter einen Request-Code. Der Request-Code wird später zusammen mit einem Result-Code per Callback an die aufrufende Activity zurückgegeben. Beim Aufruf von Sub-Activities mittels `startActivityForResult` muss der Request-Code >= 0 sein. Andernfalls wird die Activity wie eine normale Activity ohne Callback-Mechanismus aufgerufen.

Kontakte bearbeiten

7.4.2 Sub-Activities verwenden

Wir können auf die gleiche Weise Activities unseres eigenen Programms als Sub-Activities nutzen. Wir zeigen den gesamten Zyklus vom Aufruf bis zum Callback samt Parameterübergabe an einem Beispiel aus der Amando-Anwendung.

Programmablauf Beim Druck auf die Schaltfläche »Position senden« auf der Startseite soll die neue Activity `PositionSenden` aufgerufen werden. Sie soll jedoch zunächst als Sub-Activity die schon in Kapitel 6.3 implementierte Activity `GeoKontakteAuflisten` aufrufen. Dort wird aus der Liste der Geokontakte einer ausgewählt und seine Id an die aufrufende Activity (`PositionSenden`) zurückgegeben. Dort sollen zur Kon-

Sub-Activity liefert Id

trolle einige Daten des Geokontakts angezeigt werden (Name, Telefonnummer, letzte bekannte Position). Mittels einer Checkbox kann man festlegen, ob man die eigene Position nur einmalig an den Geokontakt übertragen möchte und ob sie ab dem Absendezeitpunkt fortwährend für den Geokontakt aktualisiert wird. Eine Schaltfläche ermöglicht das Versenden der eigenen Position an den Geokontakt (siehe Abb. 7-9).

Um diesen Workflow zu implementieren, müssen wir mehrere Punkte abarbeiten:

- Activity de.androidbuch.amando.gui.PositionSenden anlegen
- PositionSenden ins Android-Manifest eintragen
- ein Layout für PositionSenden definieren
- der Activity PositionSenden das Layout zuweisen
- Aufruf von PositionSenden ermöglichen
- Aufruf der Sub-Activity GeoKontakteAuflisten implementieren
- Callback in GeoKontakteAuflisten implementieren
- Callback in PositionSenden auswerten

Listing im Anhang

Zunächst erzeugen wir im Amando-Projekt eine neue Klasse de.androidbuch.amando.gui.PositionSenden und tragen sie ins Android-Manifest ein. Das Layout für die Activity PositionSenden haben wir in Anhang abgedruckt. Wir fügen es unter dem Namen position_senden.xml den Layout-Ressourcen hinzu. Anschließend implementieren wir die onCreate-Methode der PositionSenden-Activity und setzen dort das Layout.

Dann sorgen wir dafür, dass die Activity aufgerufen wird, sobald wir auf der Startseite auf die Schaltfläche »Position senden« drücken. Das Layout der Startseite (siehe Listing 5.32 auf Seite 93) gibt uns den Hinweis, dass wir noch die Methode onClickPositionSenden im Quellcode der Startseite implementieren müssen:

```
public void onClickPositionSenden(final View sfNormal) {
  final Intent i = new Intent(this, PositionSenden.class);
  startActivity(i);
}
```

Abbildung 7-9 zeigt die Activity in Aktion. Wir können uns nach diesen Vorarbeiten dem Aufruf der Sub-Activity widmen.

Gleich beim Erzeugen der Activity soll die Sub-Activity aufgerufen werden. Daher fügen wir den dafür nötigen Programmcode in die onCreate-Methode der PositionSenden-Activity ein.

Abb. 7-9
*Die Activity
PositionSenden in
Aktion*

```
@Override
public void onCreate(Bundle savedInstanceState) {
  super.onCreate(savedInstanceState);

  setContentView(R.layout.position_senden);

  final Intent intent = new Intent(this,
      GeoKontakteAuflistenPerformant.class);
  intent.putExtra(GeoKontakteAuflisten.SELECT_KONTAKT, true);

  startActivityForResult(intent, 0);
}
```

Listing 7.7
*GeoKontakteAuflisten
als Sub-Activity
aufrufen*

Der Anwender wählt in der Liste der Geokontakte einen Kontakt aus. Aus Listing 6.5 auf Seite 120 wissen wir, wie man auf eine Listenauswahl (Methode onListItemClick) reagiert. Wir passen die Methode an, so dass sie die Geokontakt-Id an PositionSenden zurückgibt.

Id ermitteln

```
static final String IN_PARAM_KONTAKT_ID = "KONTAKT_ID";
...
@Override
protected void onListItemClick(ListView l, View v,
    int position, long id) {
  super.onListItemClick(l, v, position, id);

  final Intent intent = new Intent();
  intent.putExtra(IN_PARAM_KONTAKT_ID, id);
  setResult(Activity.RESULT_OK, intent);
  finish();
}
```

Listing 7.8
*Ein Geokontakt wurde
ausgewählt...*

Der Callback zurück zur aufrufenden Activity enthält einen Intent, der in diesem Fall als Container für die Rückgabewerte dient. Hier lohnt sich ein Blick in die API-Dokumentation, denn es gibt zahlreiche put-Methoden für die Rückgabewerte. In der Methode setResult setzt man noch einen Statuswert, hier Activity.RESULT_OK. Im Fehlerfall gibt man RESULT_CANCELED zurück. Der Aufruf von finish beendet Activity GeoKontakteAuflisten. Dies ist nicht nötig, gibt aber Ressourcen frei, da wir die Activity vermutlich so schnell nicht mehr brauchen.

Die Activity PositionSenden erweitern wir nun noch um eine Methode, um den Callback empfangen zu können.

Listing 7.9
Ergebnis der
Sub-Activity auswerten

```
private long mGeoKontaktId;
...
@Override
protected void onActivityResult(int requestCode,
    int resultCode, Intent data) {
  switch (resultCode) {
    case Activity.RESULT_OK:
      mGeoKontaktId = data.getExtras().getLong(
        GeoKontakteAuflisten.IN_PARAM_KONTAKT_ID);
      break;
    case Activity.RESULT_CANCELED:
      finish(); // zurück zur Startseite
      break;
    default:
      break;
  }
  super.onActivityResult(requestCode, resultCode, data);
}
```

In Listing 7.9 wird der Result-Code ausgewertet. Ist alles in Ordnung, wird die Id des Geokontakts aus dem Intent extrahiert und als Attribut der Klasse gespeichert. Doch wie kommt der Kontakt nun zur Anzeige? Hier greifen wir etwas vor. Beim Start einer Activity werden mehrere Methoden durchlaufen. Eine dieser Methoden haben wir schon kennengelernt, die onCreate-Methode. Eine weitere Methode ist die onStart-Methode. Sie wird immer aufgerufen, wenn eine Activity auf dem Bildschirm angezeigt wird. In Kapitel 14 lernen wir mehr über die Bedeutung dieser Methoden.

Für uns ist hier nur entscheidend, dass die Methode *nach* der Methode onActivityResult aufgerufen wird. Damit ist die onStart-Methode der richtige Platz, um anhand von mGeoKontaktId den Geokontakt aus der Datenbank zu laden und ihn anzuzeigen.

```
@Override
protected void onStart() {
  // TODO: Lade Geokontakt aus der Datenbank
  //       und zeige ihn an.

  super.onStart();
}
```

Wir werden in den folgenden Kapiteln noch häufiger in Theorie und
Praxis mit Intents konfrontiert werden. Zum Abschluss dieses Kapitels   *Zurück zur Praxis*
erweitern wir Amando noch um die Möglichkeit, aus der Anwendung
heraus einen Bekannten anrufen zu können.

7.5   Anruf einleiten

In der Kartenanzeige soll der Anwender den dargestellten Geokontakt
anrufen können, zum Beispiel um Bescheid zu geben, dass er sich ver-
spätet.

Zur Vorbereitung muss die entsprechende Berechtigung im
Android-Manifest eingetragen werden:

```
<uses-permission android:name="android.permission.CALL_PHONE"/>
```

Einen Anruf zu starten ist nicht der Standard-Anwendungsfall der
KarteAnzeigen-Activity, daher verschwenden wir keinen wertvollen Bild-
schirmplatz auf einer Schaltfläche. Wir stellen die Funktion über das
Menü bereit, indem wir die res/menu/karte_anzeigen.xml-Datei für das
Optionsmenü um einen Eintrag ergänzen:

```
<menu xmlns:android=
  "http://schemas.android.com/apk/res/android">
  <!-- ... andere Optionen -->
  <item
    android:id="@+id/opt_geokontakt_anrufen"
    android:title="@string/men_geokontaktAnrufen"
  />
  <!-- andere Optionen ... -->
</menu>
```

Listing 7.10
Optionsmenü der
KarteAnzeigen-Activity

Optionsmenüs haben wir schon in Abschnitt 5.5.5 auf Seite 74 kennengelernt, hier erweitern wir schlicht die onOptionsItemSelected-Methode
der Activity:

Listing 7.11
Menüoption
Geokontakt Anrufen
verarbeiten

```
public boolean onOptionsItemSelected(MenuItem item) {
  switch (item.getItemId()) {
    // ... andere Optionen
    case R.id.opt_geokontakt_anrufen:
      geoKontaktAnrufen();
      return true;
    // ... andere Optionen
    default:
      return super.onOptionsItemSelected(item);
  }
}
```

In der Methode geoKontaktAnrufen starten wir den Anruf über einen Intent. Der benötigte Intent wurde oben beschrieben. Es ist ein impliziter Intent mit der Aktion Intent.ACTION_CALL.

Listing 7.12
Anruf starten

```
protected void geoKontaktAnrufen() {
  if (mFreundKontakt == null ||
      mFreundKontakt.mobilnummer == null ||
      mFreundKontakt.mobilnummer.length() == 0
    ) {
    Log.w(TAG, "Anruf nicht möglich, fehlende Daten");
    return;
  }
  final Intent intent = new Intent(Intent.ACTION_CALL,
      Uri.parse("tel:" + mFreundKontakt.mobilnummer));
  intent.addFlags(Intent.FLAG_ACTIVITY_NEW_TASK);
  startActivity(intent);
}
```

Wir rufen eine externe Anwendung auf, deshalb stellen wir zunächst sicher, dass die Exemplarvariable mFreundKontakt der KarteAnzeigen-Activity verwendbar ist. Die Telefonnummer wird von der aufgerufenen Anwendung in der Form tel:12345 erwartet.

Damit der Anruf in einem eigenen Prozess gestartet wird, fügen wir dem Intent das FLAG_ACTIVITY_NEW_TASK hinzu. Das Intent-Flag wird in Abschnitt 10.3 näher erklärt.

Mit diesen wenigen Schritten haben wir Amando um eine Anruffunktion erweitert.

7.6 Fazit

Wir haben in diesem Kapitel den »Leim« kennengelernt, der die einzelnen Komponenten einer Android-Anwendung zu einem Ganzen verbindet: den Intent. Mit Hilfe dieses Konstrukts können die Komponenten sich gegenseitig starten und Daten austauschen. Dabei können durchaus auch Anwendungsgrenzen überschritten werden, und wir können Komponenten anderer Anwendungen in unserer Anwendung verwenden. Wir haben zahlreiche Beispiele für implizite Intents kennengelernt, die uns die Möglichkeit geben, unsere eigene Anwendung mit wenigen Programmzeilen um umfangreiche Funktionen zu erweitern.

8 Hintergrundoperationen

Hinter der Oberfläche einer Anwendung tut sich so einiges. Wenn sich allerdings zu viel tut, kann es für den Anwender unangenehm werden. Er drückt eine Taste und nichts passiert, zumindest für eine kleine Ewigkeit. Daher sollten Anwendungen »responsive« sein, also ansprechbar bleiben. Dazu müssen wir die Oberfläche manchmal von den tieferliegenden Programmschichten trennen, indem wir rechenintensive oder zeitraubende Prozesse auslagern und parallel zum restlichen Programm ausführen lassen. Dazu benötigen wir Hintergrundoperationen.

8.1 Ziel

Früher oder später wird man dazu kommen, Programmteile, die selbst keine Schnittstelle zur Oberfläche haben, als Hintergrundoperation laufen zu lassen. Ein gerne verwendetes Beispiel ist der »Music-Player«, der eine Bedienoberfläche hat, mit der er sich unter anderem starten und stoppen lässt. Diese Bedienoberfläche ist nur lose mit dem Kern der Anwendung gekoppelt, der im Hintergrund die Musik abspielt. Die Oberfläche sendet nur Daten (Liste mit Musiktiteln) und Befehle (Starten, Stoppen etc.) an den Dienst, der die Musik abspielt.

Entkoppeln der Oberfläche

Aber auch langlaufende Aktionen, wie z.B. die Übertragung von Daten über das Internet, sollten im Hintergrund laufen, wie wir gleich sehen werden.

In diesem Kapitel lernen wir

Lernziele

- was der UI-Thread ist,
- wie Android Prozesse verwaltet,
- wann wir welche Hintergrundoperation einsetzen,
- wie wir mit Services kommunizieren und
- wie wir Rückmeldung an die Oberfläche geben.

8.2 Theorie: Prozesse, Threads, Services

Schnelle Reaktionszeit gewünscht

Hintergrundoperationen sind ein wichtiges Thema, um die Oberfläche einer Anwendung reaktionsschnell zu implementieren. Anwender empfinden es als unangenehm, wenn die Oberfläche verzögert oder gar nicht reagiert. Wir haben schon den `ProgressDialog` kennengelernt (siehe Abschnitt 6.6), um Wartezeiten zu überbrücken. Die Oberfläche nimmt jedoch keine Eingaben entgegen, solange die Fortschrittsanzeige dargestellt wird. Sinnvoller ist die Verwendung einer Hintergrundoperation, die asynchron läuft und nach getaner Arbeit eine Rückmeldung an die Oberfläche gibt.

Wir werden im theoretischen Teil die wichtigsten Begriffe und gängigen Mechanismen kennenlernen, die wir für Hintergrundoperationen brauchen. Im praktischen Teil werden wir Amando um einen Service mit Callback-Mechanismus erweitern.

8.2.1 Allgemeines

Sandbox-Prinzip

Wird eine Android-Anwendung installiert, so wird für sie normalerweise ein neuer Betriebssystem-User angelegt. Dieser hat eigene Rechte für seine Prozesse und seine Dateien. Keine andere Anwendung kann so einfach auf einen Prozess des Users oder auf seine Dateien zugreifen. Android nutzt für sein Sicherheitskonzept (Prinzip der Sandbox) das Berechtigungskonzept des zugrunde liegenden Linux-Betriebssystems. Damit gilt auch, dass jede gestartete Anwendung in einem eigenen Prozess läuft, erkennbar an der Prozess-Id (Process ID, PID):

```
android.os.Process.myPid();
```

Eine DVM pro Anwendung

Bei Android wird jede Anwendung in einer eigenen Dalvik Virtual Machine (DVM) gestartet. Die DVM übersetzt zur Laufzeit den Bytecode der Anwendung und führt ihn aus. Die Anwendung läuft innerhalb der DVM in einem Thread.

8.2.2 UI-Thread

UI-Thread

Dieser Thread wird oft *UI-Thread* genannt. *UI* steht für *User Interface*. Daher ist der Begriff eigentlich falsch. Eine Android-Anwendung muss keine Oberfläche besitzen. Sie muss nicht mal irgendeine Schnittstelle zum Anwender besitzen. Da in der Literatur jedoch oft davon ausgegangen wird, dass der Programmeintrittspunkt eine Activity ist, passen wir uns der Terminologie an. Allgemeiner und besser ist der Begriff *Main Thread*.

Mit den Ressourcen des UI-Threads sollte man sparsam umgehen, da er nicht nur für die Darstellung, sondern auch für die Anwendereingaben über z.B. Tastatur oder Touchscreen zuständig ist. Wenn der UI-Thread blockiert, reagiert weder Anzeige noch Eingabe. In der Praxis heißt das, dass alle Methoden, die auf Oberflächenereignisse reagieren, möglichst schnell abgearbeitet werden.

UI-Thread schonen

Das erreicht man dadurch, dass man langlaufende Programmteile in einen eigenen Thread oder Prozess ausgelagert, damit die Anwendung möglichst schnell wieder auf Anwendereingaben reagiert und nicht »hängt«. Würde man z.B. das Herunterladen eines Videos in der `onClick`-Methode einer Schaltfläche »Jetzt herunterladen!« innerhalb der Activity implementieren, so würden alle Anwendereingaben abgeblockt, bis das Herunterladen beendet ist.

Threads oder Prozesse einsetzen

> **Tipp**
>
> Alle Methoden einer Komponente, die mit »on« beginnen, laufen im UI-Thread und müssen performant implementiert werden. Diese Methoden dürfen nicht blockieren. Langlaufende Programmteile, die in diesen Methoden ausgeführt werden sollen, müssen in einem separaten Thread ausgeführt werden.

Die Lösung ist ein eigener Thread, der in der `onClick`-Methode gestartet wird, den Download durchführt und sich meldet, wenn das Video vollständig geladen und gespeichert ist.

Reaktion auf Anwendereingaben sicherstellen

8.2.3 ANR

Braucht eine Methode, die eine Eingabe durch den Anwender verarbeitet, zu lange, reagiert das System mit einem »ANR«, einem »Application Not Responding«-Ereignis. Die Oberfläche reagiert wärend der Ausführungszeit der Methode nicht, da die Methode im UI-Thread läuft. Gleiches gilt für Broadcast Receiver. Ein ANR wird ausgelöst, wenn

ANR

- eine Anwendereingabe nicht innerhalb von ca. 5 Sekunden,
- ein Broadcast Receiver nicht innerhalb von ca. 10 Sekunden

abgehandelt wird. Das Ergebnis ist, dass Android eine ANR-Meldung auf der aktuellen Bildschirmanzeige präsentiert (siehe Abb. 8-1).

Für die Implementierung einer Activity kann man sich merken, dass alle Methoden der Oberklasse, die mit »on« anfangen, einen ANR auslö-

Kritische Methoden

Abb. 8-1
ANR-Dialog

sen können, wenn sie nicht schnell genug abgearbeitet werden. Gleiches gilt für Event-Handler-Methoden von Schaltflächen.

8.2.4   Prozesse vs. Threads

*Threads sind an
Prozesse gekoppelt.*

Threads und Prozesse sind nicht zu verwechseln. Man kann in einem Prozess mehrere Threads starten. Diese werden aber vom System automatisch beendet, sobald der Prozess stirbt. Das heißt, ein Thread ist immer an einen Prozess gekoppelt. Threads laufen parallel zur Hauptanwendung und verrichten im Hintergrund ihre Arbeit.

Für das Betriebssystem ist ein Prozess eine sehr teure Sache. Der erstmalige Start einer Anwendung dauert eine gewisse Zeit, unter anderem deshalb, weil die DVM gestartet werden muss. Daher beendet Android Prozesse nur, wenn die Ressourcen knapp werden. Beendet man eine Android-Anwendung, wird normalerweise der Prozess *nicht* beendet. Er kann noch Tage weiterlaufen und Speicher blockieren. Der Grund ist, dass Anwender meist nur wenige Programme regelmäßig verwenden und diese dadurch signifikant schneller starten. Das hat für den Android-Entwickler jedoch Konsequenzen:

Prozesse leben weiter.

> **Vorsicht, Falle!**
>
> Eine Activity, die mittels `finish` beendet wird, stoppt nicht von alleine die in ihr gestarteten Threads. Gleiches gilt für die weiteren Hintergrundkomponenten *Service* und *Broadcast Receiver*, die wir noch kennenlernen werden.

8.2.5   Services

In Abschnitt 2.5 auf Seite 24 haben wir Services als Komponente für Hintergrundoperationen vorgestellt. Ein Service läuft im Hintergrund und hat keine Oberfläche. Man kann ihn im Prozess der aufrufenden Komponente (oft einer Activity) starten oder in einem eigenen Prozess. *Alternative: Service*

Durch den Start in einem eigenen Prozess erhöht man die Stabilität der Gesamtanwendung. Denken wir zurück an den »Music Player«. Eine Exception in der Oberfläche kann keinen Einfluss auf das Abspielen der Musik haben, wenn das Abspielen in einem eigenen Prozess erfolgt. *Stabilität erhöhen*

Ein weiteres Argument dafür, Services in einem eigenen Prozess auszuführen, ist die Tatsache, dass sie einen eigenen Bereich im Hauptspeicher zugewiesen bekommen. Dieser Speicherbereich, »*Heap*« genannt, steht für Objekte zur Verfügung, die der Service zur Laufzeit erzeugt. Läuft der Service im Prozess einer Anwendung, so muss er sich den Heap mit der Anwendung teilen. Wird er in einem eigenen Prozess gestartet, hat er dem gesamten Heap für sich. Das erste Android-Smartphone auf dem Markt, das HTC *G1*, hatte nur 16 Megabyte Heap. Da Oberflächen aufgrund ihrer komplexen Oberflächenelemente (Views) sehr viel Speicher verbrauchen, können speicherintensive Services die Gesamtanwendung unter Umständen an ihre Grenzen stoßen lassen. Eine Verteilung auf zwei oder mehr Prozesse kann dann sinnvoll sein. *Zu wenig Speicher*

Android kennt zwei Arten von Services:

Local Service   Service, der im gleichen Prozess wie die Anwendung läuft, die den Service startet. Im Android-Manifest deklariert man den Service, indem man *Läuft im gleichen Prozess*

```
<service android:name=".BerechneErgebnisService" />
```

auf der gleichen XML-Ebene einfügt wie die Deklarationen für die Activities. `BerechneErgebnisService` sei dabei die Serviceklasse, die wir selbst implementiert haben. Wir werden in Zukunft von Service sprechen, wenn wir Local Service meinen.

Läuft in eigenem Prozess

Remote Service   Ein Android-Service, der in seinem eigenen Prozess läuft. Im Android-Manifest deklariert man den Service, indem man

```
<service android:name=".LadeVideoService"
    android:process=":MeinVideoService" />
```

Startoptionen

auf der gleichen XML-Ebene einfügt wie die Deklarationen für die Activities. `LadeVideoService` ist unsere Implementierung des Service, also auch eine von `Service` abgeleitete Klasse. Das Attribut `android:process` deklariert einen Prozessnamen. Dies ist nur dann nötig, wenn man den Service in einem eigenen Prozess laufen lassen will. Der Doppelpunkt weist die Laufzeitumgebung an, für den Service einen eigenen Prozess zu starten. Beginnt der Prozessname mit einem Großbuchstaben, so läuft der Service unter dem gleichen User wie die ihn startende Anwendung, und nur diese Anwendung kann den Remote Service verwenden. Beginnt der Prozessname mit einem Kleinbuchstaben, läuft er in einer globalen Umgebung, und jede Anwendung kann auf diesen Service zugreifen.

Unterschiede bei RPC

Das folgende Diagramm stellt Local Service und Remote Service schematisch dar. Während Starten, Stoppen und Kommunizieren mittels »Remote Procedure Calls« (RPC) bei Local Services relativ einfach geht, müssen wir bei Remote Services einen etwas höheren Aufwand treiben. Dort müssen wir über Prozessgrenzen hinweg aus Betriebssystemebene Methoden des Service aufrufen. Dies erfolgt mittels »Inter Process Communication« (IPC).

Abb. 8-2
Local und Remote Services

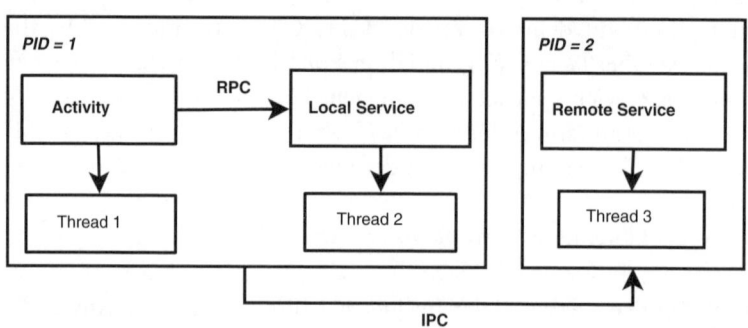

8.2.6   Services vs. Threads

Denkfehler

Man kommt leicht in Versuchung zu denken, Services würden Threads überflüssig machen. Local Services laufen nicht nur im gleichen Prozess wie die Anwendung, die sie startet, sondern auch im gleichen Thread (im UI-Thread). Wichtig ist, dass auch ein Service für langwierige Operationen einen Thread starten sollte. Threads sorgen folglich dafür, dass eine Komponente »ansprechbar« (engl. *responsive*) bleibt und kein ANR auftritt.

> Services ersetzen keine Threads!

Mittels Threads kann dafür gesorgt werden, dass die Methoden einer Komponente eine kurze Laufzeit haben und langwierige Aufgaben im Hintergrund erledigt werden. Der Thread ist quasi ein »Low-Level«-Dienst, der eine langwierige technische Aufgabe ohne fachliche Logik erledigt, wie z.B. ein Video aus dem Internet herunterzuladen.

Thread?

Für Anwendungsfälle, die komplex sind, Geschäftslogik enthalten oder wiederverwendbar sein sollen, nimmt man besser einen Service. Services sind High-Level-Komponenten, die andere Komponenten verwenden und mit ihnen kommunizieren können. Services können Intents verschicken oder über Content Provider (siehe Kapitel 13) auf persistente Daten zugreifen.

Oder besser einen Service?

8.2.7 Binder

Wenn man einen Service startet, muss man auch mit ihm kommunizieren können. Wir stellen nun zunächst das Konzept des *Binders* vor. Binder sind die Schnittstellenobjekte (`android.os.Binder`) zu einem Service. Mit Hilfe von Bindern kann man Methoden oder Attribute des Service nutzen. Der Zugriff erfolgt über RPC. Abbildung 8-3 zeigt schematisch das Zusammenspiel einer Komponente (hier einer Activity) mit einem Service.

Kommunikation mit Hilfe eines Binders

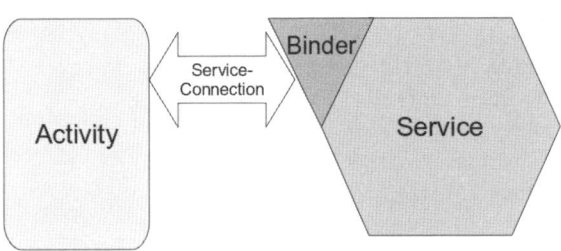

Abb. 8-3
Zusammenspiel von Activity und Local Service

Der Binder implementiert Schnittstellenmethoden des Service. Er ist ein Attribut der Serviceklasse und wird dort erzeugt. Zur Definition der Schnittstelle legen wir zunächst ein Interface an. Man muss für Binder kein Interface verwenden, aber es macht die Schnittstelle transparenter.

Listing 8.1
Interface des Binders

```
package de.androidbuch.amando.services;

public interface INetzwerkService {

  void sendeEigenePosition(GeoPosition position);

  boolean empfangeFreundPosition(
      String senderMobilNummer,
      String clientMobilNummer);
}
```

Die Methode `sendeEigenePosition` übergibt ein Objekt vom Typ
`de.androidbuch.amando.kontakt.GeoPosition`. Es speichert die aktuelle
Ortsposition mit Zeitstempel und Mobilnummer. Im Anhang in Listing 2 haben wir den Quellcode der Klasse abgedruckt. Nun erweitern
wir den Service `NetzwerkServiceImpl` aus Listing 8.3 um einen Binder.

Listing 8.2
Implementierung des
Binders im Service

```
private volatile boolean mIsBusy;

private final IBinder mNetzwerkServiceBinder = // (1)
    new NetzwerkServiceBinder();

public class NetzwerkServiceBinder extends Binder // (2)
    implements INetzwerkService {
  @Override
  public void sendeEigenePosition( // (3)
      final GeoPosition position) {
    if (mIsBusy) {
      return;
    }

    new Thread() { // (4)
      @Override
      public void run() {
        mIsBusy = true;
        _sendeEigenePosition(position); // (5)
        mIsBusy = false;
      }
    }.start();
  }

  @Override
  public boolean empfangeFreundPosition( // (6)
      final String senderMobilNummer,
      final String clientMobilNummer) {
    return _empfangeFreundPosition(senderMobilNummer,
        clientMobilNummer);
```

```
   }
} // Ende Binder-Implementierung

private void _sendeEigenePosition(
     final GeoPosition position) {
   // TODO SMS mit Position an Bekannten verschicken
}

private boolean _empfangeFreundPosition(
     final String senderMobilNummer,
     final String clientMobilNummer) {

   // TODO starte Netzwerkverbindung zum Amando-Server
   // und empfange Positionsveränderungen
   return false;
}
```

Der Binder implementiert das von uns angelegte Interface (2). Wir erzeugen ein Exemplar von ihm als Attribut der Klasse (1). Die Methode
sendeEigenePosition (3) hat die Aufgabe, die eigene Position per SMS an
den Bekannten zu übertragen. Falls wir in der Activity zur Aktion »Position senden« die Checkbox »Eigene Position aktualisieren« angewählt
haben (siehe Abb. 7-9 auf Seite 153), wird zusätzlich fortwährend jede
Positionsveränderung an den Amando-Server übertragen. Der benach-
richtigte Bekannte erhält so nicht nur einmalig die Position des Senders
per SMS, sondern wird auch über dessen Ortsveränderungen informiert
und bekommt sie in der Karte seiner laufenden Amando-Anwendung
angezeigt.

Binder implementiert Interface.

   Das Senden von SMS und Ortsdaten wird in der Methode
_sendePosition durchgeführt (5). Sie implementieren wir später. Der Un-
terstrich am Methodenanfang muss nicht sein. Wir verwenden ihn hier
nur, um zu zeigen, dass diese Methode eigentlich zum Binder und nicht
zum Service gehört, auch wenn wir sie außerhalb des Binders implementieren.

Implementierung auslagern

   _sendePosition ist aufgrund der Netzwerkkommunikation eine
langdauernde Methode. Die Methoden des Binders laufen im UI-
Thread, genau wie der gesamte Service. Der Aufruf der Binder-
Methoden erfolgt später aus einer Activity heraus. Die Oberfläche der
Activity reagiert für die Dauer des Methodenaufrufs nicht. Daher lagern wir den Aufruf der Methode in einen Thread aus (4). Das Attribut
mIsBusy der Klasse schützt uns vor mehrfachem, gleichzeitigem Verschicken der Position. Es sorgt dafür, dass während des Sendevorgangs die
Methode _sendePosition nicht noch mal aufgerufen wird.

Binder-Methoden blockieren den UI-Thread.

*Ortsposition
empfangen*

Die Methode `empfangeFreundPosition` (6) ist für den Fall gedacht, dass wir derjenige sind, der eine SMS mit der Ortsposition eines Bekannten empfängt. Die SMS liefert uns automatisch die Absender-Mobilnummer (Parameter `senderMobilNummer`). Der Parameter `clientMobilNummer` ist unsere eigene Mobilnummer. Beides zusammen ergibt den Schlüssel, hinter dem auf dem Amando-Server die jeweils aktuelle Position des Bekannten hinterlegt ist, der uns die SMS geschickt hat. Denn der Sender der SMS kennt seine eigene Mobilnummer und die des Bekannten, wodurch er den gleichen Schlüssel erzeugen kann.

8.3 Implementierung eines Local Service

8.3.1 Local Service

Wir werden uns hier am Beispiel der Amando-Anwendung mit Local Services beschäftigen. Amando stellt in einer `MapActivity` die eigene Position und die Position des Bekannten, der seine aktuelle Geoposition

*Server liefert
Ortsposition.*

übermittelt hat, in einer Landkarte dar. Die aktuelle Position kann über den Amando-Server über eine Internetverbindung bezogen werden (siehe Kapitel 15).

Hier geht es uns zunächst darum, das Gerüst bereitzustellen, damit ein Netzwerkservice regelmäßig die aktuelle Position des Bekannten ab-

*Ortsposition an Server
schicken*

ruft und anschließend dessen Position in der Karte aktualisiert. Zusätzlich muss der Service auch in der Lage sein, die eigene Position an den Server zu übermitteln, falls wir der Bekannte sind, der jemandem seine Position mitteilen möchte. Wir müssen den Service starten und stoppen und eine Verbindung zu ihm herstellen, um die von ihm bereitgestellten Methoden zu nutzen.

Den Local Service für die Netzwerkkommunikation mit dem Amando-Server nennen wir `de.androidbuch.amando.services.impl.NetzwerkServiceImpl`. Der Compiler weist uns darauf hin, dass wir die Methoden `onBind` überschreiben müssen. Listing 8.3 zeigt die Implementierung bis zu diesem Schritt.

*Listing 8.3
Local Service zum
Abrufen von
GPS-Positionsdaten*

```
package de.androidbuch.amando.services.impl;

public class NetzwerkServiceImpl extends Service {
  @Override
  public void onCreate() {
    super.onCreate();
  }
```

```
@Override
public IBinder onBind(Intent intent) {
  // TODO Auto-generated method stub
  return null;
}
}
```

Nun tragen wir den Service ins Android-Manifest ein:

```
<service android:name=
    ".services.impl.NetzwerkServiceImpl" />
```

Damit eine Komponente eine Verbindung zu dem Service aufbauen kann, fügen wir die Implementierung des Binders (siehe Listing 8.2 auf Seite 166) der Klasse NetzwerkServiceImpl hinzu. Die Attribute mIsBusy und mNetzwerkServiceBinder übernehmen wir ebenfalls in den Quellcode des Service. Nun passen wir noch die onBind-Methode an. Sie wird aufgerufen, sobald eine Komponente eine Verbindung zum Service hergestellt hat, und gibt das Binder-Objekt zurück, über welches die RPC-Calls ermöglicht werden.

```
public IBinder onBind(Intent intent) {
  return mNetzwerkServiceBinder;
}
```

Listing 8.4
Implementierung der
Methode onBind

8.3.2 Mit einem Service verbinden

Nun haben wir einen Service mit Binder. Ihn verwenden wir z.B. in einer Activity namens KarteAnzeigen. Diese Activity verbindet sich mit dem Service und nutzt die Methode empfangeFreundPosition. Diese Methode empfängt die Ortsveränderungen des Bekannten, der die SMS geschickt hat, vom Amando-Server. Über einen Callback-Mechanismus wird die Karte fortwährend mit den Positionsdaten des Bekannten aktualisiert.

Karte aktualisieren

Wir legen also erst die Activity de.androidbuch.amando.gui.Karte-Anzeigen an und tragen sie ins Android-Manifest ein. Da KarteAnzeigen von MapActivity abgeleitet ist, müssen wir die Methode isRouteDisplayed überschreiben.

```
public class KarteAnzeigen extends MapActivity {

  @Override
  protected boolean isRouteDisplayed() {
    // TODO Auto-generated method stub
    return false;
  }
}
```

Listing 8.5
Activity zur Anzeige
von Google Maps

Wir werden hier nur zeigen, wie sich diese Activity mit dem Service verbindet und Positionsdaten von ihm empfängt. Ihre eigentliche Funktion, das Darstellen von Kartenmaterial, erhält sie dann in Kapitel 16.

Erst starten, dann verbinden...

Um den Service zu nutzen, müssen wir ihn starten und eine Verbindung zu ihm aufbauen. Um eine Verbindung aufzubauen, stellt Android die Klasse `ServiceConnection` zur Verfügung. Wir erzeugen in `KarteAnzeigen` ein Exemplar der Klasse und überschreiben die Methode `onServiceConnected(ComponentName className, IBinder binder)`.

Listing 8.6
Activity zum Kommunizieren mit einem Local Service

```
public class KarteAnzeigen extends MapActivity {

    private NetzwerkServiceImpl.NetzwerkServiceBinder
        mNetzwerkBinder;

    private ServiceConnection mNetzwerkServiceConnection = // (1)
        new ServiceConnection() {
        public void onServiceConnected(ComponentName className,
            IBinder binder) { // (2)
        mNetzwerkBinder =
            (NetzwerkServiceImpl.NetzwerkServiceBinder) binder; // (3)
        // TODO: Callback setzen
        mNetzwerkBinder.empfangeFreundPosition( // (4)
            "+49 177 7654321",
            "+49 228 12345678");
        }

        public void onServiceDisconnected(
            ComponentName className) {
        }
    };

    @Override
    protected void onResume() { // (5)
        final Intent netzwerkIntent = new Intent(this,
            NetzwerkServiceImpl.class);
        bindService(netzwerkIntent, mNetzwerkServiceConnection,
            Context.BIND_AUTO_CREATE);

        // TODO: initialisere die Karte

        super.onResume();
    }
```

```
@Override
protected void onPause() { // (6)
  unbindService(mNetzwerkServiceConnection);

  super.onPause();
}

  @Override
  protected boolean isRouteDisplayed() {
      // TODO Auto-generated method stub
      return false;
  }
}
```

Die Activity initialisiert das Attribut mNetzwerkServiceConnection vom
Typ ServiceConnection (1). Ein Exemplar von diesem Typ überschreibt
die Methode onServiceConnected. Diese Callback-Methode wird auf- *Verbindung hergestellt*
gerufen, wenn die Verbindung zum Service hergestellt wurde. Sie be-
sitzt einen Parameter vom Typ IBinder (2). Dieser IBinder ist unser
NetzwerkServiceImpl.NetzwerkServiceBinder aus der Implementierung
des Netzwerk-Service (Listing 8.2 auf Seite 166) und besitzt die Schnittstellenmethoden sendeEigenePosition und empfangeFreundPosition.

Dass wir hier einmal ein IBinder- und einmal ein Binder-Objekt
haben, soll nicht weiter stören. IBinder ist das Interface und Binder
die Implementierung. Wir casten auf den zugrunde liegenden Typ *Übergeben wird das*
(NetzwerkServiceImpl.NetzwerkServiceBinder) (3) und erhalten unseren *Interface*
Binder, der die Methoden des Interface implementiert. Wir rufen zum
Test die Methode empfangeFreundPosition auf (4).

Die Verbindung mit dem Service bauen wir in der onResume-
Methode auf (5). Die onResume-Methode ist eine weitere Methode des
Lebenszyklus (siehe Kapitel 14). Sie wird automatisch beim Start der
Activity aufgerufen.

Wir erzeugen in der onResume-Methode einen Intent und star-
ten den Service mittels der bindService-Methode. Die Metho- *Verbindung herstellen*
de bindService erhält als ersten Parameter den Intent, damit
sie weiß, welchen Service sie starten soll. Als zweiten Parameter erhält sie mNetzwerkServiceConnection. Der dritte Parameter
Context.BIND_AUTO_CREATE sorgt dafür, dass der Service automatisch
gestartet wird, falls er noch nicht läuft.

Sobald die Verbindung zum Service aufgebaut wurde, wird im
Netzwerk-Service die Methode onBind aufgerufen. Sie gibt ein Objekt
vom Typ IBinder zurück, welches wir im Service angelegt haben (siehe
Listing 8.4). Während des Callback-Mechanismus beim Verbindungsaufbau zum Service wird so das Binder-Objekt über diese Methode vom

Service geholt und anschließend die Methode `onServiceConnected` der `ServiceConnection` aufgerufen (2). Auf diese Weise steht uns dort der Binder des Service zur Verfügung.

Verbindung beenden

Die Verbindung zum Service ermöglicht es uns, auf dem Binder-Objekt die Schnittstellenmethoden aufzurufen. Beendet man die Activity, muss diese Verbindung zwingend geschlossen werden, sonst gibt es eine Runtime-Exception. Das Schließen der Verbindung erfolgt in der `onResume`-Methode mittels `unbindService` (6). Als Parameter wird beim Methodenaufruf die zu beendende Verbindung übergeben.

8.3.3   Services starten und stoppen

Service ohne Verbindung starten

Wir haben gesehen, dass man einen Service automatisch starten kann, wenn man eine Verbindung zu ihm aufbaut. Eine weitere Möglichkeit ist, ihn zunächst ohne Verbindung zu starten und die Verbindung erst später aufzubauen:

```
startService(new Intent(this, NetzwerkServiceImpl.class));
```

Beim Verbindungsaufbau wird das Flag (vorher: `Context.-BIND_AUTO_CREATE`) auf Null gesetzt:

```
bindService(netzwerkIntent, mNetzwerkServiceConnection, 0);
```

Ein Service läuft mindestens so lange, wie eine Verbindung zu ihm besteht. Braucht man ihn nicht mehr, so muss er beendet werden. Verbindungen zum Service müssen vorher geschlossen werden:

```
unbindService(mNetzwerkServiceConnection);
stopService(new Intent(this, NetzwerkServiceImpl.class));
```

Service explizit stoppen

Beendet man eine Anwendung vollständig, so muss man einen zuvor gestarteten Service explizit beenden. Andernfalls läuft er weiter und verbraucht Ressourcen. Services sind eigenständige Komponenten innerhalb eines Prozesses. Ein Prozess, in dem noch eine Komponente läuft, kann normalerweise nicht vom Android-System beendet werden. Prozesse *ohne* laufende Komponenten blockieren in Android schon etwa 16 Megabyte dynamischen Hauptspeicher (Heap). Da der Heap bei Android-Geräten begrenzt ist, sollte man damit sparsam umgehen. Sind alle Komponenten beendet, kann das Android-System den Prozess irgendwann freigeben.

Service läuft weiter.

Der Programmierer einer Anwendung merkt nichts davon, wenn er vergessen hat, beim Beenden der Anwendung alle Services zu stoppen.

Jedoch kann es auch durchaus gewollt sein, einen Service im Hintergrund weiterlaufen zu lassen, auch wenn die Oberfläche der Anwendung geschlossen wurde. Wenn man ihn dann stoppen möchte, muss man aus einer Komponente heraus stopService aufrufen.

Ein Service kann sich mittels der Methode stopSelf auch selbst stoppen. Diese Methode sollte immer dann verwendet werden, wenn der Service eine definierte Aufgabe abarbeitet und dann nicht mehr gebraucht wird. Aufräumarbeiten, wie das Stoppen von Threads und das Freigeben von Ressourcen, sollten in der onDestroy-Methode erfolgen.

Freiwilliges Ende

8.4 Tipps und Tricks

Da das Android-System im Falle knapper Ressourcen Komponenten beenden kann, könnte auch ein Service, der z.B. im Hintergrund eine große Datenmenge von einem Server lädt, beendet werden. Um dem vorzubeugen, kann man dem Service eine höhere Priorität geben, so dass dies nur in Ausnahmefällen vorkommt. Erteilt man dem Service eine höhere Priorität, wird ein Piktogramm in der Statuszeile des Android-Geräts angezeigt (siehe Abb. 8-4). Die Anzeige erlischt, wenn der Service nicht mehr mit erhöhter Priorität läuft oder beendet wird.

Priorität eines Service erhöhen

Die Anzeige des Piktogramms wird mittels einer Systemnachricht realisiert (siehe Kap. 10). Als Systemnachricht kommt hier eine Notification zum Einsatz. Den Quellcode aus Listing 8.7 fügen wir in die onCreate-Methode von NetzwerkserviceImpl ein.

```
private static final int NOTIFICATION_ID = 77;

@Override
public void onCreate() {
  final Notification notification = new Notification(
      R.drawable.icon, "Läuft!",
      System.currentTimeMillis());

  final PendingIntent pendingIntent =
    PendingIntent.getActivity(this, 0, null, 0);

  notification.setLatestEventInfo(this,
      "Netzwerk Service",
      "Im Vordergrund gestartet!", pendingIntent);

  startForeground(NOTIFICATION_ID, notification);

  super.onCreate();
}
```

Listing 8.7
Ungewolltes Beenden eines Service verhindern

Id vergeben

Uns interessiert an dieser Stelle nur der Aufruf der Methode startForeground. Zuvor wird die Systemnachricht generiert.
startForeground benötigt als ersten Parameter eine Id, anhand derer
später die Notification identifiziert werden kann. Sie wird vom System
benötigt, um die Notification zu entfernen, sobald man den Service
beendet. Abbildung 8-4 zeigt einen Ausschnitt der Amando-Startseite
mit dem Piktogramm in der oberen linken Ecke.

Abb. 8-4
Service läuft:
Piktogramm in der
Statuszeile

Die Priorität kann man wieder verringern, indem man stop
Foreground(boolean removeNotification) aufruft. Der Parameter
removeNotification wird auf »true« gesetzt, falls die Notification (und
damit das Piktogramm in der Statuszeile) entfernt werden soll.

Android 1.x

Bis Android 2.0 (API Level 5) hat man die Methode
setForeground(boolean isForeground) verwendet. Dort war keine
Notification nötig. Je nachdem, wie man den boolean-Parameter setzt,
kann man die Priorität erhöhen oder wieder zurücksetzen. Die Methode
ist nun als *Deprecated* markiert und implementiert keine Funktion mehr.
Wir empfehlen, für Services, die mit hoher Priorität laufen sollen, den
Quellcode zu verwenden, den Google auf seinen Developer-Seiten zur
Verfügung stellt. Der Code prüft erst, ob die startForeground-Methode
existiert, und führt dann die der Android-Version entsprechende Methode
aus (siehe [20]).

8.5   Callback-Mechanismen

Eine Hintergrundoperation verrichtet ihre Arbeit zunächst stumm im
Hintergrund. Oft wollen wir aber eine Rückmeldung erhalten, sobald
ein bestimmter Status erreicht ist. In unserem Fall erhält der Netzwerk-
Service in unregelmäßigen Abständen neue Ortspositionen unseres Bekannten vom Amando-Server. Die Position des Bekannten soll umge-
hend in der Karte (Activity »KarteAnzeigen«) angezeigt werden.

Warum Callbacks?

Das Problem ist, dass der Service keinen Zugriff auf die View-
Elemente der Activity hat. Methoden wie findViewById, über die wir

normalerweise auf Views zugreifen können, stehen uns im Service nicht zur Verfügung.

Für die Aktualisierung der Oberfläche brauchen wir einen Callback-Mechanismus, der die neuen Daten an die Activity übermittelt. Um den Mechanismus zu verstehen, erklären wir zunächst die theoretischen Grundlagen, die dem Callback-Prinzip für Hintergrundoperationen zugrunde liegen.

In Android können Threads eine Message Queue besitzen. Mittels einer Schleife (Looper) wird fortwährend das erste Element in der Warteschlange verarbeitet. Ist dieses abgearbeitet, wird es aus der Message Queue entfernt und die Schleife beginnt von vorne. In die Message Queue kommen Ereignisse in Form von Nachrichten (Message- oder Runnable-Objekte). Message-Objekte (android.os.Message) gehören zum Android-SDK. Runnable-Objekte zum Standardsprachumfang von Java (java.lang.Runnable). *Threads mit Message Queue*

Der Thread kann auf diese Weise Ereignisse aus vielen Quellen annehmen und ein Ereignis nach dem anderen abarbeiten. Auch der UI-Thread einer Android-Anwendung arbeitet auf diese Weise. In ihm läuft zum Beispiel die Verarbeitung einer komplexen Oberfläche. Er hat viele voneinander unabhängige Quellen (Oberflächenereignisse, Systemereignisse etc.), die sich seine Rechenzeit teilen müssen. Ein Thread kann immer nur ein Ereignis zu einem Zeitpunkt abarbeiten. Daher verwendet er eine Message Queue, um parallel eintreffende Ereignisse in eine serielle Reihenfolge der Abarbeitung zu bekommen. Das Prinzip der Message Queue lässt sich in Android auf alle Threads anwenden. *Aufgaben serialisieren*

Wir müssen uns bei der Android-Programmierung um die Message Queue nicht kümmern. Wir können eine Android-Klasse verwenden, die uns einen einfachen Zugriff auf die Message Queue eines beliebigen Threads (java.lang.Thread) erlaubt: die Klasse android.os.Handler. *Zugriff auf die Message Queue erhalten*

8.5.1 Handler

Mittels eines Handlers haben wir die Möglichkeit, Message- oder Runnable-Objekte in die Message Queue eines Threads zu stellen. Der Thread arbeitet die Objekte ab, sobald sie an der Reihe sind. Handler werden in der Komponente definiert, die später die Rückmeldung aus der Hintergrundoperation verarbeiten soll. In unserem Fall heißt das, wir implementieren den Handler in der Activity KarteAnzeigen, da sie später die aktualisierte Position anzeigen soll. Abbildung 8-5 zeigt die Erweiterung unseres Schemas aus Abbildung 8-3 von Seite 165 um einen Callback-Mechanismus. *Callbacks via Handler*

Der Handler wird über eine Methode des Binders an den Service übergeben. Der Callback selbst kann entweder ein Message-Objekt sein, *Zwei Callback-Objekte*

Abb. 8-5
Service mit Callback

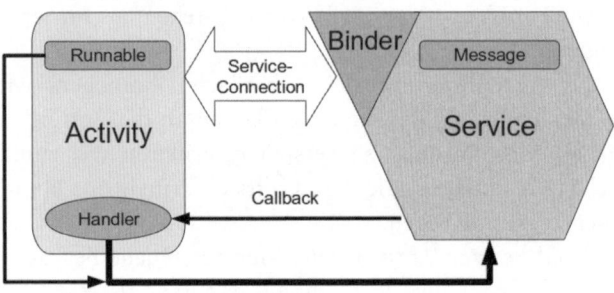

welches im Service erzeugt wird, oder ein Runnable-Objekt, welches dort erzeugt wird, wo der Callback ausgeführt werden soll. Auch das Runnable-Objekt muss per Binder an den Service übergeben werden. Entsprechende Methoden sind dem Binder hinzuzufügen. Schauen wir uns die Callback-Objekte näher an:

android.os.Message: Message-Objekte sind Datencontainer. Für Local Services stehen die Attribute arg1 und arg2 vom Typ int zur Verfügung. Komplexere Daten können über Setzen des Attributs obj vom Typ Object übertragen werden. Diese Attribute können nicht über Prozessgrenzen übertragen werden und stehen bei Remote Services folglich nicht zur Verfügung. Mittels der Methode setData(Bundle data) können Datensätze auch über Prozessgrenzen hinweg übertragen werden. Message-Objekte werden in der Hintergrundoperation erzeugt.

Container für
Rückgabewerte

java.lang.Runnable: Runnable-Objekte sind Codefragmente, die in der Zukunft ausgeführt werden sollen. Man kann sie aus Gründen der Wiederverwendbarkeit einsetzen oder wenn es viele verschiedene Varianten von Callbacks gibt. Dann erhält man über getrennte Objekte mehr Struktur und Übersichtlichkeit im Quellcode. Runnables können zum Beispiel dazu verwendet werden, Views einer Activity mit neuen Daten zu aktualisieren. Sie werden dann in der Activity definiert und mittels einer Methode im Binder an den Service übergeben. Der Service kann dem Runnable-Objekt eigene Daten hinzufügen und es als Callback an die aufrufende Activity zurückgeben.

Ausführbarer Code

Handler nimmt
Callbacks entgegen.

Der Handler stellt Methoden bereit, denen man die Callback-Objekte übergeben kann. Dadurch gelangen sie ans Ende der Message Queue des Threads, den der Handler verwaltet. Sind sie an der Reihe, werden sie verarbeitet. Wir müssen aber zwischen Callbacks mittels Message-Objekten und Callbacks mittels Runnable-Objekten unterscheiden.

8.5.2   Implementierung

Nach der einführenden Theorie schauen wir uns nun an, wie wir
Callback-Mechanismen in der Praxis verwenden. Wir geben je ein Beispiel für Callbacks mit Runnable- und mit Message-Objekten an.

Callback mittels Runnable-Objekt

Wir implementieren zuerst einen Service-Callback mit einem Runnable-
Objekt. Da wir in dem Runnable-Objekt auf View-Elemente der Oberfläche zugreifen, implementieren wir es als innere Klasse der Activity.

*Ausführbaren Code
auslagern: das
Runnable-Objekt*

```
public class MeineActivity extends Activity {

  private MeinService.MeinBinder mBinder;

  private final Handler messageHandler = new Handler(); // (1)

  class MeinRunnable implements Runnable { // (2)
    public long ergebnis;

    public void run() {
      final TextView fldErgebnis = (TextView)
          findViewById(R.id.txt_ergebnis);
      fldErgebnis.setText(String.valueOf(ergebnis));
    }
  };

  private ServiceConnection mServiceConnection =
      new ServiceConnection() {
    public void onServiceConnected(ComponentName className,
        IBinder binder) {
      mBinder = (MeinService.MeinBinder) binder;
      mBinder.setActivityCallbackHandler( // (3)
          messageHandler);
      mBinder.setRunnable(new MeinRunnable()); // (4)
      mBinder.berechneErgebnis();
    }

    public void onServiceDisconnected(
        ComponentName className) {
    }
  };
```

*Listing 8.8
Beispiel mit Runnable*

```
@Override
public void onCreate(Bundle savedInstanceState) {
  super.onCreate(savedInstanceState);
  setContentView(R.layout.main);

  final Intent intent = new Intent(this,
      MeinService.class);
  bindService(intent, mServiceConnection,
      Context.BIND_AUTO_CREATE);
  }
}
```

In Listing 8.8 erzeugen wir zunächst einen Handler, der uns den Zugriff auf die Message Queue des UI-Threads zur Verfügung stellt (1). Da der Handler Teil der Activity (des UI-Threads) ist, sorgt er dafür, dass das Runnable (2) auch im Thread der Activity ausgeführt wird. Die Übergabe des Handlers (3) und eines neu erzeugten Exemplars von

Callback mittels MeinRunnable (4) an den Service erfolgt mit Hilfe des Binders. Die Be-
Handler und Runnable rechnung wird im Service gestartet, und wir wollen erreichen, dass das gerade erzeugte Exemplar von MeinRunnable nach Beendigung der Rechenoperation ausgeführt wird. Schauen wir uns dazu den Service an.

Listing 8.9
Service verwendet
Runnable als Callback.

```
public class MeinService extends Service {
  private Handler mCallbackHandler;
  private Startseite.MeinRunnable mRunnable;

  private final IBinder mBinder = new MeinBinder();

  public class MeinBinder extends Binder {

    public void setActivityCallbackHandler( // (1)
        final Handler callback) {
      mCallbackHandler = callback;
    }

    public void setRunnable( // (2)
        final Startseite.MeinRunnable runnable) {
      mRunnable = runnable;
    }

    public void berechneErgebnis() { // (3)
      new Thread() {
        public void run() {
          mRunnable.ergebnis = _berechneErgebnis(); // (4)
          mCallbackHandler.post(mRunnable); // (5)
        }
```

```
      }.start();
    }
  }

  private long _berechneErgebnis() {
    // dauert lange...
    try {
      Thread.sleep(3000);
    } catch (InterruptedException e) { }
    return 77;
  }

  @Override
  public IBinder onBind(Intent intent) {
    return mBinder;
  }
}
```

Der Service erhält über den Binder von der Activity den Handler (1) und das Runnable-Objekt (2). Ruft die Activity auf dem Binder die Methode berechneErgebnis auf (3), wird ein Thread gestartet, damit die Methode nicht den UI-Thread blockiert. Dem Runnable-Objekt wird das Ergebnis der Berechnung hinzugefügt (4) und es wird mit Hilfe der post-Methode des Handlers in die Message Queue des Threads gestellt, die der Handler verwaltet (hier: UI-Thread) (5). mRunnable selbst ist Teil der Activity und nicht des Service und darf daher auf die UI-Komponenten der Activity zugreifen.

Ergebnis liefern

Alternativ zur post-Methode des Handlers gibt es noch weitere Methoden, um Runnables in die Message Queue zu stellen. Zwei davon stellen wir hier vor:

postAtTime(Runnable r, long uptimeMillis) Ausführung des Runnables zu einem bestimmten Zeitpunkt in der Zukunft. uptimeMillis ist die Zeit seit dem letzten Start des Betriebssystems und kann mittels android.os.SystemClock.uptimeMillis() ermittelt werden.

postDelayed(Runnable r, long delayMillis) Ausführung des Runnables in delayMillis Millisekunden nach Aufruf dieser Methode

Callback mittels Message-Objekt

Wollen wir Message-Objekte als Callbacks verwenden, müssen wir bei der Definition des Handlers die Methode handleMessage überschreiben. Das Runnable-Objekt brauchen wir hier nicht, ansonsten entspricht Listing 8.10 dem Listing 8.8 auf Seite 177.

Listing 8.10
Handler zur
Verarbeitung von
Message-Objekten

```
public class MeineActivity extends Activity {
    ...

    private final Handler messageHandler = new Handler() {
        public void handleMessage(Message msg) { // (1)
            final Bundle bundle = msg.getData();
            final long ergebnis = bundle.getLong("ergebnis");
            final TextView fldErgebnis =
                (TextView) findViewById(R.id.txt_ergebnis);
            fldErgebnis.setText(String.valueOf(ergebnis));
            super.handleMessage(msg);
        }
    };


    ...
}
```

Die Methode handleMessage (1) wird aufgerufen, wenn der Service ein
Message-Objekt als Callback in die Message Queue gestellt hat. Die Ab-
arbeitung der Elemente in der Message Queue erfolgt sequenziell. Jedes
Message-Objekt löst den Aufruf der Methode handleMessage des Hand-

Aufruf von
handleMessage

lers in der Activity aus. Dort erhalten wir aus dem Message-Objekt das
Bundle bundle und daraus das Ergebnis unserer Berechnung. Schauen
wir uns den Service an:

Listing 8.11
Service verschickt
Message-Callback.

```
public class MeinService extends Service {

    private Handler mCallbackHandler;
    private final IBinder mBinder = new MeinBinder();

    public class MeinBinder extends Binder {
        public void setActivityCallbackHandler(
            final Handler callback) {
            mCallbackHandler = callback;
        }

        public void berechneErgebnis() {
            new Thread() {
                public void run() {
                    long ergebnis = _berechneErgebnis();

                    final Message msg = new Message();
                    final Bundle bundle = new Bundle();
                    bundle.putLong("ergebnis", ergebnis);
                    msg.setData(bundle);
```

```
            mCallbackHandler.sendMessage(msg); // (1)
          }
        }.start();
      }
    }
  }

  private long _berechneErgebnis() {
    // dauert sehr lange...
    try {
      Thread.sleep(3000);
    } catch (InterruptedException e) { }
    return 77;
  }

  ...
}
```

Der Callback wird durch den Aufruf der Methode sendMessage auf dem
Handler ausgelöst (1). Das zuvor erstellte Message-Objekt wird an die
Message Queue geschickt, die der Handler verwaltet. Ist das Message-
Objekt an der Reihe, löst der Handler den Callback aus, indem er
die in Listing 8.10 überschriebene handleMessage-Methode mit diesem
Message-Objekt aufruft.

Callback auslösen

Der Handler stellt zusätzlich Methoden bereit, mit denen man die
Ausführung verzögern kann. Schauen wir uns zunächst die wichtigsten
Methoden für Callbacks mittels Message-Objekten an. Die weiteren
Methoden kann man der API-Dokumentation entnehmen:

sendEmptyMessage(int what) Stellt ein leeres Message-Objekt in die
Message Queue. Mit Hilfe des what-Attributs kann man z.B. einen Statuswert (OK, Error etc.) des Threads an den Aufrufer übergeben. Dies
ist eine schlanke und performante Möglichkeit eines Callbacks.

sendMessageAtTime(Message   msg,   long   uptimeMillis) Die
handleMessage-Methode des Handlers wird zu einem bestimmten
Zeitpunkt in der Zukunft ausgeführt.

sendMessageDelayed(Message msg, long delayMillis) Ausführung
der handleMessage-Methode des Handlers in delayMillis Millisekunden

Abschließend sei noch erwähnt, dass Message-Objekte als Datencontainer für Callbacks vielseitig verwendbar sind. Wir haben es uns ein
wenig kompliziert gemacht und ein android.os.Bundle verwendet, um

*Bundle als
Datencontainer für
Rückgabewerte*

darin einen einzigen Wert vom Typ long zu speichern. Ein Bundle ist ein Container für Schlüssel-Wert-Paare. Das Message-Objekt stellt Attribute und Methoden zur Verfügung, die für Rückgabewerte verwendet werden können.

8.5.3 Threads mit Schleifen

Thread in Lauerstellung

Wer schon Erfahrung mit Threads gesammelt hat, hat wahrscheinlich auch schon öfter eine unendliche while-Schleife in der run-Methode eines Threads verwendet. Immer wenn wir wollen, dass unser Thread potenziell unendlich lange aktiv bleibt und auf Anfrage eine bestimmte Aufgabe verrichtet, müssen wir in der run-Methode bleiben und verwenden eine solche unendliche Schleife à la while (true):

Listing 8.12
Klassisch: Thread mit Endlosschleife

```
public class KlassischerThread extends Thread {
  private static final int THREAD_STATUS_WAIT = 1;
  private static final int THREAD_STATUS_WORK = 2;
  private static final int THREAD_STATUS_STOP = 3;

  private volatile int threadStatus = THREAD_STATUS_WAIT;

  public void run() {
    while (true) {
      synchronized(this) {
        if (threadStatus == THREAD_STATUS_WAIT) {
          try {
            wait(); // (3)
          } catch (InterruptedException e) {
            e.printStackTrace();
          }
        } else if (threadStatus == THREAD_STATUS_WORK) {
          macheIrgendwas(); // (2)
          threadStatus = THREAD_STATUS_WAIT;
        }
        else if (threadStatus == THREAD_STATUS_STOP) {
          break;
        }
      }
    }
  }
}
```

```
public void beginneAufgabe() { // (1)
  synchronize(this) {
    threadStatus = THREAD_STATUS_WORK;
    notify();
  }
}
}
```

Listing 8.12 zeigt die Implementierung eines Threads, der darauf war- *Damals... Thread mit*
tet, dass seine Methode beginneAufgabe aufgerufen wird (1). Wenn dies *wait und notify*
erfolgt, verrichtet er seine Aufgabe (2) und verfällt anschließend wieder in den Wartezustand (3). Der Mechanismus beruht auf den Methoden wait und notify, die Bestandteil von java.lang.Object sind. Entsprechende Teile der Thread-Klasse haben wir synchronisiert, um Probleme mit der Nebenläufigkeit zu verhindern. Der Vorteil eines solchen Threads im Wartezustand ist, dass man ihn nicht jedesmal neu
starten muss, was eine teure Operation ist. Man erzeugt ein Exemplar des Threads, startet ihn und ruft dann seine Methoden auf (hier:
beginneAufgabe).

Insgesamt ist das eine Menge (fehleranfälliger) Code. In Android *Es geht einfacher.*
haben wir eine wesentlich einfachere Möglichkeit, einen Thread im
Wartezustand verharren zu lassen. Wir können wieder einen Handler verwenden. Threads haben jedoch normalerweise keine Message
Queue. Beim UI-Thread ist dies, wie wir gesehen haben, anders. Erzeugen wir aber einen neuen Thread, müssen wir erst eine Message Queue
erzeugen. Auf dieser müssen wir dann eine Schleife starten, die jeweils *Message Queue selbst*
das erste Nachrichtenelement aus der Queue herausnimmt, es verarbei- *hinzufügen*
tet und dann zum nächsten Element übergeht. Dafür gibt es die Klasse
android.os.Looper. Wir bauen das Beispiel aus Listing 8.12 so um, dass
es die Vorteile des Android-SDK nutzt.

```
public class ThreadMitLooper extends Thread {
  public Handler mHandler;

  public void run() {
    Looper.prepare(); // (1)

    mHandler = new Handler() { // (2)
      public void handleMessage(Message msg) {
        macheIrgendwas(); // (5)
      }
    };
```

Listing 8.13
Android-Version des
Threads mit
Endlosschleife

```
    Looper.loop(); // (3)
  }

  public void beginneAufgabe() {
    mHandler.sendEmptyMessage(0); // (4)
  }
}
```

Looper

Listing 8.13 implementiert einen Thread mit Message Queue. Die Verwendung der Klasse Looper und die Erzeugung eines Exemplars vom Typ Handler muss in der run-Methode durchgeführt werden, da nur der Quellcode, der innerhalb dieser Methode steht, im Thread ausgeführt wird.

Message Queue anlegen

Mittels Looper.prepare() (1) wird eine Message Queue für diesen Thread angelegt. Erst nach dem Aufruf der Methode prepare auf dem Looper darf ein Exemplar der Klasse Handler erzeugt werden (2). Sobald wir nun Looper.loop() (3) aufrufen, wird die Schleife auf der Message Queue des Threads gestartet. Der Handler ist die Schnittstelle, so wie wir sie schon kennengelernt haben. Die sendMessage-Methoden des Handlers können nun verwendet werden, um Nachrichtenobjekte zur Ausführung in die Message Queue zu stellen.

Aufgabe beginnen

Sobald nun der Thread verwendet werden soll, ruft man seine beginneAufgabe-Methode auf. Wir haben hier die Methode sendEmptyMessage (4) verwendet, um mit dem Thread-Beispiel aus Listing 8.12 konform zu bleiben. sendEmptyMessage ist nur als Trigger zu verstehen, der unseren Thread dazu veranlasst, die immer gleiche Aufgabe zu erledigen. Diese Aufgabe ist die Methode macheIrgendwas (5), die aufgerufen wird, sobald die mittels sendEmptyMessage verschickte leere Nachricht zum Aufruf der Methode handleMessage geführt hat.

Keine Probleme mit Nebenläufigkeit

Die Verwendung von Looper und Handler bei der Implementierung dieser Art von Threads hat noch einen gewichtigen Vorteil: Der Programmierer muss sich keine Gedanken wegen der Nebenläufigkeit machen, wenn der Thread von mehreren parallel laufenden Prozessen oder Threads verwendet wird. Handler und Message Queue sorgen für eine sequenzielle Verarbeitung der Message-Objekte in der Message Queue.

8.6   Fazit

Problem erkannt...

Wir haben uns mit Problemen beschäftigt, die in der klassischen Java-Welt nicht jeden Tag vorkommen. Android-Programme nutzen Activities, und diese müssen »responsive« bleiben. Braucht die Activity zu lange, erfolgt eine ANR-Meldung (Application Not Responding). Langsame Internetverbindungen oder langlaufende Operationen zwingen uns bei Android, häufiger als von Client-Server-Anwendungen gewohnt, auf Hintergrundoperationen zurückzugreifen.

Das Android-SDK bietet uns neben den aus dem Java-SDK bekannten Threads eine neue Klasse namens Service an. Wir haben uns angeschaut, wie sich Services erzeugen lassen und wie man mit ihnen kommuniziert. Auch haben wir gesehen, dass ein Service im gleichen Betriebssystemprozess wie unsere Anwendung laufen kann oder in einem eigenen Prozess. Wir haben zwischen Local Services und Remote Services unterschieden und uns am Beispiel angeschaut.

... und Lösung gefunden

Fassen wir die Kernbegriffe dieses Kapitels zusammen.

Betriebssystemprozesse: Jede Android-Anwendung läuft in einem eigenen Prozess und sogar in einer eigenen DVM. Um diesen Prozess müssen wir uns als Programmierer nicht weiter kümmern.

UI-Thread: Der UI-Thread ist der Thread, in dem unsere Start-Activity läuft, die wir als solche im Android-Manifest deklariert haben. Der UI-Thread läuft im Prozess unserer Anwendung. Ihn dürfen wir nicht mit langlaufendem Programmcode belasten.

Threads: Programmteile, die viel Zeit zur Ausführung brauchen, sollten immer in einen Thread ausgelagert werden. Threads kann man in Android mit Hilfe der Klasse Looper um eine Message Queue erweitern. Mittels eines Handlers können wir Nachrichtenereignisse in die Message Queue des Threads stellen und ihn so von außen steuern. Auch Callback-Mechanismen wäre analog wie bei den Services möglich, wenn der Handler aus einer Activity kommt und dem Thread übergeben wird.

Services: Services erledigen Aufgaben im Hintergrund, für die keine Oberfläche gebraucht wird. Wir unterscheiden Local Services von Remote Services. Local Services laufen im Prozess der Anwendung, die sie startet, und sogar in deren UI-Thread. Remote Services laufen in einem eigenen Prozess. Beide Services laufen weiter, wenn die Anwendung, die sie gestartet hat, beendet wird.

Nachdem wir im Theorieteil Services und Threads erklärt haben, haben wir uns an die Praxis gewagt und anhand ausführlicher Codebeispiele einen Local Service implementiert. Wir haben die Klasse android.os.Handler kennengelernt, mit deren Hilfe wir Zugriff auf die Message Queue eines Threads erhalten. Mit Hilfe dieser Klasse konnten wir Callback-Mechanismen implementieren. Wir haben zwei Callback-Mechanismen ausprobiert, einmal über Runnable-Objekte und einmal über Message-Objekte.

9   IPC – Inter Process Communication

IPC steht für *Inter Process Communication* und ist in Android der be- *IPC ist nichts*
vorzugte Weg, wenn man mit einem Remote Service kommunizieren *Android-Spezifisches.*
möchte. Wir erinnern uns: Ein Remote Service ist ein Service, der in
einem eigenen Prozess läuft und die Lebensdauer der Komponente, die
ihn gestartet hat, überdauern kann. Es erfordert etwas mehr Vorarbeit,
mit einem Remote Service zu kommunizieren. Der Grund für den Mehraufwand ist, dass Google hier einen Standard, die *Interface Definition*
Language (IDL), siehe unten, verwendet hat. Um über Prozessgrenzen
hinweg mit anderen Komponenten kommunizieren zu können, muss
die Kommunikation auf Betriebssystemebene erfolgen. Sämtliche Parameter der Methodenaufrufe werden in Datentypen konvertiert, die das
Betriebssystem versteht.

9.1   AIDL

IPC erfolgt mit Hilfe spezieller Interfaces, die in IDL angegeben werden. *IDL: Interface*
IDL ist eine allgemeine Spezifikationssprache, um den Datenaustausch *Definition Language*
zwischen Prozessen unabhängig von Betriebssystem und Programmier-
sprache zu ermöglichen. Zwar haben wir bei Android nicht die Möglichkeit, Programme in einer anderen Programmiersprache als Java zu
installieren, jedoch sind viele Kernbibliotheken von Android in C/C++
geschrieben, und Android verwendet für viele seiner Standardkompo-
nenten IDL für eigene interne Kommunikationszwecke.

Da sich die Datentypen von Java und C/C++ teilweise unterscheiden, wird dafür gesorgt, dass die Parameter und Rückgabewerte sämtli-
cher Methodenaufrufe, die man per IDL definiert hat, beim Serialisieren
und Deserialisieren so in primitive Datentypen zerlegt werden, dass die
Zielanwendung diese versteht, egal in welcher Programmiersprache sie
geschrieben wurden.

Google hat für Android eine eigene Variante der IDL geschaffen: die *Androids IDL: AIDL*
Android-IDL (AIDL). Den komplizierten Prozess des (De-)Serialisierens
übernimmt das Programm (/tools/aidl.exe auf Windows-Systemen),
indem es automatisch Klassen generiert, die IPC-Methodenaufrufe über

die vom Anwendungsentwickler zu definierende AIDL-Schnittstelle ermöglichen. Das Programm `aidl.exe` wird im Build-Prozess der Android-Anwendungserstellung benutzt und ist so in das Eclipse-Plugin integriert, dass es automatisch ausgeführt wird.

Als Praxisbeispiel implementieren wir in Amando einen Service als Remote Service, der uns unsere eigene Position als Geodatensatz liefert.

Als Erstes legen wir eine Textdatei mit Namen `IGeoPositionsServiceRemote.aidl` im Package `de.androidbuch.amando.services` an. Wir definieren für unseren Remote Service eine Methode, die uns die GPS-Daten als String zurückgibt. Dazu fügen wir den Quelltext aus Listing 9.1 in die AIDL-Datei ein. Die Syntax von AIDL werden wir am Ende des Abschnitts noch im Detail erklären.

Listing 9.1
AIDL-Interface für IPC zum Remote Service

```
de.androidbuch.amando.services;

interface IGeoPositionsServiceRemote {
  String getGpsDataAlsString();
}
```

Sobald wir die Datei speichern, erzeugt das Eclipse-Plugin aus der `.aidl`-Datei ein Interface namens `IGeoPositionsServiceRemote.java`. Diese Java-Datei finden wir im `gen`-Ordner des Amando-Projekts im gleichen Package. Darüber hinaus finden wir im `bin`-Verzeichnis folgende generierte Klassen:

- `IGeoPositionsServiceRemote$Stub$Proxy.class`
- `IGeoPositionsServiceRemote$Stub.class`
- `IGeoPositionsServiceRemote.class`

Von diesen automatisch generierten Klassen ist besonders die innere Klasse `IGpsRemoteService.Stub` interessant. Unsere Aufgabe ist es gleich, diese Klasse mit der in der Datei `IGeoPositionsServiceRemote.aidl` definierten Methode zu erweitern. Die Klasse `Stub` hat wiederum eine innere Klasse mit Namen `Proxy`. Sie ist für die Konvertierung der Variablen zwischen der Android-Anwendung und dem Remote Service zuständig.

9.2 Implementierung

Nach der Vorarbeit schreiben wir den Remote Service. Er unterscheidet sich nur in der Implementierung des Binders von einem Local Service.

```
public class GeoPositionsServiceRemoteImpl extends Service {

  @Override
  public void onCreate() { }
  @Override
  public void onDestroy() { }

  @Override
  public IBinder onBind(Intent intent) { // (1)
    return gpsBinder;
  }

  private final IGeoPositionsServiceRemote.Stub mGpsBinder =
      new IGeoPositionsServiceRemote.Stub() { // (2)
    public String getGpsDataAlsString()
        throws RemoteException {
      final String gpsData =
        "50.7066272, 7.1152637, 69.746456";
      return gpsData;
    }
  };
}
```

Listing 9.2
Remote Service mit
IBinder

Listing 9.2 zeigt die Implementierung. Wenn wir den Quelltext mit Listing 8.8 auf Seite 177 vergleichen, fallen schnell einige Parallelen auf. Bei der Klasse `IGeoPositionsServiceRemote.Stub` handelt es sich um ein Objekt vom Typ `IBinder` (1). Der wesentliche Unterschied zu einem Local Service ist, dass hier unser automatisch generierter `IBinder` namens `IGeoPositionsServiceRemote.Stub` zum Einsatz kommt. Wir erzeugen ein Exemplar der Klasse (2), welches die Methoden beinhaltet, die für IPC notwendig sind. Alles, was wir tun müssen, ist die im `.aidl`-Interface deklarierten Methoden zu implementieren. Wenn wir dies getan haben, kann die Methode `onBind` aufgerufen werden und gibt unseren `IBinder` zurück.

Die Stub-Klasse ist ein
IBinder.

Nun machen wir den Service noch als Remote Service im Android-Manifest bekannt. Dazu fügen wir einen neuen `<service>`-Eintrag hinzu:

```
<service android:name=
    ".services.impl.GeoPositionsServiceRemoteImpl"
    android:process=":GeoPositionsServiceRemote">
  <intent-filter>
    <action android:name=
      "de.androidbuch.amando.services.
        IGeoPositionsServiceRemote" />
  </intent-filter>
</service>
```

Listing 9.3
Remote Service im
Android-Manifest
bekannt machen

Im Service-Element haben wir festgelegt, dass der Service in einem eigenen Prozess gestartet werden soll. Auf diese Weise erklären wir einen Service zu einem Remote Service:

```
android:process=":GeoPositionsServiceRemote"
```

Zusätzlich muss ein Intent-Filter deklariert werden, damit der Service bereit ist, Intents von anderen Komponenten entgegenzunehmen. Nun wollen wir unseren Service nutzen und die Geodaten vom Service abrufen. Listing 9.4 zeigt die Verwendung eines Remote Service in einer Activity.

Listing 9.4
Activity mit
Verbindung zum
Remote Service

```
public class GpsDatenAnzeigen extends Activity {

    private IGeoPositionsServiceRemote mGeoPositionsService;

    public void onClickPositionAbfragen(final View v) {
        final TextView fldOrtsposition =
            (TextView) findViewById(R.id.gpsDatenAnzeigen);
        fldOrtsposition.setText(String.valueOf(
            getOrtsposition())); // (1)
    }

    @Override
    public void onCreate(Bundle savedInstanceState) {
        super.onCreate(savedInstanceState);
        setContentView(R.layout.gps_daten_anzeigen);
        setTitle(R.string.title_gps_gpsActivityTitle);

        final Intent intent =
            new Intent(GeoPositionsServiceRemoteImpl.class.getName());
        bindService(intent, mGpsServiceRemoteConnection,
            Context.BIND_AUTO_CREATE);
    }

    private ServiceConnection mGpsServiceRemoteConnection =
        new ServiceConnection() { // (2)

        @Override
        public void onServiceConnected(ComponentName
            className, IBinder binder) {
          mGeoPositionsService = // (3)
            IGeoPositionsServiceRemote.Stub.asInterface(binder);
        }
```

```
    @Override
    public void onServiceDisconnected(ComponentName
        className) {
      // ...
    }
  };

  private String getOrtsposition() {
    if (mGeoPositionsService != null) {
      try {
        return mGeoPositionsService.
          getGpsDataAlsString(); // (4)
      }
      catch (RemoteException e) {}
    }
    return null;
  }
}
```

Die Activity in Listing 9.4 stellt die vom Remote Service abgerufene Ortsposition in einer TextView dar (1).

An (2) wird die mGpsServiceRemoteConnection definiert. Hier überschreiben wir wieder, wie beim Local Service in Listing 8.8, die beiden Methoden onServiceConnected und onServiceDisconnected. Wenn wir uns mit dem Service verbinden, bekommen wir in der Methode onServiceConnected das Binder-Objekt zu unserem Service. Mittels

IBinder vom Service holen

```
IGeoPositionsServiceRemote.Stub.asInterface(binder);
```

können wir uns den Binder als Java-Interface holen (3). Über die im Interface deklarierten Methoden haben wir Zugriff auf den Remote Service. Der Zugriff auf den Remote Service erfolgt in der Methode getOrtsposition (4). Wir rufen dort die Methode getGpsDataAlsString des Service auf. Falls dabei Fehler auftreten, fangen wir eine RemoteException, eine Oberklasse von DeadObjectException. DeadObjectExceptions werden ausgelöst, wenn der Prozess nicht mehr existiert, in dem der Remote Service ursprünglich lief.

Zugriff auf Methoden des Binders über das automatisch generierte Interface

Die vier Listings dieses Abschnitts demonstrieren, wie man einen einfachen Remote Service samt IPC programmiert. Fassen wir die einzelnen Schritte als »Kochrezept« zusammen:

1. Erzeuge ein AIDL-Interface mit den gewünschten Methoden, um mit dem Service zu kommunizieren.
2. Erstelle eine Serviceklasse.
3. Sorge dafür, dass die Stub-Klasse (der IBinder) um die Methoden aus unserem .aidl-Interface erweitert wird.

Die einzelnen Schritte

4. Füge den Service als Remote Service samt Intent-Filter dem Android-Manifest hinzu.

9.3 Eigene Datenobjekte per IPC übertragen

Nun noch einige Anmerkungen zu IPC und dem `.aidl`-Interface. Per IPC können nur bestimmte Datentypen übertragen werden. Dies sind:

Zur Verfügung stehende Datentypen

- primitive Datentypen (boolean, int, float etc.)
- String
- CharSequence
- List
- Map
- AIDL-generierte Interfaces
- Klassen, die das Parcelable Interface implementieren

Listen werden als `ArrayList` übertragen und können als Generic deklariert werden (z.B. `List<CharSequence>`). Die Elemente in der `List` müssen von einem Typ der obigen Auflistung sein.

Keine Generics bei Map

Verwendet man als Parameter einer Methode eine `Map`, darf diese ebenfalls nur Elemente enthalten, die einem der obigen Typen entsprechen. Maps dürfen jedoch nicht als Generic (z.B. `Map<String, List<String>>`) deklariert werden. Tatsächlich verbirgt sich hinter dem `Map`-Interface als konkrete Klasse eine `HashMap`, die zum Empfänger übertragen wird und dort zur Verfügung steht.

9.3.1 Eigene Datenobjekte erstellen

Parcelable-Interface

Es ist auch möglich, beliebige Datenobjekte zu erstellen, die per IPC übertragen werden können. Sie müssen das `Parcelable`-Interface implementieren, was im Grunde nur eine spezielle Android-Variante einer Serialisierung aller in der Klasse enthaltenen Attribute ist. Java ME-Programmierer werden diese Technik des »Serialisierens zu Fuß« sofort wiedererkennen. Java ME ist nur eine Teilmenge von Java SE, und es steht deshalb das Interface `Serializable` nicht zur Verfügung. Die Serialisierung und Deserialisierung eines Objekts müssen Attribut für Attribut erfolgen.

Kommunikation mit anderen Programmiersprachen

Bei Android gibt es dieses Interface zwar, aber wir verwenden AIDL und wollen auch mit in C++ geschriebenen Prozessen kommunizieren können, die keine serialisierten Java-Objekte kennen und sie demnach wahrscheinlich nicht korrekt deserialisieren werden. Durch die Verwendung des `Parcelable`-Interface wird eine sprachneutrale Serialisierung zur Übertragung der Parameter auf Betriebssystemebene angestoßen. Klassen, die Parcelable implementieren, müssen nach einer bestimmten Konvention implementiert werden. Wir schauen uns das an einem konkreten Beispiel an. Wir werden die Klasse GpsData, die wir im Anhang abgedruckt haben (Listing 3 auf Seite 399), so umbauen, dass ein Remote Service sie als Parameter verwenden kann.

```
package de.androidbuch.amando.common;

public class GpsDataParcelable implements Parcelable {

  public double mLaengengrad;
  public double mBreitengrad;
  public double mHoehe;
  public long mZeitstempel;

  public GpsDataParcelable(final double laengengrad,
      final double breitengrad, final double hoehe,
      final long zeitstempel) {
    this.mLaengengrad = laengengrad;
    this.mBreitengrad = breitengrad;
    this.mHoehe = hoehe;
    this.mZeitstempel = zeitstempel;
  }

  public static final Parcelable.
      Creator<GpsDataParcelable> CREATOR = // (1)
    new Parcelable.Creator<GpsDataParcelable>() {

      @Override
      public GpsDataParcelable createFromParcel( // (2)
          Parcel in) {
        return new GpsDataParcelable(in);
      }

      @Override
      public GpsDataParcelable[] newArray(int size) {
        return new GpsDataParcelable[size];
      }
  };

  private GpsDataParcelable(final Parcel in) {
      readFromParcel(in);
  }
```

Listing 9.5
GpsData-Klasse als
Parcelable

```
public void writeToParcel(final Parcel out, // (3)
    final int flags) {
  out.writeLong(mZeitstempel);
  out.writeDouble(mLaengengrad);
  out.writeDouble(mBreitengrad);
  out.writeDouble(mHoehe);
}

public void readFromParcel(final Parcel in) { // (4)
  mZeitstempel = in.readLong();
  mLaengengrad = in.readDouble();
  mBreitengrad = in.readDouble();
  mHoehe = in.readDouble();
}

public int describeContents() {
  return 0;
}
}
```

Als Erstes wenden wir uns der statischen Variable CREATOR zu, die das Interface Parcelable.Creator implementiert (1). CREATOR muss die Methoden createFromParcel und newArray implementieren. Die Methode createFromParcel (2) sorgt dafür, dass unser Objekt korrekt deserialisiert wird. Das Objekt Parcel, welches wir in die Methode übergeben bekommen, können wir uns als einen Wrapper um einen DataOutputStream vorstellen. Es speichert unsere Attribute in Form eines byte-Arrays und gibt uns wie bei einem DataOutputStream die Möglichkeit, jedes einzelne Attribut der Klasse GpsDataParcelable zu deserialisieren bzw. zu serialisieren. Den Prozess des Serialisierens bzw. Deserialisierens bezeichnet man auch als »Marshalling« bzw. »Unmarshalling«.

Deserialisieren von Datenobjekten

Um die Klasse GpsDataParcelable zu serialisieren, muss die Methode writeToParcel(Parcel out, int flags) implementiert werden (3). Wir serialisieren alle Attribute in ein Objekt vom Typ Parcel. Der Übergabeparameter flags gibt an, ob wir unser Parcel-Objekt nur an einen anderen Prozess übergeben und nicht erwarten, dass die aufgerufene Methode es verändert, oder ob wir das Objekt verändert zurückbekommen können. Somit kann flags zwei Werte annehmen:

Attribute werden einzeln (de-)serialisiert.

- 0: Das Parcel-Objekt wird im aufgerufenen Prozess nicht verändert.
- PARCELABLE_WRITE_RETURN_VALUE: Das Parcel-Objekt wird verändert und muss zurückübertragen werden.

Legt man Klassen an, die das Parcelable-Interface implementieren, muss man diese noch deklarieren, damit das aidl-Programm weiß, dass

Klassen bekannt machen

die Klasse das Parcelable-Protokoll implementiert. Die Deklaration erfolgt durch eine neue Datei mit gleichem Namen, aber der Endung .aidl, im gleichen Package wie die Parcelable-Klasse. In unserem Fall erzeugen wir eine Datei GpsDataParcelable.aidl. In ihr geben wir das Package an und deklarieren GpsDataParcelable, indem wir das Wort parcelable vor den Klassennamen stellen:

```
package de.androidbuch.amando.common;

parcelable GpsDataParcelable;
```

Wir wissen nun, wie wir eigene Datenobjekte für IPC-Aufrufe erstellen können. Die Objekte müssen das Interface Parcelable implementieren. Für sie stehen uns die vorgegebenen Datentypen (String, Charsequence, List, Map etc.) zur Verfügung. Dabei macht es einen Unterschied, ob wir nur mit dem Methodenaufruf Parameter an den Prozess übergeben oder ob wir auf einen Rückgabewert warten müssen. Im ersten Fall können wir den Methodenaufruf absetzen und sofort mit dem Programmablauf fortfahren. Im zweiten Fall müssen wir warten, bis der andere Prozess seine Methode abgearbeitet und den Rückgabewert an den Aufrufer zurückübermittelt hat. *Stand der Dinge*

Dies ist ein Unterschied, den wir bei der Implementierung berücksichtigen sollten. IPC-Aufrufe sind sehr teure Operationen, da die übertragenen Parameter serialisiert und deserialisiert und über das Netzwerk übertragen werden müssen. Denn die Kommunikation zwischen Prozessen läuft außerhalb der DVM auf Betriebssystemebene über das Netzwerkprotokoll. Call-By-Reference existiert bei IPC nicht. AIDL bietet uns daher die Möglichkeit, für jeden Parameter eines Methodenaufrufs anzugeben, ob es sich um einen Übergabeparameter, einen Rückgabeparameter oder beides handelt. Wir schonen das System und erhöhen die Performance, wenn wir einem Übergabeparameter mitgeben, dass er nur in die eine Richtung übertragen wird. *IPC-Aufrufe sind teuer!*

9.3.2 Parameterübergabe optimieren

Definieren wir nun ein AIDL-Interface, an dem wir die Möglichkeiten demonstrieren. Angenommen, unsere Geodatenpunkte sollen beim Remote Service abgerufen werden können. Einmal übergeben wir dem Service ein GpsDataParcelable-Objekt, welches aktualisiert werden soll. In einer zweiten Methode wollen wir einen neuen Ortspunkt vom Service erhalten. Die dritte Methode liefert einen Ortspunkt an den Server. Listing 9.6 zeigt die Definition des Interface.

Listing 9.6
Erweitertes Interface
für den
GPS-Remote-Service

```
package de.androidbuch.amando.services;

import de.androidbuch.amando.common.GpsDataParcelable;

interface IGeoPositionsServiceRemote {
  void updateGpsData(out GpsDataParcelable gpsData);
  GpsDataParcelable getGpsData();
  void setGpsData(in GpsDataParcelable gpsData);
}
```

Der Import der Klasse GpsDataParcelable ist innerhalb von AIDL-Interfaces zwingend nötig, auch wenn die Klasse im gleichen Package liegt. Dies gilt nicht für die Java-Datentypen, die AIDL schon kennt: String, CharSequence, List etc.

Tuning mittels
Schlüsselworten

Die folgenden AIDL-Schlüsselworte werden verwendet, um den Aufwand beim (De-)Serialisieren bei den IPC-Aufrufen zu verringern. Die Schlüsselworte in, out und inout können den Übergabeparametern vorangestellt werden. Sie werden bei primitiven Datentypen (int, boolean etc.) weggelassen. Ihre Bedeutung ist folgende:

in: Der Parameter ist ein reiner Übergabeparameter, der an den Zielprozess übergeben wird. Änderungen an dem Parameter sollen nicht zurück in die aufrufende Methode übertragen werden.

out: Der Parameter wird im Zielprozess neu erzeugt, und es findet keine Übertragung des Parameters aus dem aufrufenden Prozess an den Zielprozess statt. Allerdings wird der Parameter zurück zum aufrufenden Prozess übertragen, wenn die Methode des Zielprozesses beendet ist. Es handelt sich also um einen reinen Rückgabeparameter.

inout: Kombination von beidem. Der Parameter wird an den Zielprozess übertragen, kann dort verwendet und verändert werden und die Änderungen werden zurück an den aufrufenden Prozess übertragen. Das Schlüsselwort inout sollte nur verwendet werden, wenn es nötig ist, da der Aufwand für das Serialisieren und Deserialisieren in beiden Richtungen anfällt.

9.4   Asynchrone Methodenaufrufe

IPC-Aufrufe sind standardmäßig synchron, d.h., der IPC-Aufruf einer Remote-Service-Methode dauert so lange, bis die Methode abgearbeitet ist. Das hat einen gravierenden Nachteil. Braucht das Abarbeiten einer Methode in einem Remote Service zu lange, so riskiert man einen ANR.

ANR vermeiden

Wenn nämlich der Aufruf einer Methode im Remote Service aus einer

Activity heraus stattfindet, reagiert die Activity während der Aufruf-
dauer nicht auf Eingaben. Glücklicherweise hat man jedoch in AIDL-
Interfaces die Möglichkeit, Methoden als asynchron zu kennzeichnen.

Synchron: Die Abarbeitung des Programms wird erst fortgesetzt, wenn
die Methode der Zielkomponente vollständig abgearbeitet wurde und die Parameter und Rückgabeparameter an die aufrufende
Komponente zurückübertragen wurden. ANR möglich!

Asynchron: Der Programmablauf wird durch den Methodenaufruf
nicht unterbrochen. Die Zielkomponente arbeitet die Methode parallel zur aufrufenden Komponente ab. Kein ANR möglich.

Stellt man einer Methode das Schlüsselwort oneway voran, so wird sie
asynchron ausgeführt, lässt man es weg, wird die Methode synchron
ausgeführt. Man kann auch das ganze Interface asynchron machen,
wenn es nur asynchron auszuführende Methoden enthält. Dann stellt
man einfach das Schlüsselwort oneway vor das Wort interface.

*Synchrone oder
asynchrone Methoden:
oneway*

Wenn man einen Remote Service aus dem UI-Thread mittels eines
synchronen Methodenaufrufs durchführt, riskiert man einen ANR. Es
wird empfohlen, die Laufzeit der Methode im Zielprozess bei wenigen hundert Millisekunden zu halten. Langwierige Aufgaben sollte ein
Thread im Zielprozess übernehmen.

Verwenden wir nun statt eines synchronen Aufrufs einen asynchronen Aufruf, bleibt die Frage, wie wir an den Rückgabewert der aufgerufenen Methode kommen, falls sie einen hat.

*Wie kommt man ans
Ergebnis?*

9.4.1 Asynchrone Methodenaufrufe mit Rückgabewert

Nehmen wir als Beispiel folgenden Anwendungsfall. Wir möchten Positionsdaten von unserem Remote Service (siehe Listing 9.2 auf Seite
189) mit Hilfe eines asynchronen Methodenaufrufs abrufen. Der Grund
für einen asynchronen Aufruf ist, dass wir nur Positionsdaten erhalten möchten, wenn auch wirklich welche durch das GPS-Modul des
Android-Geräts ermittelt werden können. Fahren wir durch einen Tunnel, sollen keine Daten durch den Remote Service geliefert werden. Der
Service soll so lange warten, bis er wieder ein GPS-Signal hat, und die
Position dann erst zurückgeben.

*Warten auf
Positionsdaten...*

Wir werden in den folgenden Quelltexten auf die Ermittlung der
Ortsposition verzichten, da wir für dieses Thema Kapitel 16 vorgesehen
haben. Stattdessen werden feste Werte für eine Ortsposition verwendet.

Die Übermittlung von Rückgabewerten einer asynchron aufgerufenen Methode an den Aufrufer erfolgt mit Hilfe von Callback-Objekten.
Sie unterscheiden sich von den schon bekannten Callbacks Message und

*Callbacks für
Rückgabewerte
verwenden*

Runnable. Wir müssen für Callback-Mechanismen bei Remote Services eigene Callback-Objekte in AIDL erstellen. Sie enthalten Methoden, die der Remote Service aufruft. Ausgeführt werden diese Methoden jedoch dort, wo sie implementiert werden, nämlich beim Aufrufer.

Wo werden Callbacks erzeugt?

In unserem Fall heißt das, dass wir ein Exemplar des Callback-Objekts in der Activity erzeugen und an den Remote Service überge-ben. Der Remote Service ruft auf dem Callback-Objekt eine Methode auf und übermittelt per Übergabeparameter Daten beim Methodenauf-ruf zurück an die Activity. Der Callback wird *vor* dem asynchronen Methodenaufruf an den Service übergeben. Unser Beispiel wird die fol-genden Schritte implementieren:

1. Definition eines Callback-Objekts in AIDL
2. Erweitern des AIDL-Interfaces des Remote Service um Methoden zum Registrieren und Entfernen von Callback-Objekten
3. Erweitern des AIDL-Interfaces des Remote Service um die asyn-chrone Methode getGpsDataAsynchron
4. Erweitern des IBinder IGpsRemoteService.Stub im Remote Service um die oben genannten Methoden
5. Anpassen der Activity zur Verwendung der asynchronen Methode

Für den ersten Schritt müssen wir ein weiteres AIDL-Interface anlegen. Es ist das Interface unseres Callback-Objekts. In Listing 9.7 implemen-tieren wir zunächst das AIDL-Interface des Callback-Objekts.

Listing 9.7
AIDL-Interface des
Callback-Objekts

```
package de.androidbuch.amando.services;

import de.androidbuch.amando.common.GpsDataParcelable;

interface IServiceCallback {
  void aktuellePosition(in GpsDataParcelable gpsData);
}
```

Automatisch generierte Stub-Klasse

Auch hier wird automatisch im gen-Ordner eine Klasse namens IServiceCallback.Stub generiert. Diese Klasse besitzt eine leere Metho-de aktuellePosition. Wir werden später in der Activity, die die Geo-daten asynchron vom Service abrufen wird, ein Exemplar der Stub-Klasse erzeugen. Die Stub-Klasse ist wieder die Implementierung des AIDL-Interfaces. Wir werden die Methode aktuellePosition überschrei-ben, da sie uns die Rückgabewerte aus dem Remote Service liefert. IServiceCallback ist das Interface des Callback-Objekts, also der Stub-Klasse, welches wir in einem gesonderten Schritt an den Service über-geben, damit dieser nach Ausführen der asynchronen Methode die im Remote Service ermittelte Ortsposition an die aufrufende Komponente zurückgeben kann. Dies bringt uns zum zweiten Schritt unseres Vorgehens.

Wir erweitern das aus Listing 9.6 auf Seite 196 bekannte AIDL-Interface des Remote Service um zusätzliche Methoden:

```
package de.androidbuch.amando.services;

import de.androidbuch.amando.common.GpsDataParcelable;
import de.androidbuch.amando.services.
    IServiceCallback;

interface IGeoPositionsServiceRemote {
  void updateGpsData(out GpsDataParcelable gpsData);
  GpsDataParcelable getGpsData();
  void setGpsData(in GpsDataParcelable gpsData);

  oneway void getGpsDataAsynchron();
  void registriereCallback(IServiceCallback callback);
  void entferneCallback(IServiceCallback callback);
}
```

Listing 9.8
Erweitertes
AIDL-Interface des
Remote Service

In Listing 9.8 haben wir die Methode `getGpsDataAsynchron` zum Abrufen der aktuellen Ortsposition hinzugefügt. Mittels des vorangestellten Schlüsselworts `oneway` haben wir sie als asynchrone Methode gekennzeichnet. Dadurch wird nur ein Aufruf zum Start der Methode an den anderen Prozess geschickt. Einen Rückgabewert kann die Methode somit nicht haben. Bei asynchronen Methodenaufrufen müssen alle übergebenen Parameter (außer den primitiven Typen) das Schlüsselwort `in` vorangestellt bekommen, da nicht darauf gewartet wird, ob die Methode den Wert zurückgibt. `out` oder `inout` wird zwar akzeptiert, hat aber keinen Sinn, da beide Schlüsselwörter implizieren, dass es einen Rückgabewert gibt. Ein asynchroner Methodenaufruf wartet aber nicht, bis die aufgerufene Methode abgearbeitet ist und einen Wert zurückgibt.

Performanz mittels
oneway verbessern

Die beiden Methoden `registriereCallback` und `entferneCallback` dienen dazu, das Callback-Objekt beim Service bekannt zu machen bzw. wieder zu entfernen.

Callback registrieren

Kommen wir zum Remote Service. Wir passen `IGeoPositionsServiceRemote.Stub` an die neuen Methoden an, die wir im AIDL-Interface (siehe Listing 9.8) definiert haben.

```
...
import android.os.RemoteCallbackList;
...
public class GeoPositionsServiceRemoteImpl extends Service {
```

Listing 9.9
Erweiterung des
Remote Service

```java
private final RemoteCallbackList<IServiceCallback>
    callbacks = // (1)
        new RemoteCallbackList<IServiceCallback>();

private final IGeoPositionsServiceRemote.Stub mGpsBinder =
    new IGeoPositionsServiceRemote.Stub() { // (2)

@Override
public void updateGpsData(final GpsDataParcelable gpsData)
    throws RemoteException {
  // TODO: veraendere den Datensatz 'gpsData'
}

@Override
public GpsDataParcelable getGpsData()
    throws RemoteException {
  // TODO: Hole Ortsposition vom Location Manager
  // und gebe sie als 'GpsDataParcelable' zurueck
}

@Override
public void setGpsData(final GpsDataParcelable gpsData)
    throws RemoteException {
  // TODO: Speichere 'gpsData'
}

@Override
public void getGpsDataAsynchron()
    throws RemoteException {
  // TODO: aktuelle Ortsposition ueber den Location-
  // Manager ermitteln
  final GpsDataParcelable gpsData = new
      GpsDataParcelable(7.1152637f, 50.7066272f,
          69.746456f, System.currentTimeMillis());

  final int anzCallbacks = callbacks.beginBroadcast();
  for (int i = 0; i < anzCallbacks; i++) {
    try {
      callbacks.getBroadcastItem(i).
          aktuellePosition(gpsData);
    }
    catch (RemoteException e) { }
  }
  callbacks.finishBroadcast();
}
```

```
    @Override
    public void registriereCallback(final IServiceCallback
        callback) throws RemoteException {
      if (callback != null) {
        callbacks.register(callback);
      }
    }

    @Override
    public void entferneCallback(final IServiceCallback
        callback) throws RemoteException {
      if (callback != null) {
        callbacks.unregister(callback);
      }
    }
  }
  ...
}
```

Am Anfang von Listing 9.9 haben wir eine `android.os.Remote-CallbackList` namens `callbacks` erzeugt. Diese Klasse des Android-SDK verwaltet die Callback-Objekte in einer Liste. Da sich mehrere Prozesse gleichzeitig mit diesem Remote Service verbinden können, berücksichtigt die `RemoteCallbackList` Aspekte der Nebenläufigkeit (die Zugriffe sind »thread-safe«). Denn jederzeit kann ein aufrufender Prozess über die Methode `entferneCallback` ein Callback-Objekt aus der Liste entfernen. Also auch, wenn gerade eine der Methoden des Callback ausgeführt wird.

Callback-Liste ist thread-safe

Eine weitere Aufgabe der `RemoteCallbackList` ist das automatische Entfernen von Callbacks, wenn der aufrufende Prozess beendet wird. Dies ist möglich, da man zu einem Service eine dauerhafte Verbindung mittels der Methode `bindService` aufbaut (siehe Listing 9.4). Die `RemoteCallbackList` merkt, wenn die Verbindung zu einem verbundenen Prozess unterbrochen wird, und entfernt automatisch den Callback dieses Prozesses.

Callbacks bei Beendigung freigeben

9.4.2 Asynchrone Methodenaufrufe verwenden

Nun wissen wir, wie wir einen Remote Service mit asynchronen Methoden implementieren. Um zu zeigen, wie man aus einer Activity heraus eine asynchrone Methode mit Rückgabewerten aufruft, ändern wir Listing 9.4. Dort hatten wir die Ortsposition per synchronem Methodenaufruf ermittelt. Nun verwenden wir die asynchrone Methode `getGps-DataAsynchron`.

Listing 9.10
Asynchroner
Methodenaufruf
mittels Callback

```java
public class GpsDatenAnzeigen extends Activity {

    private IGeoPositionsServiceRemote mGeoPositionsService;

    @Override
    public void onCreate(Bundle savedInstanceState) {
        super.onCreate(savedInstanceState);
        setContentView(R.layout.gps_daten_anzeigen);
        setTitle(R.string.title_gps_gpsActivityTitle);

        final Intent intent =
            new Intent(GeoPositionsServiceRemoteImpl.class.getName());
        bindService(intent, mGpsServiceRemoteConnection,
            Context.BIND_AUTO_CREATE);
    }

    private ServiceConnection mGpsServiceRemoteConnection =
        new ServiceConnection() {

        @Override
        public void onServiceConnected(ComponentName
            className, IBinder binder) {
          mGeoPositionsService =
              IGeoPositionsServiceRemote.Stub.
                 asInterface(binder);

          try {
            mGeoPositionsService.registriereCallback( // (1)
               serviceCallback);
          }
          catch (RemoteException e) { }
        }

        @Override
        public void onServiceDisconnected(ComponentName
            className) {
          try {
            mGpsRemoteService.entferneCallback( // (2)
               serviceCallback);
          }
          catch (RemoteException e) { }
        }
    };

    private final IServiceCallback serviceCallback =
        new IServiceCallback.Stub() {
```

```
  public void aktuellePosition( // (3)
      final GpsDataParcelable gpsData)
      throws RemoteException {
    final TextView fldOrtsposition =
      (TextView) findViewById(R.id.gpsDatenAnzeigen);
    fldOrtsposition.setText(String.valueOf(
      getOrtsposition()));
  }
};

  public void onClickPositionAbfragen(final View v) {
    try {
      mGpsRemoteService.getGpsDataAsynchron(); // (4)
    }
    catch (RemoteException e) { }
  }
}
```

Wir haben die Stellen, in denen sich die Activity in Listing 9.10 durch
die Verwendung des asynchronen Methodenaufrufs gegenüber Listing
9.4 auf Seite 190 verändert hat, mit Zahlen gekennzeichnet. In der
onServiceConnected-Methode registrieren wir nun zusätzlich unseren
Callback (1). In der onServiceDisconnected-Methode entfernen wir diesen wieder (2), wenn wir die Verbindung zum Service beenden. Das
Überschreiben der Methode aktuellePosition des Callbacks erfolgt an
Stelle (3) im Quelltext. Diese Methode wird vom Remote Service aufgerufen, wenn eine neue Ortsposition vorliegt. Der Prozess wird in der
Methode onClickPositionAbfragen angestoßen. Hier erfolgt der asynchrone Methodenaufruf von getGpsDataAsynchron (4).

Callback An- und
Abmelden

Ergebnis empfangen

Wir schließen diesen Abschnitt mit einigen zusätzlichen Informationen zum Thema IPC und AIDL.

- Prozess und Zielprozess müssen die gleichen Parcelable-
  Datenobjekte implementieren, wenn man solche selbstdefinierten
  Datentypen als Übergabeparameter verwendet. Das hat oft zur
  Folge, dass Änderungen an den Übergabeparametern Änderungen
  in mehreren Anwendungen nach sich ziehen. Der Remote Ser-
  vice ist Teil einer Anwendung, und jede Anwendung, die diesen
  Service verwendet, muss angepasst werden, wenn sich ein Über-
  gabeparameter ändert. Dies sollte man bei der Implementierung
  berücksichtigen, indem man z.B. Parameterlisten verwendet, da
  diese beliebig erweiterbar sind, ohne die Schnittstelle zu ändern.
- Parcelable-Objekte eignen sich nicht dafür, persistiert zu werden!
  Diese Objekte enthalten ihre eigene Serialisierungsvorschrift für
  IPC-Aufrufe. Ein früher mal gespeichertes Parcelable-Objekt ist

vielleicht längst überholt, weil ein weiterer Parameter hinzugekommen ist. Verwendet man es in einem IPC-Call, kann das schwer zu findende Fehler in den übertragenen Daten hervorrufen, ohne dass ein Laufzeitfehler das Problem deutlich gemacht hat.

- In AIDL werden derzeit noch keine Exceptions über Prozessgrenzen hinweg unterstützt. Wir haben zwar in den obigen Beispielen schon `RemoteExceptions` gefangen, jedoch werden diese nicht ausgelöst. Fehlerbehandlung muss über Rückgabewerte implementiert werden.

- AIDL-Interfaces kennen keine `public`-Methoden. Sie sind »package-private« zu deklarieren.

- Alle verwendeten eigenen Parcelable-Datentypen müssen per `import`-Statement bekannt gemacht werden, auch wenn sie im selben Paket liegen.

- Die Methodennamen müssen alle unterschiedlich sein. Hier verhält es sich wie bei Webservices, Corba oder COM. Es reicht nicht, dass die Übergabeparameter unterschiedlich sind.

- In AIDL-Interfaces sind nur Methodendeklarationen erlaubt, keine statischen Variablen.

9.5   Fazit

In diesem Kapitel haben wir die Remote Services kennengelernt. Da sie in einem anderen Prozess laufen als die Anwendung, die sie nutzen möchte, haben wir uns mit dem Datenaustausch zwischen Prozessen beschäftigt. Wir haben die Android-Variante von IDL kennengelernt, mit der IPC abstrahiert wird.

Wir haben gesehen, wie man in einem anderen Prozess Methoden aufruft und welche Möglichkeiten es gibt, Parameter in beide Richtungen zu übertragen. Für die Übertragung von eigenen Datentypen mussten wir etwas mehr Aufwand betreiben, da wir diese »von Hand« serialisieren, bzw. deserialisieren müssen. In diesem Zusammenhang haben wir das `Parcelable`-Interface kennengelernt, welches praktisch das AIDL-Pendant zum `Serializable`-Interface in Java SE ist.

Abschließend haben wir an einem ausführlichen Beispiel die Ausführung eines asynchronen Methodenaufrufs in einem Remote Service implementiert. Der Service hat uns mittels eines AIDL-Callback-Objekts Rückmeldung gegeben, nachdem er seine Aufgabe erledigt hat.

10 Systemnachrichten

Wir haben in den vergangenen beiden Kapiteln gelernt, dass Android-Anwendungen aus lose gekoppelten Komponenten bestehen. Bisher haben wir Activities als sichtbare Schnittstelle zum Anwender und Services als Komponente zur Behandlung von Hintergrundprozessen kennengelernt. Der »Leim« (engl. *glue*), der diese Komponenten zusammenhält und zu einer Anwendung verbindet, sind die Intents, wie wir sie aus Kapitel 7 kennen. Wir werden in diesem Kapitel eine weitere Android-Komponente kennenlernen, den »*Broadcast Receiver*« (»to broadcast«: etwas ausstrahlen). Er reagiert auf bestimmte Intents, die »*Broadcast Intents*«, die Informationen über Änderungen des Zustands der Android-Plattform enthalten. Daher bezeichnen wir hier die Broadcast Intents als Systemnachrichten.

Über Zustandsänderungen informieren lassen

Eine zweite Form von Systemnachrichten sind die *Notifications*. Mit ihrer Hilfe kann man den Anwender über ein Ereignis informieren. Sie erscheinen in der Statuszeile des Android-Geräts.

Wir werden in den folgenden Abschnitten beide Arten von Systemnachrichten kennenlernen.

10.1 Broadcast Intents

Broadcast Intents sind eine Gruppe von speziellen Intents. Sie werden von der Android-Plattform in großen Mengen verschickt und informieren Anwendungen über Systemereignisse. Genau wie Intents beinhalten sie Strings, die in der Klasse android.content.intent als Konstanten definiert sind. Um zu verdeutlichen, was mit Systemereignissen gemeint ist, stellen wir exemplarisch einige davon in Tabelle 10-1 vor und erklären, worüber sie informieren.

Geplapper im Hintergrund

Eine vollständige Auflistung der Broadcast Intents kann man der API-Dokumentation zu der Klasse Intent des Android-SDK entnehmen. In der Dokumentation wird zwischen »Broadcast Action« und »Activity Action« unterschieden. Die Konstantennamen beider Arten von Intent beginnen mit »ACTION_«. Broadcast Intents sind jedoch nur die, die im Erklärungstext als »Broadcast Action« bezeichnet werden.

Nicht verwechseln!

Tab. 10-1
Einige Broadcast
Intents...

Broadcast Intent	Systemereignis
ACTION_BOOT_COMPLETED	Wird einmal verschickt, wenn die Boot-Sequenz der Android-Plattform nach einem Neustart des Android-Geräts abgeschlossen ist. Erfordert die Vergabe der Berechtigung RECEIVE_BOOT_COMPLETED im Android-Manifest.
ACTION_BATTERY_LOW	Wird verschickt, wenn der Akku des Android-Geräts fast leer ist.
ACTION_PACKAGE_ADDED	Wird verschickt, wenn eine neue Android-Anwendung auf dem Gerät installiert wurde.
ACTION_SCREEN_OFF	Wird verschickt, wenn sich der Bildschirm nach längerer Inaktivität abschaltet.

Broadcast Intents werden asynchron verschickt. Sie können von mehreren Empfängern nacheinander empfangen werden. Man kann Broadcast Intents auch aus der eigenen Anwendung heraus verschicken. In der Praxis kommt dies eher selten vor, da Broadcast Intents meist systembezogen und nicht anwendungsbezogen sind. Die dafür zur Verfügung stehenden Methoden sind in Tabelle 10-2 aufgelistet.

Verschicken mit Hilfe des Anwendungskontexts

Da die Methoden zur Klasse Context gehören, stehen sie auch in den Komponenten Activity und Service zur Verfügung. Broadcast Receiver erhalten den Anwendungskontext als Übergabeparameter und können darüber auf die Methoden zugreifen.

Broadcast Intents und Activity Intents werden auf unterschiedliche Weise verschickt. Sie sind für die andere Komponente unsichtbar, d.h., man kann mit einem Intent-Filter einer Activity keinen Broadcast Intent fangen. Gleiches gilt umgekehrt, was aber die Frage aufwirft, wie man Broadcast Intents fängt.

10.2   Broadcast Receiver

Systemnachrichten abfangen

Broadcast Intent Receiver oder kurz *Broadcast Receiver* (android.os.BroadcastReceiver) dienen dazu, auf der Lauer zu liegen und auf Broadcast Intents zu warten.

Um einen Broadcast Receiver zu verwenden, haben wir zwei Möglichkeiten. Die eine ist, ihn wie eine Activity oder einen Service im Android-Manifest zu deklarieren. Dann wird der Broadcast Receiver zum Zeitpunkt der Installation der Anwendung, die das Android-Manifest enthält, bei der Android-Plattform registriert. Jeder Broadcast

Deklaration von Broadcast-Receivern

Methode	Beschreibung
Context.sendBroadcast(...)	Versendet einen Broadcast Intent.
Context.sendOrderedBroadcast(...)	Versendet einen Broadcast Intent. Als Parameter kann man einen Broadcast Receiver (s.u.) mitgeben, der *nach* allen anderen Broadcast-Receivern aufgerufen wird, die diesen Intent verarbeiten. Ruft man diese Methode in einem Broadcast Receiver auf, kann man diesen selbst als Parameter mitgeben (via this). Dadurch ruft sich der Broadcast Receiver selbst auf, nachdem alle anderen Broadcast Receiver durchgelaufen sind, und man hat einen Callback-Mechanismus. Die Methode kann außerdem Daten in Form von Parametern übergeben.
Context.sendStickyBroadcast(...)	Der Broadcast Intent wird nicht nach dem Motto »fire and forget«, wie bei den anderen Methoden, verschickt. Er »klebt« (engl. sticky) im System und wird auch von Broadcast Receivern empfangen, die erst nach dem Versenden gestartet werden.
Context.sendStickyOrderedBroadcast(...)	Kombination aus den beiden vorherigen Methoden

Tab. 10-2
Broadcast Intents verschicken

Intent, auf den der Broadcast Receiver lauscht, startet diesen, und er verrichtet seine Arbeit. Die Anwendung, zu der das Android-Manifest gehört, muss dafür nicht laufen! Auf diese Art kann man beispielsweise einen Broadcast Receiver zum Starten des Programms verwenden, wenn ein bestimmtes Systemereignis auftritt. Wir nennen dies einen statischen Broadcast Receiver.

Die zweite Möglichkeit ist, einen Broadcast Receiver dynamisch zu verwenden, indem man ihn in einer Activity oder in einem Service implementiert. Er existiert dann nur für die Laufzeit der Komponente und reagiert auch nur für diese Zeitspanne auf bestimmte Broadcast Intents. Wir schauen uns an einem Beispiel zunächst diese zweite Variante an.

10.2.1 Dynamische Broadcast Receiver

Listing 10.1
Einen Broadcast
Receiver dynamisch
verwenden

```java
public class DatenEingabeActivity extends Activity {

  private static final String ACTION_BROADCAST_DEMO =
    "de.androidbuch.intent.action.BROADCAST_DEMO"; // (1)

  private MeinBroadcastReceiver mBroadcastReceiver;

  @Override
  protected void onCreate(Bundle savedInstanceState) {
    super.onCreate(savedInstanceState);
    setContentView(R.layout.main);
  }

  private class MeinBroadcastReceiver // (2)
      extends BroadcastReceiver {
    @Override
    public void onReceive(Context ctxt, Intent intent) {
      Toast.makeText(DatenEingabeActivity.this,
          "Broadcast Intent-Demo!",
          Toast.LENGTH_SHORT).show();
    }
  };

  public void onClickSendeBroadcast(View v) { // (3)
    final Intent broadcastIntent =
      new Intent(ACTION_BROADCAST_DEMO);
    getApplicationContext().sendBroadcast(broadcastIntent);
  }

  @Override
  protected void onPause() {
    getApplicationContext().unregisterReceiver( // (4)
        mBroadcastReceiver);
    super.onPause();
  }

  @Override
  protected void onResume() {
    final IntentFilter intentFilter = // (5)
      new IntentFilter(ACTION_BROADCAST_DEMO);
    mBroadcastReceiver = new MeinBroadcastReceiver();
```

```
    getApplicationContext().registerReceiver( // (6)
        mBroadcastReceiver, intentFilter);

    super.onResume();
  }
}
```

Die Activity in Listing 10.1 hat die Aufgabe, dem Anwender eine Meldung (ein `android.widget.Toast`) anzuzeigen, wenn sie den Broadcast Intent empfängt, den sie selbst gesendet hat. Natürlich ist es unsinnig, wenn eine Activity sich selbst einen Broadcast Intent schickt, aber wir wollen hier lediglich das Prinzip verdeutlichen. Abbildung 10-1 zeigt die Activity nach dem Empfang des Intents.

Hinweis mittels Toast

Abb. 10-1
Activity mit
dynamischem
Broadcast Receiver

Damit der Broadcast Receiver auf den Broadcast Intent reagieren kann, definieren wir zuerst einen Intent (1). Den Broadcast Receiver implementieren wir als innere Klasse. Dort überschreiben wir die Methode `onReceive`, in der wir den Empfang des Broadcast Intents mittels eines Toasts bekannt geben (2). Für das Verschicken des Intents nutzen wir die Methode `sendBroadcast` (3). Broadcast Intents sind ebenfalls vom Typ `android.content.Intent`. Hier wird nur die Beschreibung der auszuführenden Aktion in Form eines Strings übergeben (1). Sie muss zum Intent-Filter passen (5). Denn nur wenn beide Strings übereinstimmen, reagiert der Intent-Filter und ruft die Methode `onReceive` von `MeinBroadcastReceiver` auf. Der Receiver wird über den Anwendungskontext registriert (6). Er muss beim Beenden der Activity wieder abgemeldet werden (4).

Implementierung als
innere Klasse

ANR möglich

Da der Broadcast Receiver innerhalb des Threads der Activity läuft, ist die Activity während der Ausführung der onReceive-Methode nicht ansprechbar.

> **Achtung!**
>
> Die onReceive-Methode muss in weniger als 5 Sekunden abgearbeitet sein, sonst riskiert man einen ANR. Für langlaufende Operationen muss man einen Thread verwenden.

10.2.2   Statische Broadcast Receiver

Unter statischen Broadcast-Receivern verstehen wir solche, die im Android-Manifest deklariert werden. Sie reagieren immer auf die Intents, die ihr Intent-Filter passieren lässt. Dies ist unabhängig davon, ob die Anwendung läuft oder nicht.

SMS enthält Ortsposition.

Wir schauen uns die Implementierung an einem praktischen Beipiel an. Dabei starten wir mit dem Broadcast Receiver zum Empfang von SMS-Nachrichten. In der Amando-Anwendung können wir unsere eigene Ortsposition per SMS an einen Bekannten senden, die die Position als Text enthält. Der Bekannte hat die Amando-Anwendung ebenfalls installiert, laufen muss sie aber nicht. Wir wollen nun, dass die SMS Amando auf dem Android-Gerät des Bekannten startet. Dabei sollen unsere Positionsdaten aus der SMS ausgelesen und die Activity Karte-Anzeige gestartet werden. Die eigene Position des Bekannten und unsere Position werden daraufhin in der Karte angezeigt.

Beispiel: SMS empfangen

Wir implementieren an dieser Stelle den für den Empfang der SMS notwendigen statischen Broadcast Receiver. Wie man die eigene Position ermittelt und in einer Karte anzeigt, lernen wir in Kapitel 16.

Listing 10.2
Statischer Broadcast Receiver zum Empfang von SMS

```
package de.androidbuch.amando.receiver;

public class SmsBroadcastReceiver
    extends BroadcastReceiver {

    static final String DATEN_SMS_ACTION =
        "android.intent.action.DATA_SMS_RECEIVED";
```

```
static final short DATA_SMS_PORT = 15873;

@Override
public final void onReceive(final Context context,
    final Intent intent) {

  // Daten-SMS:
  if (intent.getAction().equals(DATEN_SMS_ACTION)) { // (1)
    verarbeiteDatenSms(context, intent);
  } else { // Text-SMS:
    verarbeiteTextSms(context, intent);
  }
 }
}
```

In Listing 10.2 haben wir eine Unterscheidung eingebaut. Wir werden gleichzeitig zeigen, wie man eine Anwendung auf einem anderen Android-Gerät per normaler SMS und per Daten-SMS starten kann. Daten-SMS haben den Vorteil, dass sie weder im SMS-Eingang noch in der Statuszeile des Geräts auftauchen. Sie sind praktisch »unsichtbar«, während normale SMS hier ja keinen Text übertragen, den jemand lesen soll, sondern nur für die Intergerätekommunikation (engl. machine-to-machine communication, m2m communication) verwendet werden. Beachten Sie jedoch, dass beide Arten von SMS in der Praxis normalerweise Kosten verursachen!

Daten-SMS als clevere Alternative

Der Receiver unterscheidet sich nicht von einem dynamischen Broadcast Receiver. Der einzige Unterschied ist der, dass wir ihn als eigenständige Klasse im Package de.androidbuch.amando.receiver implementieren und nicht als innere Klasse. Als nächsten Schritt deklarieren wir den Broadcast Receiver im Android-Manifest.

```
...
  <application android:icon="@drawable/icon" ... >
  ...
    <receiver android:name=".receiver.SmsBroadcastReceiver"> (1)

      <intent-filter> (2)
        <action android:name=
            "android.provider.Telepony.SMS_RECEIVED" />
      </intent-filter>

      <intent-filter> (3)
        <action android:name=
            "android.intent.action.DATA_SMS_RECEIVED" /> (4)
        <category android:name=
            "android.intent.category.DEFAULT" />
```

Listing 10.3
Android-Manifest für den statischen Broadcast Receiver

```
        <data android:scheme="sms" />
        <data android:host="localhost" />
        <data android:port="15873" /> (5)
     </intent-filter>

   </receiver>
  </application>
...
```

Die Deklaration erfolgt über das XML-Element `<receiver>`. Beim Empfang eines entsprechenden Broadcast Intents wird unser Broadcast Receiver automatisch in einem eigenen Prozess gestartet und die Methode
Beliebig viele `onReceive` aufgerufen. Broadcast Receiver können beliebig viele Intent-
Intent-Filter möglich Filter besitzen, die festlegen, bei welchen Broadcast Intents (bzw. Systemereignissen) sie gestartet werden sollen. Wir haben zwei Intent-Filter implementiert, einmal für normale SMS (2) und einmal für Daten-SMS (3). Die Implementierung von Intent-Filtern kennen wir schon aus Kapitel 7.3.1.

Portnummer Beim Filter für Daten-SMS ist zu beachten, dass wir im dritten
verwenden `<data>`-Element eine Portnummer angegeben haben (5). Diese können wir frei vergeben, sie muss jedoch beim Verschicken der Daten-SMS berücksichtigt werden. Der Wert des `<action>`-Elements (4) dient in Listing 10.2 als Unterscheidungskriterium zwischen normaler und Daten-SMS.

In diesem Listing fehlt derzeit noch die Implementierung der beiden Methoden `verarbeiteDatenSms` und `verarbeiteTextSms`. Dies holen wir nun nach.

Listing 10.4
Auswerten einer
empfangenen
Daten-SMS

```
private void verarbeiteDatenSms(final Context context,
    final Intent intent) {
  final String uricontent = intent.getDataString();
  final String[] str = uricontent.split(":");
  final String strPort = str[str.length - 1];
  final int port = Integer.parseInt(strPort);

  if (port == DATA_SMS_PORT) {
    final Bundle bundle = intent.getExtras();
    if (bundle != null) {
      final Object[] pduObj =
        (Object[]) bundle.get("pdus");
      for (Object pduObject : pduObj) {
        SmsMessage smsNachricht = SmsMessage
          .createFromPdu((byte[]) pduObject);
        smsNachricht = SmsMessage
          .createFromPdu((byte[]) pduObject);
```

```
      if (smsNachricht != null) {
        final String smsText = new String(smsNachricht
          .getUserData());
        if (smsText != null) {
          final String absenderMobilnummer =
            smsNachricht.getOriginatingAddress();

          starteAmando(context,
            absenderMobilnummer, smsText);
        }
      }
    } // ende for
    }
  }
}
```

Die Methode verarbeiteTextSms sieht ganz ähnlich aus. Hier erhalten wir den SMS-Text nicht aus der Methode getUserData, sondern aus get-MessageBody.

```
private void verarbeiteTextSms(final Context context,
    final Intent intent) {
  final Bundle bundle = intent.getExtras();
  if (bundle != null) {
    // PDU: Protocol Description Unit
    final Object[] pdUnits = (Object[]) bundle // (1)
      .get("pdus");
    for (Object pduAsObject : pdUnits) {
      SmsMessage smsNachricht = SmsMessage
        .createFromPdu((byte[]) pduAsObject); // (2)
      if (smsNachricht != null) {
        final String smsText = new String(smsNachricht
          .getMessageBody());
        if (smsText != null) {
          final String absenderMobilnummer = smsNachricht
            .getOriginatingAddress();

          starteAmando(context, absenderMobilnummer, // (3)
            smsText);
        }
      }
    } // ende for
  }
}
```

Listing 10.5
Auswerten einer
normalen SMS

SMS werden normalerweise im PDU-Format verschickt (PDU: Protocol Description Unit). Dieses Format erlaubt die korrekte Darstellung von

Deutsche SMS in
China lesbar

SMS auf einem Mobiltelefon, auf dem ein anderer Zeichensatz vorein-
gestellt ist, sofern unser Zeichensatz dort verfügbar ist.

Die beiden obigen Methoden berücksichtigen aufgrund der for-
Schleife, dass mehrere SMS gleichzeitig ankommen können (z.B. wenn
die SMS mehr als 160 Zeichen lang ist) (1). Mit Hilfe der Klasse andro-
id.telephony.SmsMessage können wir aus den PDU-Objekten Objekte
vom Typ SmsMessage machen (2).

> **Achtung!**
>
> Bis einschließlich Android 1.5 lag SmsMessage im Package andro-
> id.telephony.gsm. Ab Android 1.6 liegt die Klasse im Package andro-
> id.telephony.SmsManager.

Die Methode starteAmando (3) am Ende der beiden Listings soll dann
aus dem Broadcast Receiver heraus die Start-Activity der Amando-
Anwendung starten. Dabei sollen die in der SMS stehenden Daten an
die Activity übertragen werden. Für den SMS-Text haben wir ein einfaches Textformat verwendet, welches folgende Informationen, die jeweils durch ein Doppelkreuz (»#«) getrennt sind, beinhaltet:

- Mobilnummer des Absenders
- Stichwort
- Längengrad
- Breitengrad
- Höhe
- Zeitstempel
- Flag, ob der Server fortwährend die aktuelle Position des Bekannten
  sendet

In Listing 10.6 zeigen wir, wie man aus einem Broadcast Receiver heraus eine Anwendung mittels implizitem Intent startet und dabei Daten
an die Anwendung übergibt. Der SMS-Text ist nach folgendem Format
aufgebaut und wird in der Methode starteAmando in seine Einzelteile
zerlegt:

`#Finde mich#7.1116908333#50.675001633#64.86#12695616#1`

Die Methode zum Zerlegen eines solchen SMS-Textes lautet:

Listing 10.6
Start einer Anwendung
aus einem Broadcast
Receiver

```
public static void starteAmando(
    final Context context,
    final String absenderMobilnummer,
    final String smsText) {
```

```
final String[] token = smsText.split("#");
final String stichwort = token[1];
final GpsDataParcelable gpsData = new GpsDataParcelable(Double
    .parseDouble(token[2]),
    Double.parseDouble(token[3]), Double
    .parseDouble(token[4]),
    Long.parseLong(token[5]));

final boolean positionNachverfolgen =
    ("1".equals(token[6])) ? true : false;

final Bundle bundle = new Bundle();

bundle.putString("mobilnummer", absenderMobilnummer);
bundle.putString("stichwort", stichwort);
bundle.putParcelable("gpsdata", gpsData);
bundle.putBoolean("nachverfolgen",
    positionNachverfolgen);

final Intent activityIntent = new Intent(context, // (1)
    Startseite.class);

activityIntent.putExtra("daten", bundle); // (2)

activityIntent.addFlags(Intent.FLAG_ACTIVITY_NEW_TASK); // (3)
activityIntent.addFlags(Intent.FLAG_ACTIVITY_CLEAR_TOP);

context.startActivity(activityIntent);
}
```

Ein Großteil der Methode besteht aus dem Parsen des SMS-Textes und dem Befüllen des Bundles mit Daten. Am Ende der Methode erzeugen wir dann einen Intent (1) und übergeben ihm das Bundle (2).

Dem Intent geben wir zusätzlich zwei Flags mit. FLAG_ACTIVITY_NEW_TASK bewirkt, dass die Activity in einem neuen Prozess gestartet wird. Nur so können wir eine Anwendung starten. Der Broadcast Receiver kann selbst in seinem eigenen Prozess keine Activity anzeigen. Er ist ein reiner Hintergrundprozess. Das Flag FLAG_ACTIVITY_CLEAR_TOP bewirkt, dass die Activity neu gestartet und angezeigt wird, falls sie schon läuft. Dabei ist es egal, ob sie gerade angezeigt, oder von einer anderen Activity überlagert wird. Durch den (Neu-)Start wird die onCreate-Methode aufgerufen, wo wir den Intent auswerten können.

Statische Broadcast Receiver haben keine Oberfläche.

Mit dem oben gezeigten Muster können wir eigene Anwendungen oder Services automatisch starten, wenn der Broadcast Receiver einen

Anwendungen automatisch starten

bestimmten Broadcast Intent empfangen hat. Statische Broadcast Receiver werden in der Android-Plattform registriert, sobald die Anwendung installiert wird, zu der sie gehören. Ab dem Zeitpunkt lauschen sie auf Broadcast Intents, egal ob die Anwendung läuft oder nicht.

Probleme bei langlaufenden Operationen

Bei Broadcast-Receivern ist zu beachten, dass sie nur erzeugt werden, wenn ein Broadcast Intent ihre Intent-Filter passiert. Sie existieren nur so lange, wie ihre onReceive-Methode abgearbeitet wird. Danach werden sie beendet. Das hat zur Folge, dass jeder in der onReceive-Methode gestartete Thread und jede Verbindung zu einem Service mittels context.bindService beendet wird, sobald die Methode verlassen wird. Nehmen wir folgendes Szenario an: In der onReceive-Methode des Broadcast Receivers starten wir einen Thread, bevor wir eine Activity aufrufen.

```
public void onReceive(Context context, Intent intent) {
  starteThread();

  final Intent i = new Intent(context,
      Startseite.class);
  i.addFlags(Intent.FLAG_ACTIVITY_NEW_TASK);

  context.startActivity(i);
}
```

Die Activity wird gestartet und die onReceive-Methode des Broadcast Receivers verlassen. Damit ist der Broadcast Receiver beendet, und die Komponente samt Thread wird vom Android-System beendet.

Vorsicht: Nicht mit dem Service verbinden

Wenn wir den langlaufenden Programmteil in einen Service auslagern, dürfen wir uns nicht mittels Context.bindService(Intent,ServiceConnection,int) an diesen Service binden, sondern dürfen ihn nur mittels Context.startService(Intent service) starten. Sonst hätten wir das gleiche Problem wie bei Threads: Wir würden asynchron über den Binder eine Methode des Service aufrufen, aber die Verbindung zum Service wird beendet, bevor die Methode abgearbeitet ist. Aus dem gleichen Grund kann man keine Dialoge aus einem Broadcast Receiver starten.

Achtung!

Keine Threads oder Verbindungen zu Services in der onReceive-Methode eines Broadcast Receivers starten bzw. aufbauen! Wenn die Ausführung der onReceive-Methode länger als 10 Sekunden dauert, wird ein ANR (*Application Not Responding*) ausgelöst.

Wir haben uns nun intensiv mit Broadcast Intents als ein Beispiel für Systemnachrichten beschäftigt. Dabei haben wir gesehen, wie wir in unserer Anwendung SMS empfangen und auswerten. Nun zeigen wir noch, wie wir SMS verschicken können, die vom oben definierten Intent-Filter empfangen werden (siehe Listing 10.3).

SMS verschicken

Wir können SMS nutzen, um eine Anwendung auf einem anderen Android-Gerät zu starten oder ihr einfach nur Daten zu übergeben. Damit ist dies ebenfalls eine Form von Systemnachricht, nur dass es sich beim Empfänger nicht um das gleiche Gerät, sondern um ein anderes handelt.

Anwendungen auf anderen Geräten starten

In Amando können wir unsere eigene Position per SMS an einen Bekannten schicken. Dabei wird zunächst die Ortsposition ermittelt, dann ein SMS-Text erzeugt und schließlich die SMS verschickt. Letzteres schauen wir uns etwas genauer an.

Wir erzeugen eine neue Klasse `AmandoSmsUtil` im Package `de.androidbuch.amando.common`. Da wir im vorangegangenen Abschnitt einen Empfänger für Text-SMS und Daten-SMS implementiert haben, versetzen wir unsere neue Klasse auch in die Lage, beide Arten von SMS zu verschicken.

```
package de.androidbuch.amando.common;

public class AmandoSmsUtil {

  public static final int TYP_DATEN_SMS = 1;
  public static final int TYP_TEXT_SMS = 2;

  public static final short SMS_DATEN_PORT = 15873;

  public static void sendeSms(
      final List<String> empfaengerMobilnummern, // (1)
      final GpsData gpsData,
      final String stichwort,
      final boolean positionNachverfolgen,
      int smsType) {

    final String smsText = erzeugeSmsText(gpsData, // (2)
      stichwort,
      positionNachverfolgen);
```

Listing 10.7
Versenden von Text-
und Daten-SMS

```
    for (String mobilnummer : empfaengerMobilnummern) {
      switch (smsType) {
        case TYP_TEXT_SMS:
          sendeTextSms(mobilnummer, smsText);
          break;
        case TYP_DATEN_SMS:
          sendeDatenSms(mobilnummer, smsText);
          break;
        default:
          break;
      }
    }
  }

  private static void sendeTextSms(
      final String mobilnummer, final String smsText) {
    final SmsManager smsManager = SmsManager.getDefault(); // (3)

    smsManager.sendTextMessage(mobilnummer, null, // (4)
        smsText, null, null);
  }

  private static void sendeDatenSms(
      final String mobilnummer, final String smsText) {
    final SmsManager smsManager = SmsManager.getDefault();

    final byte[] udh = smsText.getBytes();
    smsManager.sendDataMessage(mobilnummer, null, // (5)
        SMS_DATEN_PORT,
        udh, null, null);
  }

  private static String erzeugeSmsText(
      final GpsData gpsData,
      final String stichwort,
      final boolean positionNachverfolgen) { // (6)
    ...
  }
}
```

Die Methode sendeSms kann eine Liste von Mobilnummern verarbeiten (1), da wir in Amando unsere Geoposition an mehrere Bekannte
gleichzeitig schicken können. Die Erzeugung eines SMS-Textes erfolgt
in einer eigenen Methode (2), die wir hier nicht implementiert haben.
Das zu erzeugende Textformat haben wir oben angegeben.

SMS werden mit Hilfe des `SmsManagers` verschickt. Man erhält ein Exemplar der Klasse über die statische Methode `getDefault` (3). Die Methoden zum Versenden von SMS (4 und 5) sind sich recht ähnlich. Der erste Parameter gibt die Mobilnummer des Empfängers an. Der zweite Parameter heißt `scAddress` und gibt das SMS-Service Center an, welches die SMS verschickt. Das Service Center ist normalerweise fest vorgegeben und gehört zum Netzbetreiber, so dass der Parameter `null` sein sollte. Der dritte Parameter ist der `destinationPort`. Ihn gibt es nur bei der Daten-SMS (5), da diese über einen bestimmten Port verschickt werden muss. Wir haben ihn frei gewählt, es muss jedoch der Port sein, auf dem der Broadcast Receiver auf eingehende Daten-SMS wartet.

SmsManager verschickt SMS.

Der nächste Parameter ist der SMS-Text selbst. Bei der Text-SMS können wir einfach einen String übergeben. Bei der Daten-SMS muss ein `byte`-Array übergeben werden. Es ist normalerweise dazu gedacht, Bytes entgegenzunehmen, die einem bestimmten Format entsprechen. Dieses Format nennt sich *UDH* (User Data Header). Es wird verwendet, um unter anderem Klingeltöne, Wap-Push-Nachrichten oder Software-Installationslinks zu übertragen. Die Endgeräte erkennen das Format und leiten die entsprechenden Aktionen ein (z.B. Speichern des Klingeltons). Wir übertragen in diesem Fall lediglich die Textnachricht in Form eines `byte`-Arrays.

Nachricht binär übergeben

Mit Hilfe der letzten beiden Parameter kann man Pending-Intents übergeben. Sie geben darüber Rückmeldung, ob die SMS zum SMS-Gateway des Netzbetreibers übermittelt werden konnte und ob sie dem Empfänger zugestellt werden konnte. Pending-Intents erklären wir im nächsten Abschnitt. Hier würden sie uns Rückmeldung über den Versandstatus der SMS geben. Indem wir `null` übergeben haben, haben wir sie in unserer Implementierung weggelassen.

Über Versandstatus informiert werden

Auch hier gilt wieder: Ab Android 1.6 hat sich die Package-Struktur bei Telefonie-bezogenen Klassen geändert. Bis einschließlich Android 1.5 lag der `SmsManager` im Package `android.telephony.gsm`. Ab Android 1.6 ist er im Package `android.telephony` zu finden.

Leider können wir keine direkte Internetverbindung zwischen zwei Android-Geräten aufbauen, da die Geräte keine echte IP-Adresse besitzen. Die SMS dient nur dazu, dem Empfänger einmalig die initiale Position mitzuteilen. Mittels des Flags »`positionNachverfolgen`« (6) teilen wir dem Empfänger mit, dass wir »Updates« unserer eigenen Position an den Amando-Server schicken. Die Amando-Anwendung des Empfängers baut eine dauerhafte Internetverbindung zum Amando-Server auf und erhält von dort automatisch die Positionsänderungen. Die SMS stößt damit eine Inter-Geräte-Kommunikation an. Die Daten-SMS macht dies sogar »unsichtbar« im Hintergrund.

Keine direkte Verbindung möglich

Server-Quellcode ist
verfügbar.
Wir stellen den Quellcode des Amando-Kommunikationsservers auf der Webseite zum Buch (www.androidbuch.de) bereit.

Eine weitere Form von Systemnachrichten sind die Notifications, die unter anderem dazu verwendet werden können, eine Meldung an den Anwender aus einem Broadcast Receiver heraus zu verschicken.

10.3 Meldungen an den Notification Manager

Es gibt eine Möglichkeit, den Anwender über ein Ereignis zu informieren, ohne eine Activity zu verwenden. Dies erfolgt mit Hilfe einer *Notification*, die in der Statuszeile des Android-Geräts angezeigt wird und nicht auf der Oberfläche.

Das Senden von Notifications erfolgt mit Hilfe des Notification Managers (android.os.NotificationManager). Er informiert den Anwender mittels einer Notification über ein Ereignis, ohne die aktuell angezeigte Activity zu beinflussen. Die Notification wird in der Statuszeile angezeigt und kann sich zusätzlich durch einen Ton oder einen Vibrationsalarm bemerkbar machen. Das Starten einer Anwendung aus dem Hintergrund, also ohne ausdrücklichen Wunsch des Anwenders, wird oft als störend empfunden, weil es den Anwender bei seiner Tätigkeit unterbricht. Ein dezenter Hinweis, dass eine neue Information vorliegt, ist völlig ausreichend.

Dezenter Hinweis
mittels Notification

Notifications können sich auf folgende Arten für den Anwender bemerkbar machen:

- Die Geräte-LED, falls vorhanden, kann angeschaltet oder zum Blinken gebracht werden.
- In der Statuszeile kann ein Piktogramm angezeigt werden.
- Der Bildschirmhintergrund kann flackern, das Gerät vibrieren oder ein Sound ertönen.

Notifications werden meist bei Hintergrundoperationen eingesetzt, die nicht sofort eine Activity starten sollen, um ihr Ergebnis anzuzeigen. Typische Komponenten, die über Notifications mit dem Anwender kommunizieren, sind Broadcast Receiver und Services.

Hintergrundprozesse
verwenden
Notifications.

Wir schauen uns nun an, wie man Notifications verwendet. Nehmen wir an, wir hätten einen Service programmiert, der in regelmäßigen Abständen den Versandstatus einer von uns in einem Online-Shop bestellten Ware prüft. Wenn die Ware versendet wird, wollen wir darüber informiert werden. Der Service ruft in diesem Fall die Methode benachrichtigeAnwender auf. Dort versenden wir die Notification. Die Notification soll in der Lage sein, die Activity BestellstatusActivity zu starten, die uns Detailinformationen zur Bestellung anzeigt.

Listing 10.8
Versenden einer
Notification

```
...
private static final int NOTIFICATION_ID = 12345;
...
private void benachrichtigeAnwender(final String bestellNr) {
  final Context context = getApplicationContext();

  final NotificationManager notificationManager = // (1)
    (NotificationManager)getSystemService(
      Context.NOTIFICATION_SERVICE);

  final String text = "Bestellung Nr. " + bestellNr +
      " wurde versendet.";
  final Notification notification = // (2)
      new Notification(R.drawable.icon, text,
          System.currentTimeMillis());

  final Intent activityIntent = new Intent(context, // (3)
      BestellstatusActivity.class);
  activityIntent.putExtra("bestellNr", bestellNr);
  activityIntent.putExtra("notificationNr", NOTIFICATION_ID);

  activityIntent.addFlags(
      Intent.FLAG_ACTIVITY_NEW_TASK); // (4)

  final PendingIntent startIntent = // (5)
    PendingIntent.getActivity(context, 0,
      activityIntent, 0);

  notification.setLatestEventInfo(context,
      "Bestellstatus ansehen",
      "Best.-Nr.: " + bestellNr, startIntent);
  notification.vibrate = new long[] {100, 250}; // (6)

  notificationManager.notify(NOTIFICATION_ID, // (7)
    notification);
}
```

Notifications werden an den Notification Manager geschickt. In Listing 10.8 ermöglichen wir daher im ersten Schritt einen Zugriff auf den Notification Manager der Android-Plattform (1).

Die Notification selbst besteht aus einem Piktogramm, welches in der Statuszeile des Android-Geräts angezeigt wird. Als zweiten Parameter übergibt man einen Anzeigetext. Der Anzeigetext wird neben dem Piktogramm in der Statuszeile angezeigt. Ist der Text zu lang, wird er Zeile für Zeile angezeigt. Abbildung 10-2 (a) zeigt den Emulator, der die Notification empfangen hat (2).

Piktogramm und Text
im Statusbalken

Abb. 10-2
Empfang und Anzeige
einer Notification

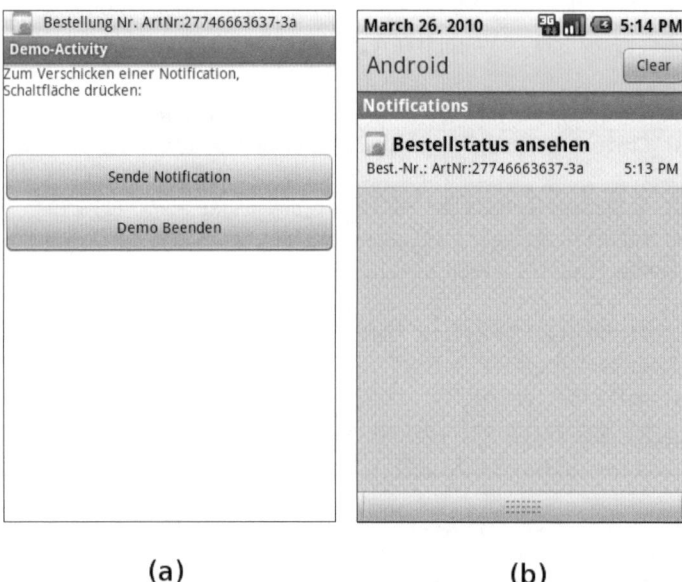

(a)   (b)

In der Methode benachrichtigeAnwender definieren wir als Nächstes einen Intent zum Starten einer Activity. Der Intent startet beim Anklicken der Notification die Android-Komponente, die ihm mit Hilfe eines Parameters bekannt gemacht wurde. In unserem Fall wollen wir die Activity BestellstatusActivity starten (3).

Notifications müssen Wir geben dem Intent die Bestellnummer und eine eindeutige Id
gelöscht werden. für die Notification mit. Diese Id brauchen wir in der Activity, um die Notification wieder zu löschen, da dies nicht automatisch geschieht.

Auch hier muss man darauf achten, dem Intent das Intent-Flag Intent.FLAG_ACTIVITY_NEW_TASK hinzuzufügen, wenn die Komponente nicht im UI-Thread läuft (4).

Als Nächstes definiert man einen android.app.PendingIntent (5). Da Intents ins Leere gehen, wenn kein Empfänger für den Intent existiert,
Langlebige Intents gibt es den PendingIntent. Ein PendingIntent wird von der Android-Plattform so lange gespeichert, bis ihn eine Komponente konsumiert. In ihm steckt ein normaler Intent, der auf diese Weise »konserviert« wird. Irgendwann schaut sich der Anwender die Notification an, die in der Statuszeile des Geräts angezeigt wird. Beim Anklicken der Notification wird der darin enthaltene Intent ausgelöst und die vereinbarte Activity gestartet. Die Methode

```
Notification.setLatestEventInfo(Context context,
    CharSequence contentTitle, CharSequence contentText,
    PendingIntent contentIntent)
```

dient dazu, die Anzeige der Notification zu definieren. Eine Notification *Notifications anzeigen*
lässt sich anzeigen, indem man die Statuszeile anfasst und ganz herunter
bis zum unteren Rand des Bildschirms zieht. Im Emulator kann man
dazu die Maus verwenden. Abbildung 10-2 (b) zeigt die Anzeige der
Notification. Hier finden sich die mit den Parametern `contentTitle` und
`contentText` übergebenen Parameterwerte wieder.

Wir haben der Notification noch die Information mitgegeben, dass *Vibrationsalarm*
sie einen Vibrationsalarm auslösen soll. Dauer und Pause zwischen den *auslösen*
Vibrationen können wir durch die Parameter bestimmen (6). Um den
Vibrationsalarm in einer Anwendung zu verwenden, müssen die notwendigen Berechtigungen im Android-Manifest mittels

```
<uses-permission android:name="
    android.permission.VIBRATE" />
```

gesetzt werden. Abschließend weisen wir den Notification Manager an,
die Notification zu verschicken (7).

Wir schauen uns nun noch an, wie die Activity den Intent empfängt
und wie sie die Notification aus dem Notification Manager löscht. Damit wir die richtige Notification löschen, hatten wir dem Intent eine
eindeutige Id hinzugefügt, die wir auch beim Abschicken der Notification (7) verwendet haben.

```
protected void onCreate(Bundle savedInstanceState) {
  super.onCreate(savedInstanceState);
  ...
  final Intent i = getIntent();

  final String bestellNr =
    intent.getStringExtra("bestellNr");
  int notificationNr =
      intent.getIntExtra("notificationNr", 0);

  final NotificationManager nm =
    (NotificationManager) getSystemService(
        Context.NOTIFICATION_SERVICE);
  nm.cancel(notificationNr);
}
```

Listing 10.9
Löschen einer
Notification in der
Ziel-Activity

Die Methode `cancel` des Notification Managers löscht anhand der selbst *Notification anhand*
vergebenen Id `notificationNr` die Notification aus der Statuszeile des *ihrer Id löschen*
Android-Geräts.

10.4   Fazit

Wir haben in diesem Kapitel drei Arten von Systemnachrichten kennengelernt: *Broadcast Intents*, *SMS* und *Notifications*. Wir wissen nun, wie wir sie versenden und empfangen. Natürlich gibt es noch viele Feinheiten, die wir verschwiegen haben. Ein Blick in die API-Dokumentation ist sinnvoll, um in eigenen Projekten alle Möglichkeiten auszuschöpfen.

Wir haben aber gesehen, dass Systemnachrichten eine besondere Form der Kopplung eigenständiger Komponenten oder sogar von Anwendungen auf getrennten Geräten sind. Neben Intents bilden sie den »Leim«, der verschiedene Komponenten verbindet. Wir konnten sogar Daten an die Zielkomponente übergeben. Im Falle von SMS kann uns das Helfen, einen Kommunikationskanal mit Hilfe eines Servers zwischen beiden Geräten aufzubauen.

11 Datenbanken

Wir zeigen in diesem Kapitel, wie man über die Android-Programmierschnittstelle auf Datenbanken zugreift. Wir nutzen dabei das Datenbanksystem *SQLite*, das im Lieferumfang von Android enthalten ist.

Neben der Programmierschnittstelle stellen wir auch ein kommandozeilenorientiertes Programm für Datenbankzugriffe vor.

11.1 Zielsetzung

Wir wollen eine Datenzugriffsschicht für die Speicherung von Geokontakten implementieren.

Geokontakte speichern

Die dabei eingesetzten SQL-Operationen werden wir auf der Kommandozeile ausprobieren, bevor wir sie in Java implementieren.

11.2 Android: Wozu Datenbanken?

Datenbanken dienen zur Speicherung und zum effizienten Zugriff auf große, strukturierte Datenmengen, die mehreren Anwendungen zeitgleich zur Verfügung gestellt werden können.

Neue Anforderungen

Viele dieser Rahmenbedingungen sind auf einem Android-Gerät *nicht* vorhanden. In der Regel werden hier aus Platzgründen kleinere Datenmengen verwaltet. Auf die Daten greift meist nur eine Anwendung zu. Für die folgenden Aufgaben sind Datenbanken dennoch hilfreich:

Einsatzbereiche

Dauerhafte Datenhaltung Strukturierte Daten, die über die Lebensdauer einer Anwendung hinaus gespeichert werden müssen und auf die die Anwendung häufig zugreift, werden in einer Datenbank vorgehalten.

Zwischenspeicher Android-Anwendungen können via Internet-Protokoll Datensätze von externen Anwendungen anfordern. Wenn diese Daten während einer Anwendungssitzung mehrfach benötigt werden, sollten sie in einer Datenbank auf dem Gerät zwischengespeichert werden. Das reduziert die Anzahl zeitraubender und fehleranfälliger Netzwerkverbindungen.

Es scheint also gerechtfertigt, dass ein Datenbanksystem zum Lieferumfang von Android gehört. Der folgende Abschnitt stellt dieses System vor.

11.3 Das Datenbanksystem SQLite

Kraftzwerg SQLite   Bei SQLite (`www.sqlite.org`) handelt es sich um ein kompaktes, für den Einsatz in mobilen Plattformen optimiertes, quelloffenes, relationales Datenbanksystem. Es unterstützt viele Funktionen seiner Verwandten auf Serversystemen (umfangreiche SQL-Syntax, Transaktionen etc.), benötigt aber selbst nur ein Minimum an Speicherplatz (175kB bis 250kB).

Nur der Einstieg   Wir wollen in diesem Buch bewusst nur die für die einfache Datenbankprogrammierung auf einem Android-Gerät erforderlichen Kenntnisse über SQLite vermitteln. Für Details verweisen wir auf die Online-Dokumentation unter [7].

SQLite grenzt sich durch folgende Merkmale von vergleichbaren Produkten ab:

Kein Server   **Keine Installation, keine zentrale Konfiguration** SQLite ist ein serverloses (»standalone«) Datenbanksystem. Eine Datenbank wird für eine Anwendung definiert und steht dieser ohne explizite Startbefehle zur Verfügung.

Zugriffe aus mehreren Anwendungen erlaubt SQLite erlaubt die zeitgleiche Nutzung *einer* Datenbank durch *mehrere* Anwendungen.

Datenbankverzeichnis   **Eine Datenbank = eine Datei** Für jede Datenbank wird *eine* Datei im Dateisystem von Android angelegt. Die Datenbanken einer Anwendung werden im Verzeichnis

```
/data/data/package.name/databases
```

abgelegt. Als `package.name` setzt man den Paketnamen der Anwendung ein. In unserem Fall wäre dies `de.androidbuch.amando`. Der Datenbankname muss innerhalb einer Anwendung eindeutig sein.

»Nimm, was Du brauchst.«   **Dynamische Feldlängen** SQLite nutzt bei Textfeldern immer die tatsächliche Länge des Feldes zum Speichern aus. Die definierte Feldlänge wird dabei ignoriert. Sei z.B. eine Spalte vom Typ `VARCHAR(5)` definiert, so erlaubt SQLite auch Felder der Länge 100, ohne den Attributwert beim Speichern zu kürzen. Andererseits wird auch für

einen Wert der Länge 1 nur der Speicherplatz für ein Zeichen reserviert. Dieses Verhalten führt zu einer optimalen Nutzung des vorhandenen Speichers auf Kosten einer leicht ineffizienteren Datenhaltung. Da sich das System ohnehin nicht an Längenvorgaben hält, definieren wir in diesem Buch Textattribute als TEXT statt als VARCHAR(xy).

Eine vollständige Liste der Merkmale von SQLite ist der Dokumentation unter [8] zu entnehmen. In den nächsten Abschnitten erzeugen wir eine SQLite-Datenbank und lernen, wie man auf sie zugreift.

11.4 Eine Datenbank erstellen

Bevor wir die erste Datenbank erstellen, werfen wir noch einen kurzen Blick auf die Theorie. Dazu gehören die Themen »Berechtigungen« und »Datensicherheit«. Anschließend stellen wir die Teile der Android-API vor, die wir zum Erzeugen einer Datenbank benötigen.

11.4.1 Berechtigungen

Die Lese- und Schreibberechtigungen für eine Datenbank ergeben sich aus den Berechtigungen der Datei, die die Datenbank repräsentiert. Eine Anwendung hat also entweder Zugriff auf die komplette Datenbank oder gar keinen Zugriff. Individuelle Lese- und Schreibrechte pro Tabelle sind nicht vorgesehen. Es gibt auch keine Datenbank-Nutzerkonten (engl. *accounts*) oder vergleichbare Sicherheitsmaßnahmen.

Ganz oder gar nicht

Die Anwendung, die eine Datenbank *erzeugt*, bezeichnen wir als deren *Eigentümer*. Zugriffe auf eine Datenbank sind nicht ohne Einverständnis des Eigentümers erlaubt.

Eigentumsfrage

Da sich eine Datenbank im *privaten Anwendungsverzeichnis* des Eigentümers befindet (s. Abschnitt 12.1.1 auf Seite 251), ist sie nur für diese Anwendung erreichbar. Datenbankinhalte sind so vor Zugriffen durch andere Anwendungen geschützt. Wir lernen später, wie eine Anwendung die Inhalte ihrer Datenbanken für andere Anwendungen verfügbar machen kann (Kapitel 13 ab Seite 259).

Zugriff nur für Eigentümer!

11.4.2 Schemaverwaltung

Der Eigentümer ist auch für die Erstellung und Pflege des Datenbankschemas verantwortlich. Doch wie erkennt die Anwendung, dass sie für eine oder mehrere Datenbanken zuständig ist? Und wie stellt sie sicher, dass die Tabellen zu Anwendungsbeginn existieren und korrekt befüllt sind?

Machen wir einen Schritt nach dem anderen. Zunächst überlegen wir uns, wie wir das Konstrukt »Datenbank« konkret im Programmcode abbilden. Anschließend definieren wir das Schema unserer Datenbank. Danach verbinden wir sie mit ihrem Eigentümer. Zum Schluss befassen wir uns mit Schemaänderungen.

Der Datenbank-Manager

Datenbank-Manager

Um eine Datenbank »greifbar« zu machen, definieren wir für sie eine eigene Verwaltungsklasse, die wir *Datenbank-Manager* nennen. Wir geben dem Datenbank-Manager als Präfix den Namen der Eigentümer-Anwendung, um ihren Wirkungsbereich zu verdeutlichen. In unserem Fall würden wir die Klasse de.androidbuch.amando.AmandoDatenbank erstellen.

Name, Version,
Eigentümer

Der Datenbank-Manager muss mindestens drei Parameter kennen: den Namen der Datenbank, die aktuelle Version des Datenbankschemas und den Anwendungskontext des Eigentümers. Die ersten beiden Werte können wir als Konstanten definieren. Der Anwendungskontext muss bei Erzeugung des Datenbank-Managers mitgegeben werden.

Das Schema erstellen

Glücklicherweise müssen wir nicht bei jedem Zugriff auf den Datenbank-Manager prüfen, ob die Datenbank bereits existiert oder ob sich ihr Schema gegenüber dem letzten Aufruf geändert hat. Dies erledigt die Klasse android.database.sqlite.SQLiteOpenHelper für uns.

SQLiteOpenHelper

Der abstrakte SQLiteOpenHelper fordert von seinen Unterklassen, dass diese wissen, wie ihre Datenbank erzeugt wird und wie auf Schemaänderungen reagiert wird. Er gibt dafür zwei abstrakte Methoden vor: onCreate und onUpdate.

Der Datenbank-Manager kennt das Datenbankschema und kann sich um genau diese Fälle kümmern. Wir leiten ihn also von SQLiteOpenHelper ab und erhalten die in Listing 11.1 abgebildete Rumpf-Implementierung.

Listing 11.1
Skizze
Datenbank-Manager

```
public class AmandoDatenbank
                extends SQLiteOpenHelper {
   private static
      final String DATENBANK_NAME = "amando.db";
   private static
      final int DATENBANK_VERSION = 1;
```

```
public AmandoDatenbank(Context context) {
  super(
      context,
      DATENBANK_NAME,
      null,
      DATENBANK_VERSION);
}

public void onCreate(SQLiteDatabase db) {
  db.execSQL("CREATE TABLE ...");
}

public void onUpgrade(SQLiteDatabase db,
      int oldVersion,
      int newVersion) {
  db.execSQL("DROP TABLE ...");
  onCreate(db);
}
}
```

Die SQL-Befehle zum Erzeugen bzw. Löschen der Tabellen werden über die Methode execSQL abgeschickt. Mit dieser werden wir uns in Abschnitt 11.5.4 auf Seite 239 befassen.

Wir wissen jetzt, wie wir ein Datenbankschema definieren. Doch wie greifen wir auf die Datenbank zu? Dazu liefert SQLiteOpenHelper eine Referenz auf die von ihr verwaltete Datenbank zurück.

Datenbankreferenz

```
AmandoDatenbank db = new AmandoDatenbank(getContext());
SQLiteDatabase dbConn = db.getReadableDatabase();
```

Wir haben die Wahl, ob wir mittels getReadableDatabase() nur lesend oder mittels getWriteableDatabase() auch schreibend auf die Daten zugreifen wollen. Die Referenz auf die Datenbank wird innerhalb von SQLiteOpenHelper zwischengespeichert, so dass die Methoden ohne Geschwindigkeitsverlust für jeden Datenbankzugriff verwendet werden können.

Bei jeder Anforderung einer Datenbankreferenz prüft Android, ob die Datenbank schon existiert oder eine neue Version des Schemas vorliegt. Bei Bedarf werden die Ereignisse zur Erzeugung oder Aktualisierung der Datenbank ausgelöst. Die Datenbank wird also erst erstellt, wenn auf sie zugegriffen wird.

Erst prüfen, dann verbinden

Das Schema ändern

Zum Schluss bleibt noch die Frage, wie der Datenbank-Manager Änderungen am Schema erkennt. Er orientiert sich an der Versionsnummer, die bei der Initialisierung des SQLiteOpenHelper mitgegeben wird.

Versionsnummer Wollen wir also das Datenbankschema ändern, so müssen wir die Versionsnummer erhöhen. Beim nächsten Zugriff auf die Datenbank wird automatisch die onUpdate-Methode des Datenbank-Managers aufgerufen.

In der Regel werden in onUpdate zuerst alle Tabellen gelöscht und dann onCreate aufgerufen. Dabei gehen alle Datenbankinhalte verloren. Wenn also nach der Initialbefüllung neue Daten in die Datenbank geschrieben wurden, sollte man über ein Import-/Export-Verfahren nachdenken und dieses im Datenbank-Manager implementieren.

Fazit Fassen wir diesen Abschnitt kurz zusammen. Wir haben einen Datenbank-Manager erstellt, der für die Erzeugung und Aktualisierung des Datenbankschemas zuständig ist. Er liefert eine Verbindung zur Datenbank, mit deren Hilfe wir auf dieser Anfragen und Operationen ausführen können.

11.5   Datenzugriff programmieren

Der grobe Überblick In diesem Abschnitt zeigen wir, wie SQL-Anfragen über die Programmierschnittstelle von Android ausgeführt werden. SQL-Kenntnisse sind zum Verständnis des Kapitels hilfreich.

Kontaktetabelle Wir wollen Geokontakte in einer Datenbank speichern. Wir definieren die Datenbanktabelle geokontakte, wie in Listing 11.2 beschrieben. Für die Beschreibung des Umgangs mit Datenbanken sind nicht alle Attribute der Tabelle erforderlich. Wir verwenden daher im Buch eine vereinfachte Tabellenstruktur.

> **Konvention**
>
> Tabellen- und Feldnamen schreiben wir durchgängig klein (z.B. geokontakte), SQL-Befehle durchgängig groß (z.B. SELECT).

```
CREATE TABLE geokontakte (
  _id INTEGER PRIMARY KEY AUTOINCREMENT,
  name TEXT NOT NULL, // Vor-/Nachname
  pos TEXT, // Positionsbezeichnung
  laengengrad REAL // der Position
  ...
);
```

Listing 11.2
Vereinfachtes Schema
der Geokontakttabelle

11.5.1 SQLiteDatabase – Verbindung zur Datenbank

Die Klasse android.database.sqlite.SQLiteDatabase stellt Methoden für Zugriffe auf eine SQLite-Datenbank bereit. Sie kann als Repräsentant einer Datenbankverbindung verstanden werden.

> **Konvention**
>
> Wir legen für dieses Kapitel fest, dass die Variable db immer vom Typ SQLiteDatabase ist.

Bevor wir uns Anfragen und Änderungsoperationen im Detail anschauen, wollen wir noch ein wichtiges Thema ansprechen: Eine Datenbankverbindung sollte *geschlossen* werden, wenn sie nicht mehr gebraucht wird (SQLiteDatabase::close). In der Praxis hat es sich bewährt, die Datenbankverbindung in den Lebenszyklus-Methoden der aufrufenden Komponenten zu verwalten. Eine Datenbankverbindung sollte in onResume geöffnet und in onPause wieder geschlossen werden.

Schließen nicht vergessen

Operationen auf SQLiteDatabase

Tabelle 11-1 fasst die wichtigsten Zugriffsoperationen zusammen. Wir verwenden dabei die Bezeichnung *Datensatz* für den Inhalt einer Tabellenzeile. Jeder Datensatz verfügt über einen in der Tabelle eindeutigen *Schlüsselwert*.

Mit diesem Befehlssatz lassen sich alle Datenbankoperationen durchführen. Wir unterscheiden dabei zwischen Datenbankanfragen und Änderungsoperationen. Eine *Datenbankanfrage* liefert durch Suchkriterien eingeschränkte Inhalte von Datenbanktabellen zurück. Eine *Änderungsoperation* erstellt, löscht oder ändert Einträge der Datenbank oder das Datenbankschema.

Anfragen und Änderungen

Tab. 11-1
Zugriff mit
SQLiteDatabase

Methode	Beschreibung
query	Führt eine SQL-Anfrage aus. Als Parameter werden die Bestandteile der Anfrage übergeben.
rawQuery	Führt eine SQL-Anfrage aus. Als Parameter wird der SQL-Befehl als String übergeben.
insert	Fügt einen neuen Datensatz in eine Tabelle ein.
update	Ändert Attribute eines vorhandenen Datensatzes.
delete	Löscht einen Datensatz anhand seines Schlüsselwertes.
execSQL	Führt eine beliebige SQL-Anweisung aus.

11.5.2 Datenbankanfragen

In diesem Abschnitt lernen wir, Datenbankanfragen in Android-Anwendungen einzusetzen. Über die Android-API werden Anfragen immer nach dem Schema

```
Cursor ergebnis = db.query(anfrageparameter);
```

Cursor gestellt. Das Ergebnis einer Anfrage ist also immer ein sogenannter *Cursor*, den wir vorerst einfach nur als Zeiger auf die Ergebnismenge verstehen wollen. Ab Seite 237 wenden wir uns dem Ergebnistyp Cursor genauer zu.

Erste Anfragen

Unsere erste Anfrage soll alle Geokontakte finden, die sich zuletzt in der Position mit dem Stichwort »Markt« aufgehalten haben. In SQL würden wir dies so formulieren:

```
SELECT _id, name
FROM geokontakte
WHERE pos = ''Markt';
```

SQLiteDatabase bietet zwei Methoden zur Formulierung von Anfragen an: query und rawQuery. Die Listings 11.3 und 11.4 zeigen, wie die Suche nach Geokontakten mittels beider Methoden formuliert wird.

```
Cursor marktKontakte = db.query(
  false, // distinct?
  "geokontakte", // Tabelle
  new String[] { // SELECT
    "_id",
    "name"
    },
  "pos = ?", // WHERE-Bedingung
  new String[] { // Parameter für WHERE
      "Markt"
  },
  null,       // GROUP BY
  null,       // HAVING
  null, // ORDER BY
  null       // LIMIT
);
```

Listing 11.3
SQLiteDatabase query

```
Cursor marktKontakte = db.rawQuery(
  "SELECT _id,name "+
  "FROM geokontakte "+
  "WHERE pos = ? ",
  new String[] {
      "Markt"
  }
);
```

Listing 11.4
SQLiteDatabase
rawQuery

query bietet eine Schnittstelle, die kaum Kenntnisse von SQL voraussetzt. Sie mag auf den ersten Blick etwas umständlich wirken, ist aber in der Praxis häufig einfacher zu nutzen als die rawQuery.

Strukturierte query

rawQuery erinnert an die Syntax von JDBC-Anfragen und ist gut für komplexe Anfragen geeignet. Nach unseren Messungen wird die rawQuery etwas schneller verarbeitet als eine vergleichbare query. Die Unterschiede sind aber nicht so groß, als dass wir deswegen eine Empfehlung für eine der beiden Anfragemethoden aussprechen würden.

Flexible rawQuery

Achtung!

Die an eine rawQuery übergebene SQL-Anweisung darf *kein abschlie-ßendes Semikolon* enthalten.

Da die Erstellung einer rawQuery SQL-erfahrenen Entwicklern keine Probleme bereiten dürfte, wollen wir die Anfragen mit Hilfe der query-Methode formulieren.

Sortieren

Wir wollen die Suchergebnisse nach Namen sortiert ausgeben. In Tabelle 11-2 sind die Anfragen in SQL und als query formuliert.

Tab. 11-2
Sortieren der
Ergebnisse

SQL	SQLiteDatabase.query
```SELECT _id, name FROM geokontakte WHERE pos = 'Markt' ORDER BY name ASC;```	```db.query(false, "geokontakte", new String[] { "_id", "name" }, "pos = ?", new String[] { "Markt" }, null, null, "name ASC", null);```

Joins

Mehrere Tabellen

Wenn sich eine Suchanfrage über mehrere Tabellen erstreckt, benötigen wir *Joins*.

Angenommen, der Amando-Anwender könnte sich Fotos zu jedem Standort abspeichern. Diese Fotos wären in einer Tabelle fotos (Listing 11.5) gespeichert.

Wir wollen zu jedem Geokontakt mit Positionsangabe alle Fototitel der letzten Position auflisten. Daher müssen wir sowohl auf die Tabelle geokontakte als auch auf die Tabelle fotos zugreifen. Als Bindeglied zwischen beiden Tabellen dient die Positionsbezeichnung (geokontakte.pos bzw. fotos.pos).

Listing 11.5
Schema der
Foto-Tabelle

```
CREATE TABLE fotos (
  _id INTEGER PRIMARY KEY AUTOINCREMENT,
  titel TEXT NOT NULL,
  pos TEXT NOT NULL,
  _data TEXT NOT NULL, // Dateiname
  zeitpunkt INTEGER
);
```

Tabelle 11-3 zeigt, wie Joins formuliert werden.

SQL	SQLiteDatabase.query
| ```
SELECT
  geokontakte._id,
  geokontakte.name,
  geokontakte.pos,
  fotos._id,
  fotos.titel
FROM
  geokontakte INNER JOIN
  fotos ON
  geokontakte.pos =
  fotos.pos
ORDER BY
  geokontakte.name;
``` | ```
db.query(
  false,
  "geokontakte INNER JOIN
   fotos ON
  geokontakte.pos =
   fotos.pos",
  new String[] {
    "geokontakte._id",
    "geokontakte.name",
    "geokontakte.pos",
    "fotos._id",
    "fotos.anfang",
    "fotos.laenge"
    },
  null, null, null, null,
  "geokontakte.name",
  null
  );
``` |

Tab. 11-3
Datenbank-Joins

Nach dem gleichen Prinzip werden auch *outer joins* gebildet. Die Syntax ist in der Dokumentation zu SQLite beschrieben.

Aggregationen

Gesucht sei die Anzahl der Geokontakte pro Standort. Es sollen nur Standorte angezeigt werden, an denen sich mindestens zwei Personen aufhalten.

Zur Lösung der Aufgabe verwendet man den GROUP BY-Befehl gefolgt von einem HAVING. Die Umsetzung der Anfrage als query ist in Tabelle 11-4 beschrieben.

GROUP BY... HAVING...

Begrenzung der Ergebnismenge

Mit Hilfe der LIMIT-Anweisung kann die Anzahl der Ergebnisse eingeschränkt werden. Die in Tabelle 11-5 formulierten Anfragen begrenzen die Ergebnismenge auf zehn Datensätze.

LIMIT

Tab. 11-4
GROUP BY und count(*)

SQL	SQLiteDatabase.query
```SELECT pos, count(*)``` ``` FROM geokontakte``` ``` GROUP BY pos``` ``` HAVING count(*) > 1;```	```db.query(``` ``` false, "geokontakte",``` ``` new String[] {``` ``` "pos",``` ``` "count(*)"``` ``` },``` ``` null,null,``` ``` "pos",``` ``` "count(*) > 1",``` ``` null,null``` ```);```

Tab. 11-5
Ergebnismenge begrenzen

SQL	SQLiteDatabase.query
```SELECT _id, name``` ``` FROM geokontakte``` ``` LIMIT 10;```	```db.query(``` ``` false, "geokontakte",``` ``` new String[] {``` ``` "_id",``` ``` "name"``` ``` },``` ``` null,null,``` ``` null, null,``` ``` null,``` ``` "10"``` ```);```

Ergebnisstruktur klar definieren

Die Schreibweise SELECT * FROM... sollte man vermeiden. Sie führt leicht dazu, dass mehr Attribute als benötigt übertragen werden. Dies wirkt sich negativ auf Geschwindigkeit und Speicherverbrauch der Anwendung aus.

Außerdem wird so die Struktur der Ergebnisdatensätze für den Anfragenden nicht exakt beschrieben. Es ist nicht ersichtlich, unter welchem Namen und in welcher Position eine Spalte im Ergebnisdatensatz auftaucht. Diese Informationen sind zur Auswertung von Anfrageergebnissen wichtig.

Fazit

Mit der query-Methode der Klasse SQLiteDatabase lassen sich Datenbankanfragen an die SQLite-Datenbank von Android programmieren. Wir wollen nun einen Blick auf den Ergebnistyp der Anfragemethoden werfen: den android.database.Cursor.

11.5.3   Ergebnistyp Cursor

Wann immer wir auf das Ergebnis einer Datenbankanfrage zugreifen, nutzen wir einen Cursor. Dabei handelt es sich um einen Zeiger auf einen Datensatz der Ergebnismenge.   *Cursor als Zeiger*

Die Android-API bietet für das Interface android.database.Cursor verschiedene Implementierungen an. Mit jeder von ihnen kann man

- innerhalb der Ergebnismenge vor und zurück navigieren,
- die von einem SELECT-Befehl angefragten Ergebnisdatensätze auslesen,
- die Anzahl der Ergebnisdatensätze ermitteln,
- große Ergebnismengen effizient lesen.

Cursor-Navigation

Nach einer erfolgreichen Datenbankanfrage wird der Cursor *vor* den ersten Ergebnisdatensatz positioniert. Von dort aus kann man durch Aufruf der moveToNext-Methode des Cursors über die Ergebnismenge iterieren.   *Cursor als Iterator*

Falls die Ergebnismenge leer ist, wird ebenfalls ein Cursor zurückgegeben. Anfragen liefern nie null zurück.

Ein Cursor kann beliebig in der Ergebnismenge positioniert werden. Die dazu angebotenen Methoden sind im JavaDoc zum Interface Cursor beschrieben.   *Beliebig positionierbar*

Ergebniswerte auslesen

Für jeden Cursor kann der Wert einer Spalte des Ergebnisdatensatzes der aktuellen Cursorposition ausgelesen werden. Es müssen dazu die Spaltennummer (beginnend bei 0) und der Datentyp des Spaltenattributs bekannt sein. Bei Letzterem ist SQLite sehr flexibel und wandelt den Wert der Spalte, wenn möglich, in den geforderten Datentyp um. Ein kurzes Beispiel verdeutlicht das Auslesen der Ergebniswerte:

```
Cursor cAlleKontakte = db.query(
  false, "geokontakte",
```

```
new String[] {
  "_id",
  "name"
},
null,null,null,null,null,null
);

while( cAlleKontakte.moveToNext() ) {
  cAlleKontakte.getLong(0);   // _id
  cAlleKontakte.getString(1); // name
}
```

Spaltennummer ermitteln

Sollte die Spaltennummer nicht bekannt sein, so kann man diese über die Methode getColumnIndex(String columnName) herausfinden (s. Listing 11.6 auf Seite 239). Dieser Weg sollte aber aus Zeitgründen nur dann gewählt werden, wenn die Spaltennummer nicht anderweitig ermittelt werden kann. Keinesfalls sollte die Spaltennummer bei *jedem* Zugriff auf den Datensatz *erneut* abgefragt werden, wenn mehrere Datensätze gelesen werden.

Anzahl Ergebnisse mit getCount()

Die Anzahl der Ergebnisdatensätze einer Anfrage ist dem Cursor bekannt und kann über seine Methode getCount herausgefunden werden.

Umgang mit großen Datenmengen

windowing

Bei Zugriffen auf SQLite-Datenbanken wird android.database.Cursor als android.database.SQLiteCursor zurückgegeben. Diese Implementierung ist dahingehend optimiert, dass sie große Ergebnismengen in Teilmengen, sogenannten Datenfenstern, Schritt für Schritt einliest. Dieses Vorgehen wird auch als *windowing* bezeichnet.

Vorsicht bei getCount

Ein Aufruf von Cursor::getCount zur Abfrage der Größe der Ergebnismenge würde diese Optimierung jedoch ad absurdum führen. Daher sollte man darauf nur zurückgreifen, wenn man kleine Ergebnismengen erwartet. Besser ist es, die Größe der Ergebnismenge mit der Anfrage SELECT count(*) FROM ... zu ermitteln.

Cursor schließen!

Um die Anzahl aktiver Datenbankverbindungen so gering wie nötig zu halten, sollte jeder Cursor nach Benutzung geschlossen werden.

```
Cursor alleKontakte = null;
try {
  alleKontakte = db.query(
    false, "geokontakte",
```

```
new String[] {
  "_id",
  "name"
},
null,null,null,null,null,null
);


// Auswertung Cursor...
} finally {
// Cursor schliessen...
alleKontakte.close();
}
```

Cursor oder Datenobjekt

Wird *genau ein* Datensatz gesucht, z.B. Suche anhand des Primärschlüssels, und sollen dessen Attribute weitgehend auf der Oberfläche angezeigt oder von mehreren Klassen genutzt werden, so sollte man Datenobjekte mit Hilfe des Cursors (s. Listing 11.6) erstellen. Datenobjekte erhöhen die Lesbarkeit und Wartbarkeit des Codes und sind nach unseren Messungen in den genannten Fällen nicht langsamer als Direktzugriffe über den Cursor.

```
public GeoKontakt ladeGeoKontakt(Cursor c) {
  final GeoKontakt kontakt = new GeoKontakt();

  int idxId =
    c.getColumnIndex(GeoKontaktTbl.ID);
  int idxName =
    c.getColumnIndex(GeoKontaktTbl.NAME);
  ...
  kontakt.id = c.getLong(idxId);
  kontakt.name = c.getString(idxName);
  ...
  return kontakt;
}
```

Listing 11.6
Datenobjekt erzeugen

Ergebnismengen sollte man dagegen immer als Cursor zurückliefern. Dadurch erspart man sich die »teure« Erzeugung von Datenobjekten.

11.5.4 Änderungsoperationen

insert(), update() und delete()

In Tabelle 11-1 auf Seite 232 haben wir gezeigt, dass auch Änderungsoperationen wie INSERT, UPDATE und DELETE zum Portfolio von SQLiteDatabase gehören. Diese wollen wir jetzt vorstellen.

Rückgabewerte insert (Tabelle 11-6) liefert im Erfolgsfall den Schlüsselwert des neu angelegten Datensatzes zurück. Die Methoden update (Tabelle 11-7) und delete (Tabelle 11-8) liefern die Anzahl der geänderten Datensätze zurück.

Tab. 11-6
Datensatz einfügen

SQL	SQLiteDatabase

INSERT INTO geokontakte
  (name, pos)
VALUES
  ('Max Muster','Markt');
	ContentValues werte =
	  new ContentValues();
	werte.put(
	  "name", "Max Muster");
	werte.put(
	  "pos", "Markt");
	db.insert(
	  "geokontakte", null, werte);

Tab. 11-7
Datensatz ändern

SQL	SQLiteDatabase

UPDATE geokontakte
SET pos = 'Post'
WHERE _id = 123;
	ContentValues werte =
	  new ContentValues();
	werte.put(
	  "pos", "Post");
	db.update(
	  "geokontakte", werte,
	  "_id=?",
	  new String[] {"123"});

Tab. 11-8
Datensatz löschen

SQL	SQLiteDatabase

DELETE FROM geokontakte
WHERE _id = 123;
	db.delete(
	  "geokontakte",
	  "_id=?",
	  new String[] {"123"});

Optimierungshinweis! Wir empfehlen, diese Methoden nur einzusetzen, wenn die Änderungsoperation *selten* aufgerufen wird. Für alle anderen Fälle lohnt sich der Mehraufwand für das Programmieren eines *Prepared Statements*.

Prepared Statements

Spürbar effizienter gestalten sich Datenänderungen durch den Einsatz von Prepared Statements. Diese werden in der Android-API als `android.database.sqlite.SQLiteStatement` formuliert und über die Methode `compileStatement` von `SQLiteDatabase` erzeugt. Das folgende Beispiel soll das verdeutlichen:

```
SQLiteStatement stmtInsert =
  db.compileStatement(
    "insert into geokontakte "+
    "(name,pos,laengengrad) "+
    "values (?,?,?)"
  );
stmtInsert.bindString(1,"Max Mustermann"); // Start bei 1 !
stmtInsert.bindString(2,"Markt");
stmtInsert.bindReal(23,123.21L);
long id = stmtInsert.executeInsert();
```

Hier haben wir die Einfügeoperation aus Tabelle 11-6 als Prepared Statement umgesetzt.

Nach unseren Messungen ließen sich auf diese Weise Einfügeoperationen mit bis zu vierfacher Geschwindigkeit gegenüber den `insert`-Methodenaufrufen von `SQLiteDatabase` ausführen. Die Programmierung ist zwar ein wenig umständlicher, doch der Zweck heiligt hier die Mittel.

Deutlich schneller!

Für Datenbankanfragen lassen sich diese optimierten Anweisungen nur bedingt einsetzen. Die Ausführung eines `SQLiteStatement` liefert nämlich immer nur *einen* numerischen `SQLiteStatement::simpleQueryForLong` oder Text-Wert `SQLiteStatement::simpleQueryForString` zurück. Häufig aufgerufene Aggregationen, z.B. `SELECT count(*) FROM ...`, kann man aber durchaus als Prepared Statements formulieren.

Auch für Datenbankanfragen?

Transaktionen

Eine Änderungsoperation verändert den Datenbankinhalt. Man muss sicherstellen, dass der Geschäftsprozess, dessen Teil die Änderungsoperation ist, korrekt ausgeführt wurde, bevor die Änderungen in der Datenbank gültig werden. Daher müssen Änderungsoperationen innerhalb von *Transaktionen* stattfinden. Wikipedia definiert eine Transaktion als »*... eine feste Folge von Operationen, die als eine logische Einheit betrachtet werden. Insbesondere wird für Transaktionen gefordert, dass sie entweder vollständig oder überhaupt nicht ausgeführt werden (Atomizität)*«.

Transaktionen

Transaktionsende

Eine Transaktion wird im Erfolgsfall *abgeschlossen* (»*commit*«). Im Fehlerfall wird die Datenbank wieder auf den Zustand vor Transaktionsbeginn zurückgesetzt (»*rollback*«).

Implementierung

SQLite unterstützt geschachtelte Transaktionen. `SQLiteDatabase` stellt die zur Definition einer Transaktion erforderlichen Methoden `beginTransaction` und `endTransaction` bereit.

commit und rollback

Der erfolgreiche Abschluss einer Transaktion wird vor deren Ende durch Aufruf von `setTransactionSuccessful` signalisiert. Ist dieser Aufruf nicht bei Erreichen von `endTransaction` erfolgt, so wird ein *rollback* der Transaktion und aller ihrer geschachtelten Untertransaktionen ausgeführt. Anderenfalls wird ein *commit* ausgeführt und die Änderungen werden festgeschrieben. Explizite `commit`- und `rollback`-Befehle bietet Android nicht an.

In Listing 11.7 wird der Aufbau einer Transaktion deutlich.

Listing 11.7
Eine
Datenbanktransaktion

```
db.beginTransaction();
try {
  ...
  aendereDatenbestand();
  ...
  db.setTransactionSuccessful(); // commit
} finally {
  db.endTransaction(); // Transaktion immer beenden
}
```

Autocommit

Wenn keine Transaktionsklammer mit `beginTransaction` geöffnet wurde, wird jede Änderungsoperation direkt in die Datenbank geschrieben (autocommit).

11.6 Datenzugriff per Kommandozeile

Oft möchte man Ergebnisse von Datenbankoperationen auch außerhalb des Java-Quellcodes überprüfen und nachvollziehen. Bei komplexen SQL-Anfragen ist es vor der Programmierung ratsam, die Ausführungszeit verschiedener Formulierungsalternativen zu vergleichen.

sqlite3: die
Kommandozeile

Mit dem Kommandozeilen-Programm `sqlite3` kann auf SQLite-Datenbanken zugegriffen werden. Dieses Programm ist im Lieferumfang von Android enthalten. Der Zugriff auf `sqlite3` ist über eine Android-Shell möglich. Daher muss man über den Android-Debugger `adb` zunächst eine Shell-Konsole auf dem Gerät oder Emulator öffnen. Von dort aus startet man `sqlite3`.

Nehmen wir an, dass der Emulator als Gerät `emulator-5554` ge- *sqlite3 starten*
startet wurde[1]. Dann öffnet man die Datenbank `amando.db`, deren
Eigentümer-Anwendung im Package `de.androidbuch.amando` definiert ist,
wie folgt:

```
$ adb -s emulator-5554 shell
# cd /data/data/de.androidbuch.amando/databases
# sqlite3 amando.db
sqlite3 amando.db
SQLite version 3.5.9
Enter ".help" for instructions
sqlite>
```

Dem `sqlite3`-Aufruf gibt man den Namen der Datenbankdatei mit.

Auf der `sqlite3`-Oberfläche kann man Semikolon-terminierte SQL-
Befehle gegen eine geöffnete Datenbank ausführen. Darüber hinaus bietet `sqlite3` noch eigene Kommandos. Die für den Einstieg wichtigsten
sind in Tabelle 11-9 zusammengefasst.

Befehl	Anzeige
.help	Liste aller Befehle
.tables	Liste aller Tabellennamen
.dump ?table?	Tabelleninhalt als INSERT-Anweisungen
.schema ?table?	Schema der Tabelle
.schema	Schema der Datenbank
.exit	Programmende

Tab. 11-9
Wichtige
sqlite3-Befehle

Die Liste aller Tabellennamen lässt sich übrigens auch mit der Anfrage `SELECT name FROM sqlite_master WHERE type = 'table';` herausfinden. Die Tabelle `sqlite_master` speichert wichtige Metainformationen
zum Datenbankschema und ist zu Analysezwecken oder bei der Fehlersuche hilfreich.

Manchmal möchte man vor der Ausführung einer Datenbankanfrage *EXPLAIN...*
wissen, welche Indizes genutzt und wie Joins verarbeitet werden. Um
diese Information zu erhalten, kann der `EXPLAIN QUERY PLAN`-Befehl vor
das zu testende `SELECT` gesetzt werden:

---

[1]Der Parameter -s ist nur notwendig, wenn mehrere Emulatoren oder Geräte
parallel laufen.

```
sqlite> explain query plan select *
from geokontakte
where _id = 7;
explain query plan select * from geokontakte where _id = 7;

0|0|TABLE geokontakte USING PRIMARY KEY
```

Mehr Informationen... Für weitere Details zu sqlite3 verweisen wir auf die Online-Dokumentation [5].

11.7 Implementierung

Die Kontaktliste Wenden wir nun das Gelernte auf Amando an. Wir wollen Geokontakte als anwendungsspezifisches Adressbuch auf dem Gerät speichern und anzeigen.

Achtung, »Architektur«! Als Einstieg stellen wir einen Architekturentwurf für Datenbankzugriffsschichten vor. Wir haben in unseren Android-Projekten gute Erfahrungen damit gemacht.

11.7.1 Ein Architekturvorschlag

An dieser Stelle wollen wir uns Gedanken über die Architektur einer Datenbankzugriffsschicht für Android-Anwendungen machen. In *Schön langsam...* unserem ersten Android-Projekt haben wir die jahrelang praktizierten Konzepte aus der Java-EE-Welt übernommen und umfangreiche Data Access Objects (DAO), Speicherschnittstellen (*Repositories*) und vieles mehr entwickelt. Leider mussten wir feststellen:

- Die Anwendung ist zu groß und zu langsam.
- Änderungen an der Datenbank sind wegen fehlender Frameworks (Spring, Hibernate) aufwendig.
- Wir bekommen die Datenbankschicht nicht komplett von der Oberfläche getrennt, ohne spürbare Laufzeiteinbußen in Kauf zu nehmen.

Keine Schichtentrennung Beim nächsten Projekt sind wir anders an das Thema Datenbankzugriff herangegangen. Wir haben uns damit abgefunden, dass eine »reine« Schichtentrennung nicht möglich ist, ohne auf Cursors zu verzichten. Der Cursor ist für den Umgang mit großen Datenmengen optimiert. Also mussten wir ihn auch bis an die Activity »hochreichen«, die für die Anzeige der Daten verantwortlich war.

Interface beschreibt Attributnamen. Wir benötigen für viele SQLiteDatabase-Methoden die Angabe von Tabellenspaltennamen. Es hat sich bewährt, für jede Datenbanktabelle ein Interface mit Konstanten für ihre Spaltennamen zu erstellen. Wir bezeichnen diese Spaltenbeschreibung als *Schema-Interface* einer Tabelle. Listing 11.8 zeigt das (vereinfachte) Schema-Interface für die Tabelle geokontakte. Wir übernehmen die etablierte Schreibweise, als Postfix *Columns* zum Tabellennamen hinzuzufügen.

```java
public interface GeoKontaktColumns {
    String ID = "_id";
    String NAME = "name";
    String MOBILNUMMER = "mobilnummer";
    String STICHWORT_POS = "pos";
    String LAENGENGRAD = "laengengrad";
    ...
}
```

Listing 11.8
Schema-Interface

Die Schemainformationen einer Tabelle sowie häufig verwendete SQL-Anweisungen legen wir in eine eigene Klasse. Wir bezeichnen diese Tabellenbeschreibung als *Schema-Klasse*. Listing 11.9 zeigt die (gekürzte) Schema-Klasse für geokontakte.

Tabellenklasse beschreibt Schema.

```java
public final class GeoKontaktTbl implements
    GeoKontaktColumns {

  public static final String TABLE_NAME = "geokontakte";

  public static final String SQL_CREATE =
      "CREATE TABLE geokontakte (" +
      "_id INTEGER PRIMARY KEY AUTOINCREMENT," +
      "name TEXT NOT NULL," +
      "pos TEXT," +
      "laengengrad REAL, " +
      ...
      ");";

  public static final String SQL_DROP =
      "DROP TABLE IF EXISTS " +
      TABLE_NAME;

  public static final String STMT_MIN_INSERT =
      "INSERT INTO geokontakte " +
      "(name) " +
      "VALUES (?)";

  public static final String STMT_KONTAKT_DELETE =
    "DELETE geokontakte ";

  ...
```

Listing 11.9
Schema-Klasse

```
public static final String[] ALL_COLUMNS = new String[] {
    ID,
    NAME,
    STICHWORT_POS,
    LAENGENGRAD,
    };
}
```

Der *Primärschlüssel* der Tabelle wird durch den Ausdruck PRIMARY KEY definiert. Wir empfehlen, für technische Primärschlüssel einen automatischen Zähler mittels AUTOINCREMENT zu definieren.

Datenbank-Manager In Abschnitt 11.4.2 ab Seite 228 haben wir den Begriff des *Datenbank-Managers* als Repräsentant einer Datenbank bereits eingeführt. Dieser Manager ist die zweite und letzte Komponente unserer Datenzugriffs-schicht. Das Datenbankschema ist durch die Schema-Klassen eindeutig beschrieben. Daher kann der Datenbank-Manager die Befehle zur Schema-verwaltung von dort abrufen. Listing 11.10 zeigt den auf unsere Be-dürfnisse zugeschnittenen Datenbank-Manager, der unter anderem die Tabelle geokontakte verwaltet.

Datenzugriffe Die Datenbankoperationen werden direkt auf der vom Datenbank-Manager gelieferten Verbindung ausgeführt.

Listing 11.10
Amando-
Datenbank-Manager
```
public class AmandoDatenbank
                 extends SQLiteOpenHelper {
  private static
    final String DATENBANK_NAME = "amando.db";
  private static
    final int DATENBANK_VERSION = 1;

  public AmandoDatenbank(Context context) {
    super(
      context,
      DATENBANK_NAME,
      null,
      DATENBANK_VERSION);
  }

  public void onCreate(SQLiteDatabase db) {
    db.execSQL(GeoKontaktTbl.SQL_CREATE);
  }
```

```
public void onUpgrade(SQLiteDatabase db,
    int oldVersion,
    int newVersion) {
  db.execSQL(GeoKontaktTbl.SQL_DROP);
  onCreate(db);
  }
}
```

Ein weiterer Vorteil *einer* Klasse zur Verwaltung des kompletten Sche- *Abhängigkeiten*
mas ist, dass dort die Abhängigkeiten der Tabellen untereinander be- *berücksichtigen*
kannt sind. Man kann also CREATE- und DROP-Operationen in korrekter
Reihenfolge aufrufen.

Um auf die in der Amando-Datenbank abgelegten Kontaktdaten *Was ist zu tun?*
zuzugreifen, wollen wir also nach folgendem Plan vorgehen:

1. Erstellung des Schema-Interface für die Tabelle geokontakte
2. Erstellung der Schema-Klasse für die Tabelle geokontakte
3. Erstellung des Datenbank-Managers
4. Implementierung der Datenbankanfragen
5. Darstellung der Ergebnisdatensätze mit Hilfe einer neuen Activity
   GeoKontakteAuflisten

Die ersten drei Punkte sind bereits erledigt. Als Nächstes erzeugen wir
eine Activity und verbinden sie mit dem Datenbank-Manager.

11.7.2 Das Schema erstellen

Das Datenbankschema wird vom Datenbank-Manager erzeugt, sobald
dieser mit einer Anwendung verbunden wird und der erste Zugriff auf
die Datenbank erfolgt. Diese Verknüpfung zwischen Datenbank und
Anwendung wollen wir nun implementieren.

Die Kontaktliste soll über die in Kapitel 5 »Oberflächengestaltung« *Datenbank verwenden*
erzeugte Bildschirmseite GeoKontakteAuflisten dargestellt werden. Da
wir in dieser Activity den Zugriff auf die Datenbank mehrmals benötigen, definieren wir den Datenbank-Manager als Attribut der Klasse.
Listing 11.11 zeigt die Erweiterung der Activity.

```
public class GeoKontakteAuflisten extends ListActivity {
  private AmandoDatenbank mAmandoDb;

  public void onCreate(Bundle savedInstanceState) {
    ...
    mAmandoDb = new AmandoDatenbank(this);
    geokontakteAnzeigen();
  }
```

Listing 11.11
Activity
GeoKontakteAuflisten

```
private void geokontakteAnzeigen() {
  }
}
```

11.7.3   Anfrageergebnisse an der Oberfläche darstellen

In der Methode `geokontakteAnzeigen` wollen wir das Geokontakt-Adressbuch über die `ListView` der Activity anzeigen lassen.

Als Erstes nutzen wir die Datenbankverbindung und suchen alle gespeicherten Kontaktdaten. Die Liste der Ergebnisspalten speichern wir als Konstante, um sie nicht jedesmal neu aufbauen zu müssen.

```
private static final String[] DB_SUCHSPALTEN =
    new String[] {
  GeoKontaktColumns.ID,
  GeoKontaktColumns.NAME,
  GeoKontaktColumns.STICHWORT_POS
  };

private void geokontakteAnzeigen() {
  Cursor kontakte =
    amandoDb.getReadableDatabase().
      query(GeoKontaktTbl.TABLE_NAME,
          DB_SUCHSPALTEN, null, null,
          GeoKontaktColumns.STICHWORT_POS,
          null, null);
  startManagingCursor(kontakte);

}
```

Beim ersten Aufruf von `getReadableDatabase` bzw. `getWriteableDatabase` wird geprüft, ob

- die Datenbank bereits existiert,
- das Schema noch aktuell ist und
- eine Verbindung hergestellt werden kann (Berechtigungsprüfung, Sperren etc.).

Managed Cursor   Hier sehen wir einen Anwendungsfall für einen sogenannten *Managed Cursor* einer `Activity`. Die `Activity` übernimmt dabei die Kontrolle über den Cursor. Sie sorgt dafür, dass ihr Managed Cursor korrekt geschlossen und bei Bedarf wieder geöffnet und auf den aktuellen Stand gebracht wird. Mit Hilfe der Methode `startManagingCursor` wird der Cursor einer Activity zur Verwaltung übergeben. Wir müssen uns daher nicht um das Schließen des Cursors `kontakte` kümmern.

Das Suchergebnis wird über die ListView der Activity *SimpleCursorAdapter*
GeoKontakteAuflisten auf dem Bildschirm dargestellt. Die Verbindung zwischen View und Daten stellt ein SimpleCursorAdapter her. Mit
dem Konzept der Adapter haben wir uns in Abschnitt 6.3 auf Seite 113
befasst. Der folgende Codeabschnitt zeigt, wie die Ergebnismenge an
die ListView angebunden wird.

```
private static final String[] ANZEIGE_SPALTEN =
    new String[] {
  GeoKontaktColumns.NAME,
  GeoKontaktColumns.STICHWORT_POS };

private void geokontakteAnzeigen() {
  ...
  int[] widgetSchluessel = new int[] {
    android.R.id.text1,
    android.R.id.text2 };

  SimpleCursorAdapter geokontakteAdapter =
      new SimpleCursorAdapter(
        this, android.R.layout.simple_list_item_2,
        kontakte,
        ANZEIGE_SPALTEN,
        widgetSchluessel );

  setListAdapter(geokontakteAdapter);
}
```

> Damit die ListView immer einen eindeutigen Bezug zu einem Ergebnis-
> datensatz hat, muss in diesem eine Spalte mit dem Namen _id vorhan-
> den sein. Normalerweise gibt man den Schlüsselwert der Tabelle mit. Ist   *Vorsicht, Falle!*
> dieser nicht im Ergebnisdatensatz vorhanden, muss man in der Daten-
> bankanfrage einen für die Anzeige eindeutigen Spaltennamen mit dem
> Spalten-Alias (z.B. name AS _id.) benennen.

In der Praxis reicht der SimpleCursorAdapter für die Darstellung kleiner
Datenmengen aus. Falls große Ergebnismengen erwartet werden, sollte
man einen darauf optimierten Adapter entwickeln (s. Abschnitt 6.3).

Jetzt muss man nur noch die neue Activity GeoKontakteAuflisten
im Android-Manifest bekannt machen und schon ist die Anzeige der
Geokontakte fertig (Abb. 11-1).

Abb. 11-1
Geokontakte aus der Datenbank

11.8   Spielzeit!

Spielprojekt   Wir haben ein eigenes Eclipse-Projekt *DBsimple* erstellt, das auf der Webseite zum Buch zum Download bereitliegt. Importieren Sie sich dieses Projekt und experimentieren Sie damit. Nach dem ersten Start können Sie eine Datenbank mit Testdaten füllen und sich die Ergebnisse verschiedener Anfragen anschauen. Zu vielen Operationen haben wir Zeitmessungen eingebaut, die im Log ausgegeben werden. Auf diese Weise können Sie sich ein Bild von den im Theorieteil dieses Kapitels beschriebenen Implementierungsalternativen machen. Probieren Sie dabei auch die `sqlite3`-Konsole aus.

12 Dateisystem

Dieses nächste Kapitel aus dem Themengebiet *Datenverwaltung* beschreibt die Nutzung des Dateisystems von Android-Geräten. Wir lernen, wie man mit einfachen Mitteln auf Verzeichnisse und Dateien zugreift. Man programmiert Dateizugriffe in Android meist wie in klassischen Java-Anwendungen. Daher sind für das Verständnis dieses Kapitels Grundkenntnisse der Dateiverwaltung in Java hilfreich.

12.1 Aufbau des Dateisystems

Das Android-Dateisystem ist ein Linux-Dateisystem. Wir unterscheiden zwischen dem fest installierten Flash-Speicher des Gerätes und Speicherkarten (SD-Karten), die nicht an das Gerät gebunden sind. SD-Karten eignen sich zum Datenaustausch und zur Speicherung größerer Datenmengen.

Flash vs. SD-Karte

12.1.1 Das Anwendungsverzeichnis

Bei der Installation einer Anwendung legt das System ein eigenes *Anwendungsverzeichnis*

Heimat der Anwendung

```
/data/data/packagename.der.anwendung/
```

an. Die meisten Dateizugriffsmethoden der Android-API operieren relativ zu diesem Verzeichnis. In dieses Verzeichnis darf nur die Anwendung selbst schreiben. Wir kennen das Anwendungsverzeichnis bereits aus dem letzten Kapitel über Datenbanken. Die Datenbanken einer Anwendung liegen alle im Unterverzeichnis databases des Anwendungsverzeichnisses.

12.1.2 SD-Karten

Die Geräte erkennen SD-Karten fast immer automatisch. Andernfalls wird eine Systemnachricht (Notification) verschickt, die auf dem Statusbalken des Android-Geräts angezeigt wird. Durch Anklicken der

Verzeichnis /sdcard
Sonderfall Emulator

Nachricht bindet man die SD-Karte an das Dateisystem an (»mount«). Die SD-Karte ist dann unter dem Verzeichnisnamen /sdcard erreichbar.

Um Speicherkarten auf dem Emulator simulieren zu können, haben wir beim Anlegen des Android Virtual Device (AVD) Platz für eine virtuelle Speicherkarte reserviert.

Mit Programmen wie z.B. den mtools kann man Daten auf das Speicherabbild der virtuellen SD-Karte schreiben. Anschließend kann dieses bei der Erstellung eines AVD als SD-Karte eingebunden werden (s. [14]).

> Datenbankdateien einer Anwendung können *nicht* von einer SD-Karte aus genutzt werden. Die Anwendung benötigt diese Daten unterhalb ihres Anwendungsverzeichnisses.

12.2   Verwaltung

In diesem Abschnitt zeigen wir, mit welchen Werkzeugen man auf das Dateisystem eines Gerätes (oder des Emulators) zugreifen kann. Das Gerät muss hierfür mit dem Entwicklungsrechner verbunden sein. Am einfachsten erreicht man das, indem man eine Anwendung mit Hilfe des Eclipse-Plugins auf dem Gerät startet.

Zugriff per Eclipse

Das Eclipse-Plugin bietet eine eigene Ansicht, den »File Explorer«, zur Darstellung des Gerätedateisystems. Der File Explorer zeigt das komplette Dateisystem wie ein Windows-Dateimanager an. Wir können hier Dateien mit dem Gerät austauschen, Dateien löschen und ihre Berechtigungen untersuchen. Diese Ansicht ist Teil der DDMS-Perspektive, sie kann aber auch über »Window -> Show View -> File Explorer« aktiviert werden.

Zugriff per Konsole

Freunde der gepflegten Unix-Kommandozeile erreichen das Dateisystem mit Hilfe des adb-Programms, das mit dem Android-SDK ausgeliefert wird. Der Befehl adb shell öffnet eine Konsole auf dem aktuellen Gerät. Dort sind alle wesentlichen Linux-Kommandos zur Bearbeitung von Dateien und Verzeichnissen verfügbar.

```
> adb shell
# ls -l
dr-x------ root     root           2010-03-30 10:46 config
drwxrwx--- system   cache          2009-11-25 11:38 cache
d---rwxr-x system   sdcard_rw      1970-01-01 00:00 sdcard
drwxr-xr-x root     root           2009-10-22 08:44 system
drwxr-xr-x root     root           1970-01-01 00:00 sys
```

```
drwxr-x--- root      root              1970-01-01 00:00 sbin
dr-xr-xr-x root      root              1970-01-01 00:00 proc
-rwxr-x--- root      root     12377    1970-01-01 00:00 init.rc
-rwxr-x--- root      root     103092   1970-01-01 00:00 init
drwxrwx--x system    system            2009-10-22 08:45 data
drwx------ root      root              2009-08-07 03:35 root
drwxr-xr-x root      root              2010-03-30 10:47 dev
```

12.3   Programmierung

Wir wissen nun, wie das Android-Dateisystem aufgebaut ist und wie
man darauf zugreift. Nun stellen wir die Programmierschnittstelle für
Dateizugriffe vor. Dabei gehen wir nach folgendem Muster vor:

- Vorstellung der relevanten API-Komponenten
- Schreiben von Dateien/Verzeichnissen
- Lesen von Dateien/Verzeichnissen
- Löschen von Dateien/Verzeichnissen

Wir gehen in diesem Abschnitt davon aus, dass wir uns innerhalb   *Vorbedingungen*
einer Android-Komponente befinden, die Zugriff auf den aktuellen
Anwendungskontext hat. Wir implementieren alle Dateizugriffe zur
Demonstration in einer eigenen Anwendung, die aus einer Activi-
ty Dateiverwaltung besteht. Diese läuft getrennt von der Amando-
Anwendung in einem eigenen Package de.androidbuch.dateien.

```
public class Dateiverwaltung extends Activity {
  ...
}
```

Listing 12.1
Dateiverwaltung

Die eigentlichen Schreib- und Lesevorgänge werden über die java.io-   *Routinearbeit*
Schnittstellen abgewickelt. Wir werden eine Schreib- und eine Leseme-
thode verwenden, die wir in den Listings 12.2 und 12.3 vorstellen.

```
...
private void schreibeDatei(FileOutputStream out)
    throws IOException {
  OutputStreamWriter wrt = new OutputStreamWriter(out);
  try {
    wrt.write("Dies ist ein Beispieltext.");
  } finally {
    if (wrt != null) {
      wrt.close();
    }
  }
}
...
```

Listing 12.2
Schreiben einer
Textdatei

Listing 12.3

Lesen einer Textdatei

```
...
private String leseDatei(FileInputStream inStream)
    throws IOException {
  BufferedReader in = new BufferedReader(
    new InputStreamReader(inStream));
  StringBuilder inhalt = new StringBuilder();
  try {
    String zeile;
    while ((zeile = in.readLine()) != null) {
      inhalt.append(zeile);
    }
  } finally {
    in.close();
  }
  return inhalt.toString();
}
...
```

Darauf aufbauend wenden wir uns jetzt den Zugriffen auf das Anwendungsverzeichnis und die SD-Karte zu. In den folgenden Abschnitten zeigen wir, wie man aus einer Anwendung heraus Dateien und Verzeichnisse verwaltet. Wir werden dabei Textdateien schreiben und lesen. Die Beispiele lassen sich aber auch problemlos für den Umgang mit Binärdaten umprogrammieren. Dafür muss man nur die oben beschriebenen Methoden leseDatei und schreibeDatei anpassen. Entsprechende Codebeispiele findet man u.a. bei [9].

12.3.1 Zugriff auf das Anwendungsverzeichnis

Programmierschnittstelle

Die Zugriffsmethoden auf das Dateisystem innerhalb des Anwendungsverzeichnisses werden vom android.content.Context bereitgestellt. Sie sind in Tabelle 12-1 zusammengefasst.

Schreiben von Dateien/Verzeichnissen

Datei anlegen

Die einfachste Möglichkeit, eine Datei beispiel.txt ins Anwendungsverzeichnis zu schreiben, ist folgende:

```
FileOutputStream out =
  openFileOutput("beispiel.txt",MODE_PRIVATE);
schreibeDatei(out);
```

Mit dem Aufruf von openFileOutput legt man nicht nur den Dateinamen fest, es werden auch noch das Verzeichnis und die Berechtigungen für

```
┌─────────────────────────────────────────────────┐
│ Context                                           │
├─────────────────────────────────────────────────┤
│                                                   │
│ ...                                               │
│ +getDir(String, int) : java.io.File               │
│ +getFilesDir() : java.io.File                      │
│ +getCacheDir() : java.io.File                      │
│ +filesList() : String[]                            │
│ ...                                               │
│ +openFileInput(String) : java.io.FileInputStream    │
│ +openFileOutput(String, int) : java.io.FileOutputStream │
│ +deleteFile(String) : boolean                      │
│ ...                                               │
│                                                   │
└─────────────────────────────────────────────────┘
```

Tab. 12-1
Dateisystem-Schnittstelle von Context

die Datei definiert. `beispiel.txt` wird im Unterverzeichnis `files` des Anwendungsverzeichnisses angelegt. Auf dieses Verzeichnis können wir mit `getFilesDir` zugreifen und uns ein Exemplar von `java.io.File` esals Referenz darauf zurückgeben lassen.

Der zweite Parameter `MODE_PRIVATE` bestimmt, dass andere Anwendungen *nicht* auf die Datei zugreifen dürfen. Alle Berechtigungen sind in Tabelle 12-2 zusammengefasst.

Berechtigungen

mode	Andere Anwendungen haben...
MODE_PRIVATE	Keinen Zugriff
MODE_WORLD_READABLE	Lesezugriff
MODE_WORLD_WRITEABLE	Schreibzugriff
MODE_WORLD_READABLE | MODE_WORLD_WRITEABLE	Vollzugriff

Tab. 12-2
Zugriffsrechte mode

Dateien, die von anderen Anwendungen verändert werden sollen, müssen mit `openFileOutput` erstellt werden. Keine andere Methode zur Dateierstellung erlaubt es, die anwendungsübergreifenden Schreibrechte zu setzen.

Mit `openFileOutput` können nur *Dateien* erstellt werden. Das System löst eine Exception aus, wenn der Dateiname das Zeichen »/« enthält. Wenn wir Unterverzeichnisse des Anwendungsverzeichnisses anlegen wollen, verwenden wir die Methode `getDir`. Ein Beispiel soll das

Verzeichnis erstellen

verdeutlichen. Wir wollen ein Verzeichnis Personal anlegen und darin die Datei akte.txt speichern.

```
File pubVerz = getDir("Personal",
                   MODE_WORLD_READABLE |
                   MODE_WORLD_WRITEABLE);
File akte = new File(pubVerz,"akte.txt");
FileOutputStream out = new FileOutputStream(akte);
schreibeDatei(out);
```

getDir   Der Aufruf von getDir öffnet oder erzeugt das in diesem Fall für alle Anwendungen les- und schreibbare Verzeichnis

/data/data/de.androidbuch.dateien/app_Personal

Das Präfix app_ wird vom Betriebssystem automatisch ergänzt, ist aber für die Programmierung nicht relevant.

Wie bei openFileOutput können wir auch hier die Berechtigungen für das Verzeichnis festlegen. Wichtig ist aber, dass diese *nicht* für die darin enthaltenen Dateien gelten. Die Datei »akte.txt« wird über java.io.File erstellt und ist *nur* für die erzeugende Anwendung sichtbar.

> Über java.io.File erzeugte Dateien und Verzeichnisse innerhalb eines Anwendungsverzeichnisses sind nur für die Erzeugeranwendung sichtbar. Wenn also eine Anwendung A eine Datei in ein Unterverzeichnis der Anwendung B schreibt, ist diese Datei *nur* für A sichtbar.

Lesen von Dateien/Verzeichnissen

openFileInput   Das Gegenstück zu openFileOutput ist openFileInput. Mit dieser Methode liest man Dateien aus dem Verzeichnis files.

```
...
FileInputStream inStream = openFileInput("beispiel.txt");
leseDatei(inStream);
...
```

Verzeichnis auslesen   Die Namen aller Dateien des Verzeichnisses files werden von der Methode fileList zurückgegeben.

Möchte man Dateien aus anderen Unterverzeichnissen des Anwendungsverzeichnisses lesen, verwendet man die Methoden aus java.io. Die File-Objekte für die Verzeichnisse erhält man z.B. über getDir oder getCacheDir. Das folgende Beispiel liest die im letzten Abschnitt angelegte Datei Personal/akte.txt.

```
...
File pubVerz = getDir("Personal",
                      MODE_WORLD_READABLE |
                      MODE_WORLD_WRITEABLE);
File akte = new File(pubVerz,"akte.txt");
FileInputStream inStream = new FileInputStream(akte);
leseDatei(inStream);
...
```

Löschen von Dateien/Verzeichnissen

Dateien, die mit `openFileOutput` erzeugt wurden, werden mit `deleteFile` *delete*
gelöscht. Alle anderen Dateien oder (leeren) Verzeichnisse werden mit
`File::delete` aus dem Dateisystem entfernt.

12.3.2 Zugriff auf die SD-Karte

Die Dateiverwaltung auf der SD-Karte ist noch einfacher als die innerhalb des Anwendungsverzeichnisses. Bevor eine Anwendung auf die
Speicherkarte schreiben darf, muss sie im Android-Manifest die Permis-
sion

```
...
<uses-permission android:name=
  "android.permission.WRITE_EXTERNAL_STORAGE" />
...
```

bekommen.

Programmierschnittstelle

Datenzugriffe auf die Speicherkarte sind ohne Unterstützung der
Android-API möglich. Man verwendet einfach die Klassen aus `java.io`.

Erwähnenswert sind dennoch zwei statische Methoden der Klas-
se `android.os.Environment`. `Environment.getExternalStorageState` infor- *SD-Karte verfügbar?*
miert uns, ob ein externes Dateisystem verfügbar ist.

`Environment.getExternalStorageDirectory` liefert das Wurzelver- *SD-Verzeichnis*
zeichnis der SD-Karte als `java.io.File` zurück. Die darüber erzeugten
Dateien und Unterverzeichnisse sind für *alle* Anwendungen auf dem
Gerät voll zugreifbar. In `java.io` enthaltene Methoden zur Kontrolle
der Berechtigungen, z.B. `File.setReadOnly`, werden von Android
ignoriert.

12.4   Zusammenfassung

Wir haben gelernt, dass im Linux-Dateisystem eines Android-Gerätes jede Anwendung ihr »privates« Unterverzeichnis erhält. Dort darf sie, und nur sie, Dateien und Verzeichnisse erstellen und unter bestimmten Bedingungen für andere Anwendungen freigeben. Große Datenmengen speichert man auf externen Speicherkarten, SD-Karten. Dort können alle Anwendungen Daten speichern und lesen.

Als Programmierer nutzen wir die Methoden der Klasse `android.content.Context` oder die Standardfunktionalität aus `java.io`, wenn wir auf das Android-Dateisystem zugreifen wollen.

13 Content Provider

Wir haben uns bisher mit Datenspeicherung und -zugriffen innerhalb einer Android-Anwendung befasst. Doch wie gehen wir vor, wenn wir Daten zwischen Anwendungen austauschen wollen? So könnte man sich zum Beispiel eine Multimedia-Verwaltung vorstellen, die ein zentrales »Album« für Audio-, Video- und Bilddaten bereitstellt. Oder man möchte auf Inhalte des Android-Adressbuches zugreifen und diese in der eigenen Anwendung weiterverarbeiten.

Öffnung erwünscht

Für solche Anwendungsfälle sind spezielle Android-Komponenten, sogenannte *Content Provider*, vorgesehen. Dieses Kapitel zeigt, wie man diese entwickelt und wie man sie verwendet.

Content Provider = Datenschnittstelle

Das Thema ist allerdings sehr komplex. Wir beschränken uns in diesem Einsteigerbuch auf die Basisfunktionen von Content Providern und geben an passender Stelle Hinweise auf weiterführende Literatur.

13.1 Zielsetzung

Wir wollen aus Amando auf das Android-Adressbuch zugreifen, um die Namen der dort gespeicherten Kontakte auszulesen. Darüber hinaus sollen andere Anwendungen Zugriff auf die in Amando erfassten Standortfotos erhalten.

Wir stellen, wie gewohnt, erst die wichtigsten Grundbegriffe für den Umgang mit Content Providern vor. Anschließend zeigen wir, wie man

Erst Theorie, dann Praxis

- auf einen anwendungsfremden Content Provider zugreift,
- einen eigenen Content Provider entwickelt und
- auf diesen zugreifen kann.

13.2 Übersicht/Grundbegriffe

Frei übersetzt bezeichnet ein »content provider« einen *Anbieter* von *Inhalten*. Wir fragen uns also als Erstes, um welche Inhalte es sich handelt.

Content

Danach untersuchen wir, wie man diese Inhalte vom Anbieter geliefert bekommt.

Strukturierte Daten   Die Aufgabe von Content Providern ist es, strukturierte Datenmengen über Anwendungsgrenzen hinweg zu veröffentlichen und zu verwalten. In den meisten Fällen handelt es sich dabei um Datenbankinhalte. Bildlich gesprochen bietet er seinen Kunden ein Schaufenster auf Ausschnitte seiner Datenbanktabellen an. Die Datenbank selbst bleibt dabei verborgen.

Dateiinhalte   Die zweite Sorte von Inhalten sind Dateien. Auch hier erhält der Nutzer eines Content Providers stets nur den *Inhalt* der Datei, nie die Datei selbst.

Der Einfachheit halber bezeichnen wir die von Content Providern verwalteten Daten als *Datenbank-* bzw. *Dateiinhalte*. Wenn wir von einer *Datenquelle* sprechen, meinen wir damit die dazu passende Datenbank(tabelle) oder Datei.

> Ein Content Provider gewährt Zugriff auf den *Inhalt*, nie auf die *Herkunft/Quelle* der von ihm verwalteten Daten.

Betrachten wir nun die Umgebung eines Content Providers etwas genauer. Abb. 13-1 stellt die wichtigsten Begriffe rund um *Content Provider* vor.

Abb. 13-1
Content Provider im Systemkontext

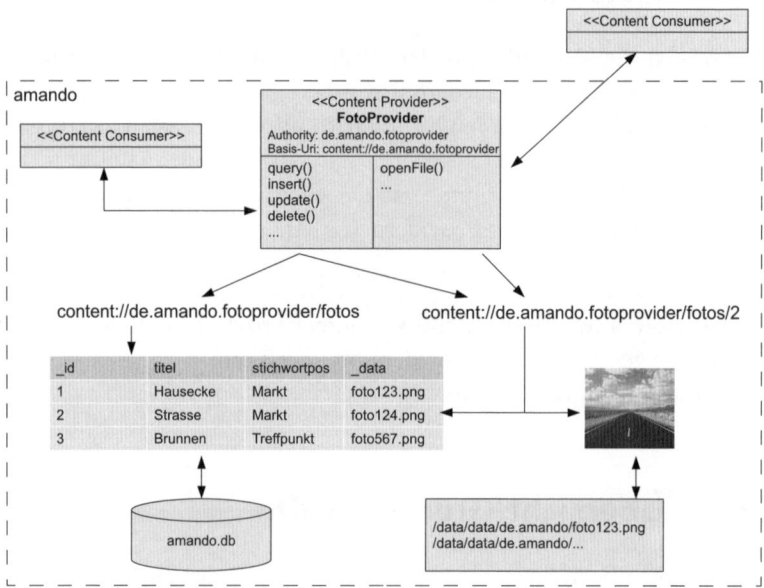

Im Zentrum der Abbildung steht der Content Provider *Vogelperspektive*
`FotoProvider`, der ein Verzeichnis von Fotodaten verwaltet. Dieses
»Verzeichnis« besteht aus Datenbankinhalten und Fotodateien. Jede
Datenquelle hat eine eigene Adresse (`content://de...`). Der Content
Provider bietet Operationen an, die von *Content Consumer*-Klassen
verwendet werden. Content Consumer befinden sich typischerweise
außerhalb der Anwendung des Content Providers.

Nach diesem Schnelldurchlauf erklären wir die Begriffe im Einzelnen.

13.3 Content-URIs

Der Aufruf eines Content Providers ist mit dem Zugriff auf einen *Vergleich mit HTTP*
Webserver vergleichbar. Wenn man eine Webadresse in den Browser
eingibt, bekommt man Daten zurück. Auch die Inhalte eines Content
Providers sind auf ihrem Gerät unter eindeutigen Adressen abrufbar.

Jeder Content Provider besitzt eine Basisadresse, die ihn von allen *Authority =*
anderen Content Providern im System unterscheidet. Diese *Authority*, *Basisadresse*
z.B. `amando.fotoprovider`, ist mit dem Domainnamen eines Webservers
vergleichbar. Sie wird vom Ersteller des Content Providers vergeben.

Jeder von einem Webserver veröffentlichte Inhalt (HTML-Seite, *Adressen für Daten*
Bild, Datenbankanfrage etc.) hat seine eigene Adresse. Nach dem glei-
chen Prinzip gibt ein Content Provider Adressen seiner Inhalte an die
Nutzer weiter. Eine solche Adresse ermöglicht erst den Aufruf von
Anfrage- oder Änderungsoperationen eines Content Providers.

Die Adressen bezeichnet man als »Uniform Resource Identifier«, *URIs*
kurz *URI*.

Unser `FotoProvider` soll Informationen über Fotodateien veröffentlichen. Tabelle 13-1 zeigt Beispiele für URIs, die in diesem Zusammenhang angeboten werden.

URI	Inhalt
`content://amando.fotoprovider/`	Provider
`content://amando.fotoprovider/fotos`	Fotoverzeichnis
`content://amando.fotoprovider/fotos/7`	Datensatz FotoId=7

Tab. 13-1
Beispiele für URIs

Die URIs von Content-Provider-Inhalten sind nach folgendem Schema
aufgebaut:

```
$scheme://$authority/$dataDescriptor[/$id]
```

Schauen wir uns den Aufbau einer URI im Detail an:

scheme: Das `scheme` klassifiziert die Datenquelle. Alle Datenquellen, die von einem Content Provider verwaltet werden, haben das scheme `content://`. Dadurch erkennt das System, dass es sich bei der URI um einen Content Provider handelt.

authority: Die Authority ist der systemweit eindeutige Name des Content Providers. Der Name dient dem System als Schlüsselwert, wenn es auf einen Content Provider zugreifen soll. Mit dieser Bezeichnung wird der Content Provider im Android-Manifest registriert. Es ist üblich, den voll qualifizierten Namen der Content-Provider-Klasse in Kleinbuchstaben zu verwenden. In unseren Beispielen wählen wir zur Vereinfachung oft die Kurzform `amando.fotoprovider`.

path: Fachliche Bezeichnung der von dieser URI zu erwartenden Inhalte. Ein Pfad kann aus mehreren Abschnitten bestehen (z.B. `/fotos`, `/fotos/aktuell`). Während `/fotos` beispielsweise den Zugriff auf die Liste aller Fotodateien ermöglicht, werden unter `/fotos/aktuell` nur *REST* Fotos der letzten Stunde zurückgegeben. Falls Sie REST kennen, wird Ihnen der Aufbau der URIs bekannt vorkommen.

id: Häufig möchte man mit einer URI genau *einen* Datensatz oder *eine* Datei adressieren. In diesen Fällen kann der Schlüsselwert des Zielobjekts z.B. die (`_id`) als Teil der URI mitgegeben werden. So wäre z.B. `/fotos/7` ein gültiger Adressbestandteil für ein Foto mit dem Schlüsselwert 7. In diesem Zusammenhang verwendet man auch gerne den Platzhalter »#« für einen Schlüsselwert. Die Einzelfoto-URI könnte mal also allgemein als `content://amando.fotoprovider/fotos/#` schreiben.

getType()   Damit ein Content Provider dem System mitteilen kann, von welchem *Datentyp* seine Inhalte sind, muss die Methode `getType` für jede seiner URIs einen MIME-Type zurückgeben. Auch hier erkennen wir die Parallele zu Anfragen an Webserver. Für jede URL teilt dieser dem Browser den MIME-Type des zurückgelieferten Inhalts mit.

MIME-Types für die Inhalte von Content Providern werden nach einem bestimmtem Schema definiert, das wir an einem Beispiel verdeutlichen werden.

Aufbau MIME-Type   Generell besteht ein MIME-Type (z.B. `text/xml`) aus einem *Medientyp* (`text`) und einem *Subtyp* (`xml`). Für die Inhalte von Content Providern hat sich folgende MIME-Type-Konvention etabliert:

Medientyp = Ergebnisstruktur   Der MIME-Type einer URI hängt davon ab, ob diese die Adresse von Einzeldatensätzen oder von Datensatzlisten ist. Ein Einzeldatensatz wäre z.B. der Datensatz für das Foto mit dem Schlüsselwert 7; das komplette Fotoverzeichnis wäre dagegen eine Liste von Datensätzen. Anhand des Medientyps eines MIME-Types unterscheiden wir, ob es sich bei den angeforderten Inhalten um Einzel- oder Listendaten handelt. Per Android-Konvention haben Einzeldatensätze (*items*) den Medientyp

```
vnd.android.cursor.item
```

Listen bzw. *Verzeichnisse* (*directories*) von Objekten haben dagegen den Medientyp

```
vnd.android.cursor.dir
```

Der Subtyp des MIME-Type bezeichnet den eigentlichen Datentyp der Inhalte. Angenommen, der Content Provider liefert Informationen über Fotodaten (»fotodaten«) zurück. Dann definieren wir den Subtyp für Inhalte des Providers als

Subtyp = Datentyp

```
vnd.amando.fotodaten
```

Das Kürzel vnd weist auf einen herstellerspezifischen Subtyp hin. amando bezeichnet den Herstellernamen des Content Providers. Mit fotodaten geben wir letztendlich Auskunft darüber, von welchem Typ die Inhalte sind.

Setzen wir Medientyp und Subtyp zusammen, so erhalten wir für URIs von Einzeldatensätzen den MIME-Type

Konvention

```
vnd.android.cursor.item/vnd.amando.fotodaten
```

und für URIs auf Listen oder Verzeichnisse den MIME-Type

```
vnd.android.cursor.dir/vnd.amando.fotodaten
```

zurück.

13.4 Content Provider

Ein *Content Provider* ist eine Android-Komponente, die die von android.content.ContentProvider vorgegebene Schnittstelle für den Zugriff auf Datenbanken und Dateien der eigenen Anwendung implementiert. Wir betrachten nun diese Schnittstelle Schritt für Schritt.

13.4.1 Stammdaten

Als *Stammdaten* eines Content Providers bezeichnen wir die Informationen, die jeder Nutzer der Komponente benötigt. Dazu gehören

▧ die Authority des Providers,
▧ eine Liste der URIs als Einstiegspunkte der verwalteten Inhalte,
▧ falls Datenbankinhalte verwaltet werden, eine Liste der angebotenen Feldnamen der Datensätze,
▧ die Namen der Berechtigungen, die für Lese- und Schreibzugriffe erforderlich sind.

Stammdaten dokumentieren! Will man auf einen Content Provider zugreifen, muss man dessen Stammdaten kennen. Normalerweise findet man sie in der Dokumentation des Content Providers. Möchte man einen Content Provider erstellen, müssen die Stammdaten zu Beginn der Konzeption definiert werden. Die Informationen gehören in die Javadoc der implementierten Klassen. Sonst wird die Nutzung des Content Providers für andere Anwendungen komplizierter als nötig.

Betrachten wir nun die Operationen, die die Datenzugriffe umsetzen sollen.

13.4.2 Operationen

Die Klasse `android.content.ContentProvider` bietet u.a. die in Tabelle 13-2 genannten Operationen für Datenzugriffe an.

Tab. 13-2
Die Content-Provider-Schnittstelle

ContentProvider
...
+insert(Uri, ContentValues) : Uri
+delete(Uri, String, String[]) : int
+update(Uri, ContentValues, String, String[]) : int
+query(Uri, String[], String, String[], String) : Cursor
...
+openFile(Uri, String) : ParcelFileDescriptor
...

Jeder Methode wird die URI der Datenquelle mitgegeben, auf der sie angewandt werden soll. Bei der Implementierung muss geprüft werden, ob die Operation für die gewünschten Inhalte erlaubt und möglich ist. Abbildung 13-2 verdeutlicht diesen Prozess.

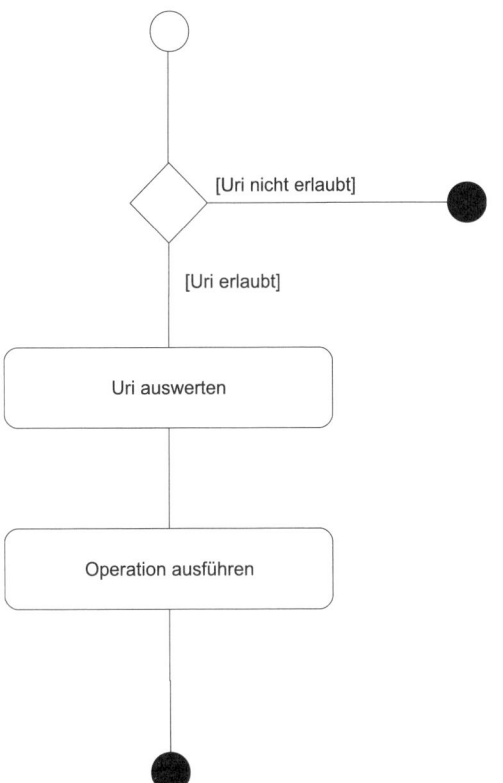

Abb. 13-2
Ablauf einer Operation

Die Zugriffsoperationen des Content Providers lassen sich gruppieren in

- Datenbank-Zugriffsmethoden
- Datei-Zugriffsmethoden

Datenbank-Zugriffsmethoden

Wir haben den Umgang mit Datenbanken bereits in Kapitel 11 vorgestellt. Der Unterschied zu den Methoden von SQLiteDatabase ist der, dass eine URI zur Beschreibung der betroffenen Datenmenge übergeben wird. Die eigentliche Datenbankverbindung wird vom Content Provider verwaltet.

Datei-Zugriffsmethoden

In der Methode openFile implementiert man Zugriffe auf Dateien des anwendungseigenen, »privaten« Dateisystems. Als Rückgabewert liefern wir einen android.os.ParcelFileDescriptor. Dabei handelt es sich

openFile

um eine über Prozessgrenzen transportierbare »Variante« eines Streams, über den eine Datei gelesen oder geschrieben werden kann. Im Praxisteil werden wir zeigen, wie man damit umgeht.

*Verzeichnis =>
Datenbank*

Dateizugriffe sind in der Regel nur möglich, wenn die URI der Zieldatei bekannt ist. Daher verwaltet man Dateien oft in einer Datenbank. Der `FotoProvider` greift z.B. auf die Tabelle `fotos` zu. In dieser sind u.a. die Dateinamen der Fotodateien hinterlegt. Ein Content Consumer ermittelt dann erst über `query` den Schlüsselwert dieses Fotodatensatzes. Mit diesem kann er anschließend eine der Datei-Zugriffsmethoden aufrufen. Alternativ kann man die URI für jedes Foto in der Datenbank speichern. Das erleichtert die Zugriffe für Content Consumer.

13.4.3 Lebenszyklus

Content Provider stehen wie Activities, Services und Broadcast Receiver unter der Kontrolle des Betriebssystems. Sie werden beim Start ihrer Anwendung erzeugt. Ein Content Provider steht dem System auch dann zur Verfügung, wenn seine Anwendung nicht läuft. In diesem Fall wird der Provider unmittelbar vor der Verwendung erzeugt.

13.4.4 Berechtigungen

Der Lese- oder Schreibzugriff auf einen Content Provider kann im Android-Manifest eingeschränkt werden (s. Listing 13.1). Die aufrufende Anwendung muss dann über die verlangten Rechte verfügen (`<uses-permission>` im Android-Manifest), damit der Zugriff erlaubt wird. In der Klasse `android.Manifest.permission` sind alle das Android-System und seine Standardanwendungen betreffenden Rechte (Permissions) als Konstanten hinterlegt.

Man sollte versuchen, mit diesen vordefinierten Berechtigungen auszukommen. Ansonsten muss man sich eigene Berechtigungen definieren (s. Online-Dokumentation [16]).

13.4.5 Deployment

Um einen Content Provider zur Verfügung zu stellen, muss man ihn ins Android-Manifest aufnehmen. Dazu dient das `<provider>`-Element, welches innerhalb von `<application>` gesetzt wird (Listing 13.1).

*Listing 13.1
Registrierung eines
Content Providers*

```
<application
  android:icon="@drawable/icon"
  android:label="@string/app_name">
```

```
<provider
  android:name=".providers.FotoProvider"
  android:authorities=
    "de.androidbuch.amando.fotoprovider"
  android:readPermission=
    "android.permission.READ_CONTACTS"
  android:writePermission=
    "android.permission.WRITE_EXTERNAL_STORAGE"
  >
</provider>
...
```

Die Attribute android:name und android:authorities sind Pflichtattribute. Die wichtigsten optionalen Attribute von <provider> sind:

android:readPermission   Legt fest, über welche Berechtigung die aufrufende Anwendung verfügen muss, um lesend auf den Content Provider zugreifen zu können. Wird diese Berechtigung nicht erfüllt, so wird bei einer unerlaubten Anfrage eine java.lang.SecurityException ausgelöst. Analog dazu regelt die android:writePermission die Rechte für Schreibzugriffe auf den Content Provider.

android:multiprocess   Wenn dieses Attribut auf true gesetzt ist, kann ein eigenes Exemplar des Content Providers für *jeden aufrufenden Prozess* erzeugt werden. Das erspart die für den Zugriff auf *ein einziges* Exemplar erforderliche Interprozess-Kommunikation, da innerhalb der eigenen Anwendung automatisch ein Exemplar des Content Providers erzeugt wird. Außerdem muss ein solcher Content Provider nicht mehr thread-safe sein. Allerdings werden durch die zusätzlichen Objekte mehr Systemressourcen benötigt, so dass diese Einstellung nur in Ausnahmefällen gewählt werden sollte. Als Standardwert wird false vergeben.

13.5   Content Consumer

Um das Zusammenspiel zwischen dem Anbieter und den Konsumenten von Inhalten zu verdeutlichen, führen wir einen neuen (inoffiziellen) Begriff ein: den *Content Consumer*. Als Content Consumer bezeichnen wir eine Klasse, die auf einen Content Provider zugreift. Dabei nutzt sie ein Exemplar der Klasse android.content.ContentResolver, die die Kommunikation mit dem Content Provider ermöglicht.

Abb. 13-3 verdeutlicht das Verhältnis zwischen Content Consumer, Content Resolver und Content Provider. In diesem Fall sind `RoutenBilderGalerie` und `FotoSpeicher` Content Consumer.

Abb. 13-3
Zugriff auf Content Provider

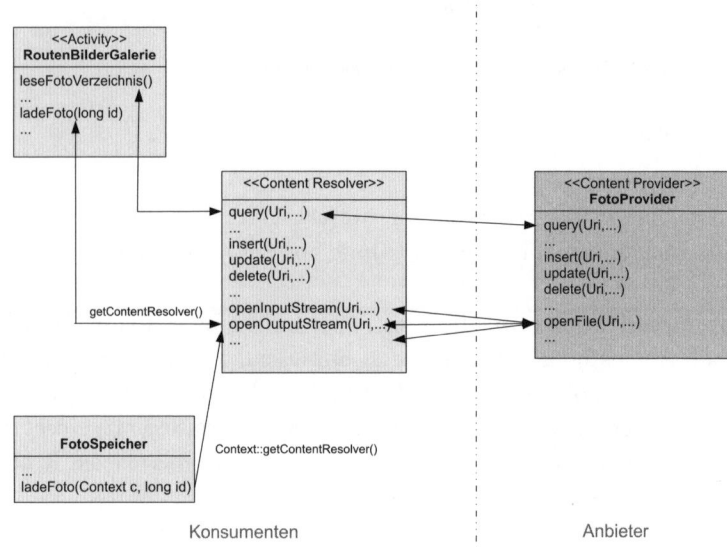

13.5.1   Content Resolver

Die Klasse `android.content.ContentResolver` ist das Bindeglied zwischen Content Consumer und Content Provider. Man erhält ein Exemplar dieser Klasse, indem man `getContentResolver` des Anwendungskontextes aufruft. Ein Content Consumer muss also entweder von `Context` abgeleitet sein (Activities, Services etc.) oder den Anwendungskontext als Parameter übergeben bekommen.

Die Klasse `ContentResolver` ist verantwortlich dafür,

- aus einer URI den Content Provider zu ermitteln,
- auf diesem Operationen zum Auslesen und Schreiben von Daten oder Dateien aufzurufen,
- diese Operationen entweder synchron oder asynchron aufzurufen,
- sich Komponenten zu merken, die bei Änderung des vom Content Provider verwalteten Datenbestandes benachrichtigt werden sollen.

URI => Provider   Jede an einen Content Provider gerichtete Operation von Content Resolver erfordert die Angabe einer Ziel-URI. Die wiederum enthält die

Authority des Content Providers. Mit dieser Information kann der Content Resolver beim System den passenden Content Provider ermitteln und auf ihm die Operation ausführen.

Wir wollen uns jetzt die Schnittstelle des Content Resolvers im Detail anschauen.

13.5.2 Zugriff auf Datenbankinhalte

Beginnen wir mit Datenbankzugriffen. Die Methoden für synchrone Datenbankoperationen sind in Tabelle 13-3 aufgeführt.

Datenbankzugriffe

Content Resolver
...
+insert(Uri, ContentValues) : Uri
+delete(Uri, String, String[]) : int
+update(Uri, ContentValues, String, String[]) : int
+query(Uri, String[], String, String[], String) : Cursor
...

Tab. 13-3
Content Resolver
Datenbankschnittstelle

Das Prinzip ist mit dem von SQLite-Anfragen vergleichbar. Ein Beispiel zeigt, wie man aus einer Activity Anfragen an einen Content Provider stellen kann.

```
final Uri fotoContentUri =
    Uri.parse("content://de.androidbuch.fotoprovider/fotos");
final Cursor fotoListe = getContentResolver()
    .query(fotoContentUri,
        new String[] {
          "titel", "stichwortpos" }
        null, // WHERE
        null, // WHERE ARGS
        "stichwortpos"); // ORDER BY
if (fotoListe == null) {
  Log.e(TAG,
      "Content Provider " + fotoContentUri +
      " nicht erreichbar.");
}
```

Wir müssen beachten, dass Datenbankoperationen eines Content Providers atomar sind. Es ist also nicht möglich, eine Transaktionsklammer um mehrere Aufrufe von Content-Provider-Datenbankoperationen zu

Transaktionen

definieren. Falls mehrere Schreiboperationen als atomare Einheit behandelt werden sollen, muss die Datenintegrität im Fehlerfall durch
Kompensationsoperationen sichergestellt werden. Das folgende Beispiel skizziert das Prinzip:

```
try {
  erzeugeDatei("a");
  erzeugeDatei("b");
  erzeugeDatei("c");
  // erfolgreich!
} catch(Throwable ex) {
  // rollback!
  loescheDatei("a");
  loescheDatei("b");
  loescheDatei("c");
}
```

13.5.3   Zugriff auf Dateien

Dateien => Streams

Ein Content Provider kann Dateien aus dem gesamten, für die Anwendung sichtbaren Dateisystem veröffentlichen. Für Lese- und Schreiboperationen auf Dateien, die von einem Content Provider verwaltet
werden, stehen die in Tabelle 13-4 aufgeführten Methoden bereit.

Tab. 13-4
Content Resolver
Dateischnittstelle

Content Resolver

...

+openInputStream(Uri) : InputStream

+openOutputStream(Uri) : OutputStream

...

Dateien, Streams

Auf Dateien wird über Streams zugegriffen. Der Content Resolver
nimmt uns die Umwandlung des vom Content Provider gelieferten
ParcelFileDescriptors in Streams ab. Er bietet die komfortabel nutzbaren Methoden openInputStream bzw. openOutputStream an.

```
...
final Uri zielDateiUri =
  ContentUris.withAppendedId(
    "content://de.androidbuch.fotoprovider/fotos",
    fotoId);
InputStream zielDatei =
  getContentResolver().
          openInputStream(zielDateiUri);
...
```

13.6   Implementierung

Wir wollen nun in die Praxis wechseln. Als Erstes zeigen wir, wie man aus einer Activity auf einen Content Provider zugreift. Danach erstellen wir einen eigenen Content Provider, den `FotoProvider`. Dieser soll sowohl Datenbankinhalte als auch Dateien veröffentlichen. Zum Schluss implementieren wir eine zu diesem Content Provider passende Consumer-Klasse.

13.6.1   Zugriff auf das Android-Adressbuch

Unser Ziel ist, Adressen aus dem Android-Adressbuch auszulesen. Dazu greifen wir auf einen Content Provider des Android-Systems zu. Wir müssen

- die URI der Zieldatenmenge ermitteln,
- die Feldnamen der Ziel-Datensätze herausfinden,
- über den Content Resolver der Activity auf die Daten zugreifen.

URI ermitteln

Wie kommen wir an die URIs eines »fremden« Providers? Soll, wie in unserem Fall, auf einen Content Provider des Android-SDK zugegriffen werden, so hilft ein Blick auf die Javadoc des `android.provider` Package weiter.

Wer suchet, der findet...

Jeder Content Provider sollte seine URIs bekannt machen. Dies geschieht über Interfaces oder Inner Classes, über die nicht nur die `CONTENT_URI`, sondern auch weitere Details der gelieferten Datenstrukturen veröffentlicht werden. Tabelle 13-5 gibt einen Überblick über die Liste der vom Android-System bereitgestellten Content Provider.

Informationspflicht

In der Dokumentation von `ContactsContract` stehen wichtige Informationen über den Aufbau des Android-Adressbuchs. Das Adressbuch besteht aus verschiedenen Datenquellen, aus denen wir uns die passende heraussuchen. Schließlich finden wir die URI der gesuchten Adressdaten in der Konstante `ContactsContract.Contracts.CONTENT_URI`.

Datenstrukturen ermitteln

Die Anfrage beim Content Provider liefert einen Cursor auf die Zieldatenmenge zurück. Um die Attribute eines Ergebnisdatensatzes auslesen zu können, benötigen wir die Feldnamen der zurückgelieferten Tabellenspalten. Für die unter `android.provider` gelisteten Datenstrukturen sind in der API-Beschreibung alle Feldnamen dokumentiert. Wir interessieren uns nur für den angezeigten Namen des

Datenstrukturen

Tab. 13-5
Beispiele für Content
Provider

android.provider.*	Beschreibung
ContactsContract	Einstiegspunkt für Adressbuch-Daten
MediaStore	Einstiegspunkt für Multimedia-Daten
Browser	Zugriff auf die Lesezeichen und Suchergebnisse des WWW-Browsers
CallLog	Zugriff auf Daten der Anruferliste
UserDictionary	Verzeichnis der für Code-Completion genutzten Begriffe
Settings	Einstiegspunkt für Zugriffe auf Systemeinstellungen

Kontakts. Den passenden Feldnamen finden wir in der Konstanten ContactsContract.PhoneLookup.DISPLAY_NAME.

Content Resolver nutzen

Wir kennen jetzt die Adresse der Datenquelle und die Struktur der Ergebnisdaten. Daher können wir die Anfrage an den Content Provider abschicken.

```
...
import android.provider.ContactsContract;
import android.provider.ContactsContract.PhoneLookup;
...
public class AdressbuchAnzeigen extends ListActivity {
...
  private void zeigeAdressbuch() {
    final Cursor kontakte = getContentResolver().query(
        ContactsContract.Contacts.CONTENT_URI,
        new String[] { // SELECT
            PhoneLookup._ID,
            PhoneLookup.DISPLAY_NAME },
        null, // WHERE
        null, // WHERE ARGS
        null  // ORDER
        );
    if (kontakte == null) {
      return;
    }
```

```
    startManagingCursor(kontakte);
    if (kontakte.moveToFirst()) {
      ...
    }
  }
  ...
}
```

Anstelle der Kombination aus   *managedQuery*

```
final Cursor kontakte =
  getContentResolver().query(
    ContactsContract.Contacts.CONTENT_URI, ...);
...
startManagingCursor(kontakte);
```

kann man in Activities auch direkt die Methode managedQuery verwenden.

```
final Cursor kontakte =
  managedQuery(ContactsContract.Contacts.CONTENT_URI, ...);
```

Im Gegensatz zu Datenbankzugriffen kann die query gegen einen Con-   *Vorsicht, null!*
tent Provider null zurückliefern. Das ist immer dann der Fall, wenn der
Content Provider nicht gefunden wurde.

> Falls ein »externer« Content Provider mit bekannter URI nicht so bereit-
> willig Auskunft über seine Datenstrukturen gibt, so hilft folgender Trick
> weiter. Anhand der URI führt man eine Anfrage auf alle Daten des Pro-
> viders durch. Dazu reicht ein query-Aufruf ohne Angabe von Selektions-
> und Einschränkungskriterien. Im Debugger verfolgt man nun den Auf-
> ruf und schaut sich den (hoffentlich) zurückgelieferten Cursor an. Dieser
> enthält alle Metainformationen der zugrunde liegenden Datenstrukturen,
> unter anderem die Feldnamen.

Nun müssen wir nur noch AdressbuchAnzeigen im Android-Manifest bekannt machen, und fertig ist die Anwendung.

13.6.2 Der FotoProvider

Amando soll über einen Content Provider den Zugriff auf Fotos ermöglichen, die zu verschiedenen Standorten erstellt wurden. Lese- und
Schreibzugriffe auf diesen FotoProvider sollen eingeschränkt werden.

Der `FotoProvider` verwaltet zwei Datenmengen:

▦ das Fotoverzeichnis, eine Liste der Standorte und Titel der gespeicherten Fotos, sowie

▦ die Menge der Fotodateien. Jedes Foto kann einzeln als Stream gelesen werden.

Bevor wir loslegen, definieren wir die Stammdaten des `FotoProvider` (s. Tabelle 13-6).

Tab. 13-6
Stammdaten
FotoProvider

Vorgabe	Wert
Authority	`de.androidbuch.amando.fotoprovider`
URI Fotoverzeichnis	`content://de.androidbuch.amando.` `fotoprovider/fotos`
Feldnamen	TITEL, STICHWORTPOS, DATEINAME, ZEITSTEMPEL

Anschließend legen wir fest, welche Operationen auf welchen Datenquellen ausgeführt werden dürfen. Man sollte sich das bei der Konzeption des Content Providers notieren (s. Tabelle 13-7), um bei der Implementierung nicht den Überblick zu verlieren.

Tab. 13-7
Erlaubte Operationen

Uri	Operationen
content://de.androidbuch.fotoprovider/fotos	insert, delete, query
content://de.androidbuch.fotoprovider/fotos/#	delete, query, openFile

Anhand der Stammdaten implementieren wir den Rumpf des Content Providers (Listing 13.2).

Datenmenge = Inner
Class

Für jede vom Content Provider verwaltete Datenmenge wird eine inner class definiert. Sie exponiert sowohl die URI der Datenmenge als auch die Feldnamen der Ergebnisdatensätze. Diese Vorgehensweise hat sich bewährt. Aus dem Javadoc der Attribute sollten sich alle für Content Consumer interessanten Informationen ablesen lassen.

Listing 13.2
Ein minimaler Content
Provider

```
public class FotoProvider extends ContentProvider {
    public static final String AUTHORITY =
        "de.androidbuch.amando.fotoprovider";
    public static final Uri AUTHORITY_URI =
        Uri.parse("content://" + AUTHORITY);
```

```
private static final int FOTO_VERZ = 1;
private static final int FOTO_ID = 2;

private static final UriMatcher URI_MATCHER;

static {
  URI_MATCHER = new UriMatcher(UriMatcher.NO_MATCH);
  URI_MATCHER.addURI(AUTHORITY,
      FotoVerzeichnis.CONTENT_PATH, FOTO_VERZ);
  URI_MATCHER.addURI(AUTHORITY,
      FotoVerzeichnis.CONTENT_PATH + "/#", FOTO_ID);
}

private AmandoDatenbank mDb;

public static final class FotoVerzeichnis
    implements BaseColumns, PositionsFotoColumns {

  public static final String CONTENT_PATH = "fotos";

  public static final Uri CONTENT_URI =
    Uri.withAppendedPath(
        FotoProvider.AUTHORITY_URI, CONTENT_PATH);

  public static final String CONTENT_TYPE =
    "vnd.android.cursor.dir/vnd.amando.fotodaten";

  public static final String CONTENT_ITEM_TYPE =
    "vnd.android.cursor.item/vnd.amando.fotodaten";

  public static final String[] ALLE_FELDER =
    new String[] {
    _ID,
    TITEL,
    STICHWORT_POS,
    DATEINAME
  };

  public static final String SORTIERUNG =
    TITEL + " ASC";
}

public boolean onCreate() {
  mDb = new AmandoDatenbank(getContext());
  return true;
}
```

```
public String getType(Uri uri) {
  switch (URI_MATCHER.match(uri)) {
    case FOTO_VERZ:
      return FotoVerzeichnis.CONTENT_TYPE;
    case FOTO_ID:
      return FotoVerzeichnis.CONTENT_ITEM_TYPE;
    default:
      throw new IllegalArgumentException(
          "Unbekannte URI " + uri);
  }
}
```

UriMatcher Die Hilfsklasse android.content.UriMatcher wird zur Umwandlung der eingehenden URI in einen für Switch-Case-Anweisungen nutzbaren Wert verwendet.

Zwischenstand Wir haben die Datenquelle FotoVerzeichnis nach außen bekannt gemacht, die AmandoDatenbank an den Content Provider angebunden und initialisiert. Jede relevante URI wird durch eine Zahl (FOTO_VERZ, FOTO_ID) repräsentiert und ist somit für Fallunterscheidungen nutzbar. Als Nächstes implementieren wir die Datenbankoperationen. Fangen wir mit der query-Methode an.

Listing 13.3
Implementierung von
query

```
public Cursor query(Uri uri, String[] projection,
    String selection, String[] selectionArgs,
    String sortOrder) {
  final SQLiteQueryBuilder qb = new SQLiteQueryBuilder();
  qb.setTables(PositionsFotoTbl.TABLE_NAME);

  switch (URI_MATCHER.match(uri)) {
    case FOTO_VERZ: // Anfrage auf Verzeichnis
      if (sortOrder == null) {
        sortOrder = FotoVerzeichnis.SORTIERUNG;
      }
      break;
    case FOTO_ID: // Anfrage anhand Foto-ID
      qb.appendWhere(PositionsFotoTbl.ID
          + "=" + uri.getPathSegments().get(1));
      break;

    default:
      throw new IllegalArgumentException(
          "Unbekannte URI " + uri);
  }
```

```
final SQLiteDatabase dbCon =
    mDb.getReadableDatabase();
return qb.query(
    dbCon,
    FotoVerzeichnis.ALLE_FELDER,
    selection,
    selectionArgs, null, null, sortOrder);
}
```

Der FotoProvider erlaubt also Anfragen auf das vollständige Verzeichnis
(FOTO_VERZ) und auf einzelne Fotodatensätze (FOTO_ID).

Wir sehen hier ein Beispiel für den Einsatz des SQLiteQueryBuilder.
Mit dieser Hilfsklasse (android.database.sqlite.SQLiteQueryBuilder)
kann man eine Datenbankanfrage Schritt für Schritt »zusammenbau-
en«. Im vorliegenden Fall ist das praktisch, da der Aufbau einer Query
von der aufrufenden URI abhängt.

Das Fragment

Zugriff auf URI-Pfade

```
uri.getPathSegments().get(1));
```

zeigt, wie auf die Pfadelemente einer URI zugegriffen wird.

Die Umsetzung der Schreiboperationen update und delete erfolgt   *Schreibzugriffe*
nach dem gleichen Schema. Die Änderungs- und Löschoperationen sollten immer die Anzahl der betroffenen Datensätze zurückliefern, damit
der Aufrufer erkennen kann, ob alles wie erwartet ausgeführt wurde.

Um deutlich zu machen, dass wir nicht immer alle Operationen   *update verboten!*
von ContentProvider anbieten müssen, soll der FotoProvider die update-
Operation nicht erlauben. Wir können entscheiden, ob wir die Methode leer implementieren oder ob wir eine Exception auslösen. Wir empfehlen die zweite Variante, da wir so den Content Consumer über das
Verbot informieren.

```
...
public int update(Uri uri, ContentValues values,
    String selection, String[] selectionArgs) {
  throw new UnsupportedOperationException();
}
...
```

Das Listing 13.4 zeigt anhand der insert-Operation, wie man Schreiboperationen implementiert.

Listing 13.4

Implementierung von
insert

```
...
public Uri insert(Uri uri, ContentValues values) {
  if (URI_MATCHER.match(uri) != FOTO_VERZ) { // (1)
    throw new IllegalArgumentException(
        "Einfuegen fuer diese URI nicht erlaubt!");
  }

  final SQLiteDatabase dbCon =
    mDb.getWritableDatabase();

  try {
    long id = // (3)
      dbCon.insertOrThrow( // (2)
          PositionsFotoTbl.TABLE_NAME, null,
        values);
    final Uri neuesFotoUri = ContentUris.withAppendedId(
        FotoVerzeichnis.CONTENT_URI,
        id); // (4)
    getContext().getContentResolver().notifyChange(
        neuesFotoUri, null); // (6)
    return neuesFotoUri; // (5)
  } finally {
    dbCon.close();
  }
}
...
```

Die Einfügeoperation ergibt nur für die Verzeichnis-URI Sinn, da wir nur in Verzeichnisse, nicht aber in vorhandene Datensätze oder Dateien einfügen können. Für andere URIs lösen wir also eine Exception aus (1). Es wird ein neuer Datensatz angelegt (2). Im Erfolgsfall liefert die Datenbank einen neuen Schlüssel für den Eintrag zurück (3). Aus diesem Schlüssel wird die URI des neuen Datensatzes zusammengesetzt (4) und als Resultat der Operation zurückgegeben (5).

Durch den Aufruf von notifyChange benachrichtigen wir Klassen, die vom Content Resolver über Änderungen am Datenbestand des Providers informiert werden wollen (6). Diese Klassen müssen das Interface ContentObserver implementieren und sich beim Content Resolver mit registerContentObserver anmelden.

Dateioperationen

Unser Content Provider soll Streams von Fotodateien zurückliefern können. Zu diesem Zweck implementieren wir die Methode openFile des FotoProviders (Listing 13.5).

```
public ParcelFileDescriptor openFile(Uri uri, String mode)
  throws FileNotFoundException {
  if (URI_MATCHER.match(uri) != FOTO_ID) {
    throw new IllegalArgumentException(
        "Operation nur für Einzeldatei erlaubt.");
  }
  return openFileHelper(uri, mode);
}
```

Listing 13.5
Dateizugriff im
Content Provider

In der Methode `ContentProvider.openFileHelper` wird der Dateizugriff gekapselt. Damit diese wie gewünscht funktioniert, muss man dafür sorgen, dass

openFileHelper

1. mindestens der Zieldateiname in einer Tabelle erfasst wird, die vom Content Provider verwaltet wird,
2. der Zieldateiname (mit komplettem Pfad) in einer Tabellenspalte mit dem Namen _data steht und
3. der Datenbankeintrag zu dieser Datei mit Hilfe von `query` über FOTO_ID geladen werden kann. Die URI aus `openFile` wird dabei an `query` übergeben.

Deployment

Zum Schluss registrieren wir den neuen Provider im Android-Manifest. Wir erlauben allen Anwendungen Lesezugriffe, die auf das interne Adressbuch von Android zugreifen dürfen. Schreibzugriffe sind nur Anwendungen erlaubt, die bereits Schreibzugriff auf die SD-Karte haben.

```
<application
  android:icon="@drawable/icon"
  android:label="@string/app_name">

...
  <provider
    android:name=".providers.FotoProvider"
    android:authorities=
      "de.androidbuch.amando.fotoprovider"
    android:readPermission=
      "android.permission.READ_CONTACTS"
    android:writePermission=
      "android.permission.WRITE_EXTERNAL_STORAGE"
    >
  </provider>
...
</application>
```

Listing 13.6
Registrierung des
FotoProvider

13.6.3 FotoSpeicher als Content Consumer

Für den Zugriff auf den FotoProvider soll ein Content Consumer, der FotoSpeicher, erstellt werden. Dieser soll so implementiert werden, dass sein Code problemlos in anderen Anwendungen wiederverwendet werden kann. Es dürfen also keine Abhängigkeiten zum restlichen Amando-Code bestehen.

Stammdaten zuerst! Die Stammdaten des FotoProvider sind bekannt. Sie werden als Konstanten im FotoSpeicher hinterlegt.

Fachliche Operationen Wir wollen verschiedene Leseoperationen ausführen, um Informationen über die in Amando gespeicherten Fotos zu erhalten. Außerdem soll der Fotospeicher eine Löschfunktion für einzelne Fotos anbieten.

Listing 13.7
Content Consumer
FotoSpeicher

```
public final class FotoSpeicher {

    private static final String TAG = "FotoSpeicher";
    public static final Uri FOTO_CONTENT_URI = Uri.parse(
        "content://" +
        "de.androidbuch.amando.fotoprovider" +
        "/fotos");
    public static final String FOTO_TITEL = "titel";
    public static final String FOTO_STICHWORT_POS =
        "stichwortpos";
    public static final String FOTO_DATEINAME = "_data";
    public static final String FOTO_ZEITSTEMPEL =
        "zeitstempel";

    private FotoSpeicher() {
    }

    public static InputStream ladeFoto(Context ctx, long fotoId)
        throws IOException {
      return null;
    }

    public static Cursor ladeFotoListe(Context ctx) {
      return null;
    }

    public static int loescheFoto(Context ctx, long fotoId) {
      return 0;
    }
}
```

Zunächst implementieren wir die Lesefunktion auf dem Fotoverzeichnis.

```
public static Cursor ladeFotoListe(Context ctx) {
  try {
    final Cursor fotoListe = ctx.getContentResolver()
      .query(FOTO_CONTENT_URI, null, null, null, null);
    if (fotoListe == null) {
      Log.e(TAG,
        "Content Provider " + FOTO_CONTENT_URI +
        " nicht erreichbar.");
    }
    return fotoListe;
  } catch (SecurityException zugriffVerweigert) {
    Log.e(TAG, zugriffVerweigert.getMessage());
    return null;
  }
}
```

Listing 13.8
ladeFotoListe

Da wir nicht ausschließen können, dass der Provider nicht erreicht wird oder der Zugriff verweigert wird, müssen wir diese Fälle nach dem Aufruf behandeln.

Die Methode loescheFoto fordert die Löschung der Fotodaten beim Content Provider an.

```
public static int loescheFoto(Context ctx, long fotoId) {
  try {
    final Uri zielFotoUri =
      ContentUris
        .withAppendedId(FOTO_CONTENT_URI, fotoId);
    return ctx.getContentResolver().delete(
      zielFotoUri, null, null);
  } catch (SecurityException zugriffVerweigert) {
    Log.e(TAG, zugriffVerweigert.getMessage());
    return 0;
  }
}
```

Listing 13.9
loescheFoto

Zum Schluss zeigen wir, wie eine Fotodatei vom Content Provider gelesen wird.

```
public static InputStream ladeFoto(Context ctx, long fotoId)
    throws IOException {
  try {
    final Uri zielDateiUri = ContentUris.withAppendedId(
      FOTO_CONTENT_URI, fotoId);
```

Listing 13.10
ladeFoto

```
        return ctx.getContentResolver().
                     openInputStream(zielDateiUri);
    } catch (SecurityException zugriffVerweigert) {
        Log.e(TAG, zugriffVerweigert.getMessage());
        return null;
    }
}
```

13.7   Content Provider für Fortgeschrittene

13.7.1   Asynchrone Operationen

Android-Anwendungen müssen schnell auf Anwendereingaben reagieren. Zugriffe auf große Datenmengen oder große Dateien werden daher gerne im Hintergrund ausgeführt, um die Aktivitäten an der Oberfläche nicht zu behindern.

Asynchrone Aufrufe   Zugriffe auf Content Provider können dazu führen, dass die aufrufende Anwendung von langen Ladezeiten beeinträchtigt wird. Für solche Fälle bietet die Android-API eine Schnittstelle für *asynchrone* Zugriffe auf Content Provider an.

ANR wird vermieden.   Auf diese Weise kann sichergestellt werden, dass die aufrufende Anwendung zwischen Aufruf und Rückruf (engl. *callback*) durch den Content Provider ihre Zeit für sinnvolle Aufgaben nutzen kann und kein ANR ausgelöst wird.

Dem Thema »Asynchronität bei Android« haben wir einen eigenen Abschnitt 8.5.2 auf Seite 179 gewidmet, dessen Verständnis im Folgenden vorausgesetzt wird.

Der AsyncQueryHandler   Soll der Aufruf eines Content Providers über einen Content Resolver asynchron erfolgen, so muss ein android.content.AsyncQueryHandler erstellt werden. Dieser »wickelt« sich um den Content Resolver und dient als Callback für die asynchronen Aufrufe. Das folgende Beispiel (Listing 13.11) demonstriert diesen Prozess.

Listing 13.11
Asynchrone
Provider-Aufrufe

```
public class RoutenbilderGalerie extends Activity {

    public static final Uri FOTO_CONTENT_URI = Uri.parse(
        "content://" +
        "de.androidbuch.amando.fotoprovider" +
        "/fotos");
    ...
```

```
private void nachladenBilderListe() {
  // (1)
  int anfrageToken = new Random().nextInt();

  // (3)
  AktualisiereListe qryHandler =
    new AktualisiereListe(getContentResolver());

  try {
    // (4)
    qryHandler.startQuery(
        anfrageToken, null,
        FOTO_CONTENT_URI,
        null, null, null, null);
  } catch (SecurityException zugriffVerweigert) {
    Log.e(TAG, zugriffVerweigert.getMessage());
  }
}

// (2)
private class AktualisiereListe extends AsyncQueryHandler {

  public AktualisiereListe(ContentResolver cr) {
    super(cr);
  }

  @Override
  protected void onQueryComplete(int token,
      Object cookie, Cursor fotoListe) {
    if( fotoListe == null ) {
      return;
    }

    // der fotoListe-Cursor zeigt auf das
    // Anfrageergebnis. Dieses kann nun
    // ausgewertet werden...
  }
}
...
}
```

Betrachten wir den Code Schritt für Schritt.

(1) **Token:** Damit man im Callback das Ergebnis eindeutig einem Aufruf zuordnen kann, muss beim Aufruf ein sogenanntes *Token* übergeben werden. Dieses Token sollte diesen konkreten Aufruf iden-

tifizieren, wenn er von Ergebnissen anderer Aufrufe unterschieden werden muss.

(2) **Definition des AsyncQueryHandler:** In der Implementierung des `AsyncQueryHandler` legen wir fest, wie die Anwendung reagieren soll, wenn die Operation erfolgreich ausgeführt wurde. In unserem Fall könnten wir z.B. die Ergebnismenge in einer `ListView` anzeigen. Wir schicken lediglich query-Operationen asynchron ab. Daher müssen wir nur den Callback `onQueryComplete` implementieren. Analog dazu können auch Callbacks für `onInsertComplete`, `onDeleteComplete` und `onUpdateComplete` implementiert werden.

(3) **Nutzung des AsyncQueryHandlers:** Der Content Resolver des aktuellen Context wird an den `AsyncQueryHandler` übergeben.

(4) **Asynchrone Aufrufe:** Der `AsyncQueryHandler` bietet für jede Datenbankoperation eines Content Providers eine passende Schnittstelle für asynchrone Aufrufe an. Analog zum hier verwendeten `startQuery` könnte man auch `startInsert`, `startDelete` und `startUpdate` aufrufen.

13.7.2   Alternativen zum Content Provider

Die Schnittstelle eines Content Providers erscheint auf den ersten Blick etwas unflexibel und unhandlich: Es gibt nur eine Methode für Anfragen, man muss immer alle Methoden für Datenbankanfragen implementieren, auch wenn der Provider gar keine derartigen Daten bereitstellt.

AIDL statt Content Provider?   Auf der Suche nach »eleganteren« Alternativen fällt der Blick auf Remote Services, die ausführlich in Kapitel 8 ab Seite 159 beschrieben werden. Allerdings zahlt man dafür einen gewissen Preis in Form von Mehraufwand der Konfiguration und Laufzeiteinbußen durch XML-Marshalling und -Unmarshalling.

Die Content-Provider-Schnittstelle bietet hier deutlich mehr. Sie liefert, gerade für Operationen, die Verzeichnisstrukturen bzw. Datenmengen zurückliefern, performanten Zugriff per Cursor. Der Konfigurationsaufwand beschränkt sich auf den Eintrag im Android-Manifest und die Definition der über den Cursor bereitgestellten Attributnamen.

Unhandlich wird ein Content Provider lediglich dann, wenn es darum geht, einzelne Exemplare komplexer Datentypen zurückzuliefern. Per Cursor können die Attribute zwar übertragen werden, die Empfängerklasse muss sich aber dann mit der Erzeugung des komplexen Zielobjektes befassen. In solchen Fällen wäre über den Einsatz eines Remote Service nachzudenken. Ansonsten würden wir zur Datenübertragung zwischen Anwendungen dem Content Provider den Vorzug geben.

14 Lebenszyklen

Android wird ständig weiterentwickelt, um auf Smartphones und Embedded Systems zu laufen. Die Geräte haben eins gemeinsam: Sie haben kleine Prozessoren und wenig Hauptspeicher im Vergleich zu modernen Laptops oder PCs. Oft laufen die Geräte mit einem Akku als Stromquelle, dessen Kapazität bei intensivem Gebrauch des Geräts schnell erschöpft ist.

Die Android-Plattform trägt dem Rechnung, indem sie sowohl in die Lebensdauer von Komponenten einer Anwendung als auch in die Lebensdauer von Prozessen eingreift. Hier unterscheidet sich Android von den meisten anderen Betriebssystemen. Im Falle knapper Ressourcen können Prozesse und Komponenten beendet werden, um Systemressourcen freizugeben und wichtige Anwendungen lauffähig zu halten.

Das System bestimmt die Lebensdauer von Komponenten.

Wir werden beide Arten der Ressourcenverwaltung durch das Android-System kennenlernen. Die Tatsache, dass wir damit rechnen müssen, dass eine von uns programmierte Komponente zur Laufzeit des Programms beendet wird, hat direkte Auswirkungen auf ihre Implementierung, wenn wir Datenverlust vermeiden wollen. Die Verwaltung der Lebensdauer von Prozessen durch das System spielt bei der Implementierung dagegen nur eine untergeordnete Rolle.

Auswirkungen auf die Implementierung

Als *Lebenszyklus* bezeichnet man die Zustandswechsel von ihrer Erzeugung bis zu ihrer Beendigung von Komponenten oder Prozessen. Anhand der Zustände priorisiert das System die Komponenten und Prozesse. Im Hintergrund laufende »Ressourcenfresser« werden durch das System beendet.

Zustandswechsel

In diesem Kapitel widmen wir uns dem Lebenszyklus von Prozessen und Komponenten. Wir lernen die Methoden kennen, die die Phasen des Lebenszyklus einer Komponente repräsentieren. Wir zeigen, wie man mit dem plötzlichen Beenden einer Komponente umgeht und wie man Datenverlust vermeidet. Betrachten wir als Erstes die Verwaltung von Prozessen.

14.1   Prozessverwaltung

Mit Prozessen haben wir uns schon in Kapitel 8 über Hintergrundprozesse beschäftigt. Aus Sicht der Android-Plattform ist ein Prozess eine komplexe Sache. Jeder Prozess startet eine eigene *Dalvik Virtual Maschine* (DVM) und einen eigenen Thread, den UI-Thread. Da jede Anwendung in ihrem eigenen Prozess läuft, dauert das Starten einer Anwendung eine gewisse Zeit. Wird die Anwendung geschlossen, wird der Prozess nicht beendet, sondern er »lebt« weiter. Das Android-System lässt den Prozess laufen, auch wenn er keine Aufgabe mehr hat. Der nächste Start der Anwendung erfolgt dann signifikant schneller. Die meisten Anwender nutzen nur wenige Anwendungen oft und regelmäßig. Auf diese Weise werden die Systemressourcen optimal genutzt.

Android beendet Prozesse. Allerdings kann das Android-System Prozesse beenden, in denen eine Anwendung läuft, wenn die Ressourcen knapp werden. Dann wird diese mit dem Prozess beendet. Die Android-Plattform ordnet den laufenden Prozessen Prioritäten zu. Im Falle knapper Ressourcen werden Prozesse der geringsten Priorität beendet. Die Prioritäten werden anhand des Zustands der im Prozess laufenden Komponenten vergeben. Eine Activity, die gerade angezeigt wird, verleiht dem Prozess eine hohe Priorität. Er darf daher nur im äußersten Notfall beendet werden. Wie das System die Prozesse nach Prioritäten verwaltet, ist Sache der Prozessverwaltung von Android.

Zum Abschuss freigegeben Anders verhält es sich mit Anwendungen, die länger nicht verwendet werden. Wenn keine Activity angezeigt wird und kein Hintergrundprozess in Form eines Broadcast Receivers oder Service läuft, ist der umschließende Prozess ein guter Abschusskandidat. Die folgende Aufzählung listet die verschiedenen Zustände von Prozessen auf. Die Zustände entsprechen Prioritätsstufen aus Sicht der Android-Plattform.

Wir beginnen mit der niedrigsten Priorität. Solche Prozesse werden im Falle knapper Ressourcen als Erstes von Android gelöscht.

Leere Prozesse   Die Android-Plattform hält Prozesse am Leben, auch wenn alle ihre Komponenten beendet wurden. Diese Prozesse nennt *Leere Prozesse laufen manchmal weiter.* man »leere Prozesse«. Anwendungen lassen sich so schneller wieder starten, da der Prozess nicht neu erzeugt werden muss. Leere Prozesse werden bei knappen Ressourcen sofort beendet. Sie können aber auch nach Tagen noch in einem Prozess-Manager angezeigt werden und sie verbrauchen weiterhin Speicher, da ihre DVM nicht beendet wurde.

Hintergrundprozesse   Prozesse, die keine Activities enthalten, die gerade angezeigt werden, nennt man Hintergrundprozesse. Die Activity wurde zwar nicht beendet, ist aber inaktiv und für den Anwender nicht sichtbar. Dies ist der Fall, wenn ein anderes Programm im Vordergrund ist. Durch langes Drücken der »Home«-Taste am Android-Gerät kann man sich die zuletzt verwendeten Programme anzeigen lassen und ein anderes Programm in den Vordergrund holen. Der Prozess, in dem das ursprüngliche Programm läuft, wird zum Hintergrundprozess. Die ältesten Hintergrundprozesse werden zuerst beendet.

Serviceprozesse Serviceprozesse beinhalten Remote Services, wie wir sie aus Abschnitt 9 kennen. Sie erledigen reine Hintergrundarbeiten, wie zum Beispiel das Abspielen eines MP3-Musikstücks, und haben keinerlei Verbindung zu anderen Komponenten.

Sichtbare Prozesse Eine Activity kann durch eine andere Activity, die nicht den ganzen Bildschirm einnimmt, überlagert werden. Zwar ist sie dann teilweise noch sichtbar, hat aber den Fokus verloren und kann nicht auf Anwendereingaben reagieren. Prozesse, die höchstens solche teilweise überlagerten Activities enthalten, werden sichtbare Prozesse genannt.

Aktive Prozesse Prozesse, die aktive Komponenten enthalten. Eine aktive Komponente ist

- eine Activity, die im Vordergrund angezeigt wird,
- ein Service, der eine Verbindung zu einer Activity im Vordergrund hat,
- ein Broadcast Receiver, dessen onReceive-Methode ausgeführt wird.

Diese Art der Prozessverwaltung ermöglicht es Android, mehrere Programme parallel laufen zu lassen. Dadurch ist Android multitaskingfähig. Dies unterscheidet Android beispielsweise vom iPhone-Betriebssystem.

Wir betrachten nun die Komponenten *Activity*, *Service* und *Broadcast Receiver*. Die verschiedenen Zustände, die die Komponenten von ihrer Erzeugung bis zu ihrer Zerstörung durchlaufen, nennt man *Lebenszyklus*.

14.2 Lebenszyklus einer Activity

Wenn wir eine Activity starten, wird ein neues Objekt erzeugt (android.app.Activity) und die Activity sichtbar. Beenden wir die Activity durch Aufruf der Methode finish, wird die Activity beendet.

Von der Erzeugung bis zur Zerstörung durchläuft die Activity verschiedene Zustände, die wir Lebenszyklus nennen. Für jeden Zustand gibt es eine Methode in der Klasse `Activity`, die in der eigenen Implementierung überschrieben werden kann. Abbildung 14-1 zeigt den Lebenszyklus einer Activity.

Abb. 14-1
Lebenszyklus einer
Activity

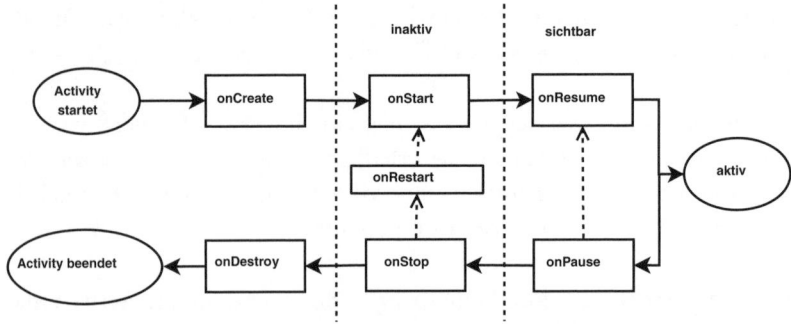

Wenn eine Activity nicht existiert, wird ihre `onCreate`-Methode aufgerufen. Diese Methode haben wir schon kennengelernt und zum Initialisieren der Layouts, der Schaltflächen und des Menüs verwendet. Bevor die Activity angezeigt wird, durchläuft sie die Methoden `onCreate`, `onStart`

Aktive Activity... und `onResume`. Erst danach ist die Activity vollständig sichtbar und gilt als »aktiv«, reagiert also auf Eingaben des Anwenders. Alle drei Methoden werden automatisch hintereinander durchlaufen.

Wird die Activity durch eine andere Activity überlagert, wird die Methode `onPause` aufgerufen. Die Activity bleibt in diesem Zustand, falls sie nur teilweise durch eine andere Activity überlagert wird (z.B. durch einen Dialog). Wird sie vollständig von einer anderen Activity

Sichtbare Activity... verdeckt, so dass nichts mehr von ihr sichtbar ist, geht sie über die Methode `onPause` in die Methode `onStop`.

Wird die Activity wieder vollständig angezeigt, wechselt sie den Zustand. Ist zuvor nur die Methode `onPause` aufgerufen worden, weil die Activity nur teilweise verdeckt war, wird nun die Methode `onResume` aufgerufen und die Activity nimmt wieder die ganze Bildschirmoberfläche

Inaktiv ein. Falls die Activity vollständig verdeckt war, war die Activity inaktiv. Es werden nacheinander die Methoden `onRestart`, `onStart` und `onResume` aufgerufen. Anschließend ist die Activity wieder vollständig sichtbar.

Nur wenn die Activity beendet wird, wird die Methode `onDestroy`

Activities beenden aufgerufen. Dies kann man mit der Activity-Methode `finish` erzwingen. Dadurch spart man Ressourcen, aber es ist für das Laufzeitverhalten nachteilig, wenn man die Activity doch noch mal anzeigen möchte.

Beenden von Durch die lose Kopplung der Komponenten einer Android-
Anwendungen nicht Anwendung gibt es keinen wirklichen Mechanismus, eine Anwendung
vorgesehen zu beenden. Anwender verwenden oft die »Zurück«-Taste des Android-Geräts. Dies versetzt Activities jedoch nur in den Zustand `onStop`. Die

Activity existiert weiter und jeder in ihr gestartete Thread ebenfalls. Ressourcen werden nicht freigegeben. Daher sollten in der Methode onStop alle Ressourcen freigegeben werden. Hier kann durchaus auch die Methode finish aufgerufen werden, wenn die Activity vermutlich längere Zeit nicht mehr aufgerufen wird.

Das Android-System hält Komponenten »am Leben«, nachdem sie ihre Aufgabe erledigt haben. Beim nächsten Aufruf der Komponente muss sie nicht neu erzeugt werden, sondern es wird nur vom inaktiven in den aktiven Zustand gewechselt. Dies gilt nicht nur für die Komponenten einer Anwendung, sondern grundsätzlich. Wir können auf Android-Geräten zwischen Anwendungen hin und her springen. Auf diese Weise realisiert Android ein performantes Multitasking.

Tabelle 14-1 zeigt die Methoden des Lebenszyklus im Überblick.

Methode	Beschreibung
onCreate	Die Activity wird erzeugt. Die Methode kann wie ein Konstruktor verwendet werden. Hier werden alle Initialisierungen der Activity vorgenommen (Menüs, Layout, Vorbelegung von Formularfeldern etc.).
onStart	Wird aufgerufen, nachdem die Activity neu erzeugt wurde oder wenn sie vorher nicht sichtbar war, aber nun wieder angezeigt wird (wenn man z.B. mittels der »Zurück«-Taste in der Historie zurückgeht).
onResume	Wird aufgerufen, wenn eine teilweise verdeckte Activity wieder vollständig angezeigt werden soll.
onPause	Die Activity ist nur teilweise sichtbar und teilweise von einer anderen Activity überlagert. Sie ist inaktiv, reagiert also nicht auf Eingaben des Anwenders.
onStop	Die Activity wird beendet und tritt vollständig in den Hintergrund. Sie wird auf den Activity-Stack gelegt, falls sie erneut aufgerufen wird.
onRestart	Die Activity wird wieder aufgerufen, z.B. weil jemand die Zurück-Taste des Android-Geräts gedrückt hat.
onDestroy	Die Activity wird beendet. Entweder durch das System oder weil auf ihr die Methode finish aufgerufen wurde. Zur Unterscheidung beider Fälle dient die Methode isFinishing. Alle belegten Ressourcen sollten in dieser Methode freigegeben werden.

Tab. 14-1
Lebenszyklus-Methoden der Activity

> Achtung! Bei allen hier aufgeführten Methoden des Lebenszyklus muss mit super.on... die jeweilige Implementierung aus der Oberklasse aufgerufen werden, sonst wird eine Exception geworfen.

14.3   Lebenszyklus eines Service

Service auf zwei Arten starten

Wie wir in Kapitel 8 über Hintergrundprozesse gelernt haben, kann man einen Service auf zwei Arten starten. Einmal beim Verbindungsaufbau mit Hilfe des Flags Context.BIND_AUTO_CREATE oder mittels der Methode startService. Dies führt zu zwei verschiedenen Lebenszyklen. Eine Mischform aus beiden Zyklen entsteht, wenn man den Service erst startet und sich dann mit ihm verbindet.

Lebenszyklus bei Start mit startService

Tab. 14-2
Lebenszyklus-
Methoden des Service
bei startService

Methode	Beschreibung
onCreate	Wird beim Erzeugen des Service aufgerufen und sollte für Initialisierungen verwendet werden.
onStartCommand	Neu seit Android 2.0. Die Methode wird aufgerufen, wenn eine Komponente den Service startet (Methode Context.startService).
onDestroy	Wird aufgerufen, wenn der Service beendet wird. Ein Service kann sich selbst beenden, indem er seine stopSelf- oder stopSelfResult-Methode aufruft. Alle belegten Ressourcen sollten hier freigegeben werden.

> **Android 1.x**
>
> Bis Android 2.0 wird beim Start eines Service die Methode onStart aufgerufen.

Lebenszyklus bei Start mit bindService

Methode	Beschreibung
onCreate	Wie oben
onBind	Wird aufgerufen, wenn sich eine Komponente mit dem Service verbunden hat. Die Methode muss ein Exemplar vom Typ IBinder zurückgeben.
onUnbind	Wird aufgerufen, wenn eine Komponente die Verbindung mit dem Service beendet.
onDestroy	Wie oben

Tab. 14-3
Lebenszyklus-Methoden des Service bei bindService

Services haben keine Schnittstelle zum Anwender. Andere Komponenten der Anwendung übernehmen die Kommunikation mit dem Service. Oft wird der Service durch *eine* Komponente gestartet (siehe Abschnitt 8.3.3 auf Seite 172), kann aber von *vielen* Komponenten verwendet werden. Solange nur eine dieser Komponenten mittels der Methode Context.bindService eine Verbindung zum Service aufgebaut hat, kann der Service nicht gestoppt werden, selbst wenn eine Komponente die Methode Context.stopService aufruft.

Einer für alle

Es empfiehlt sich, Verbindungen zu einem Service nur dann aufzubauen, wenn man sie auch braucht. So lässt sich bei von mehreren Komponenten parallel genutzten Services der Lebenszyklus besser steuern, da jede Komponente den Service stoppen kann. Dies gibt der Android-Plattform außerdem die Möglichkeit, den inaktiven Service bei Ressourcenknappheit zu beenden.

Nur bei Bedarf verbinden

Ein Service ist inaktiv, wenn keine seiner drei Lebenszyklus-Methoden ausgeführt wird und keine Komponente mit ihm verbunden ist. Ansonsten ist er aktiv.

14.4   Lebenszyklus eines Broadcast Receivers

Broadcast Receiver kommen mit einer Lebenszyklus-Methode aus.

```
void onReceive(Context context, Intent broadcastIntent)
```

Die onReceive-Methode wird aufgerufen, wenn ein Broadcast Intent eintrifft (siehe Abschnitt 10.2). Der Broadcast Receiver ist nur während der Ausführungsdauer dieser Methode aktiv. Ansonsten ist er inaktiv und kann im Rahmen des Prozessmanagements der Android-Plattform gelöscht werden, um Ressourcen freizugeben.

Aktiv nur während onReceive

Kommen wir nun zu einem weiteren Punkt, der eng mit dem Lebenszyklus zu tun hat und nur die Activities betrifft.

14.5   Activities: Unterbrechungen und Ereignisse

Eine Komponente hat zwar einen Lebenszyklus, jedoch liegt »das Leben« der Komponente in der Hand des Android-Systems. Als Programmierer einer Android-Anwendung müssen wir immer damit rechnen, dass etwas passiert, was dazu führt, dass unsere Komponente (ungewollt) beendet wird.

Wir unterscheiden zwischen Unterbrechungen und Ereignissen. Wir geben zunächst einige Beispiele für Unterbrechungen und Ereignisse:

Unterbrechung

- Die Zurück-Taste des Android-Geräts wird gedrückt.
- Eine andere Activity wird aufgerufen.
- Eine andere Anwendung wird gestartet.
- Die Anwendung wird beendet.
- Der Bildschirm wird gedreht.
- Ein Systemparameter (z.B. Sprache) wird geändert.
- etc.

Ereignis

- Ein Telefonanruf geht ein.
- Akku ist leer.
- Telefon wird ausgeschaltet.
- etc.

Lebenszyklus-Methoden zur Vermeidung von Datenverlust

Wir haben in den letzten Abschnitten erfahren, dass die Android-Plattform Prozesse beenden kann. Ein eingehender Telefonanruf wird auf dem Bildschirm angezeigt und führt dazu, dass die gerade angezeigte Activity inaktiv wird. Sind die Ressourcen knapp und die zur Activity gehörende Anwendung hat sonst keine aktiven Komponenten, kann es sein, dass die Android-Plattform sie beendet. Dann wären Dateneingaben, die der Anwender vor dem Telefonanruf gemacht hat, verloren. Glücklicherweise gibt es Mechanismen, die uns dabei helfen, einen ungewollten Datenverlust zu vermeiden.

> **Merksatz**
>
> Eine Activity muss die Methoden ihres Lebenszyklus nutzen, um Anwendereingaben vor einem Datenverlust zu schützen.

14.6   onPause() vs. onSaveInstanceState(Bundle outState)

Fehler vermeiden!

Für Activities gibt es noch zwei weitere Methoden, die im Lebenszyklus eine Rolle spielen, aber nicht Bestandteil des Lebenszyklus sind: die onSaveInstanceState-Methode und ihr Gegenstück, die onRestoreInstanceState-Methode. onSaveInstanceState dient dazu, den *Zustand* einer Activity in einem Bundle zu speichern, welches einem in der onCreate- bzw. in der onRestoreInstanceState-Methode wieder zur Verfügung steht. »Zustand« bedeutet beispielsweise, dass der Anwender in einer Kalender-Activity mehrere Monate in die Zukunft geblättert hat. Kehrt er zur Activity zurück, erwartet er, dass er wieder den zuvor gewählten Monat angezeigt bekommt. Oder wir haben einen Texteditor, und als Zustand speichern wir die Cursor-Position im Text.

Systeminterna sind nicht transparent.

Für den Anwender ist es nicht transparent, dass seine Activity zwischenzeitlich durch das System beendet wurde. Dreht er das Gerät, dreht sich auch der Bildschirm. Die Activity wird beendet und sofort neu erzeugt. Der Anwender erwartet, dass er denselben Monat im Kalender sieht bzw. der Cursor an derselben Stelle im Editor steht. Der gewählte Kalendermonat und die Cursor-Position sind Zustände, die gespeichert werden sollten.

Automatisches Speichern

Um das Speichern der Eingabedaten müssen wir uns nicht kümmern. Es handelt sich um einen Automatismus. In onSaveInstanceState werden automatisch die Inhalte aller Views des Layouts der Activity gespeichert, die eine Id haben. Daher sollten Views, die keine Eingabefelder sind, normalerweise keine Id besitzen. Wenn wir Textfelder als Label für Eingabefelder verwenden, geben wir ihnen keine Id, da es sich um statische Texte aus einer Ressourcendatei handelt. Die Id würde dazu führen, dass auch diese Views ausgelesen werden und ihr Wert, der Labeltext, im Bundle gespeichert wird. Das Bundle wird sogar persistent gespeichert, so dass z.B. ein leerer Akku nicht zum Verlust der eingegebenen Daten führt.

Eingaben werden persistent gespeichert.

Den Zustand können wir entweder in der Methode onCreate oder onRestoreInstanceState wiederherstellen. Die Signaturen der beteiligten Methoden sehen wie folgt aus:

Zustand wiederherstellen

```
protected void onSaveInstanceState(Bundle outState)
protected void onCreate(Bundle savedInstanceState)
protected void onRestoreInstanceState(
    Bundle savedInstanceState)
```

Wann wird was aufgerufen? Unter welchen Umständen wird onSaveInstanceState aufgerufen und unter welchen Umständen nicht? Die onSaveInstanceState-Methode wird aufgerufen, wenn eine Activity *unvorhergesehen* inaktiv wird. Dies ist der Fall, wenn Activity »A« durch Activity »B« überlagert wird. Activity A ist ohne eigenes Zutun inaktiv geworden und könnte von der Android-Plattform beendet werden, wenn wenig Ressourcen zur Verfügung stehen.

Würde man Activity A jedoch mittels der Methode finish beenden, bevor man Activity B startet, wird die Methode onSaveInstanceState nicht aufgerufen. Der Aufruf von finish zeigt der Android-Plattform an, dass man sich bewusst war, was man tut.

Schauen wir uns den wesentlichen Ausschnitt aus den Lebenszyklen der beiden Activities an. Activity A ruft Activity B auf. Im ersten Fall wird Activity A mit der finish-Methode beendet.

Fall 1: mit finish()

```
final Intent i = new Intent(this, Activity_B.class);
startActivity(i);
finish();
```

Fall 2: ohne finish()

```
final Intent i = new Intent(this, Activity_B.class);
startActivity(i);
```

Lebenszyklus mit finish Der Lebenszyklus beider Activities sieht im Fall 1 wie folgt aus. Wir geben hier die jeweilige Activity (Activity_A und Activity_B) zusammen mit der durchlaufenen Lebenszyklus-Methode an.

- Activity_A::onCreate()
- Activity_A::onStart()
- Activity_A::onResume()
- **Activity B wird gestartet...**
- Activity_A::onPause()
- Activity_B::onCreate()
- Activity_B::onStart()
- Activity_B::onResume()
- Activity_A::onStop()
- **Activity_A::onDestroy()**

Im Fall 2 haben wir einen kleinen, aber feinen Unterschied:

- `Activity_A::onCreate()`
- `Activity_A::onStart()`
- `Activity_A::onResume()`
- **Activity B wird gestartet...**
- **`Activity_A::onSaveInstanceState()`**
- `Activity_A::onPause()`
- `Activity_B::onCreate()`
- `Activity_B::onStart()`
- `Activity_B::onResume()`
- `Activity_A::onStop()`

Ein weiterer Fall ist der, in dem der Anwender aus Activity A die Activity B aufruft, dort Daten eingibt und dann die Zurück-Taste drückt. Nun wird Activity A wieder angezeigt und Activity B ist inaktiv. Auch beim Drücken der Zurück-Taste geht die Android-Plattform davon aus, dass es sich um eine gewollte Aktion handelt. Daher wird in Activity B die Methode onSaveInstanceState *nicht* aufgerufen, und somit werden die eingegebenen Daten nicht zwischengespeichert.

Vorsicht mit der Zurück-Taste

Activity B existiert aber derzeit noch mitsamt den eingegebenen Daten im Hintergrund. Sobald sich Android aber nun entschließt, aus Mangel an Ressourcen Activity B zu zerstören, sind die Daten verloren.

Navigiert der Anwender nun wieder zu Activity B, wo er zuvor seine Daten eingegeben hat, so wird diese neu erzeugt. Da die Daten nicht gespeichert wurden, sind die Eingabefelder von Activity B leer, was für den Anwender recht unverständlich sein dürfte. Die Zurück-Taste des Android-Geräts kommt also einer »Abbrechen«-Taste gleich. Nur leider kommt man schnell mal aus Versehen an diese Taste oder ist sich der Konsequenzen nicht bewusst. Daher werden wir weiter unten sehen, an welcher Stelle wir unsere Formulardaten am besten speichern sollten.

Zurück-Taste macht Activity inaktiv!

Fassen wir kurz unsere Erkenntnisse in einer Merkliste zusammen:

- onSaveInstanceState wird aufgerufen, wenn Activities aufgrund knapper Ressourcen durch die Android-Plattform beendet werden.
- onSaveInstanceState wird aufgerufen, wenn die Activity durch eine andere Activity überlagert wird.
- onSaveInstanceState wird aufgerufen, wenn der Bildschirm gedreht wird.
- Wird die Zurück-Taste gedrückt, wird onSaveInstanceState *nicht* aufgerufen.
- Wird eine Activity mit finish beendet, wird onSaveInstanceState *nicht* aufgerufen.

Betrachten wir nun die Methode onRestoreInstanceState. Sie ist das Gegenstück zu onSaveInstanceState:

```
protected void onRestoreInstanceState(
    Bundle savedInstanceState)
```

Sie wird aufgerufen, wenn die Activity zuvor durch das System beendet wurde. Der Parameter savedInstanceState enthält die Daten, die zuvor in der Methode onSaveInstanceState(Bundle outState) im Parameter outBundle gespeichert wurden. Dort kann man durchaus eigene Schlüssel-Wert-Paare zum Bundle outBundle hinzufügen.

Den Zustand speichern, nicht die Daten

Wir haben also für den Fall, dass die Activity ungewollt von Android beendet wird, einen Mechanismus, um den Verlust von Eingabedaten zu verhindern. Die Eingabedaten werden automatisch bis zur nächsten Anzeige der Activity persistent gespeichert und dann automatisch wieder zur Anzeige gebracht. Es handelt sich also um einen Mechanismus, der nichts mit dem anwendungsbezogenen Speichern von Formulardaten, z.B. in einer Datenbank, zu tun hat.

> **Achtung!**
>
> Die Methode onSaveInstanceState sollte niemals zum Speichern oder Weiterverarbeiten von Formulardaten verwendet werden.

Verhalten der Anwendung selbst festlegen

Wollen wir nun die Formulardaten in unserer Anwendung weiterverarbeiten oder in einer Datenbank abspeichern, werden wir der Formular-Activity eine Schaltfläche oder einen Optionsmenüeintrag *Speichern* hinzufügen. Als Programmierer müssen wir uns aber nun entscheiden, welches Verhalten die Anwendung haben soll. Sollen die Daten auch gespeichert werden, wenn die Zurück-Taste gedrückt wird? Oder nur, wenn ausdrücklich »Speichern« gedrückt wird? Außerdem sollten wir uns überlegen, ob bei einem ungewollten Beenden der Activity die Eingabedaten in die Datenbank geschrieben werden sollen oder nicht.

Die Methode onPause

Schauen wir uns die Methode onPause an. Sie eignet sich am besten zum Speichern der Eingabedaten, da sie die einzige Methode im Lebenszyklus einer Activity ist, die garantiert aufgerufen wird, wenn eine Activity beendet wird. Denn sobald eine Activity von einer anderen Activity überlagert wird, wird onPause aufgerufen. Der Prozess, in dem die Activity läuft, ist nun kein aktiver Prozess mehr, sondern nur noch ein Hintergrundprozess. In diesem Zustand kann er in seltenen Fällen durch das Android-System beendet werden, bevor die Methode onStop durchlaufen wird. Daher ist es sinnvoll, die Daten in der onPause-Methode zu speichern.

Nun haben wir noch die Wahl, ob wir auch verhindern wollen, dass die Formulardaten beim Druck auf die Zurück-Taste gespeichert werden. Hier hilft uns die Methode isFinishing. Sie liefert true, wenn zuvor explizit die Methode finish aufgerufen wurde. Dies würden wir in der Listener-Methode der Schaltfläche machen. Schlussendlich kann man noch verhindern, dass die Formulardaten beim ungewollten Beenden der Activity durch das Android-System gespeichert werden. Listing 14.1 zeigt ein Beispiel, das alle Varianten berücksichtigt.

Gewolltes Beenden feststellen

```
public class FormularBeispiel extends Activity {

  private boolean mIsZerstoert;

  @Override
  public void onCreate(Bundle savedInstanceState) {
    ...
    mIsZerstoert = false;
  }

  public void onClickSpeichern(final View view) {
    // TODO: Formulardaten auslesen und speichern
    finish();
  }

  @Override
  protected void onSaveInstanceState(Bundle outState) {
    ...
    mIsZerstoert = true;
    super.onSaveInstanceState(outState);
  }

  @Override
  protected void onPause() {
    if (isFinishing()) {
      // Fall 1: Activity wurde mit finish() beendet.
    } else {
      if (mIsZerstoert) {
        // Fall 2: Activity wurde vom System entfernt.
      } else {
        // Fall 3: Zurück-Taste wurde gedrückt.
      }
    }
    super.onPause();
  }
  ...
}
```

Listing 14.1
Codegerüst zum Speichern von Formulardaten

In der onPause-Methode können wir entscheiden, in welchem der Fälle wir die Formulardaten speichern wollen. Das Quellcodegerüst kann leicht an die eigenen Speicherregeln angepasst werden. Übrigens wird beim Druck auf die »Home«-Taste des Geräts die Methode onSaveInstanceState aufgerufen (im Gegensatz zur Zurück-Taste).

Eine weitere Auswirkung auf Activities hat die Änderung von Systemparametern oder wenn wir die Ausrichtung des Bildschirms ändern (ihn drehen).

Vorsicht beim Ändern der Perspektive

Eine Änderung der Bildschirmperspektive beendet alle aktiven und inaktiven Activities. Bei Geräten mit ausklappbarer Tastatur führt das Ausklappen der Tastatur zur Änderung der Bildschirmperspektive.

Änderungen an Systemparametern beenden Komponenten

Bei der Änderung von Systemparametern geht die Android-Plattform davon aus, dass grundsätzlich jede Activity Systemparameter verwenden kann und diese dazu verwendet, Daten oder Darstellung der Activity zu beeinflussen. Werden Systemparameter geändert, ist die Activity nicht mehr aktuell und muss neu angezeigt werden. Die Android-Plattform kann nicht wissen, welche Activities von der Änderung von Systemparametern betroffen sind. Daher werden alle aktiven und inaktiven Activities beendet.

14.7   Beispiele aus der Praxis

Wir schauen uns nun drei Beispiele an, die das Gesagte in der Praxis demonstrieren.

14.7.1   Beispiel: Kalender-Activity

Zustand eines Kalenders speichern

Angenommen, die Activity stellt einen Kalender dar. Über das Menü lässt sich einstellen, ob Wochen- oder Monatsansicht gewünscht ist. Standardeinstellung ist die Monatsansicht. Wir wollen die gewählte Ansichtsweise speichern, falls die Activity inaktiv wird, nehmen aber in Kauf, dass sie in der Standardansicht angezeigt wird, wenn jemand die Zurück-Taste gedrückt hat. Folglich reicht uns die onSaveInstanceState-Methode, um im Bundle outState den Zustand (Wochen- oder Monatsansicht) speichern zu können.

Listing 14.2
Einstellungen mittels onSaveInstanceState speichern

```
public class KalenderActivity extends Activity {

    private static final int WOECHENTLICH = 1;
    private static final int MONATLICH = 2;

    private int mAnsicht = MONATLICH;
```

```
@Override
protected void onCreate(Bundle savedInstanceState) {
  super.onCreate(savedInstanceState);
  // ...
}

@Override
public boolean onCreateOptionsMenu(Menu menu) {
  menu.add(0, WOECHENTLICH, 0, "Wöchentlich");
  menu.add(0, MONATLICH, 1, "Monatlich");
  return super.onCreateOptionsMenu(menu);
}

@Override
public boolean onOptionsItemSelected(MenuItem item) {
  switch (item.getItemId()) {
    case WOECHENTLICH:
      mAnsicht = WOECHENTLICH;
      break;
    case MONATLICH:
      mAnsicht = MONATLICH;
      break;
  }
  return super.onOptionsItemSelected(item);
}

@Override
protected void onRestoreInstanceState(
    Bundle savedInstanceState) {
  if (savedInstanceState != null) {
    mAnsicht = savedInstanceState.getInt("ansicht");
    // TODO: stelle Ansicht wieder her
  }
  super.onRestoreInstanceState(savedInstanceState);
}

@Override
protected void onSaveInstanceState(Bundle outState) {
  outState.putInt("ansicht", mAnsicht);
  super.onSaveInstanceState(outState);
}
}
```

Wie wir in Listing 14.2 sehen, setzt der Anwender den Zustand (monatliche oder wöchentliche Kalenderansicht) über das Optionsmenü. In der Methode onSaveInstanceState(Bundle outState) können wir den Parameter outState verwenden, um die Ansicht der Activity zu speichern.

14.7.2   Beispiel: E-Mail-Programm

In einem E-Mail-Programm wird man nicht wollen, dass der gerade eingegebene E-Mail-Text aufgrund der oben genannten Ereignisse oder Unterbrechungen (Telefonanruf, Zurück-Taste gedrückt etc.) verloren geht. Will man als Entwickler eingegebene Daten vor Verlust schützen, muss man sie in der onPause-Methode speichern und in der onResume-Methode wieder in die View ihrer Activity zurückspielen.

Content Provider zum Speichern verwenden

Für das E-Mail-Programm setzen wir voraus, dass ein Content Provider existiert, der E-Mail-Entwürfe in einer Datenbank speichert.

Wir wollen verhindern, dass Eingaben verloren gehen. Daher nutzen wir die onPause-Methode, da diese immer aufgerufen wird, auch wenn die Zurück-Taste gedrückt wird. Die Anwendung soll dann die bisher gemachten Eingaben als Entwurf über den Content Provider in eine Datenbank schreiben.

Listing 14.3
Einstellungen mittels onSaveInstanceState speichern

```java
public class EMailActivity extends Activity {

  public static final Uri CONTENT_URI =
      Uri.parse("content://de.visionera.email/drafts");
  Cursor mCursor;
  final String[] COLUMNS =
      new String[] {"empfaenger", "text", "zeitstempel"};

  @Override
  protected void onCreate(Bundle savedInstanceState) {
    super.onCreate(savedInstanceState);
    // ...
    mCursor = managedQuery(CONTENT_URI, COLUMNS, null,
        null, "zeitstempel DESC");
  }

  @Override
  protected void onPause() {
    final ContentValues values = new ContentValues(3);
    // TODO: Eingabefelder auslesen und setzen:
    // values.put(COLUMNS[0], Empfaengeradresse...);
    // values.put(COLUMNS[1], E-Mail-Text...);
    values.put(COLUMNS[2], System.currentTimeMillis());
    getContentResolver().insert(CONTENT_URI,
            values);
    super.onPause();
  }
```

```
@Override
protected void onResume() {
  if (mCursor != null) {
    mCursor.moveToFirst();
    final String empfaenger = mCursor.getString(1);
    final String text = mCursor.getString(2);

    // TODO: Update der Eingabefelder der View
    // TODO: Datensatz in DB loeschen
  }
  super.onResume();
}
}
```

Den Quellcode des Content Providers sparen wir uns an dieser Stelle. Die Activity zeigt immer den letzten Entwurf an, egal ob sie durch den Anwender oder durch Android beendet wurde. Wir nutzen die Methoden onPause und onResume, um den Entwurf zu speichern bzw. um die Eingabefelder »Empfängeradresse« und »E-Mail-Text« zu füllen. Grundsätzlich ist dies das richtige Verfahren, um sämtlichen Problemen aus dem Weg zu gehen. Die Daten werden immer gespeichert, sobald eine Activity inaktiv wird. Der Mehraufwand bei der Implementierung ist natürlich nicht gerade gering. Egal ob Content Provider, Datenbank oder Dateisystem, man hat einigen Programmieraufwand, um die Daten zu speichern und später wieder zu lesen. Es gibt einen weniger sauberen, aber schnelleren Weg.

Daten in der richtigen Methode speichern und wiederherstellen

14.7.3 Beispiel: Quick-and-dirty-Alternative

Wem das Speichern im Dateisystem oder in einer Datenbank zu mühselig ist, der begnügt sich mit einer deutlich weniger aufwendigen Alternative. Wir haben den Quellcode auf die beiden wesentlichen Methoden reduziert.

```
@Override
protected void onPause() {
  final SharedPreferences.Editor editor =
    getPreferences(MODE_PRIVATE).edit();
  // TODO: Eingabefelder auslesen und setzen:
  // editor.putString("recipient", Empfaengeradresse...);
  // editor.putString("body", E-Mail-Text...);

  if (isFinishing()) {
    editor.putString("isFinishing", "true");
  }
```

Listing 14.4
SharedPreferences-Objekt als Zustandsspeicher verwenden

```
editor.commit();

super.onPause();
}

@Override
protected void onResume() {
  final SharedPreferences prefs =
      getPreferences(MODE_PRIVATE);
  final String recipient = prefs.getString("recipient", null);
  final String body = prefs.getString("body", null);

  final String isFinishing =
      prefs.getString("isFinishing", null);
  if (isFinishing != null) {
    // TODO: Aktualisierung der Eingabefelder der View...
  }
  super.onResume();
}
```

Ein Android-Objekt missbrauchen

Die Klasse SharedPreferences haben wir schon in Abschnitt 6.5 kennengelernt. Sie ist eigentlich dafür gedacht, Einstellungsparameter einer Anwendung zu speichern. Also im E-Mail-Programm z.B. Schriftart und Schriftgröße.

Natürlich kann man alles mögliche über die zur Verfügung gestellten Methoden des Editors speichern, also auch längere Texte. Das Speichern von Objekten, Byte-Arrays, Bilder, Videos etc. ist glücklicherweise nicht möglich.

In der onResume-Methode holen wir uns schließlich die Werte zurück und könnten sie in die Textfelder der Activity setzen. Die Methode getPreferences gehört zur Activity und liefert uns das SharedPreferences-Objekt. Der Parameter MODE_PRIVATE zeigt an, dass wir das Objekt nur in unserer Anwendung verwenden und es für andere Anwendungen bzw. Prozesse nicht sichtbar sein soll.

Ein kleiner Trick...

Wir haben in dem Listing noch einen kleinen Trick mit Hilfe der Methode isFinishing eingebaut. Die Methode gehört zur Activity und wird am besten in der onPause-Methode verwendet. Wir können dadurch unterscheiden, ob die Activity mittels der finish-Methode beendet wurde, also ganz regulär verlassen wurde, oder ob sie inaktiv gemacht wurde, indem sie durch eine andere Activity überlagert oder sogar durch Android ganz zerstört wurde. Folglich nutzen wir die Methode, um die alten Werte der Activity nur dann wiederherzustellen, wenn sie nicht mit finish beendet wurde.

15 Datenübertragung

Die meisten Android-Geräte besitzen ein GSM-Modul, um eine Internetverbindung über das Mobilfunknetz aufzubauen. Dadurch unterscheiden sie sich von einem PC, der zu Hause oder im Büro seinen festen Standort mit einer hohen Netzwerkverfügbarkeit hat. Android kommt derzeit noch überwiegend auf Smartphones zum Einsatz. Diese Geräte sind oft in Bewegung, wechseln zwischen WLAN-Netzen (zu Hause, bei Freunden, im Café oder im Büro) und der Internetverbindung über unseren Netzanbieter hin und her. Dazwischen reißt die Netzwerkverbindung ganz ab, weil wir mit dem Aufzug in die Tiefgarage fahren oder mit dem Auto durch einen Tunnel.

Eine Anwendung, die Netzwerkkommunikation nutzt, muss auch berücksichtigen, dass Datenübertragung eine langwierige Sache sein kann und dass die Verbindung jederzeit unterbrochen werden kann.

Android berücksichtigt all dies und stellt uns Hilfsmittel zur Verfügung, die wir bei der Implementierung nutzen können. In diesem Kapitel nutzen wir unsere Kenntnisse aus Kapitel 8 zum Thema Hintergrundprozesse. Wir werden ein Implementierungsmuster liefern, welches die genannten Schwierigkeiten berücksichtigt und vollständige Datenübertragung ermöglicht.

15.1 Ziel

Unser Hauptaugenmerk wird nicht auf dem Aufbau einer Internetverbindung liegen. Dies ist Bestandteil des Java-SDK, und darüber findet man ausreichend Literatur und jede Menge Beispiele. Wir wollen uns vielmehr in diesem Kapitel mit dem Datenaustausch mit einem Server beschäftigen. Der Amando-Server ermöglicht den Austausch von Daten zwischen zwei Android-Geräten, die beide die Amando-Anwendung installiert haben. Wir werden im Theorieteil sehen, warum keine direkte Datenkommunikation zwischen zwei Geräten möglich ist, was bei Netzwerkprogrammierung auf mobilen Endgeräten zu beachten ist und wo die Probleme liegen.

Austausch von Daten zwischen Android-Geräten

Ziele   Unsere Ziele für dieses Kapitel sind,

▥ mit dem Emulator eine Netzwerkverbindung aufzubauen und zu beenden.
▥ die Netzwerkklassen des Android-SDK kennenzulernen.
▥ die besonderen Anforderungen bei mobiler Netzwerkkommunikation zu verstehen.
▥ Anwendungen in die Lage zu versetzen, Daten über das Internet zu übertragen.
▥ einen Lösungsweg für Inter-Geräte-Kommunikation aufzuzeigen.

15.2 Theoretische Grundlagen

Wir werden uns mit dem Emulator beschäftigen und sehen, welche Möglichkeiten er bietet, Netzwerkverbindungen auf dem Entwicklungsrechner zu simulieren. Als Entwicklungsrechner bezeichnen wir den Rechner, auf dem die Entwicklungsumgebung und der Emulator laufen.

15.2.1 Das Emulator-Netzwerk

Der Android-Emulator simuliert ein komplettes Android-Gerät inklusive der Netzwerkkomponenten. Um das Netzwerk des Entwicklungsrechners vom Netzwerk des Android-Emulators zu trennen, besitzt der Emulator einen virtuellen Router. Dieser hat die IP-Adresse (Gateway-Adresse) *10.0.2.1*.

Getrennte Netzwerke Damit haben wir auf einem Rechner zwei Netzwerke, die über den Router des Emulators in Verbindung stehen. Aus Sicht des Emulators (des Clients) adressiert die IP-Adresse *127.0.0.1* bzw. *localhost* folglich den Emulator selbst.

Auf dem Entwicklungsrechner hingegen adressiert die IP-Adresse *127.0.0.1* den Rechner.

Router Der Router schottet das Netzwerk des Emulators gegen das Netzwerk des Rechners ab, gehört selber aber auch zum Netzwerk. Um eine Verbindung zwischen beiden Netzwerken herstellen zu können, wurde dem Router eine feste IP-Adresse zugewiesen, die auf das Loopback-Interface des Rechners zeigt. Mit Hilfe dieser IP-Adresse kann sich der Emulator zum Beispiel mit einem Server verbinden, der auf dem Entwicklungsrechner läuft.

Wenn sich der Emulator mit einem Server im Netzwerk des Entwicklungsrechners verbinden will, muss er die vorgegebene IP-Adresse *10.0.2.2*
verwenden.

Um den Emulator von unserem Rechner aus erreichen zu können, wurde ihm ebenfalls eine feste IP-Adresse vergeben. Über diese können wir
eine direkte Verbindung zum Emulator und somit zu einem Programm,
welches im Emulator läuft, aufnehmen. Es handelt sich um die Adresse
10.0.2.15. Tabelle 15-1 zeigt die IP-Adressen in einer Übersicht.

Den Emulator
erreichen

IP-Adresse	Beschreibung
127.0.0.1	Localhost, also der Emulator selbst
10.0.2.1	IP-Adresse des Routers (Gateway-Adresse)
10.0.2.2	IP-Adresse des Rechners, auf dem der Emulator läuft (Entwicklungsrechner)
10.0.2.15	IP-Adresse des Emulators für Zugriffe von außen
10.0.2.3	Erster DNS-Server des Routers
10.0.2.4-6	Weitere DNS-Server des Routers

Tab. 15-1
IP-Tabelle des
Emulators

Da der Android-Emulator die Netzwerkverbindung des Rechners nutzt,
auf dem er läuft, wird es keine Probleme geben, wenn man sich vom
Emulator aus über die IP-Adresse *10.0.2.2* mit einem Server auf dem
Entwicklungsrechner verbindet oder eine Verbindung ins Internet herstellt.

Es kann sein, dass die Firewall eine Kommunikation zwischen dem
Emulator und dem Netzwerk des Entwicklungsrechners unterbindet.
Bei der Konfiguration der Firewall helfen folgende Informationen:

Probleme mit der
Firewall?

- Ein Verbindungsaufbau des Entwicklungsrechners mit dem Emulator (IP: *10.0.2.15*) kann durch die Firewall des Entwicklungsrechners abgeblockt werden.
- Ein Verbindungsaufbau des Emulators mit dem Entwicklungsrechner (IP: *10.0.2.2*) kann durch eine Firewall im Netzwerk des Rechners abgeblockt werden.

Derzeit werden nur die Netzwerkprotokolle *TCP* und *UDP* unterstützt.
Die Verwendung eines »Ping«, um zu testen, ob ein Rechner noch ansprechbar ist, ist auf den meisten Betriebssystemen, auf denen der Emulator läuft, nicht möglich. Das für einen Ping verwendete Protokoll
heißt *ICMP* (*Internet Control Message Protocol*).

Nur TCP und UDP

Android-Geräte sind
keine Server.

Die oben genannten IP-Adressen gelten nur für den Emulator, nicht für ein echtes Android-Gerät. Wir kommen damit auf ein Problem bei mobilen Endgeräten: Sie sind reine Clients und keine Server. Aber mehr dazu im nächsten Abschnitt.

15.2.2 Die Internet-Einbahnstraße

Kein Server

Android-Geräte haben keine feste IP-Adresse, über die sie von außen wie ein Server erreichbar sind. Mit der Einführung von IPv6 wird sich dies langfristig ändern. Grundsätzlich kann dann praktisch jedes internetfähige Gerät mit einer eigenen IP-Adresse versorgt werden, wodurch es genau wie jeder Server von überall aus dem Internet direkt erreichbar ist. Somit wäre auch eine Internetverbindung zwischen zwei Android-Geräten möglich. Vermutlich wird es aber noch Jahre dauern, bis sich IPv6 flächendeckend durchgesetzt hat und jedes internetfähige Gerät mit einer festen IP-Adresse ausgeliefert wird und jederzeit von außen ansprechbar ist. Bis es so weit ist und auch jeder Kühlschrank, Fernseher und Toaster fester Bestandteil des Internets ist, verhält sich das Android-Gerät wie die meisten internetfähigen PCs zu Hause auf dem Schreibtisch: wie eine Internet-Einbahnstraße.

Immer erreichbar

Diesen Umstand nehmen wir bei unserem heimischen PC noch billigend in Kauf, beim Mobiltelefon sind wir anderes gewohnt. Wir haben eine Telefonnummer und werden darüber angerufen. Eine E-Mail, verschickt über das Internet, erreicht uns jedoch nicht automatisch. Zwar gibt es inzwischen Push-Mail-Systeme, doch dafür muss das Mobiltelefon eine dauerhafte Internetverbindung zu einem bestimmten Mailserver aufbauen. Erst dann kann es darüber benachrichtigt werden, wenn eine neue E-Mail vorliegt.

Keine direkte
Datenübertragung
möglich

Wir haben also dank der Mobilnummer eine Möglichkeit, per Sprache direkt von Gerät zu Gerät zu kommunizieren. Für die Übertragung von Daten steht uns keine IP-Adresse zur Verfügung, so dass wir nur den Umweg über einen Server nehmen können.

Kommunikation via
Server

Wir werden in diesem Kapitel eine Lösung vorstellen, mit der man Daten von einem Android-Gerät über einen Server an ein anderes Android-Gerät schicken kann. Der Prozess wird mit Hilfe einer SMS angestoßen. Der Sender der Daten schickt dem Empfänger eine SMS, damit dieser sich mit dem Server verbindet und dadurch empfangsbereit wird. Damit der Server die Daten an den richtigen Empfänger weiterleitet, muss sich der Empfänger beim Server identifizieren und diesem mitteilen, von welchem Sender er Daten empfangen möchte.

Kommunikationspartner
mittels Schlüssel
zusammenbringen

Wir haben in Kapitel 10 über Systemnachrichten gelernt, wie wir SMS senden und empfangen können. Wir müssen nur dafür sorgen, dass mit der SMS entsprechende Schlüssel übergeben werden, die Sender und Empfänger eindeutig identifizieren. Diese Schlüssel können die Mobilnummern der Geräte sein. Setzt man nun einen Server ein, der den Datenaustausch zwischen Sender und Empfänger ermöglicht, können anhand der Mobilnummern als Schlüssel die Daten zwischen den Geräten übermittelt werden. Beide Geräte müssen dann nur Internetverbindungen zu dem Server aufbauen. Dies geht, da der Server eine feste IP-Adresse besitzt. Leider kosten SMS in aller Regel Geld. Wir verwenden sie daher nur, um einen erstem Verbindungsaufbau zu ermöglichen.

> SMS können ganz allgemein dazu verwendet werden, Anwendungen auf anderen Mobiltelefonen zu starten.

Eine zweite Lösung sind Peer-to-Peer-Netzwerke. Das Android-Gerät baut eine dauerhafte Verbindung zu einem Vermittlerservice auf, der die Daten und Nachrichten an den Empfänger weiterleitet. Es gibt im Internet zahlreiche öffentliche Server, die man als Vermittler für die Datenübertragung nutzen kann. Mann muss nur wissen, welches der Peer-to-Peer-Protokolle sie verwenden. *XMPP* und *JINGLE* sind bekannte Protokolle für Peer-to-Peer-Kommunikation. Google stellt mit *GTalk* ein eigenes Peer-to-Peer-Netzwerk zur Verfügung. Das Thema würde den Rahmen des Buches sprengen. Wir beschränken uns daher hier auf das aktive Aufbauen von Internetverbindungen, um Daten an einen Server zu senden oder Daten von einem Server abzuholen.

Alternative Möglichkeit

15.2.3 Netzwerkunterstützung bei Android

Die Android-Plattform wird mit der *HttpComponents*-Bibliothek von *Jakarta Commons* ausgeliefert. Jakarta Commons ist ein Projekt der Apache Software Foundation. Die Klassen dazu finden sich im Paket `org.apache.http` bzw. in den Paketen darunter. Uns interessiert besonders ein Teilprojekt von Jakarta Commons, der *HttpClient*.

Eine ausführliche Dokumentation zum Jakarta-Commons-Projekt HttpClient findet man auf den Seiten von Apache [10]. Die Klassen des HttpClient unterstützen die Netzwerkprogrammierung. Android selbst steuert auch einige Klassen bei, die dabei helfen, den Status der Netzwerkverbindung zu überwachen. Wir müssen bedenken, dass es normal ist, dass eine Netzwerkverbindung zusammenbricht. Betreten wir einen Aufzug, gehen in die Tiefgarage oder fahren mit dem Zug über Land, werden wir wahrscheinlich das ein oder andere Mal die Netzwerkverbindung verlieren.

Netzwerkverbindung überwachen

Wenn eine Anwendung, wie z.B. ein Chat-Client, darauf angewiesen ist, eine dauerhafte Internetverbindung zu haben, so müssen wir auf so ein Unterbrechungsereignis reagieren können. Wir stellen hier zwei Android-Hilfsklassen vor, die für Anwendungen mit dauerhafter Netzwerkverbindung hilfreich sind.

android.net.ConnectivityManager

Kostenlose Netzwerküberwachung

Beim *Connectivity Manager* handelt es sich um eine der Manager-Klassen aus der Schicht des Anwendungsrahmens (vgl. Abb. 2-1 auf Seite 20) der Android-Plattform.

Der Connectivity Manager läuft im Hintergrund und überwacht den Zustand des Netzwerks. Ist keine Netzwerkverbindung mehr möglich, sendet er einen Broadcast Intent, den wir mit unserer Anwendung abfangen können, indem wir einen Broadcast Receiver einsetzen. Ebenso sendet er einen Broadcast Intent, wenn die Internetverbindung wieder besteht. Wir können auf diese Ereignisse entsprechend reagieren, indem wir gar nicht erst versuchen, eine Netzwerkverbindung aufzubauen oder indem wir den Anwender darüber informieren.

Automatisches Failover

Der Connectivity Manager läuft im Hintergrund und sorgt für eine Ausfallsicherung der Netzwerkverbindung. Bricht eine Netzwerkverbindung weg, versucht er automatisch zur nächsten Netzwerkverbindung zu wechseln und sendet einen Broadcast Intent. Beim Betreten eines Gebäudes kann es sein, dass die Netzwerkverbindung nicht mehr über das GSM-Modul via GPRS oder UMTS läuft, sondern über ein WLAN. Diese Informationen liefert uns der Broadcast Intent.

Den Connectivity Manager erhalten wir mittels

```
ConnectivityManager cm =
    Context.getSystemService(
        Context.CONNECTIVITY_SERVICE)
```

Über ihn bekommen wir in der zweiten wichtigen Klasse Informationen über das Netzwerk.

android.net.NetworkInfo

Mittels der Methoden

```
NetworkInfo    getActiveNetworkInfo()
NetworkInfo[]  getAllNetworkInfo()
NetworkInfo    getNetworkInfo(int networkType)
```

Nützliche Netzwerkinformationen

des Connectivity Managers erhalten wir Objekte vom Typ `NetworkInfo`. Diese geben uns wichtige Informationen über die Verbindung und deren Zustand. Die wichtigsten sind:

- getState: liefert den Zustand des Netzwerks als `NetworkInfo.State`-Objekt, durch das wir etwas über die Phase des Aufbaus einer Verbindung erfahren.
- isConnected: liefert true, wenn getState `NetworkInfo.State.CONNECTED` liefert. Nur jetzt kann man eine Verbindung aufbauen.
- getType: liefert den Netzwerktyp, über den die Internetverbindung erfolgt (WLAN oder GSM) als `int`.
- getTypeName: liefert den Netzwerktyp als String.

Wir haben uns bisher einen Überblick über die Voraussetzungen und Schwierigkeiten bei der Datenübertragung zwischen Android-Geräten verschafft. Wir haben gesehen, dass der Connectivity Manager Auskunft über den Zustand der Internetverbindung gibt. Nun können wir zur Praxis übergehen.

15.2.4 Arten der Netzwerkübertragung

Wenn wir von Netzwerkkommunikation sprechen, können wir zwei grundsätzliche Verfahren unterscheiden:

Zwei Methoden

- *Verfahren 1:* Man möchte Daten einmalig an einen Server schicken oder von einem Server abrufen.
- *Verfahren 2:* Man möchte eine dauerhafte Verbindung zu einem Server aufrechterhalten, um Daten auszutauschen.

Wir haben Amando so implementiert, dass wir für beide Verfahren ein Beispiel haben. Der Sender einer Geoposition überträgt seine Daten immer dann an den Amando-Server, wenn eine neue Geoposition vorliegt. Für solche sporadischen Ereignisse wählen wir Variante 1. Der Empfänger baut dagegen nach Empfang der SMS eine dauerhafte Verbindung zum Amando-Server auf. Er bekommt die neue Position vom Server übermittelt, muss also ständig empfangsbereit sein.

Beispiele für beide Varianten

Wir geben für beide Fälle ein Praxisbeispiel, welches man auf eigene Anwendungen übertragen kann.

15.3 Netzwerken in der Praxis

Es ist möglich, zwei Android-Emulatoren zu starten und eine direkte Verbindung zwischen ihnen aufzubauen. Wir verweisen hier auf die Android-Dokumentation, da dazu ein Port-Redirect definiert werden muss (siehe [25]). Beide Emulatoren stellen dieselbe IP-Adresse mit demselben Port nach außen zur Verfügung. Sie sind folglich nicht unterscheidbar. Werden sie jedoch von außen über unterschiedliche Ports angesprochen, sind sie unterscheidbar. Intern muss einer der Emulatoren den geänderten Port wieder zurück auf den Port 80 lenken (redirect).

> **Tipp!**
>
> Sie können ein Funkloch (Abreißen der Netzwerkverbindung) simulieren, indem Sie im Emulator die Taste »F8« drücken. Damit können Sie wechselweise das Netzwerk ein- und ausschalten.

Erst die Berechtigung setzen Als vorbereitende Maßnahme fügen wir dem Android-Manifest die Berechtigung zum Aufbau von Internetverbindungen hinzu:

```
<uses-permission android:name=
    "android.permission.INTERNET"/>
```

15.3.1 Verfahren 1: Geoposition senden

Wir haben in Listing 8.2 auf Seite 166 schon den Service `NetzwerkServiceImpl` implementiert, der für die Kommunikation mit dem Amando-Server zuständig ist. Wir implementieren nun die Methode `_sendeEigenePosition`.

Listing 15.1
Eigene Position an Server senden

```
...
import org.apache.http.NameValuePair;
import org.apache.http.client.ClientProtocolException;
import org.apache.http.client.entity.UrlEncodedFormEntity;
import org.apache.http.client.methods.HttpPost;
import org.apache.http.impl.client.DefaultHttpClient;
import org.apache.http.message.BasicNameValuePair;

private final String mAmandoServerIp = "78.46.42.173";
private final int mHttpPortNum = 8082;

private final String mUrlString = "http://" + // (1)
    mAmandoServerIp + ":" + mHttpPortNum +
    "/amandoserver/GeoPositionsService";

...
    private void _sendeEigenePosition(
        final GeoPosition position) {

        final DefaultHttpClient client = new DefaultHttpClient(); // (2)
        final HttpPost httpPost = new HttpPost(mUrlString); // (3)
```

```
final List<NameValuePair> postParameters = // (4)
  new ArrayList<NameValuePair>();

postParameters.add(
    new BasicNameValuePair("mobilnummer",
    position.mMobilnummer));
postParameters.add(
    new BasicNameValuePair("laengengrad",
    String.valueOf(position.mGpsData.mLaengengrad)));
postParameters.add(
    new BasicNameValuePair("breitengrad",
    String.valueOf(position.mGpsData.mBreitengrad)));
postParameters.add(
    new BasicNameValuePair("hoehe",
    String.valueOf(position.mGpsData.mHoehe)));
postParameters.add(
    new BasicNameValuePair("zeitstempel",
    String.valueOf(position.mGpsData.mZeitstempel)));
try {
  httpPost.setEntity(new UrlEncodedFormEntity( // (5)
      postParameters));
} catch (UnsupportedEncodingException e2) { }

try {
  client.execute(httpPost); // (6)
} catch (ClientProtocolException e1) {
} catch (IOException e1) { }
}
...
```

Wir brauchen die URL des Amando-Servers (1). In der Methode erzeugen wir ein Exemplar des `DefaultHttpClient` (2) und ein Exemplar von `HttpPost`, dem wir die URL übergeben (3). Die Positionsdaten werden per HTTP-Post an den Server übertragen. Wir verwenden eine Liste mit Objekten vom Typ `NameValuePair` als Datencontainer (4) und füllen es mit den zu übertragenden Daten. Die Mobilnummer ist dabei unser Schlüssel, damit der Empfänger unserer SMS in der Folge auch vom richtigen Sender aktuelle Positionsdaten erhält.

Übermittlung per HTTP-Post

Dem Objekt `httpPost` fügen wir die Post-Parameter hinzu (5) und schicken es ab (6). Wir verzichten hier auf die Behandlung einer Serverantwort, da wir die Daten nur in einer Richtung übertragen.

15.3.2 Verfahren 2: dauerhafte Verbindung

Nun wechseln wir die Seiten. Diesmal sind wir der Empfänger einer SMS mit der Ortsposition eines Bekannten. Der Bekannte kann ein Flag

Benachrichtigung per SMS

mitschicken, mit dem er unserer Amando-Anwendung signalisiert, dass er ab sofort seine Positionsänderungen für uns auf dem Amando-Server veröffentlicht. Wir werden uns mit dem Server verbinden und jedesmal automatisch die neue Position erhalten, wenn der Bekannte sie mittels Verfahren 1 an den Server geschickt hat. Dazu muss die Verbindung zum Server dauerhaft bestehen bleiben. Falls sie beendet wird, z.B. weil man in ein Funkloch geraten ist, muss sie neu aufgebaut werden.

Socket verwenden   Statt einer HTTP-Verbindung verwenden wir diesmal einen Socket. Dies gibt uns die Möglichkeit, eine weitere Variante der Netzwerk-programmierung vorzustellen. Zuerst erweitern wir die Methode `empfangeFreundPosition` im Binder der Klasse `NetzwerkServiceImpl`.

```
public boolean empfangeFreundPosition(
      final String senderMobilNummer,
      final String clientMobilNummer) {
  if (netzwerkVerbindungHerstellen()) {
    if (registrierePositionsdatenListener(
        senderMobilNummer,
        clientMobilNummer)) {
      startePositionsdatenListener();
      return true;
    }
  }
  return false;
}
```

Der Programmcode enthält drei neue Methoden, die wir implementieren müssen. Die Implementierung erfolgt in Standard-Java und ist nicht Android-spezifisch, weshalb wir auf längere Erklärungen verzichten. Im Anschluss werden wir zeigen, wie man in Android-Anwendungen auf Funklöcher und Probleme mit der Netzwerkverbindung reagiert.

Bevor wir die Methode `netzwerkVerbindungHerstellen` implementieren, fügen wir der Klasse `NetzwerkServiceImpl` die folgenden Attribute hinzu:

```
private int mSocketPortNum = 9380;
private Socket mSocket;
private volatile BufferedReader mBufferedReader;
```

Die Verbindung zum Amando-Server wird über einen Socket hergestellt. Die Verbindungseinstellungen haben wir so gewählt, dass sich der Socket mit dem öffentlichen Amando-Server im Internet verbindet. Der Quellcode des Servers steht auf der Webseite zum Buch (`www.androidbuch.de`) zur Verfügung. Alternativ kann mit einer lokalen *Server kann lokal* Serverinstallation gearbeitet werden. URL, IP-Adresse und Ports sind *installiert werden.* entsprechend anzupassen. Listing 15.2 zeigt den Verbindungsaufbau.

```
private boolean netzwerkVerbindungHerstellen() {
  try {
    mSocket = new Socket();
    mSocket.connect(new InetSocketAddress(
        mAmandoServerIp, mSocketPortNum),
        15000);
    mBufferedReader = new BufferedReader(
        new InputStreamReader(mSocket.getInputStream()));
  } catch (UnknownHostException e) {
    mSocket = null;
    return false;
  } catch (IOException e) {
    mSocket = null;
    return false;
  } catch (Exception e) {
    mSocket = null;
    return false;
  }
  return true;
}
```

Listing 15.2
Verbindungsaufbau
mit dem Server

Das Attribut `mBufferedReader` brauchen wir später, um neue Positionsdaten vom Server zu empfangen. Zunächst müssen wir aber einen eindeutigen Schlüssel an den Amando-Server schicken, damit wir die für uns bestimmten Positionsdaten empfangen können. Dazu dient die Methode `registrierePositionsdatenListener` (siehe Listing 15.3).

```
private boolean registrierePositionsdatenListener(
    final String senderMobilNummer,
    final String clientMobilNummer) {
  try {
    final String schluessel = senderMobilNummer + "#" // (1)
        + clientMobilNummer;
    final PrintWriter pw = new PrintWriter(mSocket // (2)
        .getOutputStream(), true);
    pw.println(schluessel);

    return true;
  } catch (IOException e) {
    return false;
  }
}
```

Listing 15.3
Beim Amando-Server
registrieren

Der Schlüssel setzt sich zusammen aus der eigenen Mobilnummer (`clientMobilNummer`) und der Mobilnummer des Absenders (`senderMobilNummer`) der SMS (1). Es wird mit Hilfe eines `PrintWriter` an den Server geschickt, den wir aus dem Socket erhalten (2). Anhand

Zusammengesetzter
Schlüssel

der Absender-Mobilnummer teilen wir dem Server mit, dass wir in Zukunft an den Positionsdaten dieses Absenders interessiert sind. Unsere eigene Mobilnummer dient dem Server nur zur Verwaltung der Socket-Verbindungen. Da viele Amando-Anwender den Server gleichzeitig nutzen, muss der Server die vielen dauerhaften Socket-Verbindungen verwalten und die Positionsdaten eines Senders an alle empfangenden Clients weiterleiten. Der Server verwaltet die Socket-Verbindungen zu den Clients in einer Map. Der Schlüssel der Einträge in der Map ist jeweils die Client-Mobilnummmer.

Empfängt der Server eine neue Geoposition samt Absender-Mobilnummer von einer Amando-Anwendung, so schaut er nach, wer sich unter dieser Mobilnummer registriert hat. Der Server schickt daraufhin die Geoposition als String kodiert an alle registrierten Clients. Dazu verwendet er die Socket-Verbindung zwischen Client und Server. Wir brauchen nun einen Listener auf Clientseite, der auf diese Geoposition wartet. Wir werden den Listener in einem eigenen Thread implementieren, damit der Netzwerkservice nicht blockiert wird.

Listing 15.4
Auf Positionsdaten
warten...

```java
private Thread mPositionListenerThread;

private void startePositionsdatenListener() {
  mPositionListenerThread = new Thread() {
    public void run() {
      try {
        String senderGeoposition;
        while (!mBufferedReader.ready()) { } // (3)

        while ((senderGeoposition =
            mBufferedReader.readLine()) != null) { // (4)
          final String[] parameter = senderGeoposition
            .split("#");

          final String mobilnummer = parameter[0];
          final GpsData gpsData = new GpsData(Double
            .parseDouble(parameter[1]),
            Double.parseDouble(parameter[2]), Double
            .parseDouble(parameter[3]),
            Long.parseLong(parameter[4]));

          // TODO: mittels Callback KarteAnzeigen-Activity
          // aktualisieren
        }
      }
```

```
      catch (IOException ex) {
        mPositionListenerThread = null;
      }
    }
  };
  mPositionListenerThread.start(); // (1)
}


private void stoppePositionsdatenListener() { // (2)
  mPositionListenerThread = null;
}
```

Die Methode startePositionsdatenListener in Listing 15.4 startet den
Thread (1). Wir deklarieren ihn als Attribut der Klasse, um ihn später
stoppen (2) zu können. Die erste While-Schleife wartet, bis sich der
BufferedReader initialisiert hat (3). Anschließend lassen wir ihn warten
(4), bis der Amando-Server eine Textzeile mit der neuen Geoposition
unseres Bekannten schickt. Das Format sieht folgendermaßen aus:

*Auf Nachricht vom
Server warten*

```
Mobilnummer#Längengrad#Breitengrad#Höhe#zeitstempel
```

Jede Textzeile wird in ihre Bestandteile zerlegt. Die Daten werden über
Callbacks an die Activity KarteAnzeige zurückgeben und die Position
des Bekannten aktualisiert. Den entsprechenden Quellcode überlassen
wir dem Leser zur Übung.

15.3.3 Auf Funklöcher reagieren

Bei der Datenübertragung kann die Verbindung jederzeit unterbrochen
werden. Das Android-System informiert uns über Zustandswechsel der
Netzwerkverbindung. Dazu gehört auch der Wechsel vom GSM-Netz
in ein WLAN-Netz und umgekehrt. Wir werden auch über Verbindungsabbrüche und das Wiederherstellen einer Internetverbindung informiert. Dies geschieht mit Hilfe von Broadcast Intents, die wir mit
einem Broadcast Receiver empfangen können. Ungewollt unterbroche-
ne Datenübertragungen können wir so erneut anstoßen.

   Wir erweitern den NetzwerkService um einen Broadcast Receiver,
der Broadcast Intents vom Connectivity Manager empfängt, die über
verlorene und wiederhergestellte Netzwerkverbindungen informieren.

```
private ConnectionBroadcastReceiver mBroadcastReceiver;

private final IntentFilter mIntentFilter = // (2)
  new IntentFilter(
    "android.net.conn.CONNECTIVITY_CHANGE");
```

*Listing 15.5
Auf Funklöcher
reagieren*

```
private class ConnectionBroadcastReceiver extends // (1)
    BroadcastReceiver {
@Override
public void onReceive(Context ctxt, Intent intent) { // (3)
  try {
    final boolean isNotConnected =
        intent.getBooleanExtra(
        ConnectivityManager.EXTRA_NO_CONNECTIVITY,
        false);
      if (isNotConnected) {
        if (mSocket != null && mSocket.isConnected()) {
        mSocket.close(); // (4)
        }
      } else {
        if (netzwerkVerbindungHerstellen()) {
          startePositionsdatenListener(); // (5)
        }
      }
    } catch (IOException e) { }
  }
};
```

Dynamischen Broadcast Receiver verwenden

Der ConnectionBroadcastReceiver ist eine innere Klasse (1), damit wir die Broadcast Intents direkt im NetworkConnectorService fangen können. Um die Intents fangen zu können, müssen wir die nötige Berechtigung im Android-Manifest mittels

```
<uses-permission android:name="
    android.permission.ACCESS_NETWORK_STATE"/>
```

setzen. Der NetzwerkService enthält einen Intent-Filter (2), mit dessen Hilfe nur Broadcast Intents des Typs android.net.conn.CONNECTI-VITY_CHANGE durchgelassen werden.

Auf Zustandsänderungen reagieren

Dadurch wird die onReceive-Methode des ConnectionBroadcastReceiver immer ausgeführt (3), wenn eine Netzwerkverbindung wegbricht oder wiederhergestellt wird. Innerhalb der onReceive-Methode müssen wir feststellen können, ob die Verbindung zusammengebrochen ist oder wiederhergestellt wurde. Dazu werten wir den Intent aus:

```
intent.getBooleanExtra(ConnectivityManager.
    EXTRA_NO_CONNECTIVITY, false)
```

Entweder schließen wir dann den Socket falls nötig (4) oder lauschen weiter auf neue Positionsdaten vom Amando-Server (5).

Auf Empfang gehen

Die onCreate-Methode nutzen wir, um den Broadcast Receiver zu initialisieren. Hier erzeugen wir nun ein Objekt vom Typ

`ConnectionBroadcastReceiver` und registrieren es unter Verwendung des definierten Intent-Filters beim Service.

```
protected void onCreate() {
  ...
  mBroadcastReceiver = new ConnectionBroadcastReceiver();
  registerReceiver(mBroadcastReceiver, mIntentFilter);
  ...
}
```

Schließlich dürfen wir nicht vergessen, den Broadcast Receiver in der onDestroy-Methode wieder auszutragen:

```
public void onDestroy() {
  ...
  unregisterReceiver(mBroadcastReceiver);
  ...
}
```

Das vorgestellte Beispiel kann problemlos auf andere Anwendungen übertragen werden. In der Praxis hat sich gezeigt, dass dauerhafte Netzwerkverbindungen nicht immer die beste Wahl sind. Verbindungsabbrüche kommen recht oft vor, wenn man sich mit seinem Android-Gerät viel bewegt. Eine Anwendung, die ausschließlich im fahrenden Auto betrieben wird, fragt möglicherweise besser in bestimmten Zeitintervallen beim Server nach, ob neue Daten vorliegen. Als Android-Entwickler muss man bei Netzwerkprogrammierung ausreichend Zeit für Tests unter realistischen Bedingungen einplanen!

15.4 Fazit

Wir haben in diesem Kapitel gezeigt, wie Netzwerkprogrammierung unter Android funktioniert, und sind auf die Besonderheiten eingegangen, die mobile Geräte mit sich bringen. Wir haben uns angeschaut, wie das Netzwerk des Emulators funktioniert und welche Hilfsmittel die Android-API beim Umgang mit instabilen Netzwerkverbindungen bereitstellt. Dabei haben wir den Connectivity Manager kennengelernt.

Wir haben gesehen, wie man Klassen des Pakets `org.apache.http` verwendet, um Daten per HTTP zu einem Server zu übertragen. Als alternative Möglichkeit der Datenübertragung haben wir eine dauerhafte Verbindung zum Server aufgebaut. Der Amando-Server stellt einen Push-Mechanismus bereit, so dass er bei bestehender Verbindung aktiv Daten zum Android-Gerät schicken kann.

Für den Umgang mit Funklöchern haben wir in einem Broadcast Receiver einen Broadcast Intent abgefangen. Der Broadcast Receiver stellt die Internetverbindung automatisch wieder her, sobald sie wieder verfügbar ist.

Die vorgestellten Quellcodebeispiele können als Implementierungs-muster für eigene Entwicklungen dienen.

16 Standortbezogene Dienste

Standortbezogene Dienste (engl. *Location Based Services*) sind »in«. Mehr und mehr mobile Geräte können ihre aktuelle Position bestimmen, häufig über einen GPS-Empfänger. Dadurch wurde die Voraussetzung für Dienste und Funktionen geschaffen, die auf standortbezogenen Informationen basieren.

Es ist reizvoll darüber nachzudenken, wie vorhandene Anwendungen mit Hilfe dieser Funktionalität erweitert werden können. Ebenso spannend sind jene Anwendungsfälle, die der Standortbezug erst ermöglicht.

Ortsbezug schafft neue Anwendungen.

Unsere Beispielanwendung Amando gehört in die zweite Kategorie; ohne die Verfügbarkeit von aktueller Position und verknüpftem Kartenmaterial wäre die Idee für Amando gar nicht erst aufgekommen.

Wir wollen uns in diesem Kapitel mit diesen zwei Bereichen beschäftigen: der Ermittlung von Positionsdaten und deren Anzeige in einer Straßenkarte (*Google Maps*). Die verwendeten Beispiele lassen sich leicht auf eigene Anwendungen übertragen und entsprechend anpassen.

16.1 Ziel

Für Amando spielen ortsbezogene Informationen bei drei Anwendungsfällen eine Rolle. Erstens benötigt der Anwendungsfall »Position senden« die eigene Position, bevor eine SMS-Nachricht an den Empfänger geschickt werden kann.

Dasselbe gilt zweitens für den Anwendungsfall »Position aktualisieren«. Dabei soll die eigene Position im Hintergrund über das Internet auf dem Amando-Server für den Empfänger zur Verfügung gestellt werden.

Im Anwendungsfall »Karte anzeigen« dient dem Empfänger die eigene Position drittens dazu, das passende Kartenmaterial anzuzeigen und darauf den eigenen Standort zu markieren. Zusätzlich wird die empfangene Position auf der Karte eingezeichnet. Die Karte mit den Markierungen soll uns im Anschluss helfen, den Sender zu finden.

Bevor wir jedoch mit der Programmierung starten, sind einige Vorbereitungen nötig, die wir unserer Struktur entsprechend in den theoretischen Teil gepackt haben. Wir wollen die Möglichkeiten des Emulators ausschöpfen, um effizient entwickeln zu können. Außerdem sollten wir ein wenig über GPS und Google Maps wissen.

Unsere Ziele für dieses Kapitel lauten wie folgt:

- verstehen, wie man mit Positionsdaten umgeht
- die Möglichkeiten des Emulators ausschöpfen können
- lernen, wie man die aktuelle Position ermittelt
- lernen, wie man Google Maps verwendet

16.2   Theoretische Grundlagen

16.2.1   GPS, KML und GPX

Längen- und Breitengrade

Da Android *GPS* (Global Positioning System) unterstützt, bauen viele Hersteller ein GPS-Modul in ihren mobilen Computer ein. Ist dies der Fall, haben wir einen Lieferanten für Positionsdaten. Die wichtigsten Parameter sind dabei der Längen- und der Breitengrad, im Englischen als »*longitude*« und »*latitude*« bezeichnet. Sie können in östlichen und westlichen Längengraden bzw. in nördlichen und südlichen Breitengraden (jeweils mit Bogenminuten und -sekunden) oder im Dezimalsystem angegeben werden. Beispielsweise stellt [7°06'54.09" Ost, 50°42'23.57" Nord] denselben Geopunkt dar wie [7.1152637, 50.7066272] im Dezimalsystem.

> **Vorsicht, Falle!**
>
> Im deutschen Sprachgebrauch sagt man »Längen- und Breitengrad«. Die Android und Google Maps APIs erwarten aber die umgekehrte Reihenfolge, zuerst die »latitude«, dann die »longitude«.

GPS-Datenformate

Viele GPS-Geräte bieten zudem die Möglichkeit, die Positionsdaten über einen Zeitraum aufzuzeichnen, zu »tracken«. Meist werden diese dann als *GPX*-Datei (GPS Exchange Format) von *Google Earth* exportiert. Eine solche Datei kann viele Wegpunkte einer zurückgelegten Strecke enthalten.

Mit Google Earth KML-Dateien erzeugen

Ein weiteres Format ist *KML* (Keyhole Markup Language) von *Google Earth*. Das Programm Google Earth bietet die Möglichkeit, KML-Dateien zu erzeugen. Man fügt in dem Programm einfach über

»*Ortsmarke hinzufügen*« eine neue Ortsmarke hinzu. Diese erscheint im linken Panel unter dem Reiter »*Orte*«. Klickt man auf diesen Ortspunkt mit der rechten Maustaste und wählt »*Speichern unter*«, kann man als Zieldatei den Typ »*KML-Datei*« auswählen.

Höheninformation

Der *Location Manager* von Android, den wir gleich vorstellen, verwendet nur die Dezimalschreibweise. Neben den Parametern »*longitude*« und »*latitude*« ist »*altitude*« noch ein wichtiger Geopunkt-Parameter. Er gibt die Höhe in Metern über Normal-Null an.

16.2.2 Entwickeln im Emulator

Wenn man Anwendungen erstellt, die Positionsdaten aus dem Location Manager verwenden, dann wird man diese meist erst im Emulator testen wollen. Im Emulator müssen Positionsdaten simuliert werden. Den komfortablen Weg beschreiben wir in Abschnitt 17.3 zum DDMS. Allerdings funktioniert dieser Weg mit den Releases bis einschließlich API *2.1* und SDK *r5* aufgrund eines Fehlers mit deutschen Spracheinstellungen im Betriebssystem noch nicht. Um den Anwendungstest trotzdem zu ermöglichen, beschreiben wir hier einen alternativen Weg über die Telnet-Konsole.

GPS-Modul per Telnet simulieren

Geodaten mittels Telnet an den Emulator senden

Öffnen Sie eine Betriebssystem-Konsole und schauen Sie in der Titelzeile Ihres Emulators nach, auf welchem Port er läuft (normalerweise 5554). Geben Sie

```
> telnet localhost 5554
```

ein. Dadurch wird die Android-Konsole gestartet. In dieser geben Sie dann beispielsweise

Längen-, dann Breitengrad

```
> geo fix <Längengrad> <Breitengrad> <Höhe>
```

an, wobei die »Höhe« optional ist. Denken Sie daran, dass Android nur Dezimalzahlen versteht. Eine Eingabe der Form

Dezimalzahlen als Eingabe

```
> geo fix 7.1152637 50.7066272
```

wäre also zulässig.

Wir brauchen dies erst später zum Testen, wenn wir unsere Anwendung erstellt haben. Einfacher geht es natürlich mit einem echten Gerät.

16.2.3   Debug Maps API-Key erstellen

Wir werden später Google Maps nutzen, um eine Straßenkarte mit unserer aktuellen Position anzuzeigen. Dazu bedarf es einiger Vorbereitungen. Um von Google Maps Kartenmaterial abrufen zu dürfen, braucht man einen Maps API-Key. Wir zeigen nun, wie man diesen möglichst einfach erstellt. Grundlage für die Erstellung des Maps API-Key ist ein Zertifikat, mit dem man seine fertige Anwendung signiert. Das Signieren von Anwendungen ist Thema des Kapitels 20. Hier reicht es uns zu wissen, dass das Eclipse-Plugin zum Android-SDK ein sogenanntes »Debug«-Zertifikat für Entwicklungszwecke mitbringt. Anwendungen, die man mit dem Eclipse-Plugin erstellt, werden automatisch mit dem Debug-Zertifikat signiert und laufen im Emulator oder in einem per USB-Kabel angeschlossenen Android-Gerät. Auf diese Weise signierte Anwendungen können allerdings nicht über den *Android Market* vertrieben werden.

Mitgeliefertes Entwicklerzertifikat verwenden

Zum Erstellen des Maps API-Key brauchen wir ein Zertifikat. Da wir zum Entwickeln und Testen ein Debug-Zertifikat zur Verfügung haben, verwenden wir dieses, um den Maps API-Key zu erzeugen. Wir bezeichnen ihn ab jetzt als »Debug Maps API-Key«.

Debug-Zertifikat finden

Das Debug-Zertifikat befindet sich in einem sogenannten *Keystore*. Wir müssen zunächst den Speicherort für den Keystore ermitteln. Sein Name ist debug.keystore. In Eclipse findet man die Angabe des Verzeichnisses unter *Window->Preferences->Android->Build* (siehe Abbildung 16-1).

Um den Maps API-Key zu erzeugen, verwenden wir ein Programm, welches mit der Java-Runtime bzw. jedem JDK geliefert wird. Das Programm heißt keytool.exe und liegt im bin-Verzeichnis von Java. Man kann im System die PATH-Variable erweitern und auf das bin-Verzeichnis zeigen lassen, damit man keytool.exe überall aufrufen kann. Als Alternative zur Kommandozeile können Sie auch das KeyTool Eclipse Plugin verwenden [11].

Am besten, man kopiert sich die Datei debug.keystore in ein Verzeichnis, welches keine Leerzeichen enthält, da sonst keystore.exe die Parameterliste nicht auflösen kann. Wir haben die Datei nach D:\Projekte\androidbuch kopiert und generieren nun mit keystore.exe einen MD5-Fingerabdruck, den wir für die Erzeugung des Maps API-Key brauchen.

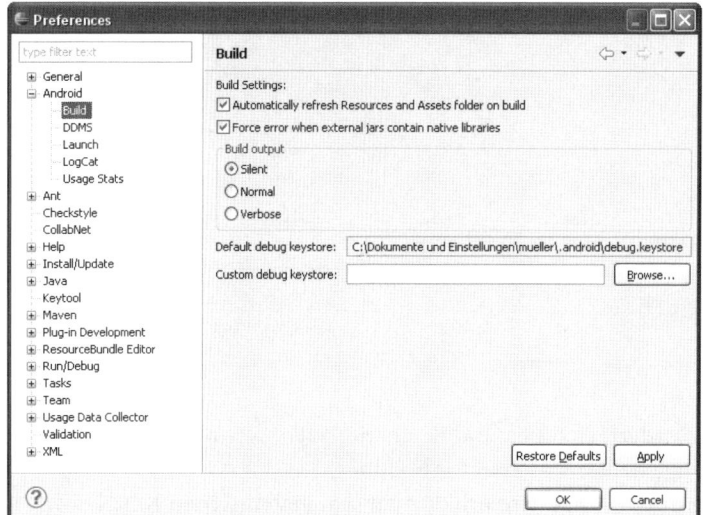

Abb. 16-1
Speicherort vom
Debug Keystore
ermitteln

MD5-Fingerabdruck

Ein MD5-Fingerabdruck ist eine Zahl (meist in hexadezimaler Schreibweise angegeben), die eine Checksumme von Daten oder Dateien darstellt. Verändern sich die Daten oder der Inhalt einer Datei, ändert sich auch der Fingerabdruck. Besitzt man den Fingerabdruck einer Datei aus sicherer Quelle und die Datei selbst aus unsicherer Quelle, kann man den Fingerabdruck der Datei erzeugen. Stimmen nun beide Fingerabdrücke überein, besitzt man mit größter Wahrscheinlichkeit die Originaldatei.

```
> keytool -list -keystore
  D:\Projekte\androidbuch\debug.keystore -storepass
  android
```

Alle anderen Parameter außer dem Pfad zur debug.keystore-Datei bleiben unverändert. Das Ergebnis ist eine Ausgabe in der Konsole von der Art:

Ein MD5-Fingerabdruck

```
Zertifikatsfingerabdruck (MD5):
  D1:E1:A3:84:B2:70:59:25:66:F0:E5:49:7D:B2:F1:36
```

Um nun an den Maps API-Key zu kommen, öffnet man die Google-Internetseite http://code.google.com/android/maps-api-signup.html und gibt den MD5-Fingerabdruck in das dafür vorgesehene Eingabefeld ein. Nach einem Klick auf die Schaltfläche »*Generate API Key*« wird man

Abb. 16-2
Anmeldung
erforderlich

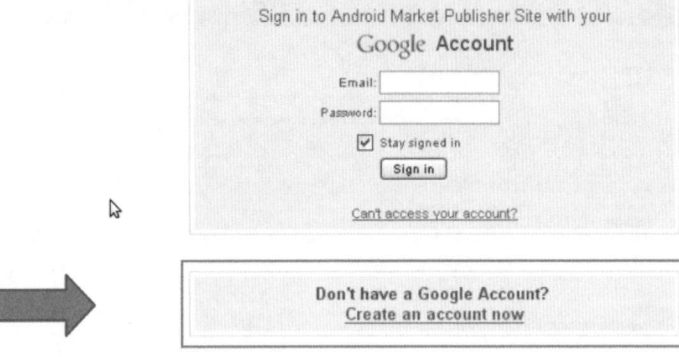

aufgefordert, sich bei Google anzumelden, wenn man nicht schon vorher angemeldet war (siehe Abbildung 16-2).

Auf der Folgeseite erhält man den gewünschten Key. Diesen brauchen wir später, wenn wir ein Layout für eine Activity entwerfen, welche die Straßenkarte anzeigen soll. Daher merken wir uns den Maps API-Key.

16.3   Praxisteil

Im folgenden Praxisteil lernen wir zunächst den Location Manager kennen. In einem zweiten Schritt implementieren wir die Funktion hinter dem Hauptmenüpunkt »*Karte anzeigen*« von Amando.

16.3.1   Vorbereitung

Um GPS und Google Maps in einer Android-Anwendung nutzen zu können, muss man im Android-Manifest ein paar kleine Erweiterungen vornehmen. Zum einen müssen wir folgende Berechtigung setzen:

```
<uses-permission android:name="android.permission.
    ACCESS_FINE_LOCATION"/>
<uses-permission android:name="android.permission.
    ACCESS_MOCK_LOCATION"/>
```

android.permission.ACCESS_FINE_LOCATION ermöglicht den Zugriff auf das GPS-Modul des Android-Geräts. Die Berechtigung android.permission.ACCESS_MOCK_LOCATION benötigen wir für den Simulationsmodus der KarteAnzeigen-Activity. Es gibt noch eine dritte Berechtigung in diesem Zusammenhang, die android. permission.ACCESS_COARSE_LOCATION. Ist diese gesetzt, erhält eine Anwendung gröbere Positionsangaben, z.B. auf Basis der Mobilfunkzelle. Amando hat es lieber genau und verwendet das GPS-Modul.

Da Google Maps das Kartenmaterial über das Internet lädt, muss zusätzlich die Android-Berechtigung `android.permission.INTERNET` erteilt sein. Diese Berechtigung ist in unserem Fall schon aus dem vorangegangenen Kapitel im Manifest enthalten. Die Nutzung der Google Maps API erfordert darüber hinaus eine zusätzliche Bibliothek, die Android zwar mitbringt, aber nicht automatisch in eine Anwendung einbindet. Die Bibliothek machen wir innerhalb des `<application>`-Elements bekannt:

Berechtigungen und Bibliotheken

```
<application android:icon="@drawable/icon"
             android:label="@string/app_name"
             android:debuggable="true">

  <uses-library
    android:name="com.google.android.maps" />
  ...
```

Nun sind die Vorbereitungen für die Nutzung von Google Maps abgeschlossen. Den Maps API-Key müssen Sie nur einmal für Ihr Eclipse-Plugin erstellen. Er kann in anderen Projekten wiederverwendet werden.

16.3.2 Der Location Manager

Der Location Manager (`android.location.LocationManager`) ist eine Schnittstelle zum GPS-Modul des mobilen Computers. Es kann durchaus mehrere GPS-Module in einem Gerät geben. Bisher war im überwiegenden Teil der Android Smartphones ein GPS-Empfänger eingebaut, und es ist anzunehmen, dass das auch in der Zukunft der Fall sein wird. Alternativ könnte man einen Empfänger über Bluetooth anbinden. Der Location Manager verwaltet die Lieferanten von Positionsdaten unter der Bezeichnung »*Provider*«. Ein Provider liefert uns also die Ortsposition.

Provider liefern Positionsdaten.

Im Grunde hat der Location Manager drei Funktionen:

- Er liefert die letzte bekannte Ortsposition (Geopunkt).
- Auf Wunsch wirft er einen selbstdefinierten `PendingIntent`, wenn wir den Radius um einen bestimmten Ortspunkt unterschreiten, uns ihm also nähern.
- Man kann bei ihm einen Listener registrieren, der mehr oder weniger periodisch die Ortsposition liefert.

Wir schauen uns den letzten Punkt etwas genauer an, da wir diese Funktion für die Anzeige unserer Karte gut gebrauchen können. Der Location Manager besitzt unter anderem folgende Methode:

Listener registriert Ortsveränderungen.

```
public void requestLocationUpdates(String provider,
    long minTime, float minDistance,
    LocationListener listener)
```

Diese Methode veranlasst den Location Manager, in periodischen Abständen die Ortsposition zu ermitteln. Dies verbraucht sehr viel Systemressourcen, sowohl was die Prozessorlast als auch was den Stromverbrauch angeht. Deshalb ist es ratsam, die Ortsposition nur während Zeiträumen abzufragen, in der sie tatsächlich benötigt wird.

Je nach Einsatzzweck helfen die richtigen Parameter beim Aufruf der Methode, den Stromverbrauch in Grenzen zu halten, wie wir gleich sehen werden.

Die Tabelle 16-1 erklärt die Parameter der Methode. Will man die aktuelle Position so oft wie möglich erhalten, so setzt man die Parameter minTime und minDistance beide auf Null.

Tab. 16-1
Parameter der Methode requestLocationUpdates

Parameter	Beschreibung
provider	Name des GPS-Providers
minTime	0: Der Location Manager liefert so oft wie möglich die aktuelle Position. Stromverbrauch ist maximal.
	>0: Wert in Millisekunden, der festlegt, wie lange der Location Manager mindestens warten soll, bevor er wieder nach der aktuellen Position fragt. Je größer der Wert, desto geringer der Stromverbrauch.
minDistance	0: Der Location Manager liefert so oft wie möglich die aktuelle Position. Stromverbrauch ist maximal.
	>0: Distanz in Metern, um die sich die Position seit der letzten Abfrage mindestens verändert haben muss, damit der Location Manager eine neue Position liefert. Je größer der Wert, desto geringer der Stromverbrauch.
listener	Ein selbst programmierter Location Listener überschreibt die Methode onLocationChanged(Location location). Das Objekt location enthält die aktuelle Position.

Energiespar-Tipp

Schalten Sie das GPS-Modul des mobilen Computers nur ein, wenn Sie es wirklich brauchen. Der Akku hält dann wesentlich länger! Verwenden Sie den Location Manager nur so lange, wie Sie aktuelle Ortspositionen verarbeiten. Beenden Sie den Location Listener in der `onPause`-Methode mittels der `LocationManager.removeUpdates(aListener)`.

In den drei eingangs beschriebenen Anwendungsfällen, in denen die eigene Position benötigt wird, spielt der Location Manager jeweils die Rolle des Zulieferers.

16.3.3   Google Maps

Um in einer Anwendung eine Karte anzuzeigen, bietet Google das Google Maps API an. Weder das API noch – viel entscheidender – das Kartenmaterial sind frei verfügbar. Wir setzen das API hier ein, da es folgende Vorteile bietet:

- einfache Verfügbarkeit
- schnell, da ins System integriert
- komfortabel zu nutzen

Google-Maps-Nutzungsbedingungen beachten

Spätestens bevor Sie auf Basis des Google Maps API eine kommerzielle Software entwickeln, sollten Sie aufmerksam die Nutzungsbedingungen lesen. Bewerten Sie, inwieweit die Einschränkungen für Sie akzeptabel sind. Das beginnt mit dem Recht Googles, die Nutzungsbedingungen einseitig zu ändern. Sie müssen sich selbst über Änderungen auf dem Laufenden halten.
Zur Nutzung des Kartenmaterials gibt es selbstverständliche Einschränkungen, zum Beispiel bezüglich der lokalen Speicherung oder der Verwendung zu Werbezwecken für das eigene Produkt.

> Am schwersten dürfte die Beschränkung des Einsatzzweckes wiegen: Die Google Maps API darf insbesondere nicht als Basis für ein Echtzeitnavigationssystem oder eine Fahrzeugflottenverwaltung benutzt werden. Es finden sich auch lobenswerte Nutzungsbedingungen, zum Beispiel: Wenn eine auf Google Maps aufbauende Anwendung personenbezogene Daten speichert, muss sie den Anwender darüber informieren und dies auf sichere Weise tun.
>
> Falls Sie Google Maps nicht nutzen können oder wollen, ist möglicherweise das auf Open Street Map basierende Mobile Map API [39] eine Alternative.

Die Dokumentation der Google Maps API steht Ihnen in Eclipse bzw. auf Ihrer Festplatte zur Verfügung. Alternativ finden Sie sie auch im Internet [36].

Nachdem wir uns am Anfang des Kapitels den Maps API-Key zum Testen unserer Anwendung besorgt haben, können wir die Anzeige einer Karte mit der empfangenen und unserer aktuellen Position in Angriff nehmen.

MapView und MapActivity
Auf einfache Weise ist dies mit einer `MapView` möglich. Dies ist eine spezielle View, die wir in ein Layout integrieren können. Zur Darstellung eines Layouts mit `MapView` muss man eine `MapActivity` verwenden. Die `MapActivity` hat einen speziellen Lebenszyklus, da im Hintergrund das Kartenmaterial über das Internet geladen und geladenes Kartenmaterial im Dateisystem abgelegt wird. Diese langwierigen Aufgaben erledigen Threads, die im Lebenszyklus der `MapActivity` verwaltet werden.

Schauen wir uns zunächst die Definition des Layouts unserer Bildschirmseite `KarteAnzeigen` an, die eine Straßenkarte mit Google Maps anzeigt.

Listing 16.1
Layout zur Anzeige einer MapView

```xml
<?xml version="1.0" encoding="utf-8"?>
<FrameLayout
    xmlns:android="http://schemas.android.com/apk/res/android"
    android:orientation="vertical"
    android:layout_width="fill_parent"
    android:layout_height="fill_parent"
    android:windowBackground="@null">

    <com.google.android.maps.MapView
        android:id="@+id/mapview_karte"
        android:layout_width="fill_parent"
        android:layout_height="fill_parent"
        android:clickable="true"
```

```
  android:apiKey=
    "0zw9lsWlE3eMRczyFi4SB7YpEMmcrpWrvPz-WqQ"
 />
</FrameLayout>
```

Zwei Attribute sind dabei neu: `android:clickable` und `android:apiKey`. Das erste dient unter anderem dazu, dass wir später die Karte verschieben und ein Oberflächenelement anzeigen können, welches den Zweck hat, die Karte zu vergrößern oder zu verkleinern. Das zweite Attribut ist der aus dem Theorieteil bekannte Google Maps API-Key. Fügen Sie hier Ihren eigenen API-Key ein, den Sie wie in Abschnitt 16.2.3 beschrieben selbst erzeugt haben.

Eigenen Maps API-Key einfügen

Performance-Tipp

Das XML-Attribut `android:windowBackground="@null"` des `FrameLayout`-Elements wie in Listing 16.1 sollten Sie immer dann einsetzen, wenn eine View ähnlich der `MapView` den gesamten Bildschirm ausfüllt. Damit signalisieren Sie dem Android-System, dass es sich das Zeichnen des Hintergrundes sparen kann.

Was wir damit haben, ist ein View-Element, welches wir in unserer Activity ansprechen können.

16.3.4   MapActivity

Wie oben beschrieben, sollten wir für die Darstellung der Straßenkarte eine `MapActivity` einsetzen. Um die `KarteAnzeigen MapActivity` zu implementieren, wollen wir folgende Schritte ausführen:

1. Die `MapView` in der `MapActivity` einbinden
2. Unseren aktuellen Standort in die Karte anzeigen
3. Den Standort des Geokontakts in die Karte malen
4. Beide Standorte auf der Karte mit einer Linie verbinden

Abbildung 16-3 zeigt das Ziel unserer Bemühungen im Emulator, nachdem wir mit `telnet` eine Ortskoordinate eingegeben haben.

Den Klassenrumpf der `KarteAnzeigen`-Activity haben wir bereits in Kapitel 8 zu Hintergrundprozessen gesehen. Wir erweitern ihn in Listing 16.2 mit den im Folgenden nötigen Exemplarvariablen.

Abb. 16-3
Anzeige der aktuellen
Position mit Google
Maps im Emulator

Listing 16.2
Klassenrumpf der
Activity zur Anzeige
von Google Maps

```
public class KarteAnzeigen extends MapActivity {

    private long mGeoKontaktId;

    private GeoKontakt mFreundKontakt;

    private MapView mMapView;
    private MapController mMapController;
    private MyLocationOverlay mMyLocationOverlay;
    private GeoKontaktOverlay mMapViewOverlay;

    @Override
    protected boolean isRouteDisplayed() {
        return false;
    }
}
```

isRouteDisplayed kann
ignoriert werden.

Die Methode isRouteDisplayed war für Abrechnungszwecke gedacht und stammt aus der Zeit vor Android 1.0, als noch eine Routenanzeige im Maps API vorgesehen war.

Für den ersten Schritt überschreiben wir die onCreate-Methode, in der die Methoden zur Ausführung der oben aufgezählten Schritte aufgerufen werden.

```
protected void onCreate(Bundle savedInstanceState) {
  super.onCreate(savedInstanceState);

  setContentView(R.layout.karte_anzeigen);

  // ...Daten bereitstellen...

  initMapView(); // (1)

  initGeokontaktOverlay(); // (3)

  initMyLocationOverlay(); // (2)
}
```

Listing 16.3
onCreate-Methode der
KarteAnzeigen-Activity

Wir erweitern nun die Activity um die fehlenden Methoden. Die an der Stelle (1) aufgerufenen Methode `initMapView` konfiguriert die im Layout definierte `MapView`, wie in Listing 16.4 zu sehen.

```
private void initMapView() {
  mMapView = (MapView) findViewById(R.id.mapview_karte);
  mMapController = mMapView.getController();

  final int maxZoomlevel = mMapView.getMaxZoomLevel();
  mMapController.setZoom(maxZoomlevel - 4); // zoom

  mMapView.setBuiltInZoomControls(true);

  // mMapView.setSatellite(true); // Satellitenbild
  mMapView.setStreetView(true); // Strassenansicht
}
```

Listing 16.4
initMapView Methode
zum Setzen der
MapView-Einstellungen

Die Eigenschaften der `MapView` können wir über einen `MapController` steuern. Die `MapView` und ihr `MapController` werden in der Activity an vielen Stellen benötigt, deshalb speichern wir sie in Exemplarvariablen ab.

Nachdem wir Zugriff auf die `MapView` und den `MapController` haben, können wir die Karte für die Ansicht präparieren. Wir holen uns mittels der Methode `getMaxZoomLevel()` die höchste Auflösung, die uns für so eine View in der Mitte der Karte zur Verfügung steht. Eine Zoomstufe von eins zeigt die ganze Welt auf der Karte, die Zoomstufe von zwei ein Viertel der Welt und so weiter bis zum Maximum von 23. Da Google Maps nicht für alle Orte auf der Welt die gleiche Auflösung zur Verfügung stellt, bietet es sich an, hier evtl. einen festen Wert zu nehmen. Wenn dieser höher als die höchste verfügbare Zoomstufe liegt, fällt die Anwendung auf diese Zoomstufe zurück. Mittels `setBuiltInZoomControls(true)` aktivieren wir die Anzeige der Kontrollen

23 Zoomstufen

für die Zoomstufe. Schließlich stellen wir die Art des Kartenmaterials ein. Wir haben die Wahl zwischen Satellitenbildern und Straßenkarten, wie in Abbildung 16-4 zu sehen. Für unseren Zweck ist die Straßenkarte besser geeignet.

Abb. 16-4
Die MapView im Modus Straßenkarte (links) und Satellitenbild (rechts)

Verhalten im Emulator

Eine `MapView` benötigt eine Internetverbindung für das Laden der Karteninformationen. Nach einer Unterbrechung der Verbindung kann es vorkommen, dass der Emulator neu gestartet werden muss.

Wenn zum Beispiel durch einen ankommenden Anruf die `Karte-Anzeigen`-Activity pausiert, brauchen wir weder Positions- noch Lageaktualisierungen. Wir befolgen unseren Stromspar-Tipp und deaktivieren die Anzeige von Position und Kompass im `MyLocationOverlay` in der `onPause`-Methode. Bei der Fortsetzung der Activity müssen wir die Anzeige dann in der `onResume`-Methode wieder aktivieren. Beide Ergänzungen finden sich in Listing 16.5.

Listing 16.5
Bei Pausen Benachrichtigungen unterbrechen

```
protected void onPause() {

    // ...

    mMyLocationOverlay.disableMyLocation();
    mMyLocationOverlay.disableCompass();
    super.onPause();
}
```

```
protected void onResume() {

  // ...

  mMyLocationOverlay.enableMyLocation();
  mMyLocationOverlay.enableCompass();

  // Neuzeichnen erzwingen
  mMapView.invalidate();

  super.onResume();
}
```

Overlays In den nächsten Schritten wollen wir die Karte mit zusätzlichen Informationen anreichern, zunächst mit der Anzeige unserer Position. Das Google Maps API sieht für solche Zusatzinformationen das Overlay Interface vor.

Ein *Overlay* können wir uns als durchsichtige Folie vorstellen, die wir über unsere MapView legen. Mittels der draw-Methode können wir wie auf einem Overheadprojektor zeichnen und malen. Wir können einer MapView potenziell beliebig viele Overlays hinzufügen und wieder entfernen, ohne dass sich die MapView verändert. *Was ist ein Overlay?*

Praktischerweise stellt die Google Maps API zum Zweck der Anzeige der eigenen Position schon einen fertigen Overlay zur Verfügung (com.google.android.maps.MyLocationOverlay). Listing 16.6 zeigt, wie wir einen solchen MyLocationOverlay erweitern und zur Karte hinzufügen (Punkt (2) in der onCreate-Methode in Listing 16.4). *Die eigene Position anzeigen*

```
private void initMyLocationOverlay() {
  mMyLocationOverlay = new MyLocationOverlay(this,
      mMapView) {

    @Override
    public void onLocationChanged(Location neuePosition) {
      super.onLocationChanged(neuePosition);
      final GeoPoint eigenePosition = new GeoPoint(
          (int) (neuePosition.getLatitude() * 1E6),
          (int) (neuePosition.getLongitude() * 1E6));

      mMapController.animateTo(eigenePosition);
    }
  };

  mMapView.getOverlays().add(mMyLocationOverlay);
  mMyLocationOverlay.enableMyLocation();
```

*Listing 16.6
Setzen der
MyLocationOverlay-
Einstellungen*

```
mMyLocationOverlay.enableCompass();

mMyLocationOverlay.runOnFirstFix(new Runnable() {
  public void run() {
    mMapController.animateTo(mMyLocationOverlay
        .getMyLocation());
  }
});
}
```

MyLocationOverlay ist unser LocationListener.

Am Anfang des Listings 16.6 nutzt die Methode die Tatsache, dass ein `MyLocationOverlay` ein `LocationListener` ist. Wir fangen den Callback des Location Managers ab und sorgen mit Hilfe des `MapControllers` dafür, dass sich die eigene Position nach einer Aktualisierung stets in der Kartenmitte befindet.

Die `onLocationChanged`-Methode liefert uns allerdings ein `Location`-Objekt, während der `MapController` ein `GeoPoint`-Objekt erwartet. Die Umrechnung ist einfach: Das `location`-Objekt liefert die Werte `longitude` und `latitude` in Grad, `GeoPoint` erwartet aber Mikrograd. Durch die Multiplikation mit dem Wert `1E6` (1 Million) erhalten wir aus Grad Mikrograd.

Android als Kompass

Der Aufruf von `enableMyLocation` bewirkt die Registrierung beim `LocationManager` und das Einzeichnen eines Kreises für die eigene Position. Zur besseren Orientierung aktivieren wir mit `enableCompass()` die Kompassanzeige. Sie wird eingezeichnet, falls das Android-Gerät seine Ausrichtung auswerten kann.

Verhalten im Emulator

Wenn Sie ein `MyLocationOverlay` im Emulator testen, werden Sie keine Markierung für die eigene Position sehen, bis Sie dem Gerät per `geo fix` eine Position gesetzt haben. `MyLocationOverlay` erwartet darüber hinaus regelmäßige Positionsaktualisierungen, sonst verschwindet die Markierung wieder.
Der Kompass wird im Emulator nicht angezeigt.

Nun bleiben uns als letzte zwei Schritte noch die Anzeige der Position des Geokontakts und einer Verbindungslinie zur eigenen Position. Für diesen `Overlay` implementieren wir in der `KarteAnzeigen`-Activity eine innere Klasse `GeoKontaktOverlay` (siehe Listing 16.7).

```
public class GeoKontaktOverlay extends Overlay {

  final private Point mFreundPunkt = new Point();
  final private Point mMeinPunkt = new Point();

  final RectF mRect = new RectF();
  final private Paint mPaint = new Paint();

  @Override
  public void draw(Canvas canvas, MapView mapView,
      boolean shadow) {
    super.draw(canvas, mapView, shadow);

    final GeoPoint freundPosition = mFreundKontakt.
      letztePosition.gpsData.toGeoPoint();

    final GeoPoint eigenePosition = mMyLocationOverlay.
      getMyLocation();

    mapView.getProjection().toPixels(freundPosition,
      mFreundPunkt);

    mapView.getProjection().toPixels(eigenePosition,
      mMeinPunkt);

    canvas.drawLine(mMeinPunkt.x, mMeinPunkt.y,
      mFreundPunkt.x, mFreundPunkt.y, mPaint);

    mRect.set(mFreundPunkt.x - 5, mFreundPunkt.y + 5,
      mFreundPunkt.x + 5, mFreundPunkt.y - 5);

    mPaint.setARGB(255, 200, 0, 30);
    mPaint.setStyle(Style.FILL);
    canvas.drawOval(mRect, mPaint);

    mPaint.setARGB(255, 0, 0, 0);
    mPaint.setStyle(Style.STROKE);
    canvas.drawCircle(mFreundPunkt.x, mFreundPunkt.y, 5,
      mPaint);
  }
}
```

Listing 16.7
GeoKontaktOverlay-
Klasse zur Anzeige der
Geokontakt-Position

Das Overlay selbst gehört zur MapView und bekommt diese als Parameter in der draw-Methode übergeben. Wir holen uns die eigene Position vom MyLocationOverlay über den Aufruf von getMyLocation und nutzen die MapView für die Umrechnung in Pixel (Methode getProjection(GeoPoint gp, Point point)). Der Rest der Methode dient dem Zeichnen der Verbindungslinie und eines roten Punkts mit schwarzer Umrandung an der Position des Geokontakts.

draw-Methode optimieren

Die draw-Methode wird sehr häufig aufgerufen, es lohnt sich hier besonders bei der Objekterzeugung zu sparen. Deshalb definieren wir alle Zeichenobjekte einmalig als Exemplarvariablen, um sie zwischenzuspeichern.

Wenn wir zur onCreate-Methode aus Listing 16.3 zurückkehren, sehen wir an Punkt (3) den Aufruf der Methode initGeokontaktOverlay. Listing 16.8 zeigt die Implementierung.

Listing 16.8 Hinzufügen des Geokontakt-Overlays

```
private void initGeokontaktOverlay() {
    mMapViewOverlay = new GeoKontaktOverlay();
    mMapView.getOverlays().add(mMapViewOverlay);
    mMapView.postInvalidate();
}
```

In der initGeokontaktOverlay-Methode wird unser eigenes GeoKontakt-Overlay erzeugt und der Liste der Overlays der MapView hinzugefügt.

Overlay-Reihenfolge ausnutzen

Die onCreate-Methode ruft initGeokontaktOverlay vor initMyLocationOverlay auf, wodurch die eigene Position zuoberst eingezeichnet wird. Dadurch können wir die Verbindungslinie zwischen den Positionen einzeichnen, ohne uns Gedanken um die Größe der Positionsmarkierung machen zu müssen.

16.4   Fazit

Wir haben das Kapitel mit ein wenig Theorie über GPS begonnen, damit wir später beim Entwickeln und Testen mit Ortskoordinaten umgehen können. Indem wir den Location Manager über die Android-Konsole mit Geodaten füttern, können wir auch im Emulator standortbezogene Dienste testen.

Wir haben dann einige Vorbereitungen getroffen, damit wir später Google Maps in unserer Anwendung zur grafischen Anzeige von Karten nutzen können. Wir haben uns einen Maps API-Key aus unserem Debug-Zertifikat des Android-SDK erstellt.

Nach diesen Vorbereitungen haben wir uns dem Location Manager gewidmet. Er liefert uns die Ortskoordinaten unseres aktuellen Standorts. Normalerweise greift er dazu auf das GPS-Modul des Android-Geräts zurück, allerdings sind auch andere Verfahren der Positionsermittlung möglich, z.B. die Berechnung der Position über die Funkmasten, in die das Android-Gerät gerade eingebucht ist.

Wir haben sodann die Karte in der Amando-`KarteAnzeigen`-Activity implementiert. Durch sie war es uns möglich, die von Google Maps geladene Karte darzustellen. Dank Overlays konnten wir dieser Karte noch Informationen in grafischer Form hinzufügen. Das haben wir mit dem im API mitgelieferten `MyLocationOverlay` und einem eigenen Overlay getan, der die Position des Geokontakts und die Verbindungslinie zu unserer eigenen Position anzeigt.

Nehmen Sie sich ein wenig Zeit, um mit der Google Maps API zu spielen. Sie werden sehen: Es macht Spaß! Vermutlich sind Ihnen schon bei der Lektüre einige Punkte aufgefallen, an denen die Implementierung in Amando erweitert werden könnte. Zusätzlich möchten wir Ihnen hier noch ein paar Anregungen mitgeben:

Das war nur der Anfang...

- Erweitern Sie das Menü um einen Schalter, mit dem Sie zwischen den Kartenansichten Satellit und Straßenkarte umschalten können.
- Implementieren Sie eine eigene `MyLocationOverlay`-Klasse, die die Callback-Intervalle des `LocationManager` auf stromsparende Werte setzt.
- Zeichnen Sie die eigene Position nur dann in der Mitte der Karte ein, wenn sie sonst nicht auf der Karte erscheinen würde.
- Beschriften Sie die Verbindungslinie mit der Entfernung zwischen der eigenen Position und dem Geokontakt.

Teil III

Android für Fortgeschrittene

17 Debugging und DDMS

Wir werden uns in diesem Kapitel damit beschäftigen, wie man sich das Leben bei der Entwicklung von Android-Anwendungen etwas erleichtern kann. Es wird erklärt, wie man ein Android-Gerät per USB an den Entwicklungsrechner anschließt. Das Debugging kann dann auch direkt auf dem Endgerät oder weiterhin wie gewohnt im Emulator erfolgen.

Systemausgaben helfen, Fehler zu finden und Systemzustände zu überprüfen, ohne die Anwendung jedesmal im Debugger zu starten. Wir zeigen, wie man Systemausgaben erzeugt und wo sie angezeigt werden.

Schließlich werden wir noch eine neue Eclipse-Perspektive namens *DDMS* kennenlernen. DDMS steht für *Dalvik Debug Monitor Service*. In dieser Perspektive erfahren wir mehr über die Anwendung und ihr Laufzeitverhalten.

17.1 Anschluss eines Android-Geräts

Zum Anschluss eines Android-Geräts an den Entwicklungsrechner muss man ein USB-Kabel verwenden. Verwendet man Windows auf dem Entwicklungsrechner, muss zuvor ein spezieller USB-Treiber installiert werden. Er ist nicht mehr Teil des Android-SDK und muss separat heruntergeladen werden (`http://developer.android.com/sdk/win-usb.html`). Besitzer eines Linux- oder Mac-OS-Rechners finden eine Konfigurationsanleitung zur Nutzung der USB-Schnittstelle hier: [18].

USB-Treiber installieren

Da es sich bei Android um ein Linux-Betriebssystem handelt, muss die USB-Verbindung gemountet werden. Das Android-Gerät erkennt automatisch, dass ein USB-Kabel angeschlossen wurde, und sendet sich selbst eine Notification. Das Mounten des USB-Anschlusses erfolgt, indem man den Statusbalken in der Anzeige des Android-Geräts nach unten zieht und die Notification öffnet (siehe Abb. 17-1).

USB mounten

Nachdem das Gerät korrekt verbunden wurde, kann man die Anwendung in Eclipse starten. Läuft gleichzeitig der Emulator, wird man gefragt, ob man das Programm im Emulator oder auf dem angeschlossenen Gerät laufen lassen möchte.

Abb. 17-1
Notification nach Anschluss des Geräts über USB und das Mounten des Anschlusses

USB-Debugging aktivieren

Um direkt auf dem Gerät debuggen zu können, muss man noch eine Systemeinstellung im Android-Gerät kontrollieren: *Einstellungen -> Anwendungen -> Entwicklung*. Dort den Menüpunkt *USB-Debugging* aktivieren.

17.2 Systemausgaben mit der LogCat

Die *LogCat* dient dazu, Systemausgaben des Android-Emulators oder des angeschlossenen Android-Geräts auszugeben. Zur Aktivierung der LogCat muss man in Eclipse eine zusätzliche View aktivieren: *Window -> Show View -> Other... -> Android -> LogCat*.

LogCat aktivieren

Systemausgaben erzeugt man in Android-Programmen mit Hilfe der Klasse android.util.Log. Sie stellt die von anderen Logging-Frameworks bekannten Methoden für Debug-Ausgaben zur Verfügung. Jede dieser Methoden erwartet als ersten Parameter eine Kennzeichnung (engl. »tag«) der Ausgabe. Wir empfehlen, den einfachen Klassennamen zu verwenden und eine Konstante namens TAG anzulegen. Hier ein Beispiel:

Klassennamen als Konstante hinterlegen

```
public class KarteAnzeigen extends MapActivity {

    private static final String TAG = KarteAnzeigen.class
        .getSimpleName();
    ...
```

Um eine Systemausgabe zu erzeugen, ruft man eine der statischen Methoden der Klasse Log auf:

- Log.v: Verbose (»Geschwätzig«)
- Log.d: Debug
- Log.i: Info
- Log.w: Warning
- Log.e: Error

Ein Beispiel:

```
Log.d(TAG, "ladeGeoKontakt(): Kontakt geladen: " +
    mFreundKontakt.name);
```

Listing 17.1
Eine Log-Ausgabe erzeugen

Hier haben wir den Namen der Methode (»ladeGeoKontakt()«), in der die Log-Ausgabe (siehe Abbildung 17-2) erzeugt wird, mit in den auszugebenden Text übernommen. Die LogCat gibt nur den TAG mit aus, nicht jedoch die Stelle im Programmcode, so dass die Ausgabe der Methode, in der die Log-Ausgabe erzeugt wird, hilfreich sein kann.

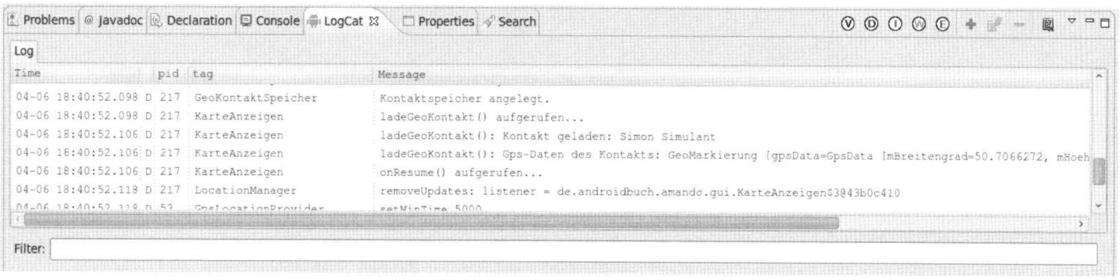

Abb. 17-2
Ausgabe über die LogCat

Die LogCat-View bietet über die reine Anzeige der Konsolenausgaben hinaus einige Filterfunktionen, die selbsterklärend sind.

Bei der Verwendung von Log-Ausgaben im Programmcode sollte man beachten, dass dies die Performanz und den Speicherverbrauch der Anwendung negativ beeinflussen kann. Nur die Ausgaben, die mittels Log.v erzeugt werden, werden beim Signieren einer Anwendung automatisch aus dem Programmcode entfernt. Alle anderen Log-Ausgaben (Debug bis Error) werden zur Laufzeit des Programms auch in der Release-Version erzeugt.

verbose-Ausgaben werden automatisch entfernt.

Log-Ausgaben enthalten oft String-Konkatenationen. Dies sind teure Operationen, da intern mindestens drei temporäre Objekte erzeugt werden. Das geht auf Kosten der Laufzeit und belastet den Garbage-Collector.

Ressourcen schonen

Daher sollten Log-Ausgaben, die zur Entwicklungszeit helfen sollen, dem Programmfluss folgen zu können, immer mittels Log.v ausge-

Verbose...

geben werden. Wichtige Debug-Informationen, die auch in der Release-Version zur Verfügung stehen sollen, sollte man mittels Log.d ausgeben. Es empfiehlt sich, diese Ausgaben »schaltbar« zu machen. Debug-Ausgaben sollten in einer stabilen Programmversion nicht mehr vorkommen. Für eine Beta-Version des Programms kann die Log-Ausgabe aber eine wertvolle Hilfe bei der Fehlersuche sein.

... oder Debug?
Da mittels Log.d erzeugte Ausgaben auch in signierten Anwendungen ausgegeben werden, sollte man eine statische Variable deklarieren, die es dem Compiler erlaubt, die gesamte Logging-Zeile zu entfernen. Bevor man die Anwendung als stabiles Release in den produktiven Einsatz gibt, kann man den Wert der Variablen umsetzen, und der Compiler ignoriert die gesamte Programmzeile.

Es bietet sich an, in einer Klasse eine statische Variable zu definieren und von überallher auf diesen Wert zuzugreifen.

```
public class Einstellungen {
  public static final boolean DEBUG = true;
  ...
```

Die Log-Ausgabe erfolgt dann innerhalb einer Klasse nach folgendem Schema:

```
public class KarteAnzeigen extends MapActivity {
  public static final boolean DEBUG =
      Einstellungen.DEBUG;
  private static final String TAG = KarteAnzeigen.class
      .getSimpleName();

  private void ladeGeoKontakt() {
    ...
    if (DEBUG) Log.d(TAG,
      "ladeGeoKontakt(): Kontakt geladen: " +
      mFreundKontakt.name);
    ...
  }
  ...
}
```

Debug-Ausgaben
entfernen
Ein zentrales Umschalten der Variable DEBUG in der Klasse Einstellungen bereinigt den kompletten Code beim Kompilieren um die Ausgabe durch die Methode Log.d. Ausgaben vom Typ »*Info*«, »*Warning*« oder »*Error*« sollten auch im fertigen Programm ausgegeben werden. Daher sollten diese Log-Level sparsam eingesetzt werden.

17.3   DDMS: Dalvik Debug Monitor Service

Es handelt sich bei dem DDMS um ein eigenständiges Werkzeug, welches von der Kommandozeile aus gestartet oder in Eclipse verwendet werden kann. Es liegt im tools-Verzeichnis des SDK.

Verwendet man Eclipse mit dem Android-Plugin, kann man den DDMS als eigene Perspektive über *Windows -> Open Perspective -> Other... -> DDMS* starten (siehe Abb. 17-3 auf Seite 345).

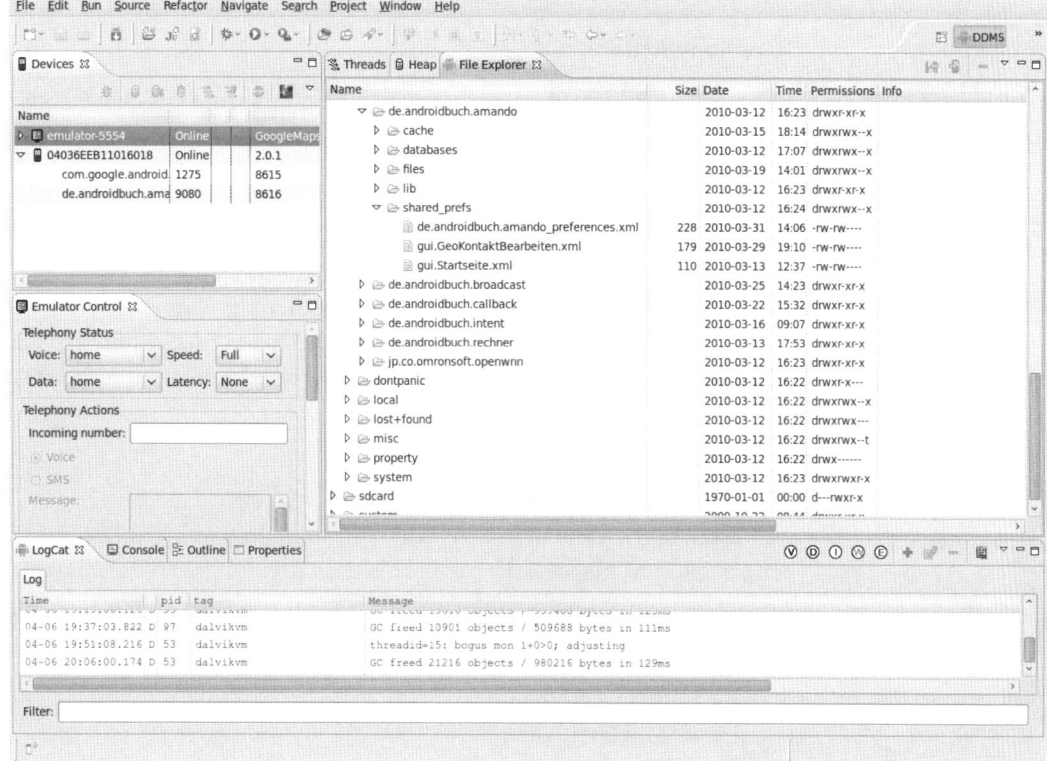

Abb. 17-3
Ansicht des DDMS in Eclipse

Der DDMS verbindet sich automatisch sowohl mit dem Emulator als auch mit einem angeschlossenen Android-Gerät. Die Geräte werden oben links in der Ansicht »Devices« angezeigt. Man muss das Gerät auswählen, für das man Informationen über den DDMS erhalten möchte. Die wichtigsten Teilansichten des DDMS sind:

Erst ein Gerät auswählen

- Anzeige der *LogCat* (siehe Abschnitt 17.2)
- Informationen über Threads und Heap
- Anzeige der laufenden Prozesse

- Simulation eingehender Telefonanrufe oder SMS
- Simulation eines GPS-Moduls mit eigenen Daten
- File-Explorer

17.3.1 Emulator Control

Die View `Emulator Control` verdient eine genauere Betrachtung. Wir können sie verwenden, um unsere Anwendung zu testen.

Telephony Actions

Telefonanrufe und SMS simulieren

Im Panel *Telephony Actions* kann man Telefonanrufe simulieren oder SMS an die Anwendung schicken. Dies funktioniert nur für den Emulator und nicht für ein angeschlossenes Gerät. Das Simulieren von Telefonanrufen eignet sich in der Praxis gut, den Lebenszyklus der Activities zu testen, da man mit zwei Klicks (»*Call*« und »*Hang Up*«) die Anwendung unterbrechen und wieder fortsetzen kann. Denn bei einem eingehenden Telefonanruf wird die angezeigte Activity von einer Activity namens `InCallScreen` aus der Dialer-Anwendung verdeckt und geht in den Zustand `onStop` über, bis der Telefonanruf beendet oder abgelehnt wurde.

Location Controls

Zu Testzwecken kann man dem Emulator mitteilen, welchen Geopunkt der Location Manager liefern soll. Es stehen drei Eingabemöglichkeiten zur Verfügung:

- Geodaten von Hand eintragen
- eine GPX-Datei laden
- eine KML-Datei laden

GPX- und KML-Dateien

Mittels des Programms *Google Earth* kann man sich KML-Dateien erzeugen lassen. Viele GPS-Geräte lassen einen Export der aufgezeichneten Daten oder Ortspunkte per GPX-Datei zu. Im Internet gibt es zahlreiche Möglichkeiten, KML nach GPX und umgekehrt zu konvertieren.

> **Tipp!**
>
> Will man Geodaten mit Hilfe des DDMS an den Emulator senden, gibt es
> zumindest bis zur Version *2.1* des Android-SDK einen Fehler. Die Zahlen-
> formate werden intern in das Zahlenformat konvertiert, welches dem Be-
> triebssystem zugrunde liegt. Das hat in Deutschland z.B. zur Folge, dass
> der Emulator alle Zahlen im deutschen Format (mit Komma statt Dezi-
> malpunkt) erhält und der Location Manager des Emulators sie nicht als
> Zahl erkennt und ignoriert. Folglich lassen sich keinerlei Geodaten aus
> der DDMS an den Emulator senden, und man ist auf `telnet` angewiesen
> (siehe Kap. 16.2.2). Oder man verwendet folgenden Trick: Man kann die
> Länder und Spracheinstellung im Betriebssystem ändern. Wählen Sie als
> Land z.B. England, so können Sie die Location Controls nutzen.

17.3.2   Debugging

Debugging ist sowohl im Emulator als auch auf einem echten Android-
Gerät möglich. Die Anwendung wird einfach im Debug-Modus gestartet und das Zielgerät (Emulator oder Endgerät) ausgewählt. Hier ist es
egal, ob der Emulator läuft, wenn man die Anwendung auf dem Endgerät debuggen möchte. Sowohl die Breakpoints als auch die *LogCat*
funktionieren.

Debuggen auf dem Endgerät

Spezielle Einstellungen für den Debugger muss man nicht vornehmen. Sobald man in Eclipse für seine Anwendung eine *Run*-
Konfiguration angelegt hat, kann man die Anwendung auch im Debugger starten.

17.4   Traceview

Wenn beim Testen einer Android-Anwendung Geschwindigkeitsproble-
me auftreten, stößt man schnell an die Grenzen von Log-Ausgaben.
Stattdessen wünscht man sich einen *Profiler*, um das Laufzeitverhalten der Anwendung zu untersuchen. Ein Profiler liefert Auskunft über
die Anzahl und die Dauer von Methodenaufrufen. Dadurch spürt man
schnell jene Stellen auf, an denen eine Optimierung lohnt. Nach einer
Optimierung prüft man wiederum im Profiler, welche Auswirkungen
diese auf die Laufzeit hat.

Profiler untersuchen Laufzeitverhalten.

Aus dem Java-Bereich sind solche Profiler schon bekannt, z.B.
das frei verfügbare VisualVM [2]. Ein ähnliches, wenn auch deutlich schlichteres Werkzeug wird mit dem Android SDK ausgeliefert:
traceview. Die Traceview stellt eine zuvor erstellte Datei von Trace-
Ausgaben grafisch dar.

Beim Untersuchen von Android-Anwendungen mit Traceview wiederholt man die folgende Abfolge:

1. Trace-Datei erzeugen
2. Trace-Datei auslesen
3. Trace-Datei mit Traceview auswerten

Debug-Aufrufe starten und stoppen die Trace-Ausgabe.

Trace-Datei erzeugen Zum Erzeugen einer Trace-Datei starten wir die Trace-Ausgabe vor einer verdächtigen Stelle mit Hilfe des Aufrufs `android.os.Debug.startMethodTracing(<Dateiname>)` im Quelltext. Der Dateiname wird ohne Pfad angegeben. Beendet wird die Ausgabe mittels `Debug.stopMethodTracing`.

Das Ergebnis ist eine Datei namens `/sdcard/<Dateiname>.trace` auf der SD-Karte Ihres Android-Geräts oder -Emulators. Wenn wir zum Beispiel in Amando das Verhalten der `ListView` mit den Geokontakten untersuchen wollen, fügen wir die Aufrufe in den Lebenszyklus-Methoden der `GeoKontakteAuflisten`-Activity hinzu, wie in Listing 17.2 zu sehen.

Listing 17.2
Trace-Ausgabe ein- und ausschalten

```
protected void onStart() {
  zeigeGeokontakte();
  super.onStart();
  Debug.startMethodTracing("geoList");
}

protected void onDestroy() {
  Debug.stopMethodTracing();
  mKontaktSpeicher.schliessen();
  super.onDestroy();
}
```

Wir halten den Zeitraum des Tracings möglichst klein, denn die Datei wächst schnell an. In der Voreinstellung kann sie auf acht MB anwachsen, alles was darüber hinaus anfällt, geht verloren. Die maximale Dateigröße kann über einen zusätzlichen Parameter angegeben werden, für beispielsweise 64 MB hieße das:

Trace-Datei Standardgröße: 8 MB

```
Debug.startMethodTracing("geoList", 16777216);
```

Die angegebene Zahl entspräche eigentlich 16 MB, in unseren Tests vervierfachte Traceview aber den Wert.

Trace-Datei auslesen Bevor wir die Trace-Datei anzeigen können, muss sie aus der SD-Karte ausgelesen werden. Das erledigen wir über den Aufruf von adb pull in der Kommandozeile. Für unser Beispiel lautet der Aufruf im tools-Verzeichnis des Android-SDK:

adp pull holt Daten von SD-Karte.

```
adb pull /sdcard/geoList.trace /tmp
```

Unter Windows kopiert dieser Aufruf die geoList.trace-Datei aus dem Emulator nach C:\tmp.

Trace-Datei mit Traceview auswerten Mittels des Aufrufs von Traceview zeigen wir die Daten an, bei unserem Beispiel mit Hilfe der Eingabe von:

```
traceview /tmp/geoList.trace
```

Das Traceview-Programm stellt die Trace-Datei in einem Fenster mit zwei Bereichen dar, die in den Abbildungen 17-4 und 17-5 zu sehen sind. Im oberen Teil des Traceview-Fensters sind ein Zeitstrahl und die Zeiten der Methodenaufrufe in den beteiligten Threads dargestellt. Im unteren Teil sind die kumulierten Werte pro Methode in einer Tabelle aufgelistet.

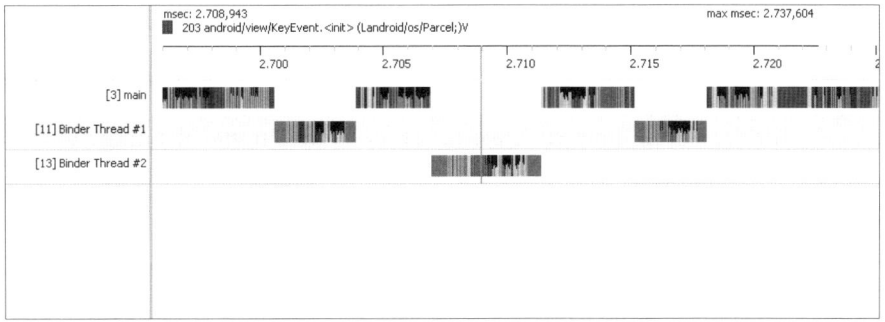

Abb. 17-4
Traceview-Zeitstrahl

Man zoomt in den Zeitverlauf hinein, indem man in den Threads einen Bereich markiert. Umgekehrt kann man den angezeigten Zeitbereich durch Verschieben des Zeitstrahls mit gedrückter Maustaste vergrößern.

Eingebauter Zoom

Die Tabelle lässt sich nach Spalten sortieren, nützlich sind neben der voreingestellten Bruttozeit in Prozent (engl. Spalte »*Incl.*«, steht für *time including child method calls*) die Nettozeit in Prozent (»*Excl.*«, steht für *time excluding child method calls*) und die Anzahl der Aufrufe (engl. Spalte »*Calls*«).

Die Abbildung 17-4 zeigt einen Ausschnitt des Zeitstrahls in Traceview. Die zugrunde liegende Trace-Datei entstand beim Durchlaufen von gut hundert Listenelementen in der GeoKontakte AuflistenPerformant-Activity.

Eingebaute Suchfunktion

Die Tabelle der Methodenaufrufe dieser Trace-Datei zeigt die Abbildung 17-5. Darin ist die Methode PerformanterListen-Adapter.bindView über die Suchfunktion von Traceview markiert.

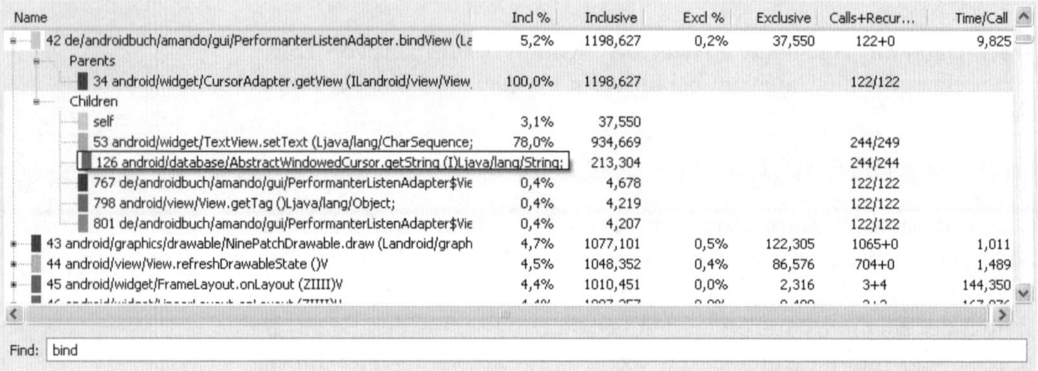

Name	Incl %	Inclusive	Excl %	Exclusive	Calls+Recur...	Time/Call
42 de/androidbuch/amando/gui/PerformanterListenAdapter.bindView (La	5,2%	1198,627	0,2%	37,550	122+0	9,825
Parents						
34 android/widget/CursorAdapter.getView (ILandroid/view/View	100,0%	1198,627			122/122	
Children						
self		3,1%	37,550			
53 android/widget/TextView.setText (Ljava/lang/CharSequence;	78,0%	934,669			244/249	
126 android/database/AbstractWindowedCursor.getString (I)Ljava/lang/String;		213,304			244/244	
767 de/androidbuch/amando/gui/PerformanterListenAdapter$Vie	0,4%	4,678			122/122	
798 android/view/View.getTag ()Ljava/lang/Object;	0,4%	4,219			122/122	
801 de/androidbuch/amando/gui/PerformanterListenAdapter$Vie	0,4%	4,207			122/122	
43 android/graphics/drawable/NinePatchDrawable.draw (Landroid/graph	4,7%	1077,101	0,5%	122,305	1065+0	1,011
44 android/view/View.refreshDrawableState ()V	4,5%	1048,352	0,4%	86,576	704+0	1,489
45 android/widget/FrameLayout.onLayout (ZIIII)V	4,4%	1010,451	0,0%	2,316	3+4	144,350

Find: bind

Abb. 17-5
Traceview-Methodenliste

Unterhalb jeder Methode befindet sich jeweils ein Eintrag für die »Eltern«-Methoden (engl. *parents*) und die »Kind«-Methoden (engl. *children*), mit anderen Worten, die aufrufenden und die aufgerufenen Methoden für diese Zeile in der Tabelle. Über Linksklick auf Eltern- oder Kindereinträge navigiert man zur Tabellenzeile der jeweiligen Methode.

Wenn man einen entsprechenden Trace für die GeoKontakte-Auflisten-Activity erstellt, sieht man, dass schon der SimpleCursor-Adapter in Android 2.1 recht gut optimiert ist. Unser Performanter-ListenAdapter behält jedoch die Nase vorn.

Weitere Informationen zur Traceview finden sich in der Android-SDK-Referenz [33].

18 Sicherheit und Verschlüsselung

In diesem Kapitel geht es um den Schutz unserer Daten, sowohl bei der Datenübertragung als auch bei der Speicherung auf dem Android-Gerät. Durch die Sandbox sind die Daten einer Anwendung zur Laufzeit gut vor unerlaubten Zugriffen geschützt. Sobald wir aber Daten speichern oder über das Internet versenden, sind sie nicht mehr sicher. Daher betrachten wir erst mal die Risiken im Allgemeinen und überlegen dann, wie wir selbst für die Sicherheit unserer Daten sorgen.

18.1 Motivation

Bei der Übertragung der Daten von A nach B gibt es verschiedene Punkte, an denen die Daten abgehört werden können. Handelt es sich bei dem Android-Gerät um ein Mobiltelefon, kommt ein weiterer Angriffspunkt hinzu.

Mobiltelefone übertragen Sprache und Daten mit Hilfe der *GSM*-Mobilfunktechnik (*GSM: Global System for Mobile Communication*). Ein Mobiltelefon baut eine verschlüsselte Verbindung für Sprach- und Datenübertragung zur Basisstation (Funkzelle) auf, mit der es verbunden ist. Im Normalfall werden die Daten über diese Verbindung verschlüsselt übertragen. Dazu findet zunächst eine Authentifizierung statt, und anschließend wird der Verschlüsselungsalgorithmus ausgehandelt. Verwendet wird dabei ein GSM-A5/1-Verschlüsselungsalgorithmus, der als hinreichend sicher angesehen werden kann. Jedoch ist im GSM-Standard festgelegt, dass z.B. bei hoher Netzlast auf die Verschlüsselung verzichtet werden kann. Dann werden die Daten *unverschlüsselt* per Funk zur Basisstation übertragen und könnten abgehört werden.

Standardmäßig verschlüsselt, aber...

...keine 100-prozentige Garantie

Die Daten werden von der Basisstation an einen Vermittlungsknoten weitergeleitet. Von dort werden sie über das Internet übertragen und sind den dort üblichen Gefahren ausgesetzt. Auch wenn sie beim Empfänger ankommen, sind sie in dessen internem Netz möglicherweise nicht sicher vor unerlaubten Zugriffen.

Als Fazit können wir festhalten, dass eine unverschlüsselte Datenübertragung ein Risiko birgt. Das Risiko liegt weniger im Bereich der GSM-Technik, sondern eher im Internet bzw. beim Empfänger.

SSL-Verbindungen nutzen

Abhilfe können wir schaffen, indem wir die Daten verschlüsselt übertragen. Dies können wir in Android-Anwendungen genau wie in Java-SE entweder über eine HTTPS-Verbindung machen oder über eine SSL-Socket-Verbindung (`javax.net.ssl.SSLSocket`).

Jedoch haben wir an beiden Enden der Verbindung die Daten wieder unverschlüsselt vorliegen. Sobald wir sie persistent machen, sind sie unzureichend gesichert. Genauso sieht es aus, wenn wir Daten an einen Server übertragen. Auch dort können sie in falsche Hände geraten.

Sicherheitsrisiko Speicherkarte

Das Speichern von Daten auf Wechselmedien (z.B. auf der SD-Karte) ist besonders unsicher. Sie können leicht gestohlen und ausgelesen werden. Das Speichern von Daten im Gerätespeicher ist auch keine sichere Lösung. Hat man Zugriff auf das Gerät, lassen sich die Daten mit geringem Aufwand herunterladen.

> **Wichtig!**
>
> SQLite bietet keine Möglichkeit, Daten automatisch beim Speichern zu verschlüsseln. Da die Datenbank eine Datei ist, auf die man relativ leicht zugreifen kann, wenn man im Besitz des Android-Geräts ist, liegt hier ein Sicherheitsrisiko vor, und sensible Daten sollten nur verschlüsselt gespeichert werden.

18.2 Grundbegriffe der Verschlüsselung

Glaubt man den Studien und Umfragen in Unternehmen, dann ist Sicherheit von mobilen Anwendungen eines der zentralen Themen, wenn es um die Erstellung professioneller mobiler Unternehmenssoftware geht. Mobile Geräte gehen leicht verloren, werden oft gestohlen, und eine Übertragung von Daten per Funk und über das Internet ist nicht vollkommen sicher. Daher widmen wir einen etwas längeren Abschnitt der Verschlüsselung und wollen den Einstieg durch ein Codebeispiel erleichtern.

JCE und JCA

Das JDK beinhaltet seit der Version 1.4 die *Java Cryptography Extension (JCE)*. JCE steht auch im Android-SDK zur Verfügung. Aufbauend auf der *Java Cryptography Architecture (JCA)* liefert die JCE Erweiterungen, um Texte oder Objekte zu verschlüsseln. Zu diesen Erweiterungen gehören sogenannte *Provider*. Sie stellen die Implementierungen von Verschlüsselungsalgorithmen zur Verfügung. Die JCE enthält einige Provider, die es erlauben, Daten oder Objekte zu verschlüsseln. Die JCE lässt das Einbinden weiterer Provider und damit weiterer Verschlüsselungsalgorithmen zu.

Wer sich schon mal ein wenig mit Verschlüsselung beschäftigt hat, wird schon auf *Bouncy Castle* gestoßen sein. Die »*Bouncy Castle Crypto APIs*« sind eine Sammlung von APIs für Verschlüsselung. Bouncy Castle stellt einen Provider zur Verfügung, den man mit der JCE nutzen kann. Da Android zwar die Java-API in seiner DVM versteht und umsetzt, aber aus rechtlichen Gründen nicht die Implementierungen von Sun nutzen kann, hat man sich dazu entschlossen, Teile der Verschlüsselungsimplementierung auf Bouncy Castle aufzubauen. Das hat zur Folge, dass die API, die wir implementieren, zwar JCE-konform ist, die darunterliegende Implementierung, also die Verschlüsselungsalgorithmen und alles, was sonst noch nötig ist, zu beträchtlichen Teilen von Bouncy Castle stammt.

Android nutzt Bouncy Castle.

Legen wir zunächst fest, was eine sichere Android-Anwendung können sollte:

- verschlüsselte Datenübertragung per HTTPS
- verschlüsselte Datenübertragung per SSL via Sockets
- Daten oder Objekte verschlüsseln

Bevor wir uns aber per SSL mit einem Server verbinden, verlieren wir noch ein paar Worte über Zertifikate.

18.2.1 Verschlüsselte Datenübertragung

Android und SSL-Zertifikate

Für eine verschlüsselte Datenübertragung brauchen wir ein SSL-Zertifikat. Ein Zertifikat besteht aus strukturierten Daten, die den Eigentümer eines öffentlichen Schlüssels bestätigen. Der öffentliche Schlüssel dient der *asymmetrischen* Verschlüsselung von Daten.

Wer bist du?

Asymmetrische Verschlüsselung (Public-Key-Verfahren) Bei der asymmetrischen Verschlüsselung benötigt man zwei Schlüssel, einen privaten, geheimen Schlüssel und einen öffentlichen Schlüssel. Das bekannteste asymmetrische Verfahren ist *RSA* (benannt nach seinen Erfindern Rivest, Shamir, Adleman). Der Sender verschlüsselt die Nachricht mit dem öffentlichen Schlüssel des Empfängers. Nur der Empfänger, der im Besitz des dazu passenden privaten Schlüssels ist, kann die Nachricht dekodieren.
Vorteil: Der Schlüsselaustausch ist einfach und sicher. Man holt sich den öffentlichen Schlüssel vom Empfänger, z.B. über das Internet.

Einfacher Schlüsselaustausch

Nachteil: Das Verfahren ist sehr rechenintensiv.

Schnelles Verfahren

Symmetrische Verschlüsselung   Sender und Empfänger müssen im Besitz des gleichen geheimen Schlüssels sein. Der Sender verschlüsselt die Nachricht mit dem geheimen Schlüssel, und der Empfänger entschlüsselt sie mit dem gleichen Schlüssel.
Vorteil: Das Verfahren ist relativ schnell.
Nachteil: Der sichere Schlüsselaustausch stellt ein Problem dar.

SSL-Verschlüsselung beginnt mit dem sogenannten *SSL-Handshake*. Dieser sorgt auf Basis eines asymmetrischen Verschlüsselungsverfahrens für die Identifikation und Authentifizierung des Kommunikationspartners. Beim Handshake wird der öffentliche Schlüssel des Empfängers vom Sender über das Internet geladen.

Weit verbreiteter Standard

X.509 ist der derzeit bedeutendste Standard für digitale Zertifikate. X.509-Zertifikate sind SSL-Zertifikate, die nach diesem Standard aufgebaut sind. Ein X.509-Zertifikat ist immer an eine E-Mail-Adresse oder einen DNS-Eintrag gebunden. Außerdem enthält der X.509-Standard ein Verfahren, welches es erlaubt, mit Hilfe von Sperrlisten der Zertifizierungsstellen einmal ausgelieferte Zertifikate wieder ungültig zu machen.

Mit Hilfe des Zertifikats, welches beim Sender liegt, wird der Eigentümer des öffentlichen Schlüssels verifiziert. Auf diese Weise wird eine sogenannte *Man-in-the-middle-Attacke* verhindert, bei der jemand versucht, sich als der Empfänger auszugeben. Nach dem Handshake werden die Daten für die Übertragung zum Empfänger symmetrisch verschlüsselt.

Zertifikatsspeicher = Keystore

Alles hängt also davon ab, dass wir das Zertifikat auch wirklich vom Empfänger unserer Daten haben. Zertifikate werden in einem *Zertifikatsspeicher* (engl. *Keystore*) abgelegt. Wir werden im Folgenden die Bezeichnung »Keystore« verwenden, da sie allgemein gebräuchlich ist.

Ein Keystore ist zum Beispiel Teil jedes Browsers, jedes JDK und auch der Android-Plattform. Darin befinden sich, egal ob Emulator oder Android-Gerät, vorinstallierte Zertifikate von vertrauenswürdigen Zertifizierungsstellen (*CA: Certificate Authority*). Bei diesen Zertifizierungsstellen kann man, in aller Regel gegen Geld, SSL-Zertifikate erhalten. Die eigene Identität wird von der Zertifizierungsstelle sichergestellt und ein Zertifikat generiert, welches man auf seinem Webserver installieren kann. Baut man nun mit dem Android-Gerät oder dem Emulator eine SSL-Verbindung zum Server auf, wird die Gültigkeit des Serverzertifikats anhand der vorinstallierten Zertifikate im Keystore des Android-Geräts geprüft.

Der Server liefert beim Verbindungsaufbau das eigene Zertifikat aus, und der Client (z.B. der Webbrowser) schaut in seinem Keystore nach, ob er ein Zertifikat der gleichen Zertifizierungsstelle gespeichert hat, welche das Serverzertifikat erstellt hat. Falls ja, weiß der Client, dass das Ziel seiner Verbindung das Zertifikat von der CA bekommen hat. Damit ist die Identität des Serverbetreibers sichergestellt.

Vorinstallierte Zertifikate beim Client

Was aber ist, wenn wir kein Geld ausgeben wollen oder den Zertifizierungsstellen nicht vertrauen? Dann können wir ein eigenes SSL-Zertifikat erstellen und auf unserem Server installieren. Wenn unser Client dann eine verschlüsselte Verbindung dorthin aufbaut, müssen wir das Serverzertifikat vorher in den Keystore des Clients importieren, indem wir es explizit akzeptieren. Im Falle eines Webbrowsers bekommen wir eine Meldung, dass die Identität des Servers nicht sichergestellt ist (siehe Abb. 18-1). Das ist richtig, wir haben das Zertifikat ja selbst erstellt, und es wurde nicht durch eine CA beglaubigt. Wenn wir das Zertifikat dauerhaft akzeptieren, wird es dem Keystore des Browsers hinzugefügt.

Selbst erstellte Zertifikate importieren

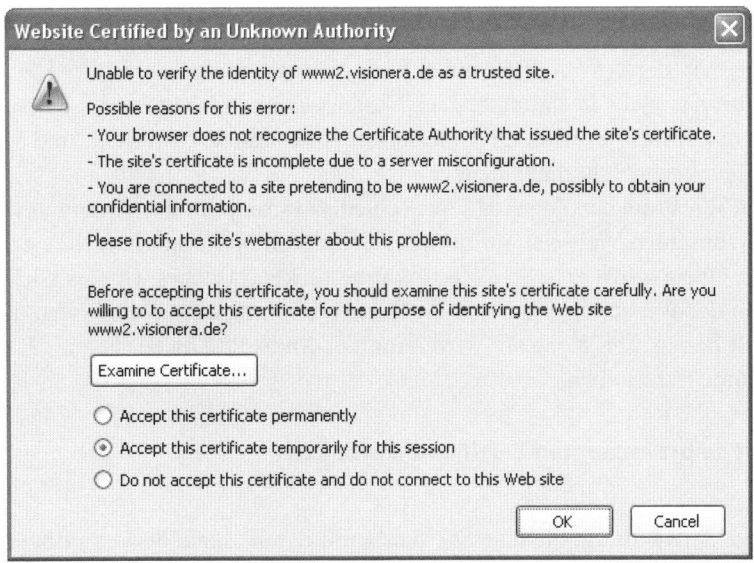

Website Certified by an Unknown Authority

Unable to verify the identity of www2.visionera.de as a trusted site.

Possible reasons for this error:
- Your browser does not recognize the Certificate Authority that issued the site's certificate.
- The site's certificate is incomplete due to a server misconfiguration.
- You are connected to a site pretending to be www2.visionera.de, possibly to obtain your confidential information.

Please notify the site's webmaster about this problem.

Before accepting this certificate, you should examine this site's certificate carefully. Are you willing to to accept this certificate for the purpose of identifying the Web site www2.visionera.de?

Examine Certificate...

○ Accept this certificate permanently
◉ Accept this certificate temporarily for this session
○ Do not accept this certificate and do not connect to this Web site

OK   Cancel

*Abb. 18-1
Browser-Zertifikat akzeptieren*

Baut man aus einer Android-Anwendung heraus eine gesicherte Verbindung auf, so steht für den Import des Zertifikats nur der zentrale Keystore des Android-Systems zur Verfügung, den sich alle Anwendungen teilen. Importiert man hierein ein nicht beglaubigtes Zertifikat, so steht dieses jeder Android-Anwendung zur Verfügung. Grundsätzlich kann man dann keinem gesicherten Verbindungsaufbau mehr trauen, weil das Zertifikat den Kommunikationspartner authentifiziert. Aber dies ist ja gerade bei selbst erstellten, nicht beglaubigten Zertifikaten

Importieren nicht erlaubt nicht der Fall. Daher verbietet die Android-Plattform den Import nicht beglaubigter Zertifikate.

Gerade kleinere Unternehmen arbeiten oft mit selbst erstellten Zertifikaten und nicht beglaubigten Zertifikaten, da dies keine Kosten verursacht. Ein Verbindungsaufbau zu einem Server mit einem solchen Zertifikat über SSL ist aus einer Android-Anwendung nicht möglich.

> **Achtung!**
>
> Android gestattet es nicht, selbst erstellte SSL-Zertifikate zu verwenden. Nur Zertifikate einer offiziellen Zertifizierungsstelle können zum Aufbau einer SSL-Verbindung genutzt werden. Dies ist in aller Regel mit Kosten und zusätzlichem Aufwand für den Betreiber des Servers verbunden.

Folglich müssten wir ein Zertifikat kaufen, wenn wir SSL-verschlüsselte Verbindungen aufbauen wollen. Dieses muss natürlich passend zu einem der im Android-Keystore vorinstallierten Zertifikate gewählt werden.

Und es geht doch! Um dennoch selbst erstellte Zertifikate verwenden zu können, geben wir der Anwendung einfach einen *eigenen* Keystore mit. Dieser kann das nicht beglaubigte Zertifikat speichern. Damit ist der Keystore nur für die Zertifikate dieser einen Anwendung zuständig, und wir haben keine Sicherheitslücke.

Wir brauchen dazu als Erstes einen Keystore, der das Zertifikat der gewünschten Webseite aufnimmt. Wir werden im Beispiel den Keystore mit einem selbst erstellten Zertifikat bestücken, welches wir uns vorher von der Webseite, zu der wir die SSL-Verbindung aufbauen wollen, geholt haben. Der Keystore wird dann der Android-Anwendung als Ressource mitgegeben.

Mit selbst erzeugten Zertifikaten arbeiten

Ziel
Eine Anwendung, die eine SSL-Verbindung mit einem Server aufbauen kann, der ein selbst erstelltes Zertifikat verwendet

Was ist zu tun?

- Schritt 1: Zertifikat von der Webseite abrufen
- Schritt 2: Zertifikat konvertieren
- Schritt 3: Den Bouncy-Castle-Provider im JDK installieren
- Schritt 4: Der Anwendung den Keystore als Ressource hinzufügen

Lösung

Schritt 1: Zertifikat von der Webseite abholen
Zunächst brauchen wir das passende Zertifikat. Wenn wir es nicht schon selbst haben, können wir den Internet Explorer verwenden, um ein SSL-Zertifikat von der Webseite abzuholen, zu der wir später die SSL-Verbindung aufbauen möchten. Wir sprechen hier nun von X.509-Zertifikaten, um deutlich zu machen, dass nahezu alle Webbrowser mit SSL-Zertifikaten arbeiten, die nach dem X.509-Standard erstellt wurden.

Ein SSL-Zertifikat abholen

Wir rufen im Browser die URL der Webseite auf. Wenn der Webserver ein selbst erstelltes X.509-Zertifikat verwendet, wird in der Browserleiste ein Zertifikatsfehler angezeigt. Wenn wir daraufklicken, können wir das Zertifikat im Keystore des Browsers installieren (siehe Abb. 18-2).

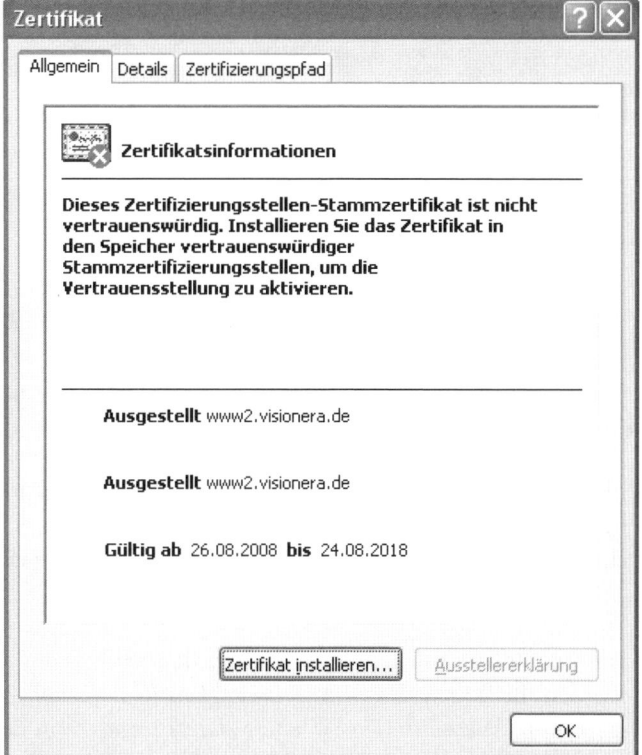

Abb. 18-2
Browser-Zertifikat installieren (Internet Explorer)

Schritt 2: Zertifikat konvertieren

Um das Zertifikat im Emulator verwenden zu können, müssen wir es als X.509-Zertifikat aus dem Keystore des Internet Explorer exportieren und dabei gleichzeitig konvertieren. Dazu geht man auf *Extras -> Internetoptionen -> Inhalte -> Zertifikate*. Unter dem Reiter *Vertrauenswürdige Stammzertifikate* finden wir dann unser Zertifikat. Wir klicken auf die Schaltfläche *Exportieren...* (siehe Abb. 18-3).

Abb. 18-3
Browser-Zertifikat
exportieren (Internet
Explorer)

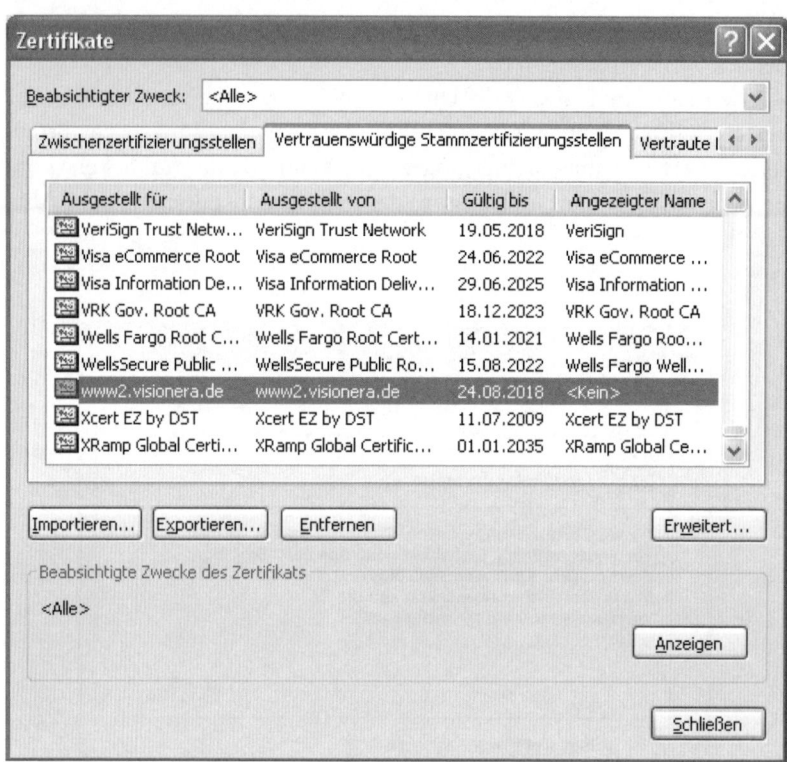

Zertifikatsexport mit
dem Assistenten

Es wird der Zertifikatsexport-Assistent gestartet. Als *gewünschtes Format* sollte man »*DER-codiert-binär X.509 (.CER)*« wählen. Anschließend wählt man einen Dateinamen (ohne Endung) und den Speicherort aus.

Schritt 3: Bouncy-Castle-Provider im JDK installieren

Laden Sie den BKS-Provider von *Bouncy Castle* herunter (http:// bouncycastle.org). Diesen finden Sie unter »*latest releases*« in der rechten Textspalte und dann in der Rubrik »*provider*«. Achten Sie darauf, dass Sie den Provider passend zu Ihrer Version des JDK auswählen. Es handelt sich um eine Jar-Datei (bcprov-jdk[version].jar).

Kopieren Sie nun den BKS-Provider in das `\\jre\\lib\\ext`-Verzeichnis Ihres JDK.

Passen Sie im Verzeichnis `\\jre\\lib\\security` die Datei *Das JDK erweitern* `java.security` an, indem Sie in der Liste der Provider folgende Zeile hinzufügen:

```
security.provider.7=
    org.bouncycastle.jce.provider.BouncyCastleProvider
```

Passen Sie ggf. die fortlaufende Nummer (»7«) an.

Schritt 4: Einen Keystore selbst erstellen
Für unsere Zwecke reicht es, einen neuen Keystore anzulegen. Dieser Keystore enthält dann nur das eine X.509-Zertifikat als öffentlichen Schlüssel für unsere Anwendung, um später eine SSL-Verbindung aufbauen zu können. Das Zertifikat haben wir uns gerade von der Webseite geholt, zu der wir eine Verbindung aufbauen wollen, und fügen es dem neuen Keystore hinzu:

```
keytool -v -import -storetype BKS
    -storepass meinpasswort
    -trustcacerts -alias meinalias
    -file D:\temp\meinzertifikat.cer
    -keystore D:\workspace\meinProjekt\res\raw\
        owncerts.bks
```

Als storetype können wir nun BKS angeben, da unser JDK den Bouncy-Castle-Provider kennt. Mittels storepass setzen wir ein eigenes Passwort für den Keystore. Auch den Aliasnamen (`alias`) können wir frei vergeben. Über den Parameter `file` importieren wir unser in Schritt 2 abgespeichertes Zertifikat. Mit keystore geben wir dem Keystore schließlich seinen Namen. Wir speichern die Datei direkt in unserem *Keystore als Ressource* Android-Projekt, und zwar im Ressourcenordner. Dort müssen wir, *hinzufügen* falls noch nicht vorhanden, einen weiteren Ordner namens raw anlegen.

Nun können wir noch kontrollieren, ob das Zertifikat auch wirklich im Keystore gelandet ist:

```
keytool -v -list -storetype BKS
    -storepass meinpasswort
    -alias meinalias -keystore
    D:\workspace\meinProjekt\res\raw\owncerts.bks
```

Einen eigenen Keystore pro Anwendung verwalten

Kommen wir nun zum Programmcode. Wir werden insgesamt drei verschiedene Arten des SSL-Verbindungsaufbaus vorstellen, zwei über HTTPS und einen über eine Socket-Verbindung.

Keystore laden   Wir wollen, dass die Anwendung auf unseren eigenen Keystore zugreift, wenn eine SSL-Verbindung aufgebaut wird. Dazu müssen wir den selbst erstellten Keystore aus dem Ressourcenordner laden und verwenden.

Um eine SSL-Verbindung aufzubauen, brauchen wir einen X509TrustManager (`javax.net.ssl.X509TrustManager`). TrustManager kennen die Zertifikate aus dem Keystore und kümmern sich bei einem SSL-Handshake mit dem Server um dessen Authentifizierung. Zusätzlich können sie eine Gültigkeitsprüfung des Serverzertifikats vornehmen. Ist dessen Gültigkeit abgelaufen, kann ein Verbindungsaufbau abgelehnt werden.

Da wir den Keystore mit unserem X.509-Zertifikat aus dem Dateisystem laden, können wir einen solchen X509TrustManager selbst schreiben und dafür sorgen, dass er beim Verbindungsaufbau verwendet wird. Darin liegt der ganze Trick.

Wenn wir einen X509TrustManager selbst implementieren, müssen wir dabei seine Methode `checkServerTrusted` überschreiben. Hier findet die Prüfung des Servers beim SSL-Handshake statt. Solange wir dafür sorgen, dass der selbst implementierte X509TrustManager unser eigenes Zertifikat aus dem Keystore verwendet, wird die Prüfung erfolgreich sein. Da wir das Zertifikat vom Server abgerufen haben, muss es zum Serverzertifikat passen.

TrustManager   Der Server wird damit als vertrauenswürdig eingestuft, und einem
ausgetrickst   Verbindungsaufbau steht nichts im Wege. Damit haben wir den Standardweg ausgehebelt, bei dem der X509TrustManager der Laufzeitumgebung verwendet wird. Dieser würde auf den Android-eigenen Keystore `cacerts.bks` zugreifen, der zentral für alle Anwendungen im Systemordner \\system\\etc\\security liegt.

TrustManager werden durch eine TrustManagerFactory verwaltet (`javax.net.ssl.TrustManagerFactory`). Diese wird beim SSL-Verbindungsaufbau benötigt. Wir werden nun eine eigene TrustManagerFactory implementieren, die einen selbstgeschriebenen TrustManager verwaltet.

Listing 18.1
Eine eigene
TrustManagerFactory
implementieren

```
package de.androidbuch.ssl;
...
public class TrustManagerFactory {

    private static X509TrustManager mServerTrustManager;

    private static KeyStore mKeystore;
    private static final String KS_PASSWORT =
        "meinpasswort";
```

```
private static class MeinX509TrustManager // (6)
    implements X509TrustManager {

  private MeinX509TrustManager() {
  }

  public static X509TrustManager getInstance() {
    return new MeinX509TrustManager();
  }

  public void checkClientTrusted(X509Certificate[]
      chain, String authType) throws
      CertificateException {
  }

  public void checkServerTrusted( // (7)
      X509Certificate[] chain, String authType)
      throws CertificateException {
    mServerTrustManager.checkServerTrusted(chain, // (8)
        authType);
    chain[0].checkValidity(); // (9)
  }

  public X509Certificate[] getAcceptedIssuers() {
    return new X509Certificate[] {};
  }
} // Ende der inneren Klasse

public static void ladeKeyStore(InputStream iStream) // (1)
    throws CertificateException {
  try {
    mKeystore = KeyStore.getInstance(
        KeyStore.getDefaultType());
    mKeystore.load(iStream, // (2)
        KS_PASSWORT.toCharArray());

    final javax.net.ssl.TrustManagerFactory tmf =
        javax.net.ssl.TrustManagerFactory.getInstance(
        "X509"); // (3)

    tmf.init(keyStore); // (4)
    final TrustManager[] tms = tmf.getTrustManagers();
    if (tms != null) {
      for (TrustManager tm : tms) {
        if (tm instanceof X509TrustManager) {
          mServerTrustManager =
```

```
                (X509TrustManager)tm; // (5)
           break;
         }
       }
     }
   }
   catch (Exception e) {
     mKeystore = null;
     throw new CertificateException(e);
   }
 }

 public static X509TrustManager get() {
   return MeinX509TrustManager.getInstance();
 }

 public static KeyStore getKeyStore() {
   return mKeystore;
 }
}
```

Betrachten wir zunächst die Methode ladeKeyStore(InputStream iStream) (1). Wir initialisieren das Attribut mKeystore und laden mit Hilfe des Passworts und eines InputStream (wird in Listing 18.2 erzeugt) den Keystore aus dem Dateisystem (2).

TrustManagerFactory initialisieren

Als Nächstes verwenden wir eine Instanz der Klasse javax.net.ssl.TrustManagerFactory (3). Diese initialisieren wir mit mKeystore (4). Über die Factory können wir uns ein Array vom Typ TrustManager geben lassen. Da wir in unserem Keystore mindestens ein X.509-Zertifikat haben, werden wir auch einen X509TrustManager erhalten. Wir durchlaufen in der for-Schleife das Array und speichern den X509TrustManager in dem Attribut mServerTrustManager (5).

Kommen wir nun zur inneren Klasse MeinX509TrustManager (6). Sie implementiert das Interface javax.net.ssl.X509TrustManager, d.h., wir müssen einige Methoden implementieren. Wichtig ist hier die Methode checkServerTrusted (7). Sie wird aufgerufen, wenn wir eine SSL-Verbindung zum Server aufbauen. Wir reichen den Methodenaufruf an unseren eigenen X509TrustManager, gespeichert in dem Attribut namens mServerTrustManager, weiter. Der Übergabeparameter chain enthält die Zertifikatskette des Servers, authType den Namen des Verschlüsselungsalgorithmus (z.B. »RSA«). Unser Zertifikat wird so gegen die Zertifikatskette des Servers geprüft (8).

Selbst verantwortlich für die Sicherheit

An dieser Stelle im Code haben wir die Sicherheit selbst in der Hand. Die Zeile (chain[0].checkValidity()) prüft, ob das Zertifikat gültig oder abgelaufen ist (9).

Nun haben wir alle Bausteine zusammen, die wir brauchen. Wenn wir jetzt von außen die get-Methode auf unserer de.androidbuch.ssl.TrustManagerFactory aufrufen, erhalten wir eine Instanz von MeinX509TrustManager, die die Zertifikatsprüfung mittels der Methode checkServerTrusted gegen einen X509TrustManager (gespeichert in mServerTrustManager) vornimmt, den wir selbst aus dem Keystore erzeugt haben.

Im nächsten Schritt nehmen wir an, dass wir die SSL-Verbindung aus einer Activity heraus aufbauen wollen. Für die folgenden Beispiele setzen wir voraus, dass das Laden des Keystores in der onCreate-Methode der Activity erfolgt:

```
public void onCreate(Bundle icicle) {
  super.onCreate(icicle);
  ...
  InputStream iStream = this.getResources().
      openRawResource(R.raw.owncerts);
  try {
    de.androidbuch.ssl.TrustManagerFactory.
      ladeKeyStore(iStream);
  }
  catch (CertificateException e) { }
  ...
}
```

Listing 18.2
Initialisierung der eigenen TrustManagerFactory

Da wir unseren Keystore namens owncerts.bks als Ressource im Projektordner /res/raw abgelegt haben, erhalten wir über die Methode getResources().openRawResource(r.raw.owncerts) einen InputStream zum Laden des Keystores. Diesen übergeben wir unserer TrustManager-Factory.

Keystore als Ressource laden

HTTPS-Client mit javax.net.ssl

Kommen wir nun zu unserem ersten SSL-Client, der eine HTTPS-Verbindung zum Server aufbauen soll.

```
try {
  final javax.net.ssl.SSLContext sslContext =
    SSLContext.getInstance("TLS"); // (1)
  sslContext.init(null, new TrustManager[] {
    de.androidbuch.ssl.TrustManagerFactory.get()},
    new SecureRandom()); // (2)
  final javax.net.ssl.SSLSocketFactory socketFactory =
    sslContext.getSocketFactory();
```

Listing 18.3
HTTPS-Client mit javax.net.ssl

```
HttpsURLConnection.setDefaultSSLSocketFactory(
    socketFactory); // (3)
HttpsURLConnection.setDefaultHostnameVerifier(
    new TestX509HostnameVerifier()); // (4)

final HttpsURLConnection httpsUrlConnection =
    (HttpsURLConnection) new URL(
    https://www2.visionera.de/android/").
    openConnection();
httpsUrlConnection.connect(); // (5)

// HTML der Webseite auslesen:
final InputStream in = httpsUrlConnection.getInputStream();
final BufferedReader br =
    new BufferedReader(new InputStreamReader(in));
String line;
while((line = br.readLine()) != null) { // (6)
  Log.d(TAG, line);
}
in.close();
}
catch (Exception e) { }
```

Der Client holt sich zunächst einen SSLContext (1). Als Protokoll geben wir »*TLS*« an, was für *Transport Layer Security* steht und eine Weiterentwicklung von SSL 3.0 ist.

Prüfung gegen das eigene Zertifikat

Nun initialisieren wir den SSLContext mit unserem eigenen X509TrustManager aus unserer TrustManagerFactory (2). Die Prüfung, ob der Server vertrauenswürdig ist, erfolgt also letztendlich gegen unser eigenes Zertifikat. Die init-Methode verlangt entweder ein Array von Key-Managern oder ein Array von Trust-Managern. Wir setzen den ersten Parameter auf null. Als zweiten Parameter übergeben wir das TrustManager-Array. Wir initialisieren ein solches Array, indem wir uns über unsere eigene TrustManagerFactory den als innere Klasse implementierten MeinX509TrustManager holen (siehe Listing 18.1).

Die Variable sslContext liefert uns nun eine SSLSocketFactory, die wir einer HttpsURLConnection mittels einer statischen Methode übergeben (3).

Da wir unserem Server vertrauen, schreiben wir uns unseren eigenen X509HostnameVerifier (4), der unser eigenes Zertifikat immer verifiziert, ohne es zu prüfen.

```
class TestX509HostnameVerifier implements
    X509HostnameVerifier {
  public boolean verify(String host,
      SSLSession session) {
    return true;
  }

  public void verify(String host, SSLSocket ssl) throws
      IOException { }

  public void verify(String host, String[] cns,
      String[] subjectAlts) throws SSLException { }

  public void verify(String host, X509Certificate cert)
      throws SSLException { }

  public void verify(String arg0, java.security.cert.
      X509Certificate arg1) throws SSLException { }
}
```

Listing 18.4
Dummy-
X509HostnameVerifier

Den TestX509HostnameVerifier übergeben wir mittels einer statischen Methode an HttpsURLConnection (4). Dies ist notwendig, da wir sonst eine SSLException erhalten, die uns mitteilt, dass dem Serverzertifikat nicht vertraut wurde.

Nun öffnen wir eine Verbindung zu unserem Server und starten sie mittels der Methode connect (5). Stimmen nun Serverzertifikat und das Zertifikat in unserem Keystore überein, so kommt eine Verbindung zustande, und wir können uns aus dem Verbindungsobjekt httpsUrlConnection einen InputStream holen und den Inhalt der Webseite auslesen (6). Das reicht als Test, um zu prüfen, ob eine SSL-Verbindung mit der Webseite hergestellt werden konnte. Im Erfolgsfall erhalten wir von der URL http://www2.visionera.de/android/ eine einfache HTML-Seite zurück, die den Text »*Hallo Android*« enthält.

Verbindung kommt zustande.

HTTPS-Client mit org.apache.http.conn.ssl

Als Alternative wollen wir noch zeigen, wie man mit den Implementierungen von Apache, die in Android enthalten sind, eine HTTPS-Verbindung zum Server aufbauen kann. Wir lassen die onCreate-Methode, wie sie ist, können aber auf den TextX509HostnameVerifier verzichten.

Listing 18.5
HTTPS-Client mit den
Apache-SSL-Klassen

```
final KeyStore keyStore =
    TrustManagerFactory.getKeyStore(); // (1)
org.apache.http.conn.ssl.SSLSocketFactory
    socketFactory;

socketFactory = new
    org.apache.http.conn.ssl.SSLSocketFactory(
    keyStore); // (2)
socketFactory.setHostnameVerifier(org.apache.http.
    conn.ssl.SSLSocketFactory.
    ALLOW_ALL_HOSTNAME_VERIFIER); // (3)

final Scheme https =
    new Scheme("https", socketFactory, 443); // (4)
final DefaultHttpClient httpclient =
    new DefaultHttpClient();
httpclient.getConnectionManager().
    getSchemeRegistry().register(https);

final HttpGet httpget = new HttpGet(
    "https://www2.visionera.de/android/");

final HttpResponse response = httpclient.execute(httpget);
final HttpEntity entity = response.getEntity();

// HTML der Webseite auslesen:
final InputStream in = entity.getContent();

// weiter wie oben...
```

Bei der Apache-Implementierung gehen wir ein wenig anders vor. Wir holen uns aus der in Listing 18.1 implementierten TrustManagerFactory nur den Keystore (1). Wir können also auf einen Teil dieser Klasse verzichten.

Anschließend wird die SSLSocketFactory mit dem Keystore initialisiert (2). Um auf die Verifizierung des Hostnamens zu verzichten, setzen wir in der SSLSocketFactory ALLOW_ALL_HOSTNAME_VERIFIER (3). Als Verbindungsschema wählen wir HTTPS und übergeben dem Schema im Konstruktor die socketFactory, die den Keystore enthält (4).

Keine Hostnamen-
Verifizierung

Mit dem DefaultHttpClient haben wir ein mächtiges Werkzeug, um HTTP(S)-Verbindungen zu verwenden. Dadurch, dass wir das HTTPS-Schema im Connection Manager des DefaultHttpClient registrieren, kann der Client auf den Keystore zurückgreifen, um das Serverzertifikat zu verifizieren. Nachdem der Client initialisiert ist, können wir einen GET-Befehl definieren und ausführen. Wir lesen die Antwort des

Servers über das `HttpEntity`-Objekt aus und holen uns wieder einen `InputStream`. Der Rest der Methode zum Ausgeben des Inhalts der Webseite ist analog zum vorherigen Beispiel.

SSL-Socket-Verbindung mit javax.net.ssl

Nicht immer will man über HTTPS eine Verbindung aufbauen. Für viele Anwendungsfälle benötigt man Socket-Verbindungen. Wir zeigen nun noch, wie man eine SSL-Socket-Verbindung aufbaut. Das Beispiel nutzt den gleichen Code wie im ersten Beispiel, um eine `SSLSocketFactory` zu erhalten.

```
final javax.net.ssl.SSLContext sslContext =
    SSLContext.getInstance("TLS");
sslContext.init(null, new TrustManager[] {
    TrustManagerFactory.get() }, new SecureRandom());
final javax.net.ssl.SSLSocketFactory socketFactory =
    sslContext.getSocketFactory();

final Socket mSocket =
    socketFactory.createSocket("www.verisign.com", 443);

final BufferedWriter out = new BufferedWriter(
    new OutputStreamWriter(mSocket.getOutputStream()));
final BufferedReader in = new BufferedReader(
    new InputStreamReader(mSocket.getInputStream()));
out.write("GET / HTTP/1.0\n\n");
out.flush();

String line;
while((line = in.readLine()) != null) {
    Log.d(TAG, line);
}
out.close();
in.close();
```

Listing 18.6
Ein SSL-Socket-Client

Wir bauen diesmal eine Verbindung zu www.verisign.com auf. *Verisign* ist eine bekannte Zertifizierungsstelle (CA). Android hat in seinem eingebauten Keystore (`cacerts.bks`) auch ein Zertifikat von Verisign. Somit klappt der Handshake zwischen Verisign und unserer Anwendung, ohne dass wir unsere selbst implementierte `TrustManagerFactory` einsetzen müssen. Allerdings müssen wir das Import-Statement

Diesmal mit beglaubigtem Zertifikat

```
import javax.net.ssl.TrustManagerFactory
```

anpassen und die `onCreate`-Methode bereinigen, damit wieder die `TrustManagerFactory` des Systems verwendet wird.

18.2.2   Daten oder Objekte verschlüsseln

Nun wissen wir zwar, wie wir Daten sicher mit einem Server austauschen, aber wenn unser Android-Gerät in falsche Hände fällt, könnten auch die Daten ausgespäht werden. Speichern wir die Daten unverschlüsselt im Dateisystem oder in einer Datenbank auf dem Gerät, so gehen wir ein weiteres Sicherheitsrisiko ein.

Einfache Sache...   Zum Glück ist das Verschlüsseln nicht schwer. Wir wollen hier nur ein einfaches Beispiel geben, was aber für den Einstieg durchaus ausreichend ist. Es gibt sehr viel Literatur, die das Thema vertieft, falls ein besonders hoher Sicherheitsstandard erreicht werden soll.

Um eine Nachricht zu verschlüsseln, brauchen wir einen Schlüssel. Diesen kann man sich automatisch mit Hilfe der Klasse KeyGenerator generieren lassen. Wenn wir den Schlüssel haben, ist das Ver- und Entschlüsseln eine Kleinigkeit. Aber schauen wir uns zunächst den Quellcode an.

Listing 18.7
Eine Methode zum
Verschlüsseln von
Texten

```
private byte[] verschluesseln(final String text) {
  try {
    final KeyGenerator keyGen =
        KeyGenerator.getInstance("AES");
    keyGen.init(128);
    secretKey = keyGen.generateKey(); // (1)

    final Cipher cipher = Cipher.getInstance("AES"); // (2)
    cipher.init(Cipher.ENCRYPT_MODE, secretKey);

    // Daten verschluesseln:
    final byte[] verschluesselt =
        cipher.doFinal(text.getBytes()); // (3)

    return verschluesselt;
  }
  catch (Exception e) { }

  return null;
}
```

Wir übergeben der Methode den Text, den wir verschlüsseln wollen.
Einen geheimen Mit Hilfe der Klasse KeyGenerator erzeugen wir automatisch unseren
Schlüssel automatisch geheimen Schlüssel und speichern ihn in dem Attribut secretKey (1),
generieren damit wir später beim Entschlüsseln darauf zurückgreifen können. Statt des Verschlüsselungsalgorithmus »AES« können wir den Key-Generator mit »DES« initialisieren, aber dann muss der erzeugte Schlüssel eine bestimmte Länge haben. »RSA« käme auch in Frage, eignet sich aber nur für sehr kleine Datenpakete. RSA wird meist zur Generierung von

Schlüsseln für die symmetrische Verschlüsselung verwendet und eignet sich nicht zum Verschlüsseln großer Datenmengen.

Für unser Beispiel nehmen wir den AES-Algorithmus. Mit diesem Algorithmus erzeugen wir ein Objekt vom Typ `javax.crypto.Cipher` (2). Mit Hilfe dieser Klasse haben wir ein mächtiges Werkzeug in der Hand. Wir initialisieren es im Verschlüsselungsmodus (`Cipher.ENCRYPT_MODE`) zusammen mit dem geheimen Schlüssel.

Um nun den Text zu verschlüsseln, rufen wir die Methode `doFinal` auf (3). Sie bekommt den zu verschlüsselnden Text als Byte-Array über- *doFinal-Methode* geben. Das Ergebnis ist wiederum ein Byte-Array. Dieses Byte-Array könnten wir jetzt ohne Sicherheitsbedenken in einer Datenbank oder im Dateisystem speichern. Dazu müssen wir den Quellcode etwas erweitern. Die Methode `doFinal` brauchen wir nicht aufzurufen. Das Verschlüsseln erfolgt automatisch beim Schreiben der Daten in die Datei.

```
final FileOutputStream fos =
    openFileOutput("geheimnis.enc", MODE_PRIVATE);
final BufferedOutputStream bos =
    new BufferedOutputStream(fos);
final CipherOutputStream cos =
    new CipherOutputStream(bos, cipher);

cos.write(text.getBytes());
cos.close();
```

Wie wir in Kapitel 12 gelernt haben, können wir innerhalb einer Activity die Methode `openFileOutput` nutzen und erhalten einen `FileOutputStream`. Um die verschlüsselten Daten in die Datei zu schreiben, steht die Klasse `javax.crypto.CipherOutputStream` zur Verfü- *Eine Datei als Ziel* gung. Sie nimmt das `cipher`-Exemplar entgegen und verschlüsselt seine Daten beim Schreiben in die Datei `geheimnis.enc`.

Das Entschlüsseln erfolgt analog:

```
private String entschluesseln(byte[] verschluesselt) {
  try {
    final Cipher cipher = Cipher.getInstance("AES");
    cipher.init(Cipher.DECRYPT_MODE, secretKey);

    final byte[] entschluesselt =
        cipher.doFinal(verschluesselt);
    // Daten entschluesseln:
    final String original = new String(entschluesselt);

    // Alternativ: verschluesselte Daten aus Datei laden:
    final FileInputStream fis =
        openFileInput("geheimnis.enc");
```

Listing 18.8
Eine Methode zum
Entschlüsseln von
Texten

```
final BufferedInputStream bis =
    new BufferedInputStream(fis);
final CipherInputStream cis =
    new CipherInputStream(bis, cipher);

byte[] buffer = new byte[128];
final StringBuffer sb = new StringBuffer();
while ((cis.read(buffer)) >= 0) {
  sb.append((new String(buffer)));
}
cis.close();

original = sb.toString().trim();

return original;
}
catch (Exception e) { }

return null;
}
```

Verschlüsselten Text Für die Entschlüsselung gehen wir den umgekehrten Weg. Da wir nicht
einlesen wissen, wie lang die Datei ist, die die verschlüsselten Daten enthält,
erfolgt das Lesen des verschlüsselten Textes blockweise in der `while`-
Schleife. Wir nutzen zur Pufferung einen `StringBuffer`, der uns abschließend den kompletten Originaltext liefert. Der Aufruf der Methode `trim`
ist wichtig, da aufgrund der festen Blocklänge wahrscheinlich Leerzeichen am Ende des dekodierten Textes stehen.

18.2.3 Verschlüsselung anwenden

Wir wissen nun, wie wir mit einer Android-Anwendung sicher Daten
per HTTPS- oder SSL-Sockets an einen Server übertragen bzw. sicher
von dort empfangen können. Weiterhin wissen wir, wie wir die Daten in unserer Anwendung ver- und entschlüsseln können, um sie zu
speichern. Potenziell haben wir aber immer noch ein Sicherheitsleck.
Sicherheitsleck Kurzzeitig liegen die Daten in unserer Anwendung im Klartext vor, da
an den Endpunkten der SSL-Verbindung eine automatische Entschlüsselung stattfindet. Besser wäre es doch, wenn wir die Daten verschlüsseln, dann ggf. per SSL übertragen (doppelte Sicherheit) und schließlich
verschlüsselt in unserer Anwendung speichern. Erst wenn wir die Daten
innerhalb der Anwendung anzeigen wollen, laden wir sie, immer noch
verschlüsselt, aus der Datenbank, entschlüsseln sie und bringen sie im
Klartext zur Anzeige.

Wir wollen hier nur kurz ein Verfahren vorstellen, wie wir unabhängig von HTTPS- und SSL-Sockets Daten verschlüsselt austauschen können. Alles, was dafür notwendig ist, haben wir schon. Wenn wir den Server entsprechend programmieren, können wir mit ihm Daten sicher austauschen.

Ein gängiges Verfahren

In der Praxis verwendet man häufig eine Kombination aus asymmetrischer und symmetrischer Verschlüsselung. Man verwendet die asymmetrische Verschlüsselung für den Schlüsselaustausch des geheimen Schlüssels des symmetrischen Verfahrens. Ein geheimer Schlüssel ist nicht sehr lang, und daher stellt die asymmetrische Verschlüsselung einer so kleinen Datenmenge auch auf einem Android-Gerät kein großes Problem dar, was die Laufzeit angeht. Die einzelnen Schritte sind folgende:

Beide Verfahren kombinieren

Asymmetrischer Teil

- Der Empfänger erzeugt einen privaten und einen öffentlichen Schlüssel.
- Der Sender lädt den öffentlichen Schlüssel des Empfängers über das Internet.
- Der Sender erzeugt einen neuen, geheimen Schlüssel für das symmetrische Verschlüsselungsverfahren.
- Der Sender verschlüsselt seinen geheimen Schlüssel mit dem öffentlichen Schlüssel des Empfängers und schickt das Ergebnis an den Empfänger.
- Der Empfänger entschlüsselt mit seinem privaten Schlüssel den geheimen Schlüssel des Senders. Ein sicherer Schlüsselaustausch für eine symmetrische Verschlüsselung hat stattgefunden.

Symmetrischer Teil

- Der Sender verschlüsselt seine Nachricht mit seinem geheimen Schlüssel und schickt das Ergebnis an den Empfänger.
- Der Empfänger dekodiert die Nachricht mit dem eben vom Sender erhaltenen geheimen Schlüssel.

Mit den hier vorgestellten Beispielen lässt sich schon sehr viel erreichen. Wir können unsere Android-Anwendung sicher machen, sowohl bei der Datenübertragung als auch beim Verarbeiten und Speichern der Daten auf dem Gerät. Wir haben zwar nur an der Oberfläche des Themas Sicherheit und Verschlüsselung gekratzt, konnten aber feststellen, dass sich sichere Anwendungen schon mit relativ wenig Codezeilen erreichen lassen.

19 Automatisiertes Testen

Aus der professionellen Softwareentwicklung sind automatisierte Entwicklertests nicht mehr wegzudenken. Wir wollen uns daher auch in diesem Einsteigerbuch mit dem Thema befassen.

In das Android-SDK ist eine auf JUnit 3 aufsetzende Testumgebung *JUnit für Android*
integriert. Fast alle hier vorgestellten Tests sind JUnit-Tests (`www.junit.`
`org`). Falls Ihnen JUnit noch neu ist, möchten wir Ihnen die Bücher von
Kent Beck [1] und Johannes Link [40] empfehlen.

Nach der Lektüre dieses Kapitels werden Sie wissen, welche Arten
von automatierten Tests es für Android-Anwendungen gibt und wie
man diese Tests programmiert.

19.1 Was testen wir?

Betrachten wir den Aufbau von Android-Anwendungen etwas genauer,
bevor wir die ersten Tests entwickeln. Viele Anwendungen bestehen
überwiegend aus einer grafischen Oberfläche. Komponenten kommunizieren miteinander und tauschen über Intents Nachrichten aus. Die
Nachrichten werden entweder vom Nutzer oder vom System erzeugt.
Komplexe »Geschäftslogik« findet auf Mobilgeräten selten statt, diese
wird in der Regel in Serveranwendungen ausgelagert.

Bevor wir zeigen, *wie* man testet, klären wir, *was genau* wir testen *Testumfang*
wollen. Schließlich ist jeder Test mit Programmier- und Pflegeaufwand
verbunden. Wollen wir die gesamte Anwendung testen, oder genügt es,
wenn wir nur prüfen, ob eine bestimmte Klasse im Detail funktioniert?

Test der Gesamtanwendung: Mit Testfällen, die sich auf die gesamte
Anwendung auswirken, stellt man sicher, dass diese auf dem Gerät
läuft wie geplant. Dazu vertraut man in der Regel lieber menschlichem Testpersonal. Es ist häufig zu aufwendig, automatisierte
Funktionstests zu schreiben, die einerseits die wichtigsten Eigenschaften der Systemumgebung berücksichtigen (Systemereignisse,
Multitasking etc.) und die andererseits nicht bei jeder Änderung
der Zielanwendung angepasst werden müssen.

Stresstests

Etwas einfacher lassen sich sogenannte Last- oder *Stresstests* erstellen und ausführen. Darunter versteht man Tests, die eine auf dem Gerät laufende Anwendung über einen längeren Zeitraum durch zufallsgesteuerte Eingaben »nutzen« und sie dadurch unter Last setzen. Einfache Stresstests kann man mit dem Werkzeug Monkey aus dem Android-SDK durchführen. Eine Beschreibung der Software finden Sie in der Online-Dokumentation [34].

Vorgang =
Aktionskette

Test eines Vorgangs: Als *Vorgang* bezeichnen wir in diesem Kapitel eine Folge von Nutzeraktionen, durch die eine oder mehrere Bildschirmseiten aufgerufen werden. Beispiele für Vorgänge im Umfeld von Amando sind: Hilfe anzeigen, Einstellungen bearbeiten, Geokontakt anzeigen, Position melden. Zum Testen von Vorgängen verwendet man häufig Oberflächentests. Dabei simuliert das Testprogramm den Anwender und prüft, ob die erwarteten Änderungen an der Oberfläche eintreten.

Oberflächentests

Modultest: Mit Modul- oder Unit-Tests stellt man sicher, dass sich einzelne *Klassen* wie geplant verhalten. Jede Methode der Klasse wird isoliert, d.h. ohne Berücksichtigung einer bestimmten Systemumgebung, getestet.

Analyse

Um die Frage »Was testen wir?« vollständig zu beantworten, werfen wir noch einen genaueren Blick auf das »Was«. Dazu müssen wir den Aufbau und den Verwendungszweck der zu testenden Anwendung analysieren. Was sind die für den Erfolg des Produktes ausschlaggebenden Vorgänge? Gibt es Systemereignisse, die nur selten eintreten, dann aber sehr wichtig sind? Was soll im Fehlerfall passieren? Soll die Anwendung nur auf bestimmten Android-Geräten laufen? Geben wir Schnittstellen an andere Anwendungen weiter (z.B. Content Provider)? Für welche Zielgruppe ist die Anwendung bestimmt?

Testverfahren

Wenn wir diese Fragen geklärt haben, können wir eine erste Teststrategie definieren. Diese umfasst neben dem Testumfang auch die empfohlenen Testverfahren. Als Hilfestellung für die Auswahl und Programmierung der Tests stellen wir jetzt die wichtigsten Testverfahren für Android-Anwendungen vor. Wir haben die Wahl zwischen

- programmierten Oberflächentests,
- Modultests für Nicht-Android-Klassen,
- Modultests für Android-Komponenten und
- Stresstests.

19.2 Oberflächentests

JUnit-Testfälle, die die Zielanwendung starten und Eingaben über die *Fernsteuerung* Oberfläche simulieren, nennen wir *Oberflächentests*. Die Anwendung wird hierbei von einer Testklasse *ferngesteuert*. Getestet wird, ob die Anwendung auf jede Eingabe die gewünschte Antwort an der Oberfläche ausgibt. Mit Oberflächentests kann man sowohl die Gesamtanwen- *smoke tests* dung (smoke tests) als auch einzelne Vorgänge testen.

Zum Schreiben eines Tests reicht es, wenn wir die Anwendung »von *Black Box* außen«, also aus der Nutzerperspektive, betrachten. Die Interna der Im- plementierung interessieren uns nicht. Man bezeichnet die Tests häufig als *Black-Box-Tests*. Das Beispiel einer Testklasse in Listing 19.1 zeigt, dass wir nur die Inhalte an der Oberfläche und nicht die Schlüsselwerte der betroffenen Views kennen müssen, um den Test zu schreiben. Wir werden den Code etwas später detailliert vorstellen.

```
public class StartseiteTest extends
    ActivityInstrumentationTestCase2<Startseite> {
  private Solo mSimulator;
...
  public void testEinstellungenAnzeigen()
    throws Exception {
    assertTrue(
        "Text auf Startseite nicht ok",
        mSimulator.searchText(
            "Sie haben folgende Optionen zur Verfügung:"));
    mSimulator.pressMenuItem(0); // erste menue-option
    assertTrue(
        "Einstellungen nicht angezeigt",
        mSimulator.searchText("Nickname"));
    mSimulator.goBack();
    assertTrue(
        "back von Einstellungen nicht ok",
        mSimulator.searchText(
            "Sie haben folgende Optionen.*"));
  }
...
  public StartseiteTest() {
    super("de.androidbuch.amando", Startseite.class);
  }

  public void setUp() throws Exception {
    mSimulator =
      new Solo(getInstrumentation(), getActivity());
  }
...
}
```

Listing 19.1
Ein Oberflächentest

Die zu testenden Klassen müssen noch nicht vollständig implementiert sein, um den Test auszuführen. Wir können die Anwendung also testgetrieben erstellen.

Oberflächentest für Vorgänge

Ein gut geschriebener Oberflächentest beantwortet unter anderem diese Fragen:

- Läuft der Vorgang nach einer bestimmten Folge von Nutzereingaben wie erwartet?
- Reagiert die Anwendung an der Oberfläche korrekt auf Fehlbedienung?
- Wird das Optionsmenü einer Activity korrekt angezeigt und reagiert sie korrekt auf die Optionsauswahl?

Häufig testet man nur die wichtigsten Positivfälle eines Vorgangs mit Oberflächentests, da die Testausführung in der Regel langsam ist. Ausserdem sind Oberflächentests pflegeintensiv, da sie nach jeder Änderung an der Oberfläche auf Korrektheit geprüft werden müssen.

Im nächsten Abschnitt zeigen wir, wie man einen Oberflächentest schreibt.

19.2.1 Instrumentierung und robotium

Testfälle erstellen

Testfälle lassen sich mit dem Eclipse-Plugin leicht erstellen. Wir legen ein eigenes Projekt für alle Tests an, die android.jar im Klassenpfad benötigen. Dazu wählen wir *Datei->Neu->Projekt->Andere->Android->Android Test Project* und folgen den Anweisungen auf dem Bildschirm. Als Ergebnis erhalten wir ein Projekt für JUnit-Testfälle, die sich auf die Zielanwendung beziehen. Das vollständige Testprojekt amando.tests.func bieten wir auf der Buch-Website zum Herunterladen an.

Die Testanwendung wird parallel zur Zielanwendung auf dem Emulator oder dem Gerät installiert, sie muss daher in einem eigenen Package liegen. Wir wählen für unsere Beispiele das Package de.androidbuch.amando.tests.

Werfen wir nun einen Blick auf das von Eclipse erzeugte Android-Manifest in Listing 19.2.

Listing 19.2
Testprojekt Manifest

```xml
<?xml version="1.0" encoding="utf-8"?>
<manifest xmlns:android=
  "http://schemas.android.com/apk/res/android"
    package="de.androidbuch.amando.test"
    android:versionCode="1"
    android:versionName="1.0">
```

```
    <application
        android:icon="@drawable/icon"
        android:label="@string/app_name">

    <uses-library android:name="android.test.runner" />
    </application>
    <uses-sdk android:minSdkVersion="5" />
    <instrumentation
        android:targetPackage="de.androidbuch.amando"
        android:name="android.test.InstrumentationTestRunner"
        />
</manifest>
```

Dort finden wir zwei neue Elemente: Das Element `uses-library` legt fest, dass die Anwendung über einen Android-Test-Runner gestartet wird. Im Element `instrumentation` verknüpfen wir die Testanwendung mit der Zielanwendung und geben einen bestimmten Test-Runner mit.

Oberflächentests sind sogenannte *instrumentierte Tests*. Sie können sich »Instrumentierung« vereinfacht als eine Art »Fernsteuerung« vorstellen. Im Code erkennen wir solche Tests an der Oberklasse `android.test.ActivityInstrumentationTestCase2`.

Fernsteuerung

Die Instrumentierungs-Testklassen der Android-API sind komplex, und man braucht eine gewisse Einarbeitungszeit, um effektive Oberflächentests zu erstellen. Die Aufgabe wird deutlich einfacher, wenn man die quelloffene Bibliothek `robotium` [43] verwendet. Wir haben sie bereits in Listing 19.1 genutzt und werden im nächsten Abschnitt genauer darauf eingehen.

robotium

`robotium` ist nicht im Android-SDK enthalten. Daher müssen wir die Bibliothek in den Klassenpfad des Testprojekts legen. Außerdem muss die Zielanwendung der Testanwendung die Erlaubnis geben, Oberflächentests in ihrer Laufzeitumgebung auszuführen. Fassen wir kurz zusammen, was zu tun ist, *bevor* wir mit `robotium` starten können:

robotium erlauben

1. Herunterladen der Bibliothek von [43]
2. Bibliothek `robotium-*.jar` in den Klassenpfad der Testanwendung (z.B. `amando.tests.func`) aufnehmen
3. Im Android-Manifest der Zielanwendung (z.B. `amando`) die Berechtigung `android.permission.GET_TASKS`[1] ergänzen

Nach diesen Vorarbeiten erstellen wir unseren ersten Oberflächentest für Amando.

---

[1] `<uses-permission android:name="android.permission.GET_TASKS"/>`

19.2.2   Ein Beispiel

Geokontakt anzeigen   Als Beispiel für einen Amando-Oberflächentest wollen wir prüfen, ob die Anzeige eines Geokontaktes korrekt funktioniert. Dazu simulieren wir einen Nutzer, der von der Startseite aus über Schaltflächen und die Geokontaktliste auf die Anzeigeseite für einen Geokontakt navigiert. Wir erweitern unseren Testfall aus Listing 19.1 um die Methode testGeokontaktAnzeigen (Listing 19.3).

Listing 19.3
Vorgang testen

```
public class StartseiteTest extends
    ActivityInstrumentationTestCase2<Startseite> { // (1)
...
  private Solo mSimulator; // (2)

  public StartseiteTest() {
    // (3)
    super("de.androidbuch.amando", Startseite.class);
  }

  public void setUp() throws Exception {
    mSimulator = // (4)
      new Solo(getInstrumentation(), getActivity());
  }
...
  public void testGeokontaktAnzeigen()
    throws Exception {
    mSimulator.clickOnButton("Geokontakte"); // (5)
    mSimulator.assertCurrentActivity( // (6)
        "GeoKontakteAuflistenPerformant erwartet",
        GeoKontakteAuflistenPerformant.class);

    // Kontakt auswählen
    mSimulator.clickOnText("Berthold Schmitz"); // (7)
    assertTrue(
        "Kontaktmaske nicht angezeigt",
        mSimulator.searchText("Name:")); // (8)
    assertTrue(
        "Falscher Kontakt",
        mSimulator.searchText("Berthold Schmitz"));
    mSimulator.goBack(); // (9)
    mSimulator.goBack();
    assertTrue(
        "Text auf Startseite nicht ok",
        mSimulator.searchText( // (10)
            "Sie haben folgende Optionen .*"));
  }
```

Gehen wir den Testfall schrittweise durch. Wir erstellen einen Oberflächentest, daher leiten wir die Testklasse von `ActivityInstrumentationTestCase2` ab (1). Über die Variable `mSimulator` simulieren wir den Nutzer der Anwendung (2). Die Klasse `Solo` aus der `robotium`-Bibliothek verbirgt die komplexe Fernsteuerung der Activity vor uns. In den Zeilen (3) und (4) verbinden wir die »Fernsteuerung« mit der Zielklasse, der Activity `Startseite`. Den eigentlichen Testfall schreiben wir in die Methode *testGeokontaktAnzeigen*. Dort sehen wir, wie die robotium-Fernsteuerung programmiert wird.

Testfall erstellen

Über `mSimulator` simulieren wir den Klick auf die Schaltfläche mit der Aufschrift »Geokontakte« (5). Zeile (6) demonstriert eine weitere Funktion von robotium: Wir informieren uns, ob die erwartete Activity nach dem Klick aufgerufen wird. An dieser Stelle weichen wir vom Konzept eines Black-Box-Tests ab, da wir »internes« Programmiererwissen (den Namen der Activity) voraussetzen. Die Zeilen (7) und (9) zeigen weitere Beispiele dafür, wie Nutzereingaben simuliert werden.

Abschliessend wollen wir prüfen, ob die erwarteten Texte auf der aktiven Bildschirmseite angezeigt werden. Dazu dient die Methode `searchText`, die nur dann `true` zurückliefert, wenn der als Parameter übergebene Text auf dem simulierten Bildschirm sichtbar ist (8). `searchText` erlaubt auch reguläre Ausdrücke als Parameter (10) und wird dadurch zu einem mächtigen Prüfwerkzeug. Die regulären Ausdrücke werden mit Java-Bordmitteln aus `java.util.regex` interpretiert.

Der Test wird ähnlich wie ein normaler JUnit-Test in Eclipse gestartet. Wir klicken auf den Klassennamen und wählen mit der rechten Maustaste `Run as -> Android JUnit Test` aus. Im Hintergrund starten jetzt nacheinander die Zielanwendung und die Testanwendung auf dem Gerät bzw. dem Emulator. Das Testergebnis sehen wir in der bekannten JUnit-Ansicht von Eclipse.

Den Test starten

Nur Geduld...

Die Testausführung im Eclipse-Plugin hakt manchmal etwas. Der Test wird dann nicht ausgeführt. In diesem Fall startet man den Test einfach so oft, bis die LogCat den Testverlauf ausführlich protokolliert. Wenn das nicht funktioniert, muss man den Emulator schliessen und den Test neu starten.

19.2.3 Konflikte vermeiden

Die Tests laufen in der Umgebung der Zielanwendung ab. Daher nutzen sie die gleichen Systemressourcen, wie z.B. Dateisystem und Daten-

Infrastruktur

bank. Ein Oberflächentest kann also den Datenbestand der Zielanwendung verändern. Darauf müssen wir achten, wenn wir Oberflächentests planen.

Im Optimalfall lassen sich Schreiboperationen in Tests vermeiden. In jedem Fall müssen wir bei der Programmierung eines Testfalles sicherstellen, dass sich die Zielumgebung nach dem Testlauf im gleichen Zustand befindet wie zuvor. Mit anderen Worten: Der Test muss alle Daten, die er in eine Datenbank oder in das Dateisystem schreibt, wieder entfernen.

Für uns hat sich folgendes Vorgehen bewährt: Wir verwenden Oberflächentests für Vorgänge, die keine gespeicherten Daten verändern. Schreibende Komponenten testen wir in einem isolierten Anwendungskontext, wie im folgenden Abschnitt beschrieben.

19.3   Modultests

Mit Modultests stellen wir sicher, dass sich jede *Klasse* so verhält, wie wir es erwarten. Dazu erstellen wir für jede zu untersuchende Klasse eine Testklasse, die alle für sie sichtbaren Methoden der Zielklasse testen kann.

Eine Klasse isoliert testen
Auf diese Weise stellt man die Funktion einer Klasse unabhängig von einem bestimmten Vorgang sicher. Außerdem kann man so das korrekte Verhalten einer Klasse im Fehlerfall nachweisen. Modultests sind in der Regel schnell ausgeführt und eignen sich gut zur Qualitätssicherung während der Entwicklung.

Mit oder ohne Android?
Modultests testen einzelne Klassen. In einer Android-Anwendung unterscheiden wir zwischen Klassen, die auf die Android-API zugreifen (»androidabhängige Klassen«) und Klassen, die auch ohne diesen Rahmen lauffähig sind (»androidfreie Klassen«). Dieser Unterschied beeinflusst Testaufbau und Testdurchführung, so dass wir beide Fälle getrennt betrachten werden.

19.3.1   Androidfreie Klassen

Als *androidfrei* bezeichnen wir eine Klasse, wenn sie unabhängig von der Android-API, d.h. ohne die Bibliothek android.jar im Klassenpfad, fehlerfrei kompiliert wird.

Eigenes Testprojekt verwenden
Die Testfälle für alle androidfreien Klassen einer Anwendung erstellen wir am besten in einem eigenen Java-Projekt, das *kein* Android-Projekt ist. Das Projekt muss natürlich eine Abhängigkeit zur Zielanwendung haben. Ein Beispiel finden Sie im Projekt amando.tests.simple auf der Website www.androidbuch.de.

Für die Durchführung der Tests nutzen wir JUnit ohne Bezug zu An-   *Plain old JUnit...*
droid. Daher verweisen wir hier auf die bereits eingangs zitierte Fachli-
teratur.

19.3.2   Androidabhängige Klassen

Viele Klassen einer Android-Anwendung sind Android-Komponenten
(Activities, Services, Content Provider oder Broadcast Recei-
ver) oder nutzen den Anwendungskontext anderweitig (z.B. der   *Android-Komponenten*
GeoKontaktSpeicher von Amando). Will man diese Klassen isoliert   *testen*
testen, so muss der Test die Systemumgebung teilweise simulieren. Der
Testfall muss zumindest Platzhalter für die Systemkomponenten (z.B.
Dateisystem, Connection Manager, Activity Manager) bereitstellen, die
das gewünschte Verhalten simulieren, ohne jedesmal eine vollständige
Android-Laufzeitumgebung zu starten.

Der Lebenszyklus einer Komponente lässt sich auf diesem Weg voll-   *Lebenszyklus testen*
ständig testen. Darüber hinaus können wir so sicherstellen, dass Komponenten auf alle erlaubten und nicht erlaubten Ereignisse und Intents
korrekt reagieren. Besonders wichtig sind solche Tests für Klassen, die
von anderen Anwendungen genutzt werden. Wenn wir z.B. einen Content Provider veröffentlichen, sollten wir sicher sein, dass dieser in der
gewünschten Weise auf falsche URIs reagiert.

Für diese isolierten Modultests bietet die Android-API im Paket   *Android Mocks*
android.test für fast alle Android-Komponententypen eine Testfall-
Basisklasse an.

ActivityUnitTestCase Die Klasse dient als Oberklasse für isolierte Tests   *Activities testen*
von Activities. Methoden, die bei einer »echten« Activity für die
Kommunikation mit dem restlichen System zuständig sind, können
wir für Testfälle nicht oder nur eingeschränkt nutzen. Weitere Ein-
zelheiten sind in der Javadoc beschrieben. Ein ActivityUnitTestCase
bietet sich beispielsweise an, wenn wir testen wollen, ob sich die
Activity in allen Phasen ihres Lebenszyklus korrekt verhält.

ProviderTestCase2 Diese Klasse ist die Basis für Tests von Content Pro-   *Content Provider testen*
vidern. Sie ermöglicht es, in einem von der Zielanwendung abge-
schotteten Teil des Dateisystems Datenzugriffe des Content Providers zu simulieren. Ein Beispiel werden wir im nächsten Abschnitt
kennenlernen.

ServiceTestCase Man nutzt diese Klasse, um isolierte Tests von Services   *Services testen*
zu erstellen. Wie bei den isolierten Activity-Tests haben wir hier die
Gelegenheit, einen Service in allen Stadien seines Lebenszyklus auf
Korrektheit zu testen.

AndroidTestCase Einen `AndroidTestCase` nutzt man immer dann, wenn man lediglich Zugriff auf Ressourcen einer Anwendung oder allgemein Zugriff auf den Anwendungskontext benötigt. Wir verwenden diese Klasse bei Amando, um beispielsweise den `GeoKontaktSpeicher` zu testen. Diese Klasse ist keine Android-Komponente, benötigt aber ein Objekt vom Typ `Context`.

Context wählbar Der Anwendungskontext, den wir in jeder dieser Testklassen verwenden, lässt sich beliebig durch eine der folgenden Klassen dekorieren (Entwurfsmuster »Dekorierer«) oder ersetzen. Wir haben die Wahl zwischen:

MockContext Der `MockContext` erweitert `Context` dadurch, dass er jede seiner Methoden eine `UnsupportedOperationException` zurückgeben lässt. Er eignet sich also nur als Oberklasse für `Context`-Implementierungen, die nur bestimmte Operationen erlauben.

Die Außenwelt ausgrenzen **IsolatedContext** Ein `IsolatedContext` verhindert, dass sein zugrunde liegender Anwendungskontext auf die restliche Systemumgebung zugreift. Teilweise simuliert er die Kommunikation mit benachbarten Systemkomponenten, teilweise blockt er sie ab. Im Gegensatz zum `MockContext` geschieht das aber ohne Auslösen von Exceptions.

Die Daten schützen **RenamingDelegatingContext** Wenn wir Klassen testen wollen, die Daten im Dateisystem oder einer Datenbank verändern, müssen wir darauf achten, dass wir nicht die Original-Datenbestände der Zielanwendung beeinträchtigen. Für diese Fälle sollten wir für den Testfall einen Anwendungskontext verwenden, der alle im Test verwendeten Dateien und Datenbanken mit einem Präfix versieht. So greift ein Testfall beispielsweise nicht auf die Datenbank `amando.db`, sondern auf die strukturell identische `test.amando.db` zu. Für den Programmierer des Testfalls ist das völlig transparent. Er schreibt den Test so, als würde er auf die Original-Datenbestände zugreifen. Der `ProviderTestCase2` verwendet standardmäßig einen `RenamingDelegatingContext`.

Nach dieser theoretischen Einführung erstellen wir nun unseren ersten Modultest.

19.3.3 Ein Beispiel

Als Beispiel wählen wir einen Test für den Amando-Content-Provider `FotoProvider` aus Kapitel 13. Wir schreiben einen Modultest und verwenden dafür den `ProviderTestcase2`. Aus Platzgründen beschränken wir uns hier auf einen Testfall: Wir prüfen, ob query einen existierenden Datensatz korrekt zurückliefert.

Als Erstes erzeugen und initialisieren wir die Testklasse
FotoProviderTest im Projekt amando.tests.func.

```
package de.androidbuch.amando.test.provider;
...
public class FotoProviderTest extends
    ProviderTestCase2<FotoProvider> {

  public FotoProviderTest() {
    super(
        FotoProvider.class,
        "de.androidbuch.amando.fotoprovider");
  }

  public void testQueryVorhandeneId() throws Exception {
  }
}
```

Im Konstruktor geben wir den Typ der Zielklasse und die Authority des
Content Providers mit.

Den Test starten wir genauso wie den Oberflächentest aus Abschnitt 19.2.2 auf Seite 378. Das Testergebnis ist zwar erfreulich grün,
es sagt aber noch nichts über die Softwarequalität aus. Dazu müssen wir *Einen Testfall*
den Testfall testQueryVorhandeneId noch erweitern. Wir wollen zeigen, *vorbereiten*
dass der Content Provider auf Anfrage einen vorhandenen Datensatz
zurückliefert. Die Testklasse muss dafür sorgen, dass dieser Datensatz
in der Datenbank existiert. Wir überschreiben dazu die setUp-Methode
und legen dort einen Testdatensatz an.

```
// (1)
private long mTestFotoId;
...
@Override
protected void setUp() throws Exception {
  super.setUp(); // (2)

  final SQLiteDatabase dbCon =
    new AmandoDatenbank(getMockContext()). // (3)
      getWritableDatabase();
  try {
    DS_MAX.clear();
    DS_MAX.put(PositionsFotoColumns.TITEL, FOTO_TITEL);
    ...
    mTestFotoId =
      dbCon.insertOrThrow( // (4)
          PositionsFotoTbl.TABLE_NAME, null, DS_MAX);
  } finally {
```

Listing 19.4
Testdaten bereitstellen

```
   if( dbCon != null ) {
     dbCon.close();
   }
 }
}
```

Wir merken uns den Schlüsselwert des Testdatensatzes in der Variablen `mTestFotoId` (1). Die `setUp`-Implementierung von `ProviderTestCase2` baut die Systemumgebung für den Test auf. Sie muss also unbedingt aufgerufen werden (2). Wir wollen vermeiden, dass der Test den Datenbestand der Zielanwendung verändert. Daher bietet uns der `ProviderTestCase2` einen Mock-Context an, der zwar auf den Original-Anwendungskontext der Zielanwendung zugreift, Dateien und Datenbanken aber in einem eigenen Namensraum anlegt. Die Methode `getMockContext` in Zeile (3) liefert einen `IsolatedContext` als Basis für die Amando-Testdatenbank zurück. In diese Datenbank schreiben wir einen Datensatz und merken uns dessen Schlüssel (4).

Die Testdatenbank füllen

Der `ProviderTestCase2` sorgt in seiner `tearDown`-Methode dafür, dass die Daten nach jedem Testlauf wieder entfernt werden.

Jetzt sind die Vorbereitungen für den Testfall abgeschlossen. Beginnen wir mit der Implementierung von `testQueryVorhandeneId` (Listing 19.5).

Listing 19.5
Ein Content-Provider-Testfall

```
public void testQueryVorhandeneId() throws Exception {
  final Cursor cBekanntesFoto = getProvider() // (1)
    .query(
      ContentUris
        .withAppendedId(
          FotoProvider.FotoVerzeichnis.CONTENT_URI,
          mTestFotoId), new String[] {
        PositionsFotoColumns.ID,
        PositionsFotoColumns.TITEL
      }, null, null, null);
  // (2)
  assertNotNull(cBekanntesFoto);
  assertTrue(cBekanntesFoto.moveToFirst());
  assertEquals(FOTO_TITEL,cBekanntesFoto.getString(1));
  assertEquals(mTestFotoId,cBekanntesFoto.getLong(0));
  cBekanntesFoto.close();
}
```

In Zeile (1) rufen wir die zu testende Methode des Providers auf. Ab Zeile (2) prüfen wir, ob der erwartete Testdatensatz das Ergebnis der Anfrage ist.

Auf der Website zum Buch haben wir den vollständigen Test des `FotoProvider` im Projekt `amando.tests.func` zum Herunterladen bereitgestellt.

Zum Abschluss dieses Themengebietes empfehlen wir Ihnen, die einzelnen `AndroidTestCases` anhand eigener Beispiele auszuprobieren.

19.4   Eine Teststrategie

In diesem Abschnitt beschreiben wir, wie wir in unseren Projekten testen und worauf man achten sollte.

Planen Sie Ihre Anwendung so, dass viel Funktionalität über androidfreie JUnit-Tests testbar ist. Lösen Sie komplexe Prozesse aus den Android-Komponenten heraus und implementieren Sie sie in eigenen Klassen.

Content Provider sind Komponenten, die auch von anderen Anwendungen verwendet werden können. Daher testen wir diese, wie im Beispiel beschrieben, sehr gründlich. Wir stellen unter anderem sicher, dass ungültige URIs und Methodenaufrufe korrekt abgewiesen werden. *Außendarstellung wichtig*

Isolierte Modultests eignen sich gut, um den Lebenszyklus einer Android-Komponente zu simulieren und ihr korrektes Verhalten sicherzustellen.

Die wichtigsten Vorgänge sichern wir durch Oberflächentests ab. So erkennt man schnell, ob die Anwendung noch ihre Kernfunktionen erfüllt. *Vorgänge testen*

Manchmal möchte man aber einfach nur sicherstellen, dass die wichtigsten Vorgänge wie geplant funktionieren. Dazu definiert man sich eine, häufig als »smoke tests« bezeichnete, Sammlung von Vorgangtests in einer eigenen JUnit-Testsuite. Die »smoke tests« verwendet man beispielsweise, wenn man prüfen will, ob die Anwendung auf einem Gerät läuft oder nicht. *smoke tests*

Der wichtigste und zeitaufwendigste Test bleibt aber immer noch der Anwendertest auf dem Gerät. Probieren Sie die Anwendung auf möglichst jedem Zielgerätemodell aus. Lassen Sie dabei auch unerfahrene Anwender an die Tasten, denn die Software soll nicht nur unter Laborbedingungen gut funktionieren. *Praxis, Praxis, Praxis!*

20 Anwendungen marktreif machen

Während der Entwicklungsphase werden Anwendungen automatisch signiert. Das Eclipse-Plugin verwendet dazu das Debug-Zertifikat. Die Anwendungen können dadurch im Emulator oder auf einem via USB angeschlossenen Android-Gerät gestartet werden.

Soll die Anwendung über das Internet auf dem Android-Gerät installiert werden, muss sie »marktreif« gemacht werden. Das gilt sowohl für die Installation von Android-Software über den Android Market[1], als auch für die Installation von beliebigen Quellen. In diesem Abschnitt werden wir erklären, was »marktreif« bedeutet.

20.1 Hintergrundwissen

Wenn wir bisher die Amando-Anwendung gebaut haben, wurde im bin-Verzeichnis des Projekts ein Programmarchiv mit der Endung ».apk erzeugt. Diese Datei wird mit einem Zertifikat signiert, welches Angaben über den Hersteller der Anwendung enthält. Das Zertifikat erstellt man in der Regel selbst und es muss nicht von einer CA (*Certificate Authority*) authentifiziert worden sein. Zertifikate können mit dem Programm »keytool« erzeugt werden, welches sowohl Bestandteil des Java-SDK als auch der Java-Runtime ist. Es findet sich jeweils im bin-Verzeichnis der Java-Installation.

Eigene Zertifikate sind erlaubt.

Die .apk-Datei wird anschließend mit dem Programm jarsigner signiert. Das Programm befindet sich im bin-Ordner des Java-SDK. Durch das Signieren enthält die Anwendung Informationen über den Hersteller.

Hersteller-informationen einbinden

Als letzten Schritt wendet man das Programm zipalign auf die .apk-Datei an. Das Programm findet man im tools-Ordner des Android-SDK. Es führt einige Optimierungen in der .apk-Datei durch, die in der Hauptsache dazu führen, dass das Programm zur Laufzeit weniger Speicher verbraucht.

Archiv optimieren

---

[1]Der Android Market (www.android.com/market/) ist Googles zentrale Internetseite, um Anwendungen zu vertreiben. Entwickler können sich dort anmelden und ihre Anwendungen zum Herunterladen anbieten.

Nur ein Zertifikat verwenden

Es empfiehlt sich, für alle Anwendungen ein Zertifikat zu verwenden. Anwendungen, die mit dem gleichen Zertifikat erstellt wurden, können sich Daten und Programmcode teilen. Dazu müssen spezielle Berechtigungen vergeben werden. Über diese können mehrere Anwendungen, die mit demselben Zertifikat signiert wurden, im gleichen Prozess und damit in der gleichen Sandbox laufen. Im Android-Manifest weist man den Anwendungen dazu eine gemeinsame User-Id zu. Wie sich Anwendungen eine gemeinsame User-Id teilen können, ist in der Android-Dokumentation beschrieben ([31]).

Bevor man eine Anwendung signiert, sollte man das `debuggable`-Flag im Android-Manifest auf `false` setzen:

```
android:debuggable="false"
```

Es kann dem `<application>`-Element hinzugefügt werden und steuert, ob die Anwendung auf einem Android-Gerät debuggt werden kann.

20.2 Das Eclipse-Plugin verwenden

Der einfache Weg

Das Eclipse-Plugin bietet eine komfortable Möglichkeit, die Zertifikatserstellung, das Signieren und das Optimieren mit Hilfe eines Assistenten in einem Schritt zu erledigen. Dazu ruft man auf dem Projekt mit der rechten Maustaste das Kontextmenü auf und wählt unter *Android Tools* den Eintrag *Export Signed Application Package....* Man hat dort die Möglichkeit, einen bestehenden Keystore zu verwenden oder einen neuen anzulegen. Wenn wir einen neuen Keystore anlegen, werden wir aufgefordert, ein Zertifikat zum Signieren der Android-Anwendung zu erstellen. Abbildung 20-1 zeigt das Formular für die Eingabe des Zertifikatnamens, des Zertifikatpassworts und der Herstellerinformationen, welche im Zertifikat gespeichert werden.

Lange Laufzeit

Die Gültigkeit des Zertifikats sollte mindestens 25 Jahre betragen. Läuft die Gültigkeit des Zertifikats vor dem 22. Oktober 2033 ab, lässt sich die Anwendung nicht auf einem Android-Gerät installieren.

> **Erklärung:**
>
> Ein Keystore (Zertifikatsspeicher) speichert unter einem Aliasnamen Zertifikate zum Signieren bzw. Verschlüsseln. Ein Keystore kann viele Zertifikate verschiedener Hersteller beherbergen. Der von Android mitgelieferte `debug.keystore` enthält das Debug-Zertifikat unter dem Aliasnamen `androiddebugkey`.

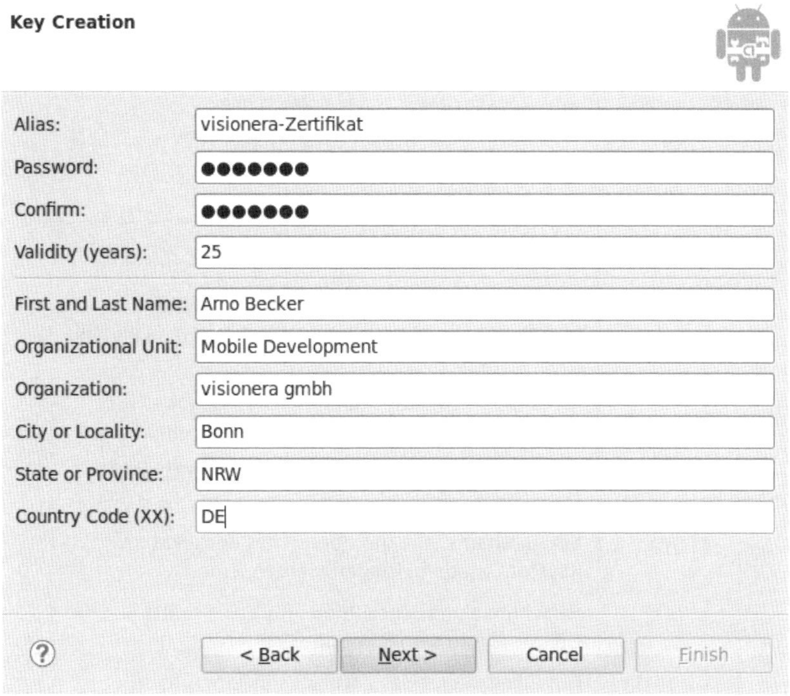

Key Creation

Abb. 20-1
Ein Zertifikat mit dem Assistenten erstellen

Alias:	visionera-Zertifikat
Password:	●●●●●●●
Confirm:	●●●●●●●
Validity (years):	25
First and Last Name:	Arno Becker
Organizational Unit:	Mobile Development
Organization:	visionera gmbh
City or Locality:	Bonn
State or Province:	NRW
Country Code (XX):	DE

⑦   < Back   Next >   Cancel   Finish

Wir empfehlen, nicht das bin-Verzeichnis als Speicherort zu wählen, sondern auf der gleichen Verzeichnisebene oder im Ordner bin ein Verzeichnis release anzulegen. Auf diese Weise verhindert man, dass beim nächsten Start des Emulators die Release-Version überschrieben wird.

Ein Release erzeugen

20.3 Anwendungen mittels Kommandozeile marktreif machen

In der professionellen Softwareentwicklung setzt man häufig Werkzeuge zum automatischen Bauen und Testen von Anwendungen ein. Für diese Werkzeuge brauchen wir einen Kommandodzeilen-orientierten Prozess zum Bauen der Anwendung. Daher zeigen wir nun, wie man die drei Schritte von Hand durchführt.

Der schwierige Weg

20.3.1 Ein eigenes Zertifikat erstellen

In Abschnitt 16.2.3 haben wir schon gelernt, wie wir das Hilfsprogramm keytool.exe aus dem JDK bzw. der Java-Runtime-Umgebung finden bzw. aufrufen können. Wir verwenden es nun mit anderen Pa-

keytool.exe zur Schlüsselgenerierung nutzen

rametern, um einen RSA-Schlüssel zum Signieren der Anwendung zu erstellen. Wir öffnen eine Konsole und geben Folgendes ein:

```
> keytool -genkey -v -keystore visionera.keystore
        -alias visionerakey -keyalg RSA -validity 18250
```

Tab. 20-1
*keytool-Parameter zum
Erzeugen eines eigenen
Zertifikats*

Parameter	Beschreibung
-genkey	Veranlasst keytool.exe, ein Schlüsselpaar, bestehend aus öffentlichem und privatem Schlüssel, zu erzeugen.
-v	Steht für »verbose«. Umfangreiche Ausgabe während der Laufzeit von keytool.exe einschalten.
-keystore	Speicherort und Name des Keystores. Existiert die Datei nicht, wird sie angelegt.
-alias	Ein Aliasname, anhand dessen das Zertifikat im Keystore wiedergefunden werden kann.
-keyalg	Verschlüsselungsalgorithmus für den Schlüssel. Gültige Werte sind *RSA* und *DSA*.
-validity	Gültigkeitsdauer des Zertifikats in Tagen (hier: 18250 Tage = 50 Jahre). Dieser Wert sollte ausreichend groß gewählt werden, da Anwendungen nur installiert werden können, wenn das Zertifikat noch gültig ist. Will man seine Android-Anwendung im Android-Market veröffentlichen, so muss das Gültigkeitsdatum nach dem 22. Oktober 2033 liegen, da sonst die Anwendung dort nicht hochgeladen werden kann.

*Herausgeber
identifizieren*

Das Programm keytool verlangt von uns einige Eingaben (siehe Tabelle 20-1). Hier geht es um eine eindeutige Identifikation der Firma bzw. der Person, die später das Zertifikat verwendet. Wenn wir alles richtig gemacht haben, gibt uns keytool am Ende eine Statuszeile folgender Art aus:

```
Erstellen von Schlüsselpaar (Typ RSA, 1.024 Bit) und
selbstunterzeichnetem Zertifikat (SHA1withRSA) mit
einer Gültigkeit von 18.250 Tagen für: CN=Arno Becker,
OU=Mobile Business, O=visionera gmbh, L=Bonn, ST=NRW,
C=DE
Geben Sie das Passwort für <visionerakey> ein.
(EINGABETASTE, wenn Passwort dasselbe wie für den
Keystore):
```

Aus Bequemlichkeit kann man die letzte Frage mit der Eingabetaste quittieren, wenn alle Zertifikate im Keystore über dasselbe Passwort erreichbar sein sollen. Wählen Sie auf jeden Fall ein ausreichend kompliziertes Passwort und verwenden Sie keytool nur an einem sicheren Rechner, an dem das Passwort für Ihren Keystore nicht ausgespäht werden kann.

An die Sicherheit denken

20.3.2 Eine Android-Anwendung signieren

Zum Signieren einer Android-Anwendung brauchen wir das Werkzeug jarsigner.exe. Wir gehen davon aus, dass die unsignierte Android-Anwendung unter dem Namen amando.apk im bin-Ordner liegt und wir uns im Projektverzeichnis von Amando befinden.

jarsigner zum Signieren verwenden

```
> jarsigner -verbose -keystore androidbuch.keystore
    -signedjar .\bin\amando.apk
    .\release\amando.apk visionerakey
```

Mittels des Parameters -signedjar geben wir den Ziel-Dateinamen an. Wir können allerdings auch die unsignierte Datei einfach überschreiben, indem wir diesen Parameter weglassen. Mit den letzten beiden Parametern geben wir den Namen der zu signierenden Datei und den Aliasnamen (visionerakey) an, um aus dem Keystore (androidbuch.keystore) den richtigen Schlüssel zu erhalten.

Wenn wir prüfen wollen, ob die Signierung geklappt hat oder ob die Anwendung schon signiert ist, dann können wir in der Konsole Folgendes eingeben:

Ergebnis überprüfen

```
> jarsigner -verify amando.apk
```

Wenn daraufhin in der Konsole > jar verified ausgegeben wird, ist unsere Anwendung signiert. Abschließend sollte man zipalign (zu finden im tools-Ordner des Android-SDK) auf der signierten Anwendung ausführen.

```
> zipalign -f -v 4 amando.apk amando.apk
```

Der Parameter -f erzwingt das Überschreiben der Ausgangsdatei ohne Rückfrage. -v steht für verbose und erzeugt zur Laufzeit einige Ausgaben in der Konsole. Die 4 gibt die Bytelänge bei der Reorganisation der Zip-Datei an. Hier *muss* eine Vier angegeben werden. Die letzten beiden Parameter sind die Eingabe- und die Ausgabedatei.

Nachdem alle Schritte durchgeführt wurden, unterscheidet sich die Ausgangsdatei nicht von der, die der Assistent des Eclipse-Plugins erstellt hat, da beide Verfahren die gleichen Werkzeuge verwenden.

21 Optimierung und Performance

In diesem Kapitel geben wir einige Hinweise zur Optimierung von Android-Anwendungen. In vielen Fällen müssen wir gewohnte Vorgehensweisen durch, manchmal recht »unschöne«, Alternativen ablösen, um die Performanz der Anwendung nicht in Mitleidenschaft zu ziehen.

21.1 Erste Optimierungsregeln

Es sollte jedem Entwickler klar sein, dass er auf einem Android-Gerät nicht über die gleichen Hardwareressourcen verfügt wie auf einem Desktop- oder Serversystem. Er muss also dafür Sorge tragen, dass er Speicherverbrauch und Prozessorlast so gering wie möglich hält. Daher definieren wir die »Oberste Regel der Android-Entwicklung« wie folgt:

Ein Telefon ist kein Server!

> *Keep it simple!* Schreiben Sie nur Code, wenn Sie ihn unbedingt benötigen.

Wir vermeiden wenn möglich

- die Verwendung von Interfaces,
- elegante, aber nicht unbedingt erforderliche Methoden (z.B. Wrapper, Delegator),
- den Aufruf von Getter/Setter-Methoden zum Zugriff auf Attribute der *eigenen* Klasse,

es sei denn, es gibt einen guten Grund dafür. Ein solcher könnte z.B. sein, wenn eine Programmierschnittstelle für andere Anwendungen bereitgestellt werden soll. In diesem Fall sollten z.B. Interfaces genutzt werden.

Unser Ziel muss es sein, eine kompakte und schlanke Anwendung zu erstellen.

21.2   Datenobjekte

Bei der Erstellung von Client-Server-Anwendungen wird beispielsweise die Datenbankzugriffsschicht häufig durch objektrelationale Mapping-Frameworks wie Hibernate, Toplink etc. gekapselt. Wir müssen uns dann nur mit Datenobjekten befassen, die auf magische Weise in Datenbanktabellen gespeichert werden.

Datenobjekt oder nicht?   Objekterzeugung kostet Zeit. Daher sollten wir versuchen, sie auf ein notwendiges Maß zu reduzieren. Wir müssen uns von Fall zu Fall fragen, ob *wirklich* überall und immer eine Klasse zur Datenrepräsentation benötigt wird. In vielen Fällen reicht die reine Datenübertragung z.B. in Form von Arrays vollkommen aus. Die Datenhaltung in Objekten ist nur dann wirklich sinnvoll, wenn

- konkretes Verhalten in Form von Methoden für die Datenklasse benötigt wird,
- fast alle Datenattribute angezeigt oder anderweitig verwendet werden sollen.

> Eine zuweilen ausgesprochene Empfehlung ist, zugunsten der Performanz auf Getter/Setter-Methoden zu verzichten und stattdessen alle Attribute `public` zu definieren. Wir konnten diese Aussage in Lasttests jedoch nicht bestätigen und empfehlen weiterhin die Verwendung von Zugriffsmethoden auf private Attribute.

21.3   Cursor oder Liste?

Android bietet für den Zugriff auf Datenmengen das Konzept eines *Cursors* an, das wir in Abschnitt 11.5.3 ab Seite 237 vorgestellt haben. Mit Hilfe eines Cursors kann man auf einzelne Datensätze bzw. konkrete Spaltenwerte des Ergebnisses einer Datenbankanfrage zugreifen, ohne diese erst in Objekte umzuwandeln. Ein Cursor sollte immer dann verwendet werden, wenn es darum geht, mehrelementige Ergebnismengen einer Anfrage darzustellen oder auszuwerten.

Der in vielen Persistenzframeworks sinnvollerweise gewählte Weg, Listen für den Datentransfer einzusetzen, ist für Android-Anwendungen nicht empfehlenswert. Der durch Objekterzeugung höhere Speicheraufwand und die damit verbundenen Laufzeiteinbußen rechtfertigen den gewonnenen Komfort in den meisten Fällen nicht.

21.4   Time is Akku!

Wir bewegen uns auf Geräten mit eingeschränkten Hardwareressourcen. Dazu gehört auch die Abhängigkeit von einer sich schnell erschöpfenden Stromquelle.

Strom sparen

Komplexe Operationen, z.B. Zugriffe auf Dateien oder Datenbanken, sind wahre Stromfresser. Eine SQL-Anfrage erfordert viele Speicherzugriffe und benötigt Platz im Hauptspeicher zur Ergebnisdarstellung. Das gilt auch für die Nutzung von Location-Based-Services oder dauerhaften Internetverbindungen.

Jede dieser Operationen muss also sorgfältig geplant werden.

Anhang

Layout für die Activity PositionSenden in Kapitel 7.4.

```xml
<?xml version="1.0" encoding="utf-8"?>
<RelativeLayout
  xmlns:android="http://schemas.android.com/apk/res/android"
  android:layout_width="wrap_content"
  android:layout_height="wrap_content">

  <TextView
    android:id="@+id/tx_name_label"
    android:text="@string/txt_geokontakt_name"
    android:layout_width="fill_parent"
    android:layout_height="wrap_content"
    android:layout_alignParentTop="true" />
  <TextView
    android:id="@+id/tx_name"
    android:text=""
    android:layout_width="wrap_content"
    android:layout_height="wrap_content"
    android:textSize="21sp"
    android:layout_below="@id/tx_name_label" />

  <TextView
    android:id="@+id/tx_telefon_label"
    android:text="@string/txt_geokontakt_telefonnummer"
    android:layout_width="wrap_content"
    android:layout_height="wrap_content"
    android:layout_below="@id/tx_name" />
  <TextView
    android:id="@+id/tx_telefon"
    android:text="3457"
    android:layout_width="wrap_content"
    android:layout_height="wrap_content"
    android:textSize="21sp"
    android:inputType="phone"
    android:layout_below="@id/tx_telefon_label" />
```

Listing 1
*Das Layout der Activity
PositionSenden*

```xml
<TextView
  android:id="@+id/tx_stichwort_label"
  android:text="@string/txt_geokontakt_stichwort"
  android:layout_width="wrap_content"
  android:layout_height="wrap_content"
  android:layout_below="@id/tx_telefon" />
<EditText
  android:id="@+id/tx_stichwort"
  android:text="Geile Kneipe"
  android:layout_width="fill_parent"
  android:layout_height="wrap_content"
  android:inputType="textCapWords"
  android:layout_below="@id/tx_stichwort_label" />

<TextView
  android:id="@+id/tx_letzte_position_label"
  android:text="@string/txt_geokontakt_letzte_position"
  android:layout_width="wrap_content"
  android:layout_height="wrap_content"
  android:layout_below="@id/tx_stichwort" />
<TextView
  android:id="@+id/tx_letzte_position"
  android:text="100' 2'' long 88' 23'' lat"
  android:layout_width="wrap_content"
  android:layout_height="wrap_content"
  android:layout_below="@id/tx_letzte_position_label" />

<CheckBox
  android:id="@+id/positionNachverfolgen"
  android:text="@string/txt_position_aktualisieren"
  android:layout_below="@id/tx_letzte_position"
  android:layout_width="wrap_content"
  android:textColor="@color/schwarz"
  android:layout_height="wrap_content"
  android:checked="true" />
<Button
  android:id="@+id/sf_position_senden"
  android:text="@string/but_positionSenden"
  android:layout_width="fill_parent"
  android:layout_height="wrap_content"
  android:layout_below="@id/positionNachverfolgen"
  android:onClick="onClickPositionSenden" />

</RelativeLayout>
```

Die Klasse de.androidbuch.amando.kontakt.GeoPosition dient zum Speichern einer Ortsposition (GpsData, siehe Listing 3) mit Zeitstempel. Als Schlüssel für die Zuordnung zu einer Person dient die Mobilnummer.

```
package de.androidbuch.amando.kontakt;

import de.androidbuch.amando.common.GpsData;

public class GeoPosition {
  public GpsData mGpsData;
  public String mMobilnummer;

  public GeoPosition(final GpsData gpsData,
      final String mobilnummer) {
    mGpsData = gpsData;
    mMobilnummer = mobilnummer;
  }
}
```

Listing 2
GeoPosition

Implementierung der Klasse GpsData:

```
package de.androidbuch.amando.common;

public class GpsData {

  public double mLaengengrad;
  public double mBreitengrad;
  public double mHoehe;
  public long mZeitstempel;

  public static GpsData valueOf(Location position) {
    return new GpsData(position.getLongitude(), position
        .getLatitude(), position.getAltitude(), position
        .getTime());
  }

  public GpsData(double laengengrad, double breitengrad,
      double hoehe, long zeitstempel) {
    this.mLaengengrad = laengengrad;
    this.mBreitengrad = breitengrad;
    this.mHoehe = hoehe;
    this.mZeitstempel = zeitstempel;
  }

  public GeoPoint toGeoPoint() {
    return new GeoPoint(
        (int) (mBreitengrad * 1E6),
```

Listing 3
Klasse GpsData

```
            (int) (mLaengengrad * 1E6));
  }

  public Location toLocation() {
    Location location =
      new Location(LocationManager.GPS_PROVIDER);
    location.setLongitude(mLaengengrad);
    location.setLatitude(mBreitengrad);
    location.setAltitude(mHoehe);
    location.setTime(mZeitstempel);

    return location;
  }
}
```

Literaturverzeichnis

[1]   Kent Beck. *Test Driven Development. By Example.* Addison-Wesley Longman, Amsterdam, 2002.

[2]   Oracle Corporation. *visualvm: Home.* Webseite, 25.3.2010. https://visualvm.dev.java.net/.

[3]   DalvikVM.com. *Dalvik Virtual Machine.* Webseite, 2008. http://www.dalvikvm.com.

[4]   diverse. *Registry of intents protocols.* Webseite, 15.3.2010. http://www.openintents.org/en/intentstable.

[5]   diverse. *sqlite3: A command-line access program for SQLite databases.* Webseite, 16.3.2009. http://www.sqlite.org/sqlite.html.

[6]   diverse. *Sample Applications for the Android platform.* Webseite, 2010. http://code.google.com/p/apps-for-android/.

[7]   diverse. *SQLite: Available Documentation.* Webseite, 28.3.2009. http://www.sqlite.org/docs.html.

[8]   diverse. *SQLite: Distinctive Features of SQLite.* Webseite, 3.3.2008. http://www.sqlite.org/different.html.

[9]   Exampledepot.com. *java.io Reading and Writing.* Webseite, 2010. http://www.exampledepot.com/taxonomy/term/164.

[10] Apache Software Foundation. *Jakarta Commons HttpClient.* Webseite, 8.2.2008. http://hc.apache.org/httpclient-3.x/.

[11] Patrick Fust. *Keytool plugin for Eclipse.* Webseite, 26.6.2006. http://keytool.sourceforge.net.

[12] Google Inc. *The AndroidManifest.xml File.* Webseite, 2.4.2010. http://developer.android.com/guide/topics/manifest/manifest-intro.html.

[13] Google Inc. *Available Resource Types – Animation.* Webseite, 2.4.2010. http://developer.android.com/guide/topics/resources/available-resources.html#animation.

[14] Google Inc. *Command-line options for AVDs.* Webseite, 2.4.2010. http://developer.android.com/guide/developing/tools/avd.html#options.

[15] Google Inc. *<data>.* Webseite, 2.4.2010. http://developer.android.com/guide/topics/manifest/data-element.html.

[16] Google Inc. *Declaring and Enforcing Permissions.* Webseite, 2.4.2010. `http://developer.android.com/guide/topics/security/security.html#declaring`.

[17] Google Inc. *Designing for Performance.* Webseite, 2.4.2010. `http://developer.android.com/guide/practices/design/performance.html`.

[18] Google Inc. *Developing on a Device.* Webseite, 2.4.2010. `http://developer.android.com/guide/developing/device.html#setting-up`.

[19] Google Inc. *Draw 9-patch.* Webseite, 2.4.2010. `http://developer.android.com/guide/developing/tools/draw9patch.html`.

[20] Google Inc. *ForegroundService.java.* Webseite, 2.4.2010. `http://developer.android.com/resources/samples/ApiDemos/src/com/example/android/apis/app/ForegroundService.html`.

[21] Google Inc. *Handling UI Events.* Webseite, 2.4.2010. `http://developer.android.com/intl/de/guide/topics/ui/ui-events.html`.

[22] Google Inc. *Icon Design Guidelines.* Webseite, 2.4.2010. `http://developer.android.com/intl/de/guide/practices/ui_guidelines/icon_design.html`.

[23] Google Inc. *Intents – Standard Activity Actions.* Webseite, 2.4.2010. `http://developer.android.com/reference/android/content/Intent.html`.

[24] Google Inc. *Intents List: Invoking Google Applications on Android Devices.* Webseite, 2.4.2010. `http://developer.android.com/guide/appendix/g-app-intents.html`.

[25] Google Inc. *Interconnecting Emulator Instances.* Webseite, 2.4.2010. `http://developer.android.com/guide/developing/tools/emulator.html`.

[26] Google Inc. *Manifest.permission.* Webseite, 2.4.2010. `http://developer.android.com/reference/android/Manifest.permission.html`.

[27] Google Inc. *Nine-Patch (stretchable) Images.* Webseite, 2.4.2010. `http://developer.android.com/guide/topics/resources/available-resources.html#ninepatch`.

[28] Google Inc. *R.attr – API-reference.* Webseite, 2.4.2010. `http://developer.android.com/reference/android/R.attr.html`.

[29] Google Inc. *Resources and Internationalization.* Webseite, 2.4.2010. `http://developer.android.com/guide/topics/resources/resources-i18n.html`.

[30] Google Inc. *R.style – API-reference.* Webseite, 2.4.2010. `http://developer.android.com/reference/android/R.style.html`.

[31] Google Inc. *Security and Permissions*. Webseite, 2.4.2010.
http:
//developer.android.com/guide/topics/security/security.html.

[32] Google Inc. *Supporting Multiple Screens*. Webseite, 2.4.2010.
http://developer.android.com/guide/practices/screens_
support.html.

[33] Google Inc. *Traceview: A Graphical Log Viewer*. Webseite,
2.4.2010. http://developer.android.com/guide/developing/
tools/traceview.html.

[34] Google Inc. *UI/Application Exerciser Monkey*. Webseite,
2.4.2010. http:
//developer.android.com/guide/developing/tools/monkey.html.

[35] Google Inc. *ViewGroup*. Webseite, 2.4.2010. http://
developer.android.com/reference/android/view/ViewGroup.html.

[36] Google Inc. *Google Maps API Reference*. Webseite,
31.3.2010. http://code.google.com/android/add-ons/
google-apis/reference/index.html.

[37] Google Inc. *Installing the SDK*. Webseite, 7.4.2010.
http://developer.android.com/sdk/installing.html.

[38] Google Inc. *Menu Design Guidelines*. Webseite, 8.3.2010.
http://developer.android.com/intl/de/guide/practices/ui_
guidelines/menu_design.html.

[39] Ericsson Labs. *Mobile Maps API Documentation*. Webseite,
10.3.2010.
https://labs.ericsson.com/apis/mobile-maps/documentation/.

[40] Johannes Link. *Softwaretests mit JUnit*. 2. Auflage,
dpunkt.verlag, 2005.

[41] Carlo U. Nicola. *Einblick in die Dalvik Virtual Machine*,
2009. http://www.fhnw.ch/technik/imvs/publikationen/
fokus-report/2009/view.

[42] Peter Rechenberg. *Technisches Schreiben*. 3. Auflage, Carl
Hanser Verlag, München, 2006.

[43] Hugo Josefson Renas Reda. *User scenario testing for Android*.
Webseite, 2.4.2010. http://code.google.com/p/robotium/.

Index

Die visionera GmbH unterstützt Sie bei Ihren Android-
Projekten und versorgt Sie mit dem nötigen Wissen für
professionelle Anwendungsentwicklung.
    Wir bieten Schulungen und Beratung für Firmen
und Privatpersonen an. Unseren aktuellen Schulungs-
kalender finden Sie unter www.androidtraining.de.
    Bei Ihren Android-Projekten begleiten wir Sie in
jeder Phase, auf Wunsch entwickeln wir Ihre Anwendungen ganz oder teilweise als Festpreisprojekt.

Unsere Leistungen im Bereich Android sind:

– Schulungen
– Workshops
– Anwendungsentwicklung
– Beratung, Konzeption
– Mitarbeiter-Coaching
– Code-Review
– Projektbegleitung
– Projektunterstützung

Wollen Sie noch mehr über Android erfahren? Dann
nehmen Sie mit uns Kontakt auf.

visionera

visionera gmbh
Hinter Hoben 149
53129 Bonn

Telefon: 0228 / 5551-111
E-Mail: android@visionera.de

2009, 518 Seiten, Broschur mit CD
€ 46,00 (D)
ISBN 978-3-89864-536-2

Jon Erickson

Hacking

Die Kunst des Exploits

Deutsche Ausgabe der 2. amerikanischen
Auflage

Jon Erickson vermittelt die notwendigen technischen Grundlagen des Hacking: Während
andere Bücher nur zeigen, wie man bekannte
Exploits nutzt, ist dies das erste Buch, das genau
erläutert, wie Hacking und Software-Exploits
funktionieren und wie der Leser seine eigenen
entwickeln und implementieren kann. Auch in
der zweiten, vollständig aktualisierten Auflage
setzt Autor Jon Erickson auf praktische Beispiele,
um die wesentlichen Aspekte der Computer-
sicherheit aus drei eng verknüpften Bereichen
aufzuzeigen: Programmierung, Vernetzung und
Kryptografie. Mit Beispielcodes auf Live-CD.

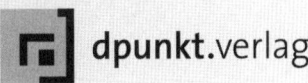 dpunkt.verlag

Ringstraße 19 · 69115 Heidelberg
fon 0 62 21/14 83 40
fax 0 62 21/14 83 99
e-mail hallo@dpunkt.de
http://www.dpunkt.de